农村小学英语有效教学策略

许立红　高　源　主编

西南交通大学出版社
·成　都·

图书在版编目（CIP）数据

农村小学英语有效教学策略 / 许立红，高源主编.
—成都：西南交通大学出版社，2015.5
ISBN 978-7-5643-3868-8

Ⅰ. ①农… Ⅱ. ①许… ②高… Ⅲ. ①英语课 - 教学研究 - 小学 Ⅳ. ①G623.312

中国版本图书馆 CIP 数据核字（2015）第 091711 号

农村小学英语有效教学策略
Nongcun Xiaoxue Yingyu Youxiao Jiaoxue Celüe

许立红 高 源 主编

责任编辑 孟秀芝
特邀编辑 戴 畅
封面设计 何东琳设计工作室

印张 29 **字数** 819千
成品尺寸 185 mm × 260 mm
版本 2015年5月第1版
印次 2015年5月第1次
印刷 四川森林印务有限责任公司

出版发行 西南交通大学出版社
网址 http://www.xnjdcbs.com
地址 四川省成都市金牛区交大路146号
邮政编码 610031
发行部电话 028-87600564 028-87600533

书号：ISBN 978-7-5643-3868-8
定价：90.00元

前　言

小学英语教学虽起步晚，但经过近二十年的发展，已探索出一套较为成熟的教学方法和体系，为基础教育的发展和进步起到了良好的促进作用。但也应看到，随着教育改革的深入实施，小学英语教学特别是农村小学英语教学面临着巨大的挑战。农村小学英语教师的专业发展、教学有效性的提高已成为小学英语教学必须解决的问题。本书以小学英语教师的效能和课堂教学的有效性为研究对象，以“国培项目”为基础的实证研究为研究材料，探讨提高教学效率和教师效能的有效方法，推进农村小学英语教学的可持续发展。

本书由有效教学的基本概念和理论基础、要素分析、教学设计及课例研究四章组成，前三章由成都大学教育科学学院教师编写，许立红老师和高源老师共同负责前三章的组织、策划、安排和审校工作；教学课例研修部分由参加 2014“国培项目”的农村小学英语教师完成，高源老师负责本部分的组织、策划、安排和审校工作。本书的特色是突出实证调查，结合数据分析，理论联系实际，针对性强，具有指导性。

在小学英语素材选用上，主要从四川省小学英语教学的实际出发，以人教社、外研社和北师大版的小学英语教材为主，适当选用其他版本的教材。在调查方法上，注明了调查工具（问卷调查、访谈、抽样分析），统计分析的方法和结论。

本书的读者对象是师范院校英语专业师生、小学英语教师与教学研究人员。本书也可作为各级小学英语教师培训教材或参考资料。

许立红　高　源

2015 年 1 月

目 录

第一章

课堂有效教学的基本概念与理论基础

第一节　课堂有效教学的基本概念

一、有效教学的概念

（一）有效教学理念的产生

从古至今，我国不少教育家的教育思想和教学实施过程中就包含了有效教学的基本思想。如孔子提出的举一反三、因材施教、启发式教学、闻一知十、听其言观其行等说法。汉代董仲舒所倡导的“教学圣化”思想、王夫之所推行的启发学生“自悟”的传道授业过程、当代教育家陶行知的“生活即教育”“社会即学校”“教学做合一”等生活教育理念，都体现了有效教学是一种自然而然进行中的教学。早在21世纪初期，为提高教学的有效性，以我国学者钟启泉为首的多名学者合著的《基础教育课程改革纲要（试行）解读》就提出了“有效教学是为了提高教师的工作效益，强化过程评价和目标管理的一种现代教学理念[1]。”

在国外，有效教学的理念源于20世纪上半叶西方的教学科学化运动，尤其是在受到美国实用主义哲学和行为主义心理学影响的教学效能核定运动之后，这一理念就频繁出现在英语教育的相关研究之中。[2] 捷克的著名教育学家夸美纽斯在他的《大教学论》中就明确强调了有效教学的重要性，并且注意将教学时间、教学内容和教学方法作为三个主要的分析要素。苏联的教育家巴班斯基的最优化教学理论是有效教学思想发展形成过程中极为重要的一个阶段性标志。他指出：“最优化并不是什么特别的教学方法或教学手段，而是在教学规律和教学原则的基础上，教师对教育过程的一种目标明确的安排，是教师有意识的、有科学根据的一种选择（而不是自发的、偶然的选择），是最好的、最适于具体条件的课堂教学和整个教学过程的安排方案。”[3] 因此，巴班斯基所提出的教学过程最优化强调的就是教师在教学过程中用适当的教学时间，通过科学的方法和策略，赢取最大可能的教学效果，从而较好地完成教学活动所承载的特定任务。

（二）有效教学的内涵

关于有效教学的定义，不同学者从不同视角对其展开了论述，以下定义最具有代表性。

有效教学（Effect Teaching）是指在一定的教学投入（如时间投入、人力投入）之后带来了最好教学效果的教学，是卓有成效的教学，也有人称之为优秀教学、好教学、成功教学。[4] 更加具体来说，在深入、系统地研究“有效”和“教学”两个概念的基础上，有学者将有效教学定义为教师通过教学过程的有效性即符合教学规律，成功引起、维持和促进了学生的学习，相对有效地达到了预期教学效果的教学，是符合教学规律、有效果、有效益、有效率的教学。[5]

就有效教学在教师与学生之间发挥的作用看，是指师生遵循教学活动的客观规律，以最优的速度、效益和效率促进学生在知识与技能、过程与方法、情感态度与价值观“三维目标”上获得整合、协调、可持续的进步和发展，从而有效地实现预期的教学目标，满足社会和个人的教育价值需求而组织实施的教学活动。[6] 有效教学的内涵随着时间的变化而发生拓展和变化。从关注教学的效果到教学的过程，从关注教师有效的教到重视学生的进步和发展，尤其是在三维目标上的协调发展。有效教学内涵的落脚点在教学活动，也就是说，有效教学描述的是教学活动有效果、有效益、有效率的一面，这需要用学生的进步和发展来体现。[7]

从上述关于有效教学的含义说明来看，较为一致的说法是：有效教学是符合教学规律的，是“有效果”“有效率”“有效益”的教学，它强调教学目标的实现程度，也就是说，强调学生在过程与方法、知识与能力、情感态度与价值观方面的协调发展。有效教学的实现需要通过教师良好的教学品质、专业的知识水平和科学的教学行为。教学的有效性对教师的专业教学素养提出了更高的要求，教师要关注学生的内在需要和发展，同时转变学生的学习方法，提升学生的学习效能，从而促进学生主动的感知体验，以此来更好地促进学生的全面和谐的发展。

“有效果”“有效率”“有效益”的教学是学者从教育经济学的角度进行的对有效教学意蕴的定义，具体来看，有以下特点。

1. 教学有效果

“教学效果是指教学活动的结果，它考察的重点是学生的学习进步与发展，也就是指通过教师的教学之后，学生所获得的具体进步和发展”。[8] 所以，教学过程中学生的进步和发展是衡量教学效果的唯一评价标准。小学英语课堂教学有效果是指通过教师在完成教学任务之后，学生在语言知识、语言能力、情感态度、学习策略和文化意识等多个方面所取得的成效，尤其是对英语学习产生了极大兴趣。例如，英语基础知识的掌握、听说读写技能的提高、学习兴趣的激发、学习动机的增强、英语学习习惯的养成、有效英语学习策略的形成、文化知识的培养、对中西方文化差异的了解，等等。

2. 教学有效益

教学有效益是指英语教学活动不仅要实现教学活动的价值，达成教学活动的目标，而且要使教学结果与预期教学目标、与社会和个人的教育需求相吻合。[9] 教学目标与特定的社会和个人的教育需求是否吻合是对教学教益质的规定和要求。而小学英语教课堂学有效益是指英语教学活动不仅要实现教学活动的价值，达成教学活动的目标，而且要使教学结果与预期教学目标、与社会和个人的教育需求相吻合。这主要表现在：学生通过英语学习可以获得丰富的语言知识，提高听说读写的能力，掌握各种学习方式，学会如何学习，提高了自主学习的能力，通过对别人表达、思维和生活方式的了解进一步加深对社会的认识，在了解中西文化的基础上养成尊重、宽容、平等、开放的跨文化心态和客观、无偏见的跨文化观念与世界意识，并形成有效的跨文化交往、理解、合作、传播的能力。

3. 教学有效率

有效的教学活动是指教师遵循教学活动的客观规律，以尽可能少的时间、精力和物力投入，取得尽可能多的教学效果，从而实现特定的教学目标、满足社会和个人的教育价值需求而组织实施的活动。[10] 教学有效率是指教师通过有效的教学行为在尽可能少的教学投入（时间、精力、努力等）内获得了尽可能多的教学效果。具体到小学英语课堂教学上，教学有效率就是指教师通过有效的教学行为或活动在尽可能少的教学投入（如时间、精力、努力等）内获得尽可能多和好的教学效果，最大程度地促进学生的综合语言运用能力，即学生学习英语的效率。

除了从教学的效果、效益、效率角度进行有效教学的内涵分析外，学者们还从不同的理论视角对有效教学的内涵进行了探讨，具有代表性的有两种。第一，以学生的进步和发展作为判断标准指标，指出有效教学主要是指经过教师一定时间的教学之后，学生获得的具体进步和发展。第二，就有效教学的内部构成进行分析，即可以分为表层、中层和深层三个层面，其指出有效教学在表层上一种教学形态，在中层上是一种教学思维，在深层上是一种教学理想和境界。有效教学即一个从理想到思维，再从思维到形态的动态转化过程。[11]

二、课堂有效教学的概念

（一）课堂有效教学的定义

课堂是教师和学生进行教学互动的主要“阵地”，课堂有效教学是指在课堂教学实施过程中，以激发学生的学习兴趣和欲望为前提，以促进学生自身发展为目的，教学目标与最终的教学结果相符合的一个过程。

课堂教学要有效率，教师必须用尽可能少的投入让学生换取最大的收益。针对英语这门语言课程而言，就是让教师在有限的资源条件下，即课堂有限的工具和教学设备，靠学生在自己的努力下得到相应的学习效果。最终目标是帮助学生不仅学习英语的语言知识，更重要的是掌握学习这门语言的能力，这样可以充分灵活在达到“学以致用”的目的。

课堂教学的效益就是指教师所制定的学生发展目标应该与其达到的教育结果一致，符合社会的要求，符合学生对于自身发展的要求，符合一定的教育客观规律。英语教学的效益则视以下情况而定：学生在接受课堂教学之后，是否能达到实现设定好的结果，并且这个结果与现代社会发展的总体要求是否符合，与学生自己或家长的期望是否符合，与社会的主流价值观是否符合，等等，而不仅仅是符合原先设定的教育目标。

课堂教学的效果是指学生在接受一定时间的英语教学之后，是否获得了知识和技能，是否取得了进步，获取了之前不知道的信息。这也是课堂教学是否达到“有效”这个要求的重要标准。实际上，学生的进步和发展并不仅仅局限于学业成绩够好这一层面的现象，而是包含了学生是否学会了自己学习的技巧，是否知道如何掌握一门新的语言知识，如何使用新的语言，是否了解了学习第二语言所需要的办法，最终是否会引起其价值观、世界观等方面朝正确的方向发展。

（二）课堂有效教学的特征

1. 清楚明确

教学的清楚明确是课堂有效教学的显著且重要的特征。清楚明确主要是学生获得的一种感受，而不是教师在课堂上所传达的具体内容。教师的具体教学行为决定着教学信息清楚与否。第一，教学语言影响者教学的清晰度。授课教师必须有清楚的语言表达能力，也就是口齿清晰、发音标准，不能出现过多的口头禅或多余的话语以影响教学信息的有效传达，不能出现课堂教学中的“噪音”。第二，教师对教学内容的设计与讲解影响教学清晰度。教师的讲解必须系统有条理、存在先后顺序和主次之分，强调重难点，让学生能够清楚地感知知识、了解知识之间的逻辑关系，并且很好地掌握学习中的重点与难点。

2. 鼓励激发

学生学习的有效性高低取决于其在学习中的激情程度。因此，教师要使课堂教学有效果就必须不断鼓励学生，以激发他们学习的主动性和激情。如果教学不能激发学生，不能使学生主动参与，教学就很难达到预期的目标。总的来说，教学只有激发了学生的学习动机，并调动起他们的学习积极性，才能使他们主动、自觉地投入到英语学习中，变被动接受为主动求知。斯蒂佩克（Stipek，1993）指出，在教学过程中，如果教师激发了学生的学习动机，那么，学生就会注意教学，主动参与课堂中的教学活动，并为实现教学目标而坚持不懈地努力。[12]

3. 变化开放

有效教学必须是开放的，同时也要注意教学目标的制定与成果之间的动态平衡。第一，在教学内容的选择上，教师必须具有开放性，有广阔的视野，能够将书本上的知识与社会生活的实际相联系，跟上时代的步伐，从而体现知识的前沿性，这样也可以较好地激发学生学习英语的兴趣，以便极大地提高教学的有效性。第二，教学环境的开放性。为了让学生有效地投入到语言学习中去，教师应努力创设开放、轻松的学习环境。开放的课堂学习环境有助于增加师生互动关系和形成平等、民主气氛。第三，教学方法的开放性。教学不是一个单纯的知识传和收的过程，它强调教师与学生双方的主动参与和共同合作。

（三）课堂有效教学的作用

1. 强调课堂教学的发展功能，创新课堂教学模式

随着基础教育课程改革的不断发展，课堂教学的功能、作用也发生着转变。深化课堂教学改革主要表现在：课堂教学模式的更新，即协调好教与学的关系，挖掘学生的主体性和自主性，改善师生关系，以达到真正地遵循课堂教学的规律和学生身心发展的规律，强调学生的个别差异性，使每个学生都能在其自身条件的基础上获得可持续发展。课堂教学改革的最终目标是改变传统的知识传授的教学模式，提高课堂教学的质量，培养优秀的人才，比如，有些小学根据学生在英语学习上的个别差异性，实施了差异性或分层式教学，或者，针对不同层次的学生，制定了具有多样化的教学目标和内容，并采取不同形式的教学评价。

2. 营造积极课堂气氛，采取多样化教学方式

营造具有积极气氛的课堂需要以教学任务为核心，课堂教学组织方式也是明确的、可预见的。清晰的规则表明了教师对学生学习和行为的期望。[13] 在这种课堂上，学生明确知道要完成的学习目标，并且相信自己能达到。目标教学方式作为师生课堂教学活动方式的一种，包含了师生对教学活动的认识方式以及在教学活动中的操作方式。具体来说：教学认识方式是师生反映教学内容的形式，其中最为重要的就是教学思维方式，而教学思维方式就是师生关于教学内容的“思维途径及其思维导向的理论性总结”。

3. 关注动态开放式教学，实现预想与成果之间的平衡

课堂教学过程包含着师生的共同学习、发展和成长经历，体现了课堂教学的开放性、动态性，无论是制定的预期目标还是完成的最终成果，都在强调评价学生的发展和进步。由于课堂教学存在着不确定性和情境性，这使得教学过程充满了挑战。动态开放的教学模式对教师的能力提出了更高的要求，为提高教学有效性，教师应该科学把握预想与成果之间的动态平衡关系。有效教学是两者的统一，预想是有准备的计划和措施，成果则是指课堂教学中出现的状况与结果。教师通过积极引导学生主动地内化所学到的知识和技能，同时利用相应的教学内外部因素达成教学预期的目标，最终收获教与学的良好效果。

4. 聚焦学生成长与进步，提升积极参与性

强调学生在教学过程中的成长与进步主要体现在教师要促进学生的学习主体性、自主性、社会性与创造性的完善，具体表现：持有对学生的积极期望，相信所有学生经过努力之后都能掌握所学的内容，促使每个学生得到教师的重视，获得学业上的进步，随时关注着教师的态度。因此，教师对学生持有的这种较高期待会让学生重新规划自己的发展或提升期望，同时增强学生对英语学习的信心。教师在英语教学中要经常激发学生的学习兴趣和探索欲望，提升他们在英语听说学习上的动机；着力解决学生听说中的问题，创新知识和能力的培养，引导学生在学习过程中养成独立思考和善于质疑的精神。

总的来说，有效的英语课堂教学要求教师采取学生易于理解和接受的方式，明确教学目标和内容，在不同的教学情境中引导学生积极地投入和参与学习活动，创造适合学生个体差异的教学方式并以其组织学习的内容。

第二节　课堂有效教学的理论基础

一、建构主义学习理论

（一）建构主义学习理论的内涵

建构主义学习理论认为：学习是一个积极主动的建构过程，学习者不是被动地接受外在的信息，而是主动地根据已有的认知结构，有选择地感知或获取外在信息，以定义眼前事物的意义。建构主义理论最具代表性的学者是瑞士心理学家皮亚杰，他的理论主张主要是：知识是由个人建构的，而不是从外部注入的。这种建构发生在与他人交往的环境中，是社会互动的结果。

就教学而言，该理论认为学生的知识不是通过教师的讲授所得到的，而是他们在一定的社会文化背景下，借助教师或其他人的帮助，使用学习资源，通过意义建构的方式获得的。因此，在建构主义学习理论的视野中，“情景”“协作”“对话”“意义建构”是学习环境的四大要素。[14] 建构主义遵循这样的运行规则：课堂教学应是在教师指导下以学生为中心的学习过程。它强调学习者是认知的主体，发挥着积极作用，但也不能忽视教师在教学中的主导作

用。具体来说，建构主义理论在教学中表现为：教师是建构知识的协助者和促进者，而不仅仅是知识的传授者与灌输者；学生是信息资源的使用主体，是知识的主动建构者，而不是外部刺激下被动的接受者和被灌输的对象。因此，该理论为有效教学中强调以“学生学习为中心”奠定了坚实的理论基础。

（二）建构主义理论在英语教学中的体现

英语教学的目标之一是培养语言运用能力，而不单是获取理论知识。传统的教育观认为语言的学习就是掌握知识，建构主义则认为实践能力比知识更加重要，但知识仍然是培养能力的基础。所以，英语教师需要帮助学生掌握知识点，同时还要通过各种方式让他们掌握英语学习的有效方法和策略，以培养他们成为独立的学习者，学生自身只有不断地探索学习才能跟上语言的更新发展。

在建构主义的英语教学课堂里，教师在学生学习过程中充当着中介者，而不是传统意义上单纯的知识传授者。教师通过与学生的互动，为他们提供学习的机会和有效的经验，从而创造有利于建构个人意义的教学环境和课堂氛围，使学习者增强自信心和自主学习能力，最后达到主动学习的目的。

学生应该用有意义的方式来学习具有意义的英语课程内容。由于学生是基于自己原有的语言知识基础来对新的英语信息和材料进行主动理解和表达，因此他们会积极地去吸收和掌握那些具有价值和意义的内容。整个过程不一定是具有个人意识的，但是学生之间的差异会使他们反映出不同的特征，运用不同的方法，适应不同的学习情境以及接受不同的学习任务，从而将自己的理解带到英语学习过程中去，最后的课堂教学成效也会因人而异。

学习是在有意义的外部环境中通过人际交流互动产生的，或者说，学习的展开都必须存在于某一具体的环境之中，并且通过与他人的交流来完成。英语学习更是如此，因为英语学习的一个重要组成部分就是用有目的的话语来进行的交际互动。实际上，建构主义所指的环境不仅指课堂环境，还指家庭环境、社会文化环境，甚至包括学生自己的心理环境，所以要求英语教师在教学过程中特别注意师生互动对学生行为、态度以及情感因素的影响。

课堂教学过程和教学成效受学生的个人情感因素的影响。学生所表现出来的的学习动机、学习兴趣以及学习态度等情感因素在一定程度上会影响到他们在英语学习中的效果，也就是说英语学习需要学生发生内化效果。因此，学生正确的自我认知和自我意识对英语学习行为有着极大的正面影响，学生会因此产生极大的信心，增强自我责任感。反之，学生在课堂上就会表现出消极退缩，从而导致英语教学的失败。

二、生态化教学理论

（一）生态化教学理论的内涵

生态化教学理论是指运用生态学原理，以生态主义世界观、方法论为指导研究教学问题的产物。该理论强调以一种生态的眼光、态度和方法来关注、思考、理解、解释复杂的教学问题，它是一种系统观、整体观、联系观、和谐观、均衡观下的教学。[15] 20 世纪中后期，逐渐兴起了将生态学理论引入到对教育问题的研究，但是当前系统性地运用生态学理论对教学问题进行研究的文献资料还不是很多，沃勒（Waller. W.）的“课堂生态学”论述相对较多。关于生态化教学问题研究的研究在一定程度上需要联系对生态式教育问题的研究，如 1976 年美国哥伦比亚大学师范学院前院长克雷明（Ctrmin. L. A.）提出了“教育生态学”的概念，他认为“教育是一个有机的、复杂的系统”。在这其中他就谈到了教学系统的生态问题，他认为“教育生态系统中的各个因子都有机地联系着，这种联系又动态地呈现为一致与矛盾、平衡与不平衡”。

（二）生态化教学理论在英语教学中的体现

1. 教学整体性

所谓生态化教学的整体性主要表现为以下几点：① 教学目标强调促进学生在一个社会、文化、自然的有机统一的环境中顺其自然的发展；② 教学内容是一个有机整体，英语教学内容需要突破学科之间的界限，进行跨学科的内容整合；③ 教学过程中的各个要素相互联系，共同构成一个有机整体；④ 教学研究方法也是一种系统性整体的方法。这里的英语教学整体性要求的并非简单的各部分的叠加或均匀，实际上是体现了整个教学系统性特征以及各阶段或部分之间大量的互动关系。

2. 教学开放性

生态化英语教学首先是一个整体性的过程，但该系统并非是封闭、自循环的，而是一个开放性的过程，具有两个层次的开放性意义。第一，教学与外部环境的“交流”，即社会、文化、自然等之间的互动关系。通过这种交流，教学过程可以获得丰富的资源，同时也推动着社会、文化、自然环境与学生个体的协调发展。第二，教学内部各要素之间的“交流”，即教学目标、教学内容、教学过程、教学评价等要素之间的互动关系，通过这种交流让英语课堂教学过程保持开放性。

3. 教学丰富性

生态化教学的丰富性主要反映在教学内容的多样性，还反映在对学生个体差异的尊重。生态化英语教学要求丰富的课程资源，它主张英语课程的教学应不仅仅局限于学科、教材以及学习计划的范畴内，还应涵盖显性教学内容和潜在教学内容两个方面，并且包括学生的行为变化和内在感知两个层面。生态化英语教学一个很重要的特点就是整个过程是在充分尊重学生个体差异、促进个性多样化发展的前提下展开的。

4. 自然和谐性

生态化教学主张尊重生命个体，尊重学生的个性特征，在教学中关注和谐的、身心健康的生态人的培养和发展。因此，生态化英语教学中的学生是一个有着和谐的、自然的、身心健康的生命特征的自然人。学生的生命是整体性的，而英语教学对于他们的长期发展而言只能说是一个部分或阶段。传统英语教学过程中十分重视知识的教学，甚至以知识教学来替代对完整意义上的学生的教育，它实际上只能被理解为一种片面式的教育。

5. 过程顺应性

生态化教学所体现的教学过程是一种遵循发展的过程，是一种顺应性的系统。特别指出的是，英语教学的整个过程其实也是一种顺应学生自然发展状态的，所有教学活动的安排和内容的设置都应遵循这种“自然而然”的过程。生态化英语教学的顺应性并不单是“顺从”学生某一种能力或者是某一方面能力的阶段性发展，而是顺应学生个体的真实状态，使这种真实状态在英语教学中得以充分展现。

三、体验教学理论

（一）体验教学的概念

已有学者提出的“体验式教学”是以学生为中心，以任务为基础，让学生通过具体体验来发现语言使用原则并能够应用到实际交流中的教学方法。它强调的是学生亲身去经历，用自己的心灵去亲自感悟。具体来说，教师要积极创设各种教学情境，引导学生由被动学习到主动参与，由依赖教师到自主探索，由接受性到创造性的发展，全面进行教学过程的体验，使学生充分感受到包含于教学活动中的各种快乐，从而达到促进学生自主学习、可持续发展的目的。

（二）体验教学在英语教学中的运用

1. 语言的体验性

语言主要是人们通过感觉器官在对世界进行体验的基础上经过自己的认知、理解、加工逐步形成的，是主、客观互动的一种结果。

早在 1772 年，赫尔德（Herder）在其《论语言的起源》一书中就说到：“语言是通过人的感官和知觉形成的，有无数的事实证明，在所有的民族、国度和环境里，语言都萌芽于理性之中并随着理性的成长而成熟起来！”他强调：“语言并非先验之物，而是感性活动的产物，所以，语言起源问题只能用经验的、归纳的方法来解答。”就英语学习而言，学生的认识是基于对英语这种语言的亲身体会和理解，沿着由近及远，由具体到抽象，由外部到内部的这个道路逐步发展起来的。学生作为认知和语言形成的主体，在其形成的整个过程中自然发挥着最为关键的作用。英语作为第二语言在教学过程中主要要求学生通过自己的感觉器官进行体验的基础上经过加工逐步形成。由此可见，在课堂教学中，学生通过体验学习英语知识不但有足够的理论依据，也有重大的实践意义。

2. 体验式学习

美国学者大卫·库伯（David Kolb）强调：“体验本身还不足以构成学习的充分条件，体验也同时需要连续不断地反思。”学生的英语学习的过程实际上是一个体现了即时的体验、不断的反思，从而形成一定的理论并在实践中加以运用的循环往复的过程。

从体验式学习的理论基础可以看出：如果反映在英语学习上，体验式的英语学习强调学生的自主探索，强调他们在学习的过程中将所学内容转化为自身的知识并掌握知识的本质和运用的方法。由于英语是一种交流的工具，小学英语的学习主要目的是培养学生学习兴趣，使学生从做中学，从游戏和生活中学习，这才是符合体验式学习的特征。

第三节　国内外课堂有效教学的研究现状与走向

自20世纪30年代初期起，西方学者就开始对有效教学进行研究。根据对有关研究文献的梳理，可以将整个研究的发展分为三个主要的阶段：第一阶段（20世纪30年代初至60年代末），好教师的素质品质研究；第二阶段（20世纪70年代初至80年代末），好教学的表现特征研究；第三阶段（20世纪90年代初期起），有效教学的综合性研究。[16] 进入20世纪90年代之后，西方有关有效教学的研究开始向综合化的方向发展，具体来说，就是在判断有效教学的特点和标准时，研究者已经不再是持有单一的思维模式，也不再是仅仅将着眼点放在教师素养或教师的课堂行为上的这种旧方式，而是尝试着从多方面、多角度来考察有效教学。[17] 我国关于有效教学的研究起步较晚，主要兴起于20世纪90年代中后期，在成果上主要还是以继承和吸收西方的研究成果为主。

从研究的主题来看，主要包括以下方面。

一、对课堂有效教学含义的理解

关于课堂有效教学的含义研究国内学者持以下主要观点如下。

（1）从教学的效果、效率以及效益三个方面来综合描述教学的有效性，而不是局限于其中的某一方面。教师应遵循教学活动的客观规律，以尽可能少的时间、精力和物力的投入，取得尽可能好的教学效果，从而实现预期的教学目标，并且满足社会和个人的教育价值需求而组织实施的活动。

（2）从学生有效学习与可持续发展的角度描述教学的有效性。有效教学就是为了提高教师的工作效益、强调过程评价和目标管理的一种现代教学理念。促进学生的学习和发展是有效教学的根本目的，调动学生参与。学生学习的主动性、积极性和自觉性是有效教学的出发点和基础。

（3）从表层、中层、深层三个层面对有效教学进行结构化分析。从表层分析，有效教学是一种教学形态；从中层分析，有效教学是一种教学思维；从深层分析，有效教学是一种教学理想。从总体上看，提供和创设适宜的教学条件，从而促进学生形成有效的学习是有效教学的实质和核心。[18]

二、对有效教学行为的探讨

有效教学行为的研究大致可以分为两大方面。

（一）对课堂有效教学行为的特征进行实证研究

有学者通过实证，认为取得良好教学成效教师的行为特征主要有三类。① 积极的师生互动关系。要让学生明确了解教学的目标和课堂行为常规，创造更加适应英语教学的模式和方式，提供实质性的教学反馈、复习方式和内容。② 科学的课堂管理行为。引导学生在英语课堂教学中长期和正确的专注。③ 适度的课前与课后反思。有研究者通过课堂观察和访谈法，对有效教学与低效教学的教师的课堂行为进行了全面的比较，研究发现有效教学的教师在课堂组织与管理方面要优于低效教学的教师；其中主要反映于有效教学的教师在教学策略的运用、教学的监控能力方面优于低效教学的教师。

（二）对影响教师课堂有效教学行为的因素进行研究

有研究者认为教师教学行为的有效性主要表现在科学性和灵活性上，受到教师职业素养、教学观念、教学能力、情感态度、工作动机以及心理健康状况等方面的影响。科学、灵活的教学行为决定了一名教师所掌握的实践性知识、自我效能感和教学监控能力，尤其是在教师的自我效能感和教学监控能力对教学有效行为的影响方面，有大量的研究论文予以论证，中心观点就是教师自我效能感的增强和教学监控能力的提高，能够极大地提升教师的教学效果，从而达到促进学生发展的目的。

三、影响课堂有效教学因素的剖析

对影响课堂有效教学因素的研究，有代表性的观点是从教学过程的纵向跨度来分析有效教学的影响因素，遵循了“备课——上课——反思”这一模式。教师课堂教学能否成功与教师的课前准备和对教学反思密切相关。教师的教学准备包：选择合适的教学内容、发展学生的学习目标、形成一个完整的课堂授课计划和组织学习材料和资源。教师在课前、课堂及课后的教学反思是教师成长的凭借，最终能够提高教师的课堂教学的有效性。[19]

还有学者从某一节课的横向跨度来探讨影响课堂有效教学的因素，他们认为影响课堂教学有效的因素是学生的情感态度、支持性的和能激发兴趣的教室环境、与学生个体经验和生活密切相关的教学内容、教师对学生在课堂上所反映出的经验的重视和学生团队之间的合作。[20] 也就是说，教师的讲授方式、积极的课堂氛围和良好的学习态度是影响课堂有效教学的最重要的因素。其他因素还包括学生的共同性和差异性，不同类型的家庭作业和目标导向的评价等。[21] 有学者认为：有效的课堂教学就是教师的行为能够促进学生的学业成就的教学，因此，影响有效教学的很重要的因素就是教师很重要的两种行为即组织行为和表达行为。[22]

四、对有效教学策略的思考

教学策略是教师教学行为的组合，即教师在提高课堂教学有效性方面应该怎么做。教师的教必须激发学生的学，如果教师教得很卖力，但是学生仍然没有兴趣学，这样的教学就是失败、低效的过程。对教师课堂有效教学策略的研究便成为一个重点。已有学者的研究思路归纳起来包括两种。一种是在“有效教学也是一套策略”的思想指导下进行分析的。研究者将有效的课堂教学策略从教学准备策略、教学实施策略、教学评价策略三方面进行了构建。另一种是把“教学策略直接看成是以提高教学效率为目的所要取得各种教学行动的综合方案”，强调教师根据教育心理学的理论和实践成果，在实践中学会提炼课堂教学策略。

（1）有效教学策略应遵循目标管理的教学流程。从教师的课前准备、教学实施和课后评价三方面来探讨有效教学的策略。值得注意的是，以好的课堂教学案例为基础概括出有效教学的策略。[23]实际上，这也是一种联系实际的好方法。随着研究的丰富和深入，学者们将有效教学策略定义为一种多元的体系，它主要包括了如何构建有效课堂环境的策略和如何运用教学技术的策略等。

（2）有效教学策略应以促进学生作为“人”的发展为价值取向。有效教学的策略包括：激发学生学习的主动性、积极性，关注学生正确使用学习方法，强调学生的个别差异和全面发展，以及重视学生对学习内容的转化，最终达到培养学生掌握自主学习、探究学习和反思性学习的能力。[24]

（3）有效教学策略应以完善教师的教学行为为基础。改善学生心境状态的有效教学策略是教师要善于表达自己的情感和态度，努力与学生的心理相容。教师运用评价语言的有效策略是课堂评价语言要突出激励性、强调目标性，要注意运用新颖的、多元的评价语言。[25]实现师生有效交往的策略是设置多种类型的教学形式和活动，建立合理规范的教学秩序和制定课堂教学的纪律。与此同时，教师要创造机会主动走进学生的心理世界，以便更好地了解和评价学生，从而反过来促进学生对教学有效性的反思。

参考文献

[1] 钟启泉，等. 基础教育课程改革纲要（试行）解读[M]. 上海： 华东师范大学出版社，2001.

[2] 崔允漷. 有效教学：理念与策略[J]. 北京：人民教育出版社，2001.

[3] 巴班斯基. 教学过程最优化问答，李玉兰译[M]. 北京：北京师范法学出版社，1988.

[4] 姚利民. 大学有效教学特征之研究[J]. 现代大学教育，2001.

[5] 姚利民. 有效教学涵义初探[J]. 现代大学教育，2004.

[6] 宋秋前. 有效教学的涵义和特征[J]. 教育发展研究，2007.

[7] 申群英. 课堂有效教学的理念与实施——教师的视角[D]. 兰州：西北师范大学，2009.

[8] 林肖慧. 新课程理念下小学英语的有效学习[J]. 中小学外语教学（小学），2007，（1）：5-8.

[9][15] 贺双. 小学英语课堂有效教学研究[D]. 荆州：长江大学，2012.

[10] 程红，张天宝. 论教学的有效性及其提高策略[J]. 中国教育学刊，1998，（5）：37-40.

[11] 龙宝新，陈晓端. 有效教学的概念重构和理念思考[J]. 湖南师范大学教育科学学报，2005，（4）：39-43.

[12] REYNOLDS C R，et al. The handbook of school psychology[M]. John Wiley & Sons，Inc.，1999.

[13] Donald R Crickshank 等著. 教学行为指导[M]. 时绮，等，译. 北京：中国轻工业出版社，2003.

[14][16] 高晓娜. 高中英语有效教学研究[D]. 开封：河南大学，2008.

[17] 陈晓端，Stephen Keith. 当代西方有效教学研究的系统考察与启示[J]. 国外职业教育，2005，（8）：13-16.

[18] 段丽英. 基于课堂的教师有效教学行为研究[D]. 长春：东北师范大学，2009.

[19] AnNA BALL. Effective teaching：The deliberate act of planning，organizing，and managing a comprehensive agriculture program[J]. Agricultural Education Magazine，5：5.

[20] DRICK BOYD. Effective teaching in accelerated learning programs[J]. Adult Learning，1/2：42.

[21] NANCY PROTHEROE. NCLB dismisses research vital to effective teaching[J]. The Education Digest，8：27.

[22] DIETER J. SCHONWETTER，RODNEY A. CLIFTON，and RAYMOND P. PERRY. Content familiarity： differential impact of effective teaching on student achievement outcomes[J]. Research in Higher Education. 6：626.

[23] 王鉴. 课堂教学的有效性问题研究[J]. 宁夏大学学报：人文社会科学版，2006，（1）：110-114.

[24] 陈理宣. 有效教学策略探索[J]. 西南民族大学学报：哲学社会科学版，2002，（6）：205-208.

[25] 陆蓓. 有效教学：课堂评价语言的运用策略[J]. 教育导刊（上半月），2002，（8）：52-53.

第二章

农村小学英语有效教学的要素分析

第一节　小学英语课程的性质、意义、目标及教学原则

一、小学英语课程性质

课程性质是由课程价值和任务构成的。外语是基础教育阶段的必修课程。基础教育阶段，每个学生都享有接受外语教育的权利。英语作为外语课程中的主要语种，在基础教育阶段就开始普及。基础教育阶段英语课程的学习，既是学生通过英语学习和实践活动，逐步掌握英语知识和技能，逐步养成和掌握英语学习习惯，初步掌握运用英语进行简单交际的能力，提高语言实际运用能力的过程，又是他们磨砺意志、陶冶情操、拓展视野、丰富生活经历、开发思维能力、发展个性、开发各种潜能、形成良好性格、提高人文素养、提升素质的过程。这也是英语课程的价值。

基础教育阶段英语课程的任务是激发和培养学生学习英语的兴趣，使学生树立自信心，养成良好的学习习惯和形成有效的学习策略，发展自主学习的能力和合作精神；使学生掌握一定的英语基础知识和听、说、读、写技能，形成一定的综合语言运用的能力；培养学生的观察、记忆、思维、想象能力和创作精神；帮助学生了解世界和中西方文化的差异，拓展视野，培养爱国主义精神，形成健康的人生观，为他们的终身学习和发展打下良好的基础。

小学英语课程的性质体现了小学英语人文性与工具性的统一，强调了学生学习英语的习惯养成、基本英语学习策略的掌握、英语学习兴趣的激发和运用英语进行交际的能力的初步掌握，突出了通过英语学习磨砺学生意志、陶冶学生情操、开发学生思维、发展学生个性、提升学生人文素养等方面的课程价值。

二、小学英语课程意义

外国语是获取世界科技、文化等信息，提高民族科学文化素质，加强国际交往与合作的重要工具。我国的改革开放政策和21世纪对人才的需要，使外语成为我国学校教学中的一个不可缺少的部分；在小学阶段开设英语课程更是对国家发展和学生个体发展都有着深刻的意义。

1. 对国家发展的意义

（1）作为一个和平发展的大国，中国承担着重要的历史使命和国际责任与义务。

（2）英语成为国际交往和科技、文化交流的重要工具。

（3）对吸取人类文明成果、借鉴外国先进科学技术、增进中国和世界的相互理解具有重要的作用。

（4）为提高我国整体国民素养，培养具有创新能力和跨文化交际能力的人才，提高国家的国际竞争力和国民的国际交流能力奠定基础。

2. 对学生个体发展的意义

（1）有利于学生更好地了解世界，学习先进科学文化知识，传播中国文化，增进与各国青少年的沟通与理解。

（2）提供更多的接受教育和职业发展的机会。

（3）有利于形成开放、包容的性格，发展跨文化交流的意识与能力，促进思维发展，形成正确的人生观、价值观和良好的人文素养。

（4）为未来参与知识创新和科技创新储备能力，为未来更好地适应世界的多极化、经济的全球化和社会的信息化奠定基础。

三、小学英语课程目标

（一）小学英语课程目标

小学阶段英语课程的目标是激发和培养学生学习英语的兴趣，帮助学生树立学习英语的自信心，养成良好的英语学习习惯，初步掌握英语学习策略，形成初步的英语自学能力；使学生掌握基本的语言知识和技能，培养一定的语感和良好的语音语调基础，获得初步运用英语进行日常交流的能力，为真实交际打下基础；培养学生的观察、记忆、思维、想象能力和创新精神，帮助学生初步了解中西文化差异，培养爱国精神，形成世界意识，使学生初步形成健全的人格，为今后的发展打下良好的基础。

小学英语课程目标充分体现了对学生的人文关怀、对学生情感发展的关注，将激发学生的英语学习兴趣、帮助学生建立自信、养成良好的英语学习习惯和形成初步的英语学习能力放在了课程目标的首位。在对语言能力的要求上，侧重强调了培养学生良好的语感和语音、语调基础，使学生获得初步运用英语进行简单日常交流的能力，为学生进入中学学习英语打下良好的基础。同时，小学英语课程还要培养学生的认知能力、文化意识、爱国主义精神、世界意识，使学生初步形成健全的人格，为今后的发展打下好素质的基础。

在 2011 年《小学英语课程程标准》修订稿中，义务教育阶段英语课程目标使用“总目标”与“分级目标”；要求在 9 年义务教育结束时需达五级目标要求，6 年义务教育结束时达二级目标要求；分级标准是总目标和分级目标的进一步细化；各级目标的要求按语言知识、语言技能、情感态度、学习策略和文化意识五个方面描述；分级标准是递进和涵盖关系，高级别自动涵盖低级别的要求。

（二）分级目标框架（见表 2-1）

表 2-1　分级目标框架

	一级	二级	三级	四级	五级
语言技能	√	√	√	√	√
语言知识		√			√
情感态度		√			√
学习策略		√			√
文化意识		√			√

1. 一级语言技能标准

1）听、做

（1）能根据听到的词语识别或指认图片或实物；

（2）能听懂课堂简短的指令并做出相应的反应；

（3）能根据指令做事情，如指图片、涂颜色、画图、做动作等；

（4）能在图片和动作的提示下听懂简单的小故事并做出适当反应。

2）说、唱

（1）能根据录音模仿说话；

（2）能相互致以简单的问候；

（3）能相互交流简单的个人信息，如姓名、年龄等

（4）能表达简单的情感和感觉，如喜欢和不喜欢；

（5）能根据表演猜测意思、说出词语；

（6）能学唱英语儿童歌曲和歌谣 15 首左右；

（7）能根据图、文说出单词或短句。

3）玩、演

（1）能在教师的指导下用英语做游戏并在游戏中进行简单的交际；

（2）能做简单的角色表演。

4）读、写

（1）能看图识词；

（2）能在指认物体的前提下认读所学词语；

（3）能在图片的帮助下读懂简单的小故事；

（4）能正确书写字母和单词；

（5）能模仿范例写词句。

5）视听

能看懂语言简单的英文动画片或程度相当的英语教学节目，课堂视听时间每学年不少于 10 小时（平均每周 20 ~ 25 分钟）。

2. 二级目标

1）二级语言技能标准

（听）

（1）能借助图片、图像、手势听懂简单的话语或录音材料；

（2）能听懂简单的配图小故事；

（3）能听懂课堂活动中简单的提问；

（4）能听懂常用指令和要求并做出适当反应。

（说）

（1）能在口头表达中做到发音清楚，语调基本达意；

（2）能就所熟悉的个人和家庭情况进行简短对话；

（3）能运用一些最常用的日常用语（如问候、告别、致谢、道歉等）；

（4）能就日常生活话题作简短叙述；

（5）能在教师的帮助和图片的提示下描述或讲述简单的小故事。

（读）

（1）能认读所学词语；

（2）能根据拼读规律，读出简单的单词；

（3）能读懂教材中简短的要求或指令；

（4）能看懂贺卡等所表达的简单信息；

（5）能借助图片读懂简单的故事或小短文，并养成按意群阅读的习惯；

（6）能正确朗读所学故事或短文。

（写）

（1）能正确地使用大小写字母和常用的标点符号；

（2）能写出简单的问候语和祝福语；

（3）能根据图片、词语或例句的提示，写出简短的语句。（原为根据要求为图片、实物等写出简短的标题或描述）

（玩演视听）

（1）能按要求用简单的英语做游戏；

（2）能在教师的帮助下表演小故事或小短剧；

（3）能学唱简单的英语歌曲和歌谣 30 首左右（含一级要求）；

（4）能看懂程度相当的英语动画片和英语教学节目，课堂视听时间每学年不少于 10 小时，平均每周 20 ~ 25 分钟。

2）二级语言知识标准

总共涉及语音、词汇、语法、话题和功能五个方面。

（语音知识标准）

（1）正确读出 26 个英文字母；

（2）了解简单的拼读规律；

（3）了解单词有重音，句子有重读；

（4）了解英语语音包括连读、节奏、停顿、语调等现象。（语音清楚，语调自然）

（词汇知识标准）

（1）知道单词是由字母构成的；

（2）知道要根据单词的音、义、形来学习词汇；

（3）学习有关本级话题范围的 600 ~ 700 个单词和 50 个左右的习惯用语，并能初步运用 400 个左右的单词表达二级规定的相应话题。

（语法知识标准）

（1）在具体语境中理解以下语法项目的意义和用法，具体项目如下。

- 名词的单复数形式和名词所有格；
- 人称代词和形容词性物主代词；
- 一般现在时，现在进行时，一般过去时和一般 将来时；
- 表示时间、地点和位置的常用介词；
- 简单句的基本形式。

（2）在实际运用中体会以上语法项目的表意功能。

（功能知识标准）

理解和运用有关下列功能的语言表达形式：问候、介绍、告别、请求、邀请、致谢、道歉、情感、喜好、建议、祝愿等。

（话题知识标准）

理解和运用有关下列话题的语言表达形式：个人情况、家庭与朋友、身体与健康、学校与日常生活、文体活动、节假日、饮食、服装、季节与天气、颜色、动物等。

3）二级情感态度标准

兴趣、态度、动机、自信心、自主性和意志，祖国意识，国际视野；教师要关注学生的情感和学习态度，帮助学习建立自信，营造民主平等的学习氛围，渗透对学生人生观价值观教育；能体会到英语学习的乐趣；敢于开口，表达中不怕出错误；乐于感知并积极尝试使用英语；积极参与各种课堂学习活动；在小组活动中能与其他同学积极配合和合作；遇到困难时能大胆求助；乐于接触外国文化，增强祖国意识。

4）二级学习策略标准

英语学习策略包括能更有效地学习和使用英语所采取的各种行动和步骤；具体包括认知策略、调控策略、资源策略和交际策略。具体标准如下。

（1）积极与他人合作，共同完成学习任务；

（2）遇到问题主动向老师或同学请教；

（3）会制订简单的英语学习计划；

（4）对所学内容能主动复习和归纳；

（5）在词语与相应事物之间建立联想；

（6）在学习中集中注意力；

（7）在课堂交流中，注意倾听，积极思考；

（8）尝试阅读英语故事及其他英语课外读物；

（9）积极运用所学英语进行表达和交流；

（10）注意观察生活或媒体中使用的简单英语；

（11）能初步借助简单的工具书学习英语。

5）二级文化意识标准

帮助学生了解世界其他国家的历史、地理、风土、人情、传统习俗、生活方式、文学艺术、行为规范、价值观念等。具体标准如下。

（1）知道英语中最简单的称谓语、问候语和告别语；

（2）对一般的赞扬、请求、道歉等做出适当的反应；

（3）知道世界上主要的文娱和体育活动；

（4）知道英语国家中典型的食品和饮料的名称；

（5）知道主要英语国家的首都和国旗；

（6）了解主要英语国家的重要标志物；

（7）了解英语国家中重要的节假日；

（8）在学习和日常交际中，能初步注意到中外文化异同。

（三）新旧课程标准对比

总体而言，就课程观层面的区别而言，2001 年版小学英语课程标准以知识为本，2011 年版则以学生发展为本。具体比对见表 2-2。

表 2-2 新旧课程标准对比

课程标准	2001 年版	2011 年版
课程观	以知识为本	以学生发展为本
教学方法	传授、讲解、记忆	启发、思考、探究
教学模式	课本中心 课堂中心 教师中心	活动中心、任务中心、学生中心
互动模式	师生互动	师生、生生
学生角色	被动听讲，死记硬背	积极参与合作学习
教师角色	知识传授者，课堂控制者，组织者	学生学习的指导者、帮助者、促进者、资源提供者
教学要求	统一标准，整齐划一	面向全体，尊重差异

伴随着知识本位向学生发展本位的教学理念的变化，小学英语课程多方面都有了根本的改变。通过进一步比较 2001 年课程标准和 2011 年课程标准可以发现，教学理念上的变化表现在方方面面。如 2001 年版提倡：面向全体学生，实施素质教育；整体设计目标，体现灵活开放；突出学生主体，尊重个体差异；倡导积极学习，采用活动途径；改进评价体系，促进学生发展；开发课程资源，拓展学用渠道。2011 年版则强调：注重素质教育，体现语言学习对学生发展的价值；面向全体学生，关注语言学习者的不同特点和个体差异；整体设计目标，充分考虑语言学习的渐进性和持续性；强调学习过程，重视语言学习的实践性和应用性；优化评价方式，着重评价学生的综合语言运用能力；丰富课程资源，拓展英语学习的渠道。

课程理念的变化也带来了学科性质的变化：英语学科不再是单纯的工具性课程，而是一门工具性与人文性相结合的课程。其工具性体现为：英语课程承担培养学生基本英语素养和发展学生思维能力的任务，即学生通过英语课程掌握基本的英语语言知识，发展基本的听说读写技能，初步形成用英语与他人交流的能力，进一步促进思维发展，为继续学习英语和用英语学习其他相关科学文化知识奠定基础。其人文性则表现为：英语课程承担着提高学生综合人文素养的任务，即学生通过英语课程能够开阔视野，丰富生活经历，形成跨文化意识，增强爱国主义精神，发展创新能力，形成良好的品格和正确的人生观与价值观。

总之，新的小学英语课程标准理念既立足国情，根植于我国英语教育的发展现状，又体现了科学发展观，以先进的外语课程理念为依托，以学生的系统持续渐进发展为根本。

四、小学英语课程教学原则

小学阶段是儿童可塑性最强的时期，也是儿童发展接近外语本族语语音和语感的最佳时期。小学开设英语课，有利于激发儿童学习英语的兴趣，打好进一步学习英语的基础。学习英语，有利于提高儿童的语言能力，开阔儿童的视野，培养儿童的综合素质。

2011 年版义务教育课程标准指出：小学英语课程不再以学科中心，过多强调对知识的记忆和操练。新课程以学生为主体，强调面向全体、关注每个学生的发展，尊重个体差异。这一理念的变化带来了教学目标、教学内容、教学方法、课堂互动、以及评价模式等一系列的变化。

根据小学英语课程的性质、目标和教学要求，小学英语课程的教学应遵循以下原则，方能达成小学英语课程的目标。

1. 注重学生英语学习兴趣的培养

“关注每个学生的情感,激发他们学习英语的兴趣,帮助他们建立学习的成就感和自信心”是小学英语课程的基本理念。兴趣是学生渴求获得知识的一种积极倾向，而学习兴趣是推动学生学习的有效内驱力，直接影响学习效果。“知之者不如好之者，好知者不如乐之者”。在小学英语课程教学过程中要使学生轻松、愉悦、主动、有效地学习，关键是要激发和培养学生的学习兴趣。

2. 突出学生英语学习习惯的培养

小学是教育的基础阶段，也是一个人一生真正意义上的学习起点，在此阶段形成良好的学习习惯会受益终生。现在国家对英语越来越重视，并从小学一年级就开设了这门课程，要学好它，就必须从小、从一开始就要培养学生养成良好的英语学习习惯，方能持之以恒。我国独生子女多，身上出现的问题也很多，但归结起来主要是个习惯问题。调查发现，学生的成绩与他们的学习习惯成正比。凡是学习好的学生往往具有良好的学习习惯。培养良好学习习惯不仅是为了让其成才，更重要的是让他们成人，为他们今后走向社会奠定基础。人们常说万事开头难，教师应狠下功夫，帮助小学生从一开始就形成一个好的英语学习习惯，关注好学生的“第一次”。教育家洛克曾指出：“事实上一切教育归根结蒂都是为了培养人的良好习惯。”

比如培养正确的英语语音、语调的习惯。大凡语言皆有声，学习英语自然要学习其语音，语音教学是起始阶段语言教学的基础，是学习英语首先要接触和解决的问题。研究证明，儿童早期是学习语音的最敏感时期，也是形成正确语音、语调的关键时期，学好语音不但有利于准确地交流，而且对词汇的掌握也有很大的帮助，同时有助于学生自学英语，为今后的英语学习打下扎实的基础。当前，很多小学生语音掌握不到位、不扎实，有的甚至习惯于用汉语的发音方式来处理英语发音，甚至用汉语给英语单词注音。因此，小学英语教师必须正确引导学生学习英语语音基本知识，抓住此时期解决孩子在语音方面存在的问题，掌握正确的发音，否则，会给学生以后的英语学习带来重重困难，也就失去小学学习英语的意义。语言学家麦卡锡（MacCarthy）强调，必须先学好发音再学习语言，认为教师花时间教发音是值得的，忽略发音会造成语言教学的片面发展和不平衡。所以，小学学好语音符合英语学科入门阶段的规律，也符合我国儿童学习语言的特点，优美的语调、流畅的语言会让小学生感到英语语言的魅力所在，从而喜欢上英语。

总体就一二级目标而言，语言技能标准“能”字为先，始终体现“能用英语做事情”的基本理念；语言知识与语言技能标准并重，有机结合；语言目标与非语言目标并重；过程目标与结果目标并重。为更好地贯彻新课程以学生为中心，以发展为本的理念，教学建议如下。

（1）面向全体学生，为每个学生学习英语奠定基础

（2）注重语言实践，培养学生的语言运用能力

（3）加强学习策略指导，培养学生自主学习能力

（4）培养学生的跨文化交际意识，发展跨文化交际能力

（5）结合实际教学需要，创造性地使用教材

（6）合理利用各种教学资源，提高学生的学习效率

（7）组织生动活泼的课外活动，拓展学生的学习渠道

（8）不断提高专业水平，努力适应课程的要求

第二节　教师效能研究与西部农村小学英语教师效能现状

一、教师效能研究的意义

有关教师效能的研究表明，教师效能是会影响教师的教学态度、教学策略的运用、教学行为的坚持性、努力程度、积极性和创新性，影响教学任务的完成与教学效果，从而影响学生的学习和发展。研究也指出教师效能可以重塑，使之向更加积极有利的方面发展。这些研究结论对教师的培养、提高教师的教育教学水平具有重要的理论指导意义。教师素质的培养、教育教学水平的提高，一方面要不断完善教师的知识结构，发展教师的教育教学能力，提高教师的职业道德修养和教育理论水平，另一方面，也要增强教师效能，包括一般教学效能和个人教学效能，使教师充分相信教育教学对学生学习和发展的重要作用，对自己的教学能力充满自信，从而增强他们工作的责任心、积极性和工作热情，使他们自觉地搞好教育教学工作。

二、教师效能研究的现状

近年来，国外教育心理学领域，大量研究探讨了教师的知识结构、能力、信念、人格特征等对教师教学和学生学习的影响，其中，教师效能（Teacher Efficacy）是一个研究者比较关注的问题，研究者探讨了教师效能的性质，影响教师效能形成、发展变化的原因，教师效能对教师的职业情感、教学行为及学生学习的影响，教师效能的改变与提高等。教师效能研究，也存在着一些不足，研究者对教师效能的范畴及其作用的理解不尽一致，主要有以下表现。

第一，对于一般教学效能，控制点理论者认为，一般教学效能反映了教师控制信念，自我效能理论者认为，一般教学效能反映了一种结果预期。实际上，一般教学效能涉及了教师普遍的教育教学观念的问题，教育教学对于学生的学习和发展的作用是显而易见的，教师要充分确信教育教学对学生学习和发展的重要影响。但是，教育不是万能的，教师必须树立一种全面的教育教学观念，必须充分权衡和协调教育教学以及家庭、社会等环境因素对于学生学习和发展的影响。

第二，对于个人教学效能，尽管研究者把它理解为一种教学能力自信，但有的研究者认为个人教学效能是一种普遍的能力自信，这种教学能力自信是一种稳定的人格特征；而有的研究者认为个人教学效能是相对于具体的教学任务和教学情景的而形成的一种能力自信，一个教师在一种教学任务或教学情景下，个人教学效能感是高的，在另一种教学任务或教学情景下则不一定是高的了，这就是说个人教学效能是具有任务的具体性和特殊性的。

第三，尽管大量的研究都充分估价了个人教学效能对教师教学效果和学生学习的影响，但是个人教学效能对学生学习和发展的影响也是相对的，充分的能力自信是必须的，而这种能力自信的基础是掌握经验和熟练，必须有必要的能力、技能作保证。没有必要的能力和技能，一味的强调个人教学效能也是不适当的。教师的实际教育教学能力的发展与培养教师对教育教学能力的自信是相辅相成的。

三、教师效能的理论分析

教师效能的理论基础包括 J. B. Rotter 的控制信念理论和 A. Bandura 的自我效能理论。

（一）J. B. Rotter 的控制信念（Control of Locus）理论

Rotter 以控制信念来说明个人如何觉察自己的行为与行为后果的关系，及个人对生活事件之责任的归属，因此，控制信念是指个人在日常生活中对自己与环境之间相对关系的看法。他将控制信念区分为内在控制观（Internai Locus of Control）与外在控制观（External Locus of Control）两类；前者相信凡事操之在己，将成功归因于自己的努力，将失败归因于自己的疏忽；后者相信凡事操之在人（或其他原因），将成功归诸幸运，将失败归诸外在原因。将控制信念的概念引用至教师效能感可知，认为环境对于学生学习之影响力大于教师之教学影响力的教师，持着他们不能掌控教学后果的信念，属于外控信念的类型；而有信心能教导学习困难或动机低落之学生的教师，展现了他们能够掌控教学后果的信念，此为内控信念者。教师效能感的概念化首先出现在美国 Rand 公司两项评鉴加州学校改进方案的研究中（Armor et. a.，1976；Berman et al.，1977）。在这两项研究中，教师效能感即依据控制信念理论被广泛的界定为教师对于其自身影响学生成就的一般能力之知觉，而此种一般能力的知觉包括有关一般教师对于学生学习及发展之相对影响力的信念，以及有关教师个人对于影响学生学习及发展之能力的信念。Guskey（1981）亦从教师的控制信念，界定教师效能感为教师对于学生学业成功及失败的责任之信念。

（二）A. Bandura 的自我效能（Self Efficacy）理论

Bandura（1977，1986，1997）将个人知觉的自我效能界定为个人对于自己能够组织并执行一连串行动以产生某种成果的信念，此种信念乃是个人对于自己从事某项任务或表现某种行为所具备的能力，以及对于工作或行为可达到何种程度的一种主观评价。因此，Bandura的自我效能包括两部分:一为有关个人能否成功地执行达成某种结果必要之行为的能力判断，称之为“效能预期”（Efficacy Expectations），另一为有关某一行为导致某种结果的估计，称之为“结果预期”（Outcome Expectations）；两者是有所区别的，因为个人可能相信某种行为会导致某种结果，但如果他们质疑自己执行此种行为的能力，则他们的行为将不受到结果预期的影响。根据 Bandura（1977，1986，1997）的自我效能理论，教师效能感被认为由两个独立的向度所组成，即教学效能感（Sense of Teaching Efficacy）与个人效能感（Sense of Personal Efficacy）；教学效能感指教师对于教学能够影响学生学习的预期，或教师对于任何教师在外在因素如家庭环境、家庭背景或家长影响力的限制下，能够发挥其影响力的信念；而个人效能感则指个人对于本身教学能力的评估，或教师对于本身具有影响学生学习之技巧与能力的信念。国内多数有关教师效能感之研究者亦持类似观点者，我国台湾地区的学者周新富界定教师效能感为：教师从事教学工作时，对其本身所具有的能力，以及对教学工作对学生的影响程度的一种主观评价；同为台湾地区的教育学者刘威德将教师效能感界定为：教师对于自己教学能力的认知，此教学能力包括积极上的正面教导学生，和消极上的抗衡外界社会环境因素对学生的不良影响。

由上述可知，无论是控制信念理论或自我效能理论均主张个人的信念影响其行为。但是控制信念理论似乎将个人对于自己能力的信念隐含于个人对于行为结果的信念内，由此推论而得的效能感为一单向度的概念；相对地，自我效能理论认为效能预期与结果预期为不同的概念，由此推论而得的效能感为一多向度的概念，这可说明何以相关文献对于教师效能感的定义缺乏一致性。然而，这些不同定义中亦呈现其一致性的一面，主张教师效能感涉及教学的所有任务，而且假定教师效能感具有相当的稳定性，但亦具备改变的可能性。

四、教师效能的基本概念

教师对于教学工作所具有的效能信念，即教师效能感或效能信念（Teachers’ Perceived Efficacy），是许多学者关注的焦点之一。教师效能的高低影响学生的学习成就，因此教师对自己的能力及信心之培养是非常重要的。教师的思考与信念是影响其作各种教育性决定的关键因素。当教师对自己的教学能力充满信心而且能全心全力投入在学校工作时，往往能表现较有效率的教学行为从而使学生获得有效的学习，因此教师对自己的能力有信心的知觉和信念是有效教师的主要特征之一，可称为教师效能。高效能的教师拥有较高的个人教师效能信念，能关心学生的言行举止，并在适当的教师期望下，共同建构师生合作的班级文化。

（一）教师效能的定义

教师效能，是指一位教师在教学工作中，能使学生在学习上或行为上具有优良的表现，以达到特定的教育目标。

（二）教师效能的性质

1．教师效能是一种信念

教师效能是一种主观的判断，来自于个人的信念，而这些信念包括对自己成为一位有效能教师的知觉和对影响学生学习的看法。

2．教师效能是一种能力

教师效能乃是经由思考所产生行动的组合。教师效能越高者，越能表现较佳的教学能力；反之，则表现出较差的教学能力。故教师效能亦可视为教师影响力的发挥。

3．教师效能具有复杂性

教师所面临的教学情境颇为复杂，常会遭遇到各种问题，而这些问题亦会影响教师效能的高低，所以教师效能研究常需从多层面来考量，此乃因其本身具有复杂性。

4．教师效能具有综合性

教师效能并非单一因素所形成，它涉及教师本身内在因素和外在环境因素，这两种因素经过交互作用统整为教师自我效能，故教师效能本质上，是具有综合性。

（三）教师效能的特征

关于教师效能高低的特征见表 2-3，此表可做为教师自我检核教学效能高低之参考。

表 2-3　高、低效能教师之特征

项目	高效能教师	低效能教师
个人工作成就的看法	认为和学生在一起活动是重要的，且深具意义	在教学上感到挫折、沮丧
对学生行为及成就的期许	期望学生能够进步，且认为学生往往能够达到他的期望	预期学生会失败、具有负向反应及不良行为
个人对学生学习的责任	认为学生的学习是教师的责任，当学生失败时，会检讨自己的教学行为	认为学习是学生的责任，是因为学生的能力、动机、态度或家长背景等因素所造成
达成教学目标的策略	为学生学习而做计划、设目标及确立教学策略	缺乏特定目标，充满不确定感，没有计划教学策略
正面的意识	对教学、学生及自己感到胜任	在教学上有挫折，常常感到沮丧，对学生有负面的情意态度
控制意识	相信自己可以影响学生学习	认为指导学生是无用的，学生的学习是无法控制的

续表 2-3

项目	高效能教师	低效能教师
对师生预期目标的看法	与学生共同参与而达成目标	认为学生目标和关注与教师相对立
民主式决定	允许学生参与有关学习策略及目标达成的决定	学生无法参与有关学习策略及目标的决定
对学生之情感	真诚地关怀，用同情、敏锐而尊重学生独特性的方式与学生谈话	有敌意、轻视学生； 用贬低人而不宽恕的声调与学生说话

一位具有效能的教师，基本上应该是具有教学效能，并负起学生的学习责任，而且能随时研究与进修，提供学生最有效的学习。

五、高效能教师应有的条件

高效能教师在班级经营上应具有以下条件。

1. 在教育理念方面

（1）有教无类　以学生为出发点，透过师生共同学习的教学活动，以学生有效学习的最大效果作为教学指标。

（2）因材施教　尊重学生的个别差异，提供多元化的学习环境，以适应来自不同家庭的学生。

（3）建立温馨和谐的班级气氛　除言教外，更应重视身教与境教，以创造和谐师生关系与同侪关系。

2. 班级经营方面

（1）善用教师期望，促进学生学习效果，教师期望影响学生表现。

（2）高效能教师对自己及学生的肯定多而期望高，用积极而有信心的态度给学生有较多机会学习。

（3）建立和谐良好的师生互动关系，教师应适当应用社会权威，合理的约束学生，在严密而不失严苛，轻松和谐而不散漫的关系中让学生乐于学习。

（4）成熟稳定的 EQ 情绪管理，具有正面情绪智商的教师倾向于高效能教师，对师生关系、班级经营都有较好的效果。

（5）提升教师专业精神专业能力，使教师专职，免除其他工作负担，让教师全力于班级经营。

（6）能邀请家长共同参予，共同加入学生成长过程之中，让班级经营的工作由学校、教师、家长共同负起责任。

（7）自我充实自我反省，一位求进步的教师应有自我检讨、自我反省的态度，并常与同事就班级经营的问题互相交换意见。

（8）教师效能高低不仅影响学生的学习成就，也影响到教育目标的达成。

六、高效能特教师应有的具体表现

高效能教师应有以下具体表现。

（1）提高对学生的期望；

（2）增强学生工作的价值；

（3）督促学生完成其工作；

（4）从不放弃学生；

（5）给予每个学生平等的答题机会及接受老师回馈的机会；

（6）创造并奖励学生的特殊成就；

（7）适当而公平地尊重对待所有学生；

（8）用明确问题发问，给学生足够时间及线索来成功回答老师的问题；

（9）接受学生的感受；

（10）给学生机会去设定其目标及执行策略；

（11）以轻松，友善而信任的方式来管理学生；

（12）教学时间聚焦在学业上而流畅运用；

（13）个别教导学生时间多，但能兼顾监控全班学生表现；

（14）扩大教学内容。

七、影响教师效能的因素

（一）压 力

过度的教师压力会降低教师效能（Teacher Effectiveness）、教师士气和教师专业精神，甚至产生教师工作倦怠（Teacher Burnout）。Shipley SM 在 RF（1961）综合许多研究，指出教师心理困扰的发生高过于其他职业团体。在美国一般人口中，情绪适应困难的人数约占四分之一，而教师人口中则高达三分之一。一些研究均认为教师是一个压力不小的专业工作，在白领阶层中，教师是最有压力的行业。教师感受到如此大的工作压力，正显示来自职业适应和工作适应和工作适任的危机讯号。根据研究发现，我国小学教师在生涯发展上，可能离开教育工作岗位的教师最多（占全部研究样本的 38%以上）。挫折、倦怠之后，仍从事教职工作，但将教学工作视为例行事务者占 26%；投入与努力学习的教师，两者总和不到 10%。因此可以说，许多教师并不满意现在的职业现况，很想改变自己的职业，但实际上工作异动率却很低，可见小学教师的意愿与行动并不一致，许多小学教师正面临生涯抉择上的问题，就教师个人本身来说，可能影响个人的适应，阻碍自我的发展，间接地，也会对学生有所影响。

（二）专业素养不够

教师在专业师范学校所受的训练与专业课程，与实际的教育现场有很大的出入，再加上教改的步伐过快，旧体制所培养的师资，在一连串未经试验阶段就付诸实施的教育改革政策，使教师来不及回应新政策，工作量大，再加上年龄的增多，及体能上的衰退，故无法胜任突如其来的教改浪潮，于是乎引发了一波波的退休潮；取得了正式教师资格的老师，又显得专业性不足，一方面无法如旧制老师的带班能力，其敬业精神与专业态度又略逊一筹。凡此种种现象，均显示人人在教育改革的浪潮中不断的摸索和适应新政策，摸索与适应的阶段越长，影响教师效能的程度就越大。

（三）生理因素

教师因个人的健康情形不佳或精神状况不好，导致教学成效不彰。这种情况有越来越多的趋势，尤其是临届退年龄的后几年，有的教师甚至于向学校申请长期病假，不是身染重疾，就是罹患忧症，虽已符合不适任教师的条件，但在中国人的人情世界中，不仅法令会保障这些“不适任”教师的最后权利，也且学校行政单位也尽可能的睁一只眼，闭一只眼，虽然此时学生的受教权已严重受损，而且教师效能也已荡然无存，但大环境如此，无法改变有的事实，于是乎这样的现象只有任时间及历史去汰旧换新，没有人能改变这样的现况。

（四）教师个人的因素

教师个人的因素，而导致教学效能不彰的原因很多，包括在外兼职、夜间进修、婚姻失合、经济因素、个性孤僻、观念偏差等等，不一而足，这些因素都显露出教师效能欠佳的症象。

（五）环境物理因素

教室室内及户外空间的大小及设施、室内的设备是否充实、室内采光通风及学生人数的多寡等物理条件，对教师效能影响都很大，因此行政部门应设法改善空间太小、设备不足及学生人数过多等干扰教师发挥教学效能的不利因素。

（六）教师信念

教师信念包括理性和非理性两种。

教师非理性信念表现为以下方面。

（1）在意或过度寻求重要他人，如领导、家长等的肯定赞美。

（2）学生应该是循规蹈矩的，不可犯过的。

（3）学校处理任何事都必须是公平的。

（4）学生的表现欠佳或退步学生应该负责的。

（5）教师的情绪是被他人或学生所引发的。

（6）教师的一言一语必须完美无缺。

（7）教师必须能完全控制学生。

（8）当面临困扰时逃避或寻求权贵的支持是最佳的解决方式。

上述教师的非理性信念，符合 RET 人格的核心特质：自贬的人生观、无力感、责难及非议他人，形成教室互动中的生气、武断、责难、非议等行为和情绪。

（七）教师情绪

教师情绪是指教师在研究者所编“教师情绪自控量表”评量结果之分数而言。

RET 从认知的层面探讨教师情绪困扰，认为困扰是当个人面对要求或威胁时所给予的解释。例如当学生不服从教诲时，生气的教师内在语言通常是学生公然反抗老师是不应该的，学生是不应该犯错的，如果不予严厉的处分表示我的无能，是会被学生看低的。就在情绪反应中，他已被学生控制，形成师生怒目相视、沟通阻断、关系瓦解，可能招来家长抱怨，反而伤害老师的自尊，产生心理挫折，甚而威胁自己的健康，对教学厌倦。

八、提升教师效能的方法

提升教师效能的方法，可从教师对教职的工作评价、学校的行政配合、教师的教学兴趣、教师的专业自主程度、教师对教学归因的看法等方面着手，提出因应策略，详细说明如下。

（一）引导教师对教职工作的评价

教师对本身工作价值评价愈高，则其效能感愈高，因此引导教师对教职工作的评价有其必要性；而要导正教师对教职工作的评价，应从以下几个重点进行。

（1）学校于甄选新进教师时，可加入应聘教师对教职工作观点与评价等相关评选项目。

（2）奖励教学认真或绩优教师。

（3）提升教师形象、明订教师的权利及义务，提供教师稳定的工作环境，让教师专注于教学与学术研究。

（二）加强学校行政配合

行政配合是指学校行政单位能支援、配合教师的教学活动，使教学顺利进行以达成预期的目标，而根据研究显示行政配合愈高，教师的教学效能感愈高；因此欲加强学校的行政配合应从以下几个重点进行。

（1）针对行政人员与教师举办有关沟通技巧的讲习，并要求行政人员应主动积极的与教师沟通、配合。

（2）对学校行政人员建立“行政支援教学”的观念。

（3）充实及改善教学设备。

（4）明确建立教师与行政人员的权责。

（三）增进教师对教学的兴趣

教师对教职工作兴趣愈高，则其效能感愈高，因此，应从以下几个重点进行，以增进教师对教学的兴趣。

（1）编制教师“教学兴趣测验”量表。
（2）奖励及鼓励教师从事教学研究，改进教学方法与内容。
（3）举办教学观摩，以改进教学方法及提供各校教师有相互切磋学习的机会。

（四）提高教师的专业自主

教师专业自主程度愈高，其教师效能感愈高，因此欲提高教师的专业自主，应从以下几个重点进行。
（1）能依教师专长授课。
（2）专业的课程内容安排能尊重教师专业能力。
（3）重视各科教学研究会，以落实各科教学研究会的功能。

（五）建立教师教学的责任感

教师对教学成败的归因是在于教师本身，因此建立教师教学的责任感，可提高教师教学效能感，而建立教师教学的责任感应从以下几点着手。
（1）加强教师对教学及学生管理的责任感。
（2）学校甄选新进教师时，可加入教师对教学成败看法的评选项目，慎选教师。
（3）明订教师权利及义务规约，以增加教师责任感。

九、西部农村教师效能实证研究

（一）研究价值与目的

教师是实现教育目标的桥梁，是决定教育成效的关键因素。“教师效能”（Teacher Effectiveness）在宏观和微观两个层面都有着非常实际的研究意义和研究价值。从宏观层面上来讲，关注教师效能迎合了国际教育发展最流行的趋势。2014 年联合国教科文组织发布《为了所有人的教育：全球监测报告》（Education for All：Global Monitoring Report），提出全球教育的最新议题——“教与学：实现所有人的质量”（Teaching and Learning：Achieving quality for all），从中可以看出，“教师”是今年国际教育发展的最重要的关注点。从微观层面上来讲，教师效能的研究能够提供一个基于有效学习和有效老师的关联之上的能够预测学生的学习成果的重要的证据基础（Ko & Sammons，2013）。教师效能能够反映出教师的教学态度、教学策略和教学行为，并关系到教师教学积极性的提高和教学发展创新能力的拓展，直接影响到教学效果的提升和学生学业成绩的进步。

然而，这一课题在中国缺乏足够的经验主义的证明（Sun，2011）。在关于教师效能的国际比较研究里，除了最近的上海地区以外，很难找到关于中国内地其他地方的研究证据，因而本研究可以进一步贡献于教师效能理论和中国教师发展的现实。教师效能会因具体的情境而异 （Campbell et al.，2003）。和发达地区的教师相比，西部农村地区的教师相对缺乏良好的教学技巧和足够多的在职培训的机会，因此，本书把研究重点放在中国的西部农村地区，旨在了解中国西部农村地区教师效能状况，分析教师效能相关因素之间的联系，为进一步提高教师整体素质进而提高教学水平及教育质量提供一手资料。我们乐于看到每一名教师都能对自己的教学能力充满信心，全心全力投入教学工作，用高效率的教学活动使学生获得有效的学习成果。

（二）研究方法和工具

1. 调查对象

作者对四川省 25 所中学、25 所小学的 1 685 名学生进行调查，包括不同的地域，涵盖了公办、私立，城镇、偏远农村的类型，得到有效问卷 1 550 份，其中中学 964 份，小学 586 份，问卷有效率为 92.31%。问卷中关于学生学习成绩的选项结果全部得到了校方和老师的认可。我们对随机抽取的 150 名学生进行了访谈。问卷和访谈的结果都是在保证学生不会受到任何干预的条件下取得，基本上能显现出四川省乃至中国西部农村地区教师效能的真实状况。

2. 调查工具

调查以问卷和访谈的形式进行。本次研究的调查问卷总共包含七个方面，被称作是七个C：对学生的关爱程度、对课堂的把控程度、对讲解的清晰程度、对学生的挑战程度、对学生的吸引程度、对学生的协商程度和对教学内容巩固加强的程度，共 31 个问题。调查问卷是参照哈佛大学的研究员 Ronald Ferguson 的研究而设计，其主要目的是用来鉴别学生是怎样看待自己所在学校的教师效能和哪些与教师效能有关的因素从数据上来讲和学生的学习考试成绩最具关联性。罗纳德·弗格森的问卷在过去的十一年中作为一个教学评估研究和分析的专业工具已在全世界得到广泛运用，其可靠性和有效性已在实践中得以普遍证明。对获得的数据用统计软件 SPSS 21.0 进行分析。访谈问题主要是根据问卷的结果而设计，目的是针对问卷的指标进行更为深入而且细节的探讨。

（三）调查结果及分析

1. 总体情况

表 2-4 给出了所有调查问题最大和最小均值、方差统计结果。（M 代表均值，SD 是方差，N 是数据）

表 2-4 调查问题紧大和最小均值、方差统计结果

Highest Mean（最高平均值）	M	（SD）	N
Item 9（Control）: Students in class treat the teacher with respect. 学生在课堂上尊重老师	4.15	0.947	1302
Item 3（Care）: My teacher really tries to understand how students feel about things. 我的老师真的试图了解学生的感受	4.03	1.089	1302
Item 10（control）: Our class stays busy and doesn't waste time. 我们在课堂上一直很忙碌，没有浪费时间	4.02	3.395	1302

续表 2-4

Lowest Mean（最低平均值）	M	（SD）	N
Item 13（Clarity）: When s/he is teaching us, my teacher thinks we understand even when we don't. 在授课时，有时候我没懂老师也会误以为我懂了	2.29	1.373	1302
Item 24（Captivate）: The class does not keep my attention - I get bored.课堂不能吸引我的注意力，太无聊了	2.71	1.312	1302
Item 6（Control）: Student behaviour in class makes the teacher angry. 学生在课堂上的行为使老师很生气	2.74	1.204	1300
Highest standard deviation 最高的标准偏差	M	（SD）	N
Item 10（Control）: Our class stays busy and doesn't waste time. 我们的课堂进程紧凑，没有浪费时间	4.02	3.395	1302
Item 23（Challenge）: We learn to correct our mistakes in class. 我们学会改正我们的错误	3.83	3.344	1302
Item 31（Confer）: My teacher really tries to understand how students feel about things. 我的老师真的努力了解学生的感受	3.60	2.347	1302
Lowest Standard Deviation（最低的标准偏差）	M	（SD）	N
Item 9（Control）: Students in class treat the teacher with respect. 学生在课堂上尊重老师	4.15	0.947	252
Item 17（Challenge）: My teacher asks students to explain more about answers they give. 我的老师要求学生更多地解释他们给出的答案	3.40	1.076	252
Item 3（Care）: My teacher really tries to understand how students feel about things. 我的老师真的努力了解学生的感受	3.40	1.076	525

从调查问卷的整体结果来看，1 550 份有效问卷中学生对教师的教学态度、专业水平的评价总体情况良好。除（问题 13）的回答均值最低为 2.29 外，其他问题均值均高于 2.7，这反映出教师的职业素养和个人人格特质基本得到学生的广泛认可和普遍尊重。

教师对课堂的控制普遍较强。学生的积极评价大多和“控制”及“关注”两个维度有关，其中第 29 项（学生能够决定课堂活动的形式和内容）得分最低，说明在课堂中教师处于绝对支配的地位，占有最多的教学时间，问题 23 和问题 31 调查结果对应的方差都比较大，可以看出学生在课堂上进行自我纠正，进行自由讨论的观点分歧较大。教师的教学活动对学生的参与及自主学习有显著影响。

九成受访学生均认为，“吸引力”是有效教师最重要的因素。正如一位学生所说，“对老师的喜爱能激发我对学习的兴趣，对课堂更加投入。”另外，“关注”也是影响教学效能的重要因素。学生更趋向于认为，当他们感觉到老师是真的很关心自己的时候，他们会更加专心的学习。

（4）课堂沉闷、无趣，“照本宣科”“死记硬背”得到多数学生的认同。

（二）差异的研究

将样本以地区为单位，随机抽取 100 份为一组，参照学生的学业成绩，针对各维度下的响应是否有显著差异，任意三组进行对比分析。本研究采用 SPSS 21 统计软件对各维度下调查结果进行独立样本 T 检验，其中显著性水平位 0.05，教师控制维度和学生挑战维度的统计结果如表 2-5 和表 2-6 所示。

表 2-5　控制维度下三个组显著差异性检验

T 检验统计量	1 和 2 对比	1 和 3 对比	2 和 3 对比
教师控制维度下各问题	t	T	t
	Sig.	Sig.	Sig.
4. Student behaviour in class is under control. 学生的课堂表现是在（老师的）掌控之中的	− 2.873	− 2.885	0.111
	0.005	0.004	0.912
5. I hate the way that students behave in class. 我不喜欢学生在课堂上的表现方式	− 1.860	− 4.420	− 2.864
	0.065	0.000	0.005
6. Student behaviour in class makes the teacher angry. 学生在课堂上的表现让老师很生气	− 3.627	− 5.476	− 1.654
	0.000	0.000	0.100
7. Student behaviour in class is a problem. 学生在课堂上的表现有问题	− 3.821	− 5.472	− 1.284
	0.000	0.000	0.201
8. My classmates behave the way my teacher wants them to. 我的同学按照我的老师想要的方式去表现自己	− 1.358	− 3.800	− 2.307
	0.177	0.000	0.022
9. Students in class treat the teacher with respect. 学生在课堂上尊重老师	1.271	− 0.912	− 2.438
	0.206	0.363	0.016
10. Our class stays busy and doesn't waste time. 我们的课堂安排很紧凑，不浪费时间	− 0.399	− 1.033	0.169
	0.691	0.303	0.866

表 2-6　学生挑战维度下三个组显著差异性检验

Items that indicate a statistically significant difference	between class 1 and class 2	between class 1 and class 3	between class 2 and class 3
16. My teacher asks questions to be sure we are following along when s/he is teaching. 我的老师提出问题确认我们在跟着她/他的思路走	—	—	Yes
17. My teacher asks students to explain more about answers they give. 我的老师让学生更多地去解释他们所给出的答案	—	Yes	—

续表 2-6

Items that indicate a statistically significant difference	between class 1 and class 2	between class 1 and class 3	between class 2 and class 3
18. My teacher in class accepts nothing less than our full support. 我的老师接受我们的全力支持	—	Yes	Yes
19. My teacher doesn't let people give up when the work gets hard. 当所学的内容变得越来越难的时候，我的老师不让学生放弃	Yes	Yes	Yes
20. My teacher wants us to use our thinking skills, not just memorise things. 我的老师想要我们运用思考技巧，而不仅仅只是记忆	Yes	—	Yes
21. My teacher wants me to explain my answers - why I think what I think. 我的老师想要我解释我的答案—我为什么这样想	—	Yes	—
22. We learn a lot almost every day in class. 我们几乎每天在课堂上都会学到很多	—	Yes	Yes
23. We learn to correct our mistakes in class. 我们在课堂上学会如何改正自己的错误	—	Yes	—

表 2-7 学生挑战维度下三个组显著差异性检验

T 检验统计量	1 和 2 对比	1 和 3 对比	2 和 3 对比
学生挑战维度下各问题	t	T	t
	Sig.	Sig.	Sig.
16. My teacher asks questions to be sure we are following along when s/he is teaching. 我的老师提出问题确认我们在跟着她/他的思路走	0.962	− 1.304	− 2.335
	0.338	0.194	0.021
17. My teacher asks students to explain more about answers they give. 我的老师让学生更多地去解释他们所给出的答案	− 1.315	− 2.926	− 1.774
	0.191	0.004	0.078
18. My teacher in class accepts nothing less than our full support. 我的老师接受我们的全力支持	− 0.022	− 4.652	− 4.780
	0.983	0.000	0.000
19. My teacher doesn't let people give up when the work gets hard. 当所学的内容变得越来越难的时候，我的老师不让学生放弃	2.331	− 3.060	− 5.485
	0.021	0.003	0.000
20. My teacher wants us to use our thinking skills, not just memorise things. 我的老师想要我们运用思考技巧，而不仅仅只是记忆	3.892	− 0.069	− 4.674
	0.000	0.945	0.000
21. My teacher wants me to explain my answers—why I think what I think. 我的老师想要我解释我的答案——我为什么这样想	0.652	2.539	1.967
	0.515	0.012	0.051
22. We learn a lot almost every day in class. 我们几乎每天在课堂上都会学到很多	− 0.571	− 3.861	− 3.455
	0.569	0.000	0.001
23. We learn to correct our mistakes in class. 我们在课堂上学会如何改正自己的错误	− 1.110	− 3.867	0.057
	0.269	0.000	0.954

学生对于所有问题的答案的标准差都比较大（0.947 ~ 3.395），这意味着教师对于某些问题的处理方式由很大的区别，比如教师是否会检查以确认学生是否真的掌握了所学的内容。

结果显示，各组在和“协商”有关的项目中呈现明显的差异。对比学生的学业成绩可以发现，协商程度较高的样本（如老师希望我们分享自己的想法、老师让我们思考而不是死记硬背）学生的学业成绩表现较好。“我喜爱我们的学习方式”“课堂紧凑不浪费时间”与学生的学业成绩成正比。如果第 24 项（课堂不能吸引我的注意力，太无聊了）、第 7 项（学生的课堂表现成问题）和第 6 项（学生的课堂表现让老师生气）得分较低的话，学生的成绩也较低。

十、结论与思考

（一）结　论

近年来由于国家政策的扶持以及教育行政部门不断加大的投入，中国西部农村地区的教师整体素质有了很大的提高。尽管有些地区的教学、生活条件仍然不尽人意，大部分教师还是表现出较强的职业道德感和专业精神。教师的学历基本合格，专业知识基本过关，专业能力还需要提升。良好的制度与政策保障是稳定农村教师队伍、增强教师专业发展内在动力的关键，形式丰富的教师培训使教师专业的持续性发展成为可能。

教师对学生的吸引力和关爱是影响教师效能的重要因素。研究发现，良好的教师特质包括温暖、友善、善解人意，负责、高效、有纪律性和充满激情、有想象力、幽默三类[2]，教师想要提高课堂效率，首先自身要得到学生的接受和喜爱，这一点对于中小学生而言是非常明显的。除了教师的授课技巧以外，一个有效教师需要更多的关爱学生，了解他们的个体差异，让学生感觉到安全和支持的课堂氛围，会让教学富有成效。

调查显示，一些先进的教育理念尚未转化为西部农村教师具体的教学行为。教师对课堂的绝对控制仍然是普遍的现象。不管教师多么的投入，如果不能激发学生自主、探究式的学习，效率终究是有限的。教学的主体是学生，要科学地运用小组合作学习等形式，将课堂还给学生。

教师对于课堂活动的设计能力还有待提高，教学方式单一，信息量不足，是农村中小学课堂缺乏活力的重要原因。教学活动的设计要注重思维过程，符合学生的年龄、性格特点和认知水平，充分利用信息技术等手段，让课堂鲜活、丰富起来。

教师究竟需要具备哪些人格特质才能算是一个好老师？我们知道教师有传道、授业、解惑的职责，在一个班级中，教师不只是扮演教学者的角色，还要负责学生的生活、训育、辅导各方面的工作，也就是说除了教学者之外，教师还扮演了辅导员或谘商员、社会工作员、协调者、沟通者、调查者、仲裁者或法官、控制者、顾问、朋友、咨询者、协助者、监督者、酬赏分配者和关系促进者等角色。因此，要成为一个优良的教师，必须具有心胸开放、敏锐、客观、真诚、非支配性、积极关注、沟通技巧、自我知识、尊重等人格特质。

成功的班级经营牵涉很多因素，然而，有怎样的老师，就有怎样的学生（班级），因此班级经营是身为教师不可忽略的重要课题，教师能有效的处理班级中有关人、事、物等的问题，才能有效的达到教育目标。教师的效能信念可作为预测其实际在班级经营时表现的行为，只要了解教师对其效能的知觉判断，便可区别教师的有效性及其对教师表现在班级经营中的实际行为的影响，因此教师效能的高低，一方面展现教师本身教学能力表现的程度，另方面也是影响班级经营成功的关键因素。

教师效能是学校效能的基础，教师效能是预测学校效能的重要指标。学校效能，如强势的行政领导、学校气氛、高度期望等，有助于学校成员或学生良好的成就表现。

身为教育工作者的每个人，都应致力于本身的教师效能提升，学校效能才能因之而全面提升。学校效能提升了，个人在高效能的学校中服务，也才能从中获得工作乐趣及成就感，换言之，学校的进步发展，教师个人才能发挥所长，尽情施展其教育理想及抱负的机会与空间。

（二）思　考

1. 教师个人方面

（1）加强教育知能进修，提升一般教学效能感。
（2）结合企业与学术，创造双赢局面。
（3）乐于教学，肯定自我。
（4）善建人际关系，善于解决问题。

2. 学校方面

（1）加强应聘教师审查，鼓励现任教师进修。
（2）奖励教学认真及绩优教师。
（3）加强沟通协调，充实教学设备。
（4）尊重教师专业自主及发挥教师专业能力。

3. 教育行政主管机关

（1）定期举办教学观摩、研究成果发表及研习会。
（2）制订教师权利与义务及进修办法。
（3）鼓励研究，奖励优良教师，提升教师形象。
（4）提高教育机关行政效率。

4. 有效能学校之特征

（1）强势的行政领导
（2）和谐的学校气氛和良好的学校文化
（3）重视学生基本能力的习得
（4）对学生有高度的期望
（5）教师有效的教学技巧
（6）经常督视学生的进步
（7）教职员的进修与发展
（8）妥善的学校环境
（9）社区、家长的参与和支持

接下来是一个有趣的实验（见表 2-8），你可以用笔试勾看看，计算一下分数。

表 2-8　实验

序号		同意	不确定			不同意
1	如果班上某位同学上课时间捣蛋，我想我能够有办法立刻去阻止他。	5	4	3	2	1
2	只要我愿意尝试,就算是最难教的学生我都能教好他们。	5	4	3	2	1
3	如果我的学生不能完成我所指定的作业时，我能判断是否指定作业的难度太难，以致他无法达成。	5	4	3	2	1
4	发现班上某位同学对于我所指定的作业有困难时，我通常会调整适合他程度的作业。	5	4	3	2	1
5	如果班上同学不能够记住或了解上课的重点时，我能安排课前预习作业，使学生在下课中有好的学习表现。	5	4	3	2	1
6	当某位学生的学习表现较平时为佳时，都是因为我使用较佳的教学方法所造成。	5	4	3	2	1
7	当我使用较有效率的教学策略时，通常班上同学的学习表现会普遍提高。	5	4	3	2	1
8	当学生表现较平时好，多半是我的功劳。	5	4	3	2	1
9	因为我很清楚传授的步骤，所以学生对于一个新观念习得能够非常快速吸收。	5	4	3	2	1
10	大体而言：学生的学习成就和他们家庭背景息息相关。	5	4	3	2	1
11	如果学生在家中父母都无法管束，自然也不会接受我的管束。	5	4	3	2	1
12	好的教学能够克服学生在家中所习得不良的经验。	5	4	3	2	1
13	在课堂上的时间那么短，根本无法去影响一个学生。	5	4	3	2	1
14	对于一位学生成绩的好坏，是他们自己愿不愿意读，教师能影响的实在有限。	5	4	3	2	1
15	纵使一位教师有好的教学能力和技术很好，但也无法照顾到全班的同学。	5	4	3	2	1
16	如果家长重视关心自己的孩子,我就能够为学生做更多。	5	4	3	2	1

第三节　西部农村小学生分析

在我国，小学生的一般年龄为 6～12 岁。这一时期又被称作儿童期。小学时期是儿童开始学校生活的起始阶段，是儿童一生发展过程中及其重要的一个时期之一。在这个阶段，儿童需要学习各种基本的技能，为进一步掌握人类的科学文化知识打下坚实的基础，并为今后的可持续发展提供最大的可能。鉴于此，认真探究并详细分析小学生的心理发展能极大地促进小学的英语教学。

一、小学生的身心发展特点

小学生的身体成长状况为他们的心理成长提供了最基本的物质基础。这个阶段的小学生的身体发育处在一个相对较快，也较为均衡的的状态。他们的身高一般平均每年增长 4～5 cm 厘米，体重平均每年增长 2～2.5 kg。同幼儿相比，他们的骨骼已经更加坚固，但是由于骨骼中所含的石灰质仍然较少，在这一阶段他们的骨骼仍然比较容易变形或脱臼。他们身体的肌肉组织已经有所生长，但相对中学生和成人来讲，还是不够强壮，缺乏耐力。在此基础上发展的大脑及高级神经系统同婴幼儿时期相比已经有了很大的发展，但还需继续成长。这些身体的物质基础就决定了小学生容易疲劳，不可能做到长时间的从事过于激烈的体育活动或者是长时间的脑力劳动。

到了小学阶段，在系统的学校教育的影响下，小学生的认知能力发展得到了长足的发展。他们的注意也从无意注意占据优势地位逐渐发展到有意注意占据主导地位。随着年龄的不断增长和大脑的不断成熟，他们的内抑制能力不断地得到发展，再加上教学上的要求和教学过程中的训练，小学生能够逐渐加深对自己的角色与学习的意义的了解，他们的有意注意也就逐渐得到了发展。到了五年级的时候，小学生的有意注意已经基本占据了主导地位。但他们的注意范围较小，注意的集中性和稳定性以及注意的分配和转移能力都还不够稳定，都需要进一步提高；他们的方位知觉、空间知觉和时间知觉在小学阶段也不断地得到发展。随着年龄的增长，他们的知觉的有意性、精确性都逐渐得到增强。在低年级阶段，小学生的知觉具有很强的无意性、精确性也较低等特点，在学习的过程中主要表现为容易在学习中分心，容易混淆形近字。而到了高年级时，随着他们知觉的有意性、精确性的大幅提高，他们能够更加细致有序地对事物进行观察，学习的时候注意力的集中度和精确性都相应地提高了很多。随着他们认知能力的发展特别是吸纳他人观点的能力的发展，儿童已经越来越能够学会从他人角度来看问题，他们的情感体验也日复一日地变得深刻。

小学阶段，小学生的记忆能力也已经得到了迅速的发展，已经逐步地从以机械记忆为主的记忆发展到了以意义记忆为主，也从最开始的完全不会使用记忆策略和方法的状态发展到了能够主动运用策略和方法来帮助自己进行有效记忆。他们的记忆也从具体形象记忆为主逐步过渡到了词的抽象记忆能力的记忆为主。小学生的思维逐步从低年级的以具体形象思维为主逐步发展到高年级阶段他们学会区分概念中本质的东西和非本质的东西，尽管他们这个时候的抽象逻辑思维还不能脱离直接经验和感性认识，他们的思维仍具有很大程度的具体形象性。四年级，即 10 到 11 岁这一段时间是小学生思维发展的“关键年龄”，是他们的思维从具体形象思维向抽象逻辑思维过渡的“质变”期。随着小学生的思维的不断发展，他们的思维的深刻性、灵活性、敏捷性、独创性都会随着他们年龄的增长而增强。

在小学阶段，小学生情感丰富但不善于控制自己，意志薄弱且受暗示性强，动机和目的的被动性和依赖性都很强，且不善于反复思考和计划。对道德知识的理解，会从比较肤浅、表面的理解逐步过渡到比较准确的、本质的理解。在小学阶段，小学生也会逐渐发展起他们自己的道德认知能力，会从婴幼儿时期的只注重行为的后果逐步过渡到能够比较全面地考虑动机和结果。但就整个小学阶段而言，这种理解的具体性和概括性都还欠佳。比如，他们会分不清勇敢和冒险的区别，也搞不清楚谨慎和胆怯的不同。在道德原则的把握上，他们会从简单地依赖社会和他人的规则逐步过渡到受自己内心的道德原则约束。在小学阶段，儿童的道德认识和道德行为、言行基本上是协调一致的。而且是年龄越小，言行越一致；随着年龄的增长，他们的日常学习和生活中就会出现言行脱节、能说不会做的现象。导致这种现象的原因较为复杂，主要有模仿的倾向，成人的要求不一致，外界不良因素的干扰以及自控力差等。这种出现在小学生身上的言行脱节的现象是正常的，是需要教育者理解和加强辅导的问题。

在小学阶段，小学生的社会性也得到了充分的发展。从入学开始，他们的社会关系就发生了重要的变化，他们同教师和同学每天在一起的时间多达八个小时左右。小学生和老师之间的师生关系、和同学之间的伙伴关系对他们对学校的适应能力会产生极其重要的影响，这会对小学生的学习兴趣，对学校和班级能否产生归属感、他们情绪、情感的发展、个性以及学业的成败和技能的学习效果产生重大的影响。

总的来说，小学阶段，小学生的心理发展迅速，尤其是在智力和思维能力方面。小学时期是一个发展智力的好时机。小学时期是帮助小学生发展和谐个性、良好品德及社会性的大好时机。这个时期的小学生的心理发展是开放的，比起逐渐成熟起来的青少年，小学生的心理发展和变化具有较大的可塑性，成人与儿童之间较为容易沟通，能够很容易地在师生之间和亲子之间营造融洽的关系，是成人了解儿童真实心理活动的绝佳时期，也是培养儿童良好心理品质与行为习惯的好时机，可以有效地加以利用来进行有的放矢的教育。

二、各年级小学生的心理特点

一年级的小学生刚入学不久，对小学生活有新鲜感，对学习有好奇感，却又不习惯，一时难以适应学校生活。他们很难做到专心听讲，独立完成家庭作业；他们很乐意和同学接触、交谈却不懂怎样礼貌地与人交往。有些小学生还表现得比较自私。他们特别信任老师，相信老师的话，在意老师的行为和评价。还有很多人生活还不能完全自理，也没有养成劳动的习惯，对父母的依赖性还很强。他们的注意力还不太容易集中，情绪变化也无常，容易疲倦。他们行为摇摆不定，不善于控制自己，容易冲动，对周遭的事物也特别敏感，有极其强烈的成功的喜悦感和失败的痛苦感。他们大多都有当好学生的愿望，但因为不熟悉学校的生活，不了解学校的常规，因此常常会在无意中做错事。他们好奇、好动、喜欢模仿，他们的思维常常是直观的、具体的、形象的。

到了二年级学生，他们已经基本上适应了小学的学习生活，了解了学校的规章制度，懂得了日常的行为规范，并且愿意努力去遵守。对上课听讲、完成作业、遵守公共秩序，尊敬师长、简单的自我服务性劳动等方面有了一定的认识，但从总体上来说，他们对这些常规的认识不够深刻，动作不到位，行为也不够规范。他们开始习惯过集体生活，喜欢和小伙伴一起开展活动。他们已经开始有了一些自我控制的能力，喜好表现自己，有了一定的竞争意识和上进心，开始有了近期的奋斗目标，都想争取成为好学生，并希望参加少先队的一切活动。这一时期，他们仍表现的好奇、好动、好模仿，他们的思维仍是直观的、具体的、形象的。

三年级学生的思维正处于从形象思维到抽象思维的过渡时期。尽管他们具有了一定的抽象思维能力，但他们的思维仍旧是以形象思维为主，他们的模仿性强，但是非观念淡薄。他们的想象能力也正在由模仿和再现向创造过渡。他们的集体主义感情有所发展，良好的道德品质也正在形成，但都极不稳定。他们容易冲动和爆发，不善于控制自己，不会考虑行为后果。虽然他们已经能够从事一些需要一定意志力支配的工作，但他们的意志库还很薄弱，自觉性、主动性、持久性都较差，遇到困难和挫折的时候，他们往往容易产生动摇。三年级学生的自我意识已经有了逐步的发展，他们逐渐学会道德原则的评价标准，评价能力也开始发展起来了，往往能够提出自己的见解，但他们还不善于全面地去评价一个人的行为和表现。尽管他们的道德感、正义感都已经开始萌芽，但他们的道德认识水平仍处于较低的水平，辨别是非的能力也不是很强，还很容易受到来自外界的影响。

四年级的小学生处于由儿童期向少年期转变的过程中。他们的独立意识开始增强，已经不再单纯地满足于听老师的话，被动地接受课堂教学。他们爱着课外书，对自然现象和社会现象产生了兴趣。同学之间在学习上会出现较为明显的差距，他们的兴趣爱好在这一时期也会产生分化。他们对集体生活已经比较熟悉和习惯，愿意参加集体活动，也逐步树立起了集体荣誉感，并有了广泛交友的愿望。他们的活动范围较以前扩大了，接触社会的范围和程度也比以前多了，但看问题仍然比较幼稚，常常分辨不清复杂的是非，了解日常生活的基本准则，但往往不能做到自觉地去执行，自控能力较差。

开始进入少年期的五年级学生的身心的发展都正处在由幼稚趋向自觉，由依赖趋向独立的半幼稚半成熟交错的矛盾时期。他们认识并掌握了一定的道德观念，开始关注周遭的社会现象并且开始形成自己的独立见解，但他们的见解因极易受外界影响而时常发生变化。他们的道德感情开始变得多变而且不再会轻易外露。他们开始用一定的道德标准来评价人、事或社会现象，但仍具有片面性。他们已有的行为习惯日趋稳定，但对新提出的行为要求他们则容易出现知行脱节的情况。他们的第二信号系统已经开始占据优势，求知的欲望和能力以及好奇心都有所增强，开始思考、追求、探索新鲜事物，学习的兴趣更为广泛。同学间已经开始进行简单的个人交往，这种交往往往是偏重于情感而不分是非的。他们的自我意识开始有所发展，开始注重穿着打扮，自尊心进一步增强，日趋强烈地要求自主性，但仍然缺乏自我约束的能力。

到了六年级，他们虽然对学校和老师充满了感情，但已经开始不满足于小学生的生活了，向往进入新的更高一级的学习环境。他们的独立意识和成人感都开始增强，不再希望老师家长把他们当小孩对待，但他们在独立处理人际关系和其他实际问题时还是很不成熟，还需要成人的指导和帮助。他们更为广泛地接触社会，吸取的信息也较以前多了很多，对社会现象和国内外新闻也比较关心，但选择和处理信息的能力还不够强，还不能够进行正确的判断和辨析。他们敬仰英雄和名人，爱抄名人名言，想当英雄，但在日常生活中却又缺少克服困难的勇气和意志。他们对小学生的日常行为要求比较熟练，但又会觉得不屑去做或者是不能坚持去做。这一时期，同学间在学习上的差距已经表现得较为明显，部分同学会在学习上松劲或者出现厌学情绪。

三、小学生身心发展与语言学习

从上述对小学生的身心发展的特点的详细分析中，我们不难看出在进行语言教学的过程中，小学教师需要了解和掌握小学生注意力发展的特点，在上课的过程中讲授的内容，难易要适当，要做到让学生既能听懂又有新意。这样才能引起小学生的学习兴趣，帮助他们保持对学业的注意。在处理教材中的重点、难点时，教师应针对小学生的身心发展特点，注意运用具体生动的教学方法，充分利用直观的教具，生动形象的语言，抑扬顿挫的语调并配以适当的表情和手势，把简单的内容变为容易的内容来吸引儿童的注意。而对于在教学中必须要重复的东西，比如课文的熟读、同一类题的反复练习等活动，教师就有必要采用灵活多变的方法来保持其新颖性。在教学过程中，教师还应尽量减少与教学无关的对象或活动的刺激，避免分散儿童的注意力。教室的布置要相对稳定。运用直观教具的时候，必须要淡化背景材料，选择恰当的出示时间。教师的服饰、发型也不宜过于耀眼。有的教师换了新貌可以在上课前先在学生面前“亮亮相”，有效地减弱学生上课时对学生注意里的分散作用。课间休息时，不宜让学生做激烈的或竞赛性的游戏活动，以免他们因过度兴奋而不能及时将注意力转移到课堂上来。在学习或其他活动中，教师要结合教材本身和儿童的知识及生活经验，提出具体的目的、要求、内容及具体方法，让学生切实地感受到集中注意对完成活动的重要性并懂得如何正确地组织自己的注意，切忌空洞抽象的说教。在平时的教学中教师可以运用一些直观的、及时的奖励来对学生进行及时的激励，来让他们体验到自身学习的成功乐趣，以此来激发他们的学习动机。教师要注意运用无意注意与有意注意转换的规律，让学生在有目的的学习活动中，快乐地学习高度集中注意。

鉴于情绪状态对记忆效果的影响至关重要，教师应在教学中应尽力为儿童创设愉快的教学环境，提倡情境教学以激起他们的愉悦的情绪，提高他们智力活动的积极性来提高他们的学习的兴趣，使他们的记忆达到最佳的效果。入学不久的低年级儿童，在想象时往往容易离开想象的目的，离开主题，根据自身过去的经验进行自由联想。他们在讲述时也常常根据自身的经验添枝加叶，想出许多在原文里或事件里没有的东西。到了高年级，他们智力活动的控制能力增强了，能围绕主题进行想象。他们的想象从很具体的、直观的想象向有一定的概括性、逻辑性发展，想象所凭借的依托物也由实物演变为了词语。这就要求教师在教学中要充分创造条件，采用多种手段，丰富儿童的表象和言语。教师要充分利用直观教具和形象化的材料，要经常组织学生各种活动，广泛接触各种事物，然后进行仔细地、全面地、准确地观察、比较、分析和综合。想象是通过言语形式加以表现的，因此，言语与想象的发展关系密切。只有言语发展达到一定水平，儿童的想象才可能从形象的水平提高到符号水平，也才可以变得更加深刻，更具概括行和逻辑性。教师要注重运用丰富、优美、正确、清晰、生动形象化的言语来描绘事物。这不仅可以唤起学生的想象，还可以让他们真正感受到如何使用言语来表现想象。这对提高学生言语表达能力，发展学生的想象能够起到潜移默化的作用。

小学生的身心发展特点也决定了他们在早期的英语语言的习得过程中占有极大的优势。心理语言学家莱尼伯格提出了语言学习的关键期假说后，引起了无数争议，其焦点是儿童学习外语是否比成人存在优势以及对临界期年龄的界定。到了 20 世纪 70 年代末，克拉申等人首次对语言学习的“初始速度”和“最终水平”进行了区分。他们认为语言有不同的组成成分，包括语音、词法、句法和语义等等，习得各个部分的难易程度是不同的，方式也是各异的。成年人在二语习得中在词法和句法的习得方面具有初始速度的优势，但他们二语习得的最终水平是随着开始学习的年龄的加大而逐渐呈现负相关的关系的。自此，儿童二语习得的优势得到了普遍的认可。

同成人相比，儿童学习英语主要有如下优势：从生理方面来看，研究表明，人的大脑两侧随着发育的成熟会分别被赋予不同的功能，这就是人脑半球的侧化现象。最终，人类的语言、智力、逻辑和分析的功能会逐步被侧化到左半球，而情感等社会功能则会被侧化到右半球。但在青春期到来前，大脑中主管语言的区域仍处在不断的发展变化之中，语言中枢还没有最终定位，大脑的左右两个半球都能参与到语言学习的过程中来。同时，儿童的发音器官柔软，他们的声带、唇、舌等运动神经都有很大的可塑性。接触母语外的另外一种语言可以给予他们的神经系统以一种完全不同的刺激，促进其发展，并有利于今后的外语学习；从心理方面来看，在第二语言的习得过程中，青春期或青春期后的习得这往往都是循规蹈矩、患得患失的，因为怕被嘲笑而不敢轻易地使用英语来表达自己的观点，从而限制了他们英语学习的灵活性和创造性。而小学生多数都还没有产生这种保护自己的心理防御机制。越是年龄小的孩子越是敢于大胆地用英语来表达自己的观点。儿童的第二语言的习得和成人的过程是不同的。儿童主要是像习得第一语言一样习得第二语言。依赖于语言习得机制，儿童可以在轻松随意的氛围中自然而然地习得语言。随着年龄的增长，人们的这种利用语言习得机制的能力会逐渐降低。儿童的认知水平还处于发展阶段，他们在习得语言的时候都意识不到自己是在学习语言，而这种无意识的状态恰恰是第二语言习得的先决条件。应用语言的时候，儿童看的是它能用来干什么，而不是它是什么，只要能够表达出一丝就行。而且由于他们的大脑功能还没有固化，他们短时记忆强，接受新事物也相对成人快。

四、智力因素和非智力因素与语言学习

一般认为，智力因素包括六个方面：注意力、观察力、想象力、记忆力、思维力和创造力。相对智力因素来说，非智力因素指的是与认识没有直接关系的情感、兴趣、性格、意志、需要、动机、目标、抱负、信念以及世界观等。《新课程标准解读》指出要关注学生情感、态度、价值观的发展，把学生的情感态度的培养渗透到学科教育和教学之中。从基础教育阶段英语新课标的理念和任务来看，我们也不难发现现今的英语教学已经从重视基础知识，注重学生智力因素的开发转向了更为关注学生的学习兴趣、情感、态度和习惯等非智力因素。Jakobovits 就曾经做过一项调查，调查结果显示英语学习的主要因素是：动机占 33%，才能占 33%，智力占 20%，其他占 14%。由此可见，非智力因素才是学生学习活动的有实现的真正动力所在。达尔文就曾经说过，他之所以在科学上取得了成功，最重要的就是他对科学的热爱，对观察的搜索，以及长期的坚韧的探索以及对待事业的勤奋的态度。在促进儿童智力因素发展的同时，教师可以在非智力因素上多做文章，尤其是在小学生现有智力的发育情况下，情感、意志、兴趣和态度等非智力因素就成为了决定他们学习活动的十分重要的因素。要想给儿童的发展提供最大的可能，非智力因素不容忽视。智力因素同上面谈到的小学生的身心发展有着密切的关系，已经详细论及，在这里就不作赘述了。在人才的成长过程中，非智力因素有着不可忽视的作用，值得我们重点关注。在小学英语教学中，我们应该充分挖掘

非智力因素，帮助学生从厌学的状态中解脱出来，逐步形成想学、乐学、勤学、会学到学会的良性循环。

秉承这一理念，小学英语教师要竭尽一切努力，帮助小学生对英语学习产生浓厚的兴趣。有了兴趣以后，学习才可能对学生来说不是负担。兴趣能够让他们全神贯注、积极思考，获得身心的极大愉悦。不仅如此，在这种心理状态下学到的知识，往往都掌握得很迅速，记忆得很牢固。当兴趣成为一种需要的时候，学生就能够逐步延迟主动学习的良好习惯；续写动机在设计教学的时候，可以多多运用与小学生生活密切相关的事物。由于熟悉，没有了陌生感，他们就可以很容易地融入到课堂英语的学习环境中去。由于爱玩是孩子的天性，加之小学生的身体发育情况也决定了他们的注意力集中的时间极为有限，教师在带着他们学习单词和句型的时候不妨通过大量形式多样的游戏结合小学生的生活创设真实的交际环境来开展教学。在游戏的过程中，他们通过大量的听觉输入、反复的语言感受，加深了对英语的直接印象，在轻松和谐的语言环境中学会了单词和句型。学到的单词和句型马上就可以在课后的真实生活场景中得到应用，由此而产生的满足感将是小学生进一步全情投入英语学习的巨大驱动力。课外作业完全可以结合英语学科作为一门应用语言的优势，充分挖掘他们课后应用英语的机会，使得他们不仅练习了英语，也同时锻炼了交际能力。非智力因素中情感和意志也会对英语的学习产生影响。积极的情感可以帮助学生最大限度地获取语言输入和使用语言的机会，并促进学生对已经输入的语言进行有效的吸收和消化，提升语言活动的质量。消极的情感则会起到完全相反的作用。因此，小学英语教师要充分利用小学生从早上八点多到校，到下午三四点过才放学的超长同老师相处的时间，以及他们那个年龄段特有的单纯可爱的性格特点，在师生之间建立起融洽的关系，让他们最终是看到老师就喜欢，力争早日在师生之间建立起和谐的、美好的人际关系。教师在平时的教学和生活中也要适度的对学生进行表扬、激励，帮助学生形成积极的情感体验，提高他们学习英语的效果和效率，最终达到充分利用各种非智力因素促进他们学习英语的兴趣、质量和持久性等。

五、西部农村小学生的英语语言的学习

西部农村小学生的身心发展除了具有小学生身心发展的共性之外，还因为他们家庭、社会生活环境的特殊性，也存在他们自身的特殊之处。这就要求西部农村的小学英语教师在进行教学活动的时候除了要针对小学生身心发展的共性进行小学英语教学外，还需要密切关注西部农村小学生有别于城市大多数小学生的特殊之处，并在教学活动中作出有针对性的调整，以期最大限度地帮助他们成长。

以 2014 年国培项目参培学员李玉梅老师执教的苍溪中土小学四年级一个班为例。该班共有学生 44 人，其中男生 23 人，女生 21 人，大多数是留守儿童。整个班级缺乏一种浓厚的学习氛围，学生的学业水平参差不齐。大多数学生都没有养成良好的学习习惯，对学习没有多大兴趣，上进心不强。他们书写不规范，也不能做到长时间地集中注意力。作业质量太差、态度欠端正、书写潦草、错误较多、读写能力也较差，多存在拖拉现象。这种情况基本反映了西部农村小学生的现状。由于经济条件的原因，大部分小学生家庭的父母都到外地去打工挣钱去了，留下一个或多个孩子由爷爷奶奶辈的老人照看，每年见父母一两次，有点甚至几年才见一次。由于他们的父母和爷爷奶奶辈的家人文化程度都不太高，辅导孩子学习的能力

相当有限，能给孩子文化学习的提供的文化学习方面的帮助也极其有限。家庭教育对学校教育的补充，家庭教育在孩子成长道路上的作用几乎没法体现出来。较大城市而言，他们接受的生活中方方面面的信息刺激量远低于城市儿童。课堂之外接触英语并在实际的生活中去运用英语进行真实的信息交流的机会可谓少之又少。正如有参加国培项目培训的学员老师所说，他们所面对的孩子几乎都是留守儿童，孩子们除了在课堂能学习英语外，课后是没有机会再接触单词的。因为地处农村，有些小学是到了小学三年级才开始开设英语课程，个别家庭条件好的学生在这之前学过一些简单的英语单词和日常用语，条件差一些的学生特别是留守儿童就从未接触过英语。由于种种条件的限制，农村小学的学生对英语的重要性也认识不够，也会对学习英语的动机和目的感到迷惑，当然也就不会产生强烈的学习英语的欲望了。

农村小学生的英语学习现状和所处的家庭、社会环境等使得农村小学英语老师的独自去面对巨大的挑战，在为确保正常的教学活动的顺利进行，他们还不得不随时肩负一些本该是家庭和社会承担的责任，一切都还任重道远。鉴于农村小学生的这种现状，英语教师可以从下面几点有意识地通过一些浅显的异国文化现象（这些对城市孩子可能已经是见惯不惊的了，而对农村孩子来说还是完全陌生的）结合我们本国文化的实际（要是能够同当地的乡土文化就更好了）来为孩子们打开一扇通向广阔世界的门。相信对农村孩子来说，那些遥远国度的神秘文化会对他们产生巨大的吸引力，这无疑将会激发他们努力学习英语的极大兴趣和动力。在课堂教学中，老师们需要从他们身边去找农村孩子熟悉的，生活中常见的素材，尽量去创设真实的交流环境。在运用教材的内容的时候也需要尽量考虑当地儿童的实际情况，可适当调整教材内容来适应他们的认知。最为难办是课后的学习了。从 2014 年暑期参加国培项目的学员老师提供的信息看，绝大多数农村孩子的家长都没法在他们的英语学习上进行辅导。这个难题的克服也只有老师们在布置课后作业的时候尽可能地考虑到小学生的可操作性，并在自己的下一堂课的复习阶段花费更多的功夫来进行弥补了。总之，尽管农村小学生有他们自己及家庭、社会环境的特殊性，但这种特殊性都是建立在遵循小学生成长发育的共性的基础上的，唯有在尊重基础事实的基础上，充分考虑他们的特殊之处，并在整个完整的教学过程中作出相应的略微的调整，才能给他们的最大发展创造可能。

参考文献

[1] 董燕萍. 心理语言学与外语教学[M]. 北京：外语教学与研究出版社，2006.
[2] 周淑莉. 英语学习起始年龄与英语能力的相关性[D]. 西安：西北工业大学. 2006.
[3] 胡壮麟. 语言学教程[M]. 北京：北京大学出版社，2006.
[4] 章永生. 教育心理学[M]. 石家庄：河北教育出版社，1999.
[5] 李洁. 青少年非智力因素的开发与培养[D]. 重庆：西南大学. 2012.
[6] 尹霞. 提升学生的非智力因素[J]. 新课程（小学）. 2012（02）.
[7] 刘如刚. 小学英语教学中结合非智力因素培养学生良好学习习惯的实践与研究[J]. 基础教育外语教学研究. 2007（Z1）.

第三章

农村小学英语有效教学设计

第一节　农村小学英语语音有效教学设计

语音是基础教育阶段学生应该学习和掌握的内容之一，是口语交际的基础，积极开展语音教学，为学生的终身学习打下良好的语音基础是小学英语教师的重要任务之一，因为作为交际工具的语言首先是有声语言，文字不过是有声语言的记录符号，语音作为语言存在的物质基础，不仅是语言的本质，也是语言教学的基础。语言丢掉了语音，就成了死的语言，它的交际作用将受到极大的限制。如一个人发音不准，语调不顺，听别人谈话或别人听自己谈话，都会有困难。相反，如一个人学好了语音，有了正确的发音，流利的语调，就能运用该种语言进行顺利的交际，即能够准确、迅速地听懂别人的说话，也能够自如地表达自己的思想。著名教授吉姆森说过："说任何语言，一个人必须懂得接近百分之百的语音，而只懂得百分之五十的语法和百分之一的词汇就够了。"这足以说明语音学习至关重要。保林杰（Bolinger）指出："语言就是声音……要学习一种语言必须学会发音。"[1]

英语作为拼音文字，语音更是在很大程度上影响和制约着学习者更高层次的学习，不正确的发音习惯必然妨碍学习者英语水平的进一步提高。语音教学在整个英语教学中既是基础也是制约英语其他各项能力进一步发展的瓶颈，既是外显技能中最基础的一项，也牵制着其他技能的可持续发展。

学好语音不仅是言语交际活动的需要，也是学好英语的基础。在语言三要素中，词汇和语法都是通过语音这个物质外壳表现出来。只有学好了语音，才能准确无误地交流思想，促进语法和词汇的掌握，提高实际使用语言的能力。在教学实践中，我们也发现：语音好的学生，听说读的能力都很强，语音差的学生，听说读往往障碍重重，所以语音是英语教学入门阶段的重点。目前英语学习严重分化的现象和入门阶段是否打好语音基础直接相关。著名英语教育专家胡春洞教授说过："语音是存在的物质基础，英语语音教学是整体教学发展的起点，也是教学的第一关，并始终影响着以后的其他教学。"[2]由此可见，抓好语音教学在英语学习中的重要性，尤其是在学习英语的初期。

但是由于多种原因，长期以来语音教学都是农村小学英语教学的难点，主要的原因是：教学形式单一，枯燥，教师们感到没有灵活的方法呈现，课时不够，学生的基础不好，比如地方口音严重、听力不好，再者教师自身的语音也有困难。由于语音教学比较抽象、单调、机械的教师领读、学生跟读成为学生学习发音和新单词的主要方法，这就产生了两个问题：一是致使大多数学生养成了动口不动脑的习惯，不能参与知识探究的过程，不利于学生自主学习语音和新单词的能力的提高；二是容易使活泼好动、自制力差的小学生产生厌倦情绪。

很多的初中教育在语音教学方面都要从零开始，根本原因是小学英语语音教学不过关，这是一个令人深思和反省的现象。提高小学英语语音教学的课堂效能，成为小学英语教学，特别是农村小学英语教学，一个重点和难点问题，要达到该目标需要从以下几个方面入手：明确小学英语课程标准的要求，有效运用自然拼读法，通过语篇进行整体教学，在帮助学生理解的基础上，提供大量听音、反复模仿实践的机会，改变教学形式单一、枯燥乏味的呈现形式，增强语音教学的趣味性，巧用探究教学法，培养学生的观察和概括总结能力，从而达到举一反三学习语音的目的。

一、明确小学英语课程标准的要求

（一）认真研读小学英语课程标准，明确课标的要求

对现阶段的语音教学进行分析发现，语音教学没有达到课程标准的要求，很重要的一个原因是教师对语音教学的内容和任务把握不够，具体表现在把语音教学的内容重点放在字母、单词及拼读这些方面，而忽视了语调、语流、重音（单词重音和句子重音）、节奏等方面的教学。

语音教学是小学英语教学的重点和难点。小学英语课程标准，明确提出了语音教学的目标：

（1）了解简单的拼读规律；

（2）了解单词有重音、句子有重读；

（3）了解英语语音包括连读、节奏、停顿、语调等现象。

如果仔细分析课标的要求，我们会发现小学英语课程标准对语音教学要求的总体特点是不仅仅追求单音的准确性，相反注重语音的运用的形态，注重语义和语境、语调和语流相结合。而且语音学习并不仅仅是小学阶段的重要任务，还是初中阶段的重要任务，分析初中的课程标准，笔者注意到，初中阶段仍然把语音作为英语语言知识五大块内容之首，其重要性不容忽视。2011 年版课标对五级语音提出了如下四点要求：

（1）了解语音在语言学习中的意义；

（2）在日常生活会话中做到语音、语调基本正确、自然、流畅；

（3）根据重音和语调的变化，理解和表达不同的意图和态度；

（4）根据读音规则和音标拼读单词。

与“实验稿版”相比，原语音要求中的“了解英语语音包括发音、重音、连读、语调、节奏等内容”下放到了小学二级。同时，课标附录 1（P45）中还明确指出：语音教学应注重语义与语境、语调与语流要结合，不要单纯追求单音的准确性。小学英语教学中的语音教学应该全面，包括单音、单词、句子、重音、停顿、连读、失去爆破、语调、节奏等。而小学英语教师要清楚地认识到小学英语教学的目的之一是培养学生的英语语感，培养对听、说的感性认识，这样需要小学英语教师在教学时既要练好单音，又要始终注重在英语语流中练习语音和语调。[3]

1. 语　调

英语是语调语言（Intonation Language），英语的语调在口语中的作用很大，表达说话人的感情色彩和意图。而汉语是声调语言（Tone Language）。在汉语中，语调虽然也有修辞作用，表达说话人的感情和意图，但汉语的词主要靠声调来区分“声母与韵母相拼，再加声调。”如汉语普通话的“轻”“晴”“请”“庆”，拼音 qing 的发音相同，但因声调不同而意义有别。英语的音节只有重读、轻读之分，声调如何，不会改变词义。受汉语限制（其语调基本上呈平稳态势），这一特性会影响学习者掌握夸张起伏的英语语调。

2. 节　奏

英语是以重音计时的（Stress-timed）语言，而汉语是以音节计时的（Syllable-timed ）语言。在英语中，多音节词或语句，总是以重音为骨干，以轻音为陪衬，轻音重音交替出现，形成音乐的节拍感，这就是英语的节奏。英语句子的节奏，是英语极为重要的特征，它既表现和谐的旋律，又能使说话者的说话重点突出、意思分明。如朗读以下 2 个句子，我们会发现，“It is cold in winter.” 和 “Cold winter.” 这 2 句话虽然音节数量不同，但具有相同的重音数量，所以具有大致相当的时间节律。实现这种时间节律，往往需要注意吐词的节奏和连读。而受汉语讲话的影响，学生读单音节词非常准确，但在读多音节词、词组和句子时就漏洞百出了。念这两个语句时，初学者往往会把第一句念得比第二句长，变成了“中式英语”。因为他们习惯于将每个音节都清清楚楚地说出来，发音响度，声调高低都一样，这样的英语就很不地道了。

（二）提高语音教学的意识，注重原声英文的熏陶

有一些教师轻视了对学生在发音、语调等方面的指导，这实际上就是忽视了英语语言的语言特色，没有抓住这一语言的实质，致使很多学生没有形成良好的发音习惯，张口就是“中式英语”的腔调，在对学生的辅导中，应施以潜移默化的影响，多加鼓励，并非一味纠错。小学英语教学中的语音教学很全面，包括单音、单词、句子、重音、停顿、连读、失去爆破、语调、节奏等。而小学英语教师要清楚地认识到小学英语教学的目的之一是培养学生的英语语感，培养对听、说的感性认识，这样需要小学英语教师在教学时既要练好单音，又要始终注重在英语语流中练习语音和语调。教师应进行一定的专门发音训练（如元音归类）。

目前小学英语课堂教学中出现了英音、美音并用的现象，容易使学生出现辨音错误。英国英语（British English）和美国英语（American English）是英语的两种世界性变体。以往，我国的英语教学一直使用的是英国的代表性发音 RP（Received Pronunciation），但近年来，随着现代传播技术的发展、美国文化影响力的增强以及中美人际交流的日益频繁，以 GA（General American English）为代表性发音的美国英语在我国教学界广泛流传。于是，英语教学出现了英、美英语影响、并存的局面。有些教材课本录音带采用了美国发音，但是，有些教师教学时却操英国口音，教师与教材之间出现了发音不一致的矛盾，如 bathroom 和 tomato 的英音和美音发音差异较大，如果在课堂上，学生跟教师朗读时学的是 RP，跟磁带朗读时模仿的是 GA。这样，由于同时接受了两种英语发音，他们的英语交流常常出现一些障碍，如听力练习时，容易出现辨音错误，同时，也容易养成英、美口音混杂的毛病，这与《新课标》所规定的“打好语音语调基础”的要求是背道而驰的。一线教师需要在此方面下功夫，使自己的语音与教材的录音一致。

二、有效运用自然拼读法

（一）自然拼读法的含义

在英国、美国、加拿大等英语为母语的国家和新加坡等地，自然拼读法是小学语文课程

的必修内容，因为大部分英文字（尤其是适合初学者的英语读物中的词汇），都可以直接根据字母（Letter）所代表的音来发音，如 cat，pet，sand，name 等，在具有良好英语语言环境中长大的孩子，只要能把字的音念出来，就很容易联想到该字的拼写，能直接认字或拼字，达到“见词能读，听音会写”的目的。我们所通称的自然拼读法（Phonics），指的就是教授存在英语文字中，字母和发音的对应关系。自然拼读法的基本原理是要求学生掌握代表英语 44 个基本音的字母和字母组合（即这些字母和字母组合在单词中的发音，而不是它们的名称音，如在自然拼读法中，辅音字母 b 代表[b]，而不是读[biː]；元音字母组合 ai、ay 等代表/ei /），以及一些英语拼写和读音关系的基本规律，让学生看到一个英语单词，就能读出来，或者，想到一个单词，就能按照规律拼写出来，即做到见其形，知其音；听其音，知其形。

通过学习字母及字母组合和发音之间的对应关系，不仅仅能够帮助学生学习发音，还能够帮助学生建立单词音与形之间的联系，有效记忆单词，该方法能够使语音教学与词汇教学紧密结合，达到见词能读，听音会写的目的。 语音学习和词汇学习是小学生学习英语的拦路虎，学生在了解了字母和发音及词汇拼写之间的关系后，很容易激起学生对单词拼写的尝试，在尝试拼写中激发他们自主学习的愿望。单词的识记是学好英语的基础，英语课程标准语言知识二级技能关于词汇的目标之一就是“知道要根据单词的音、义、形来学习词汇”，单词拼写过程中，既强化了学生对音、义、形的掌握，也让他们在正确拼写中享受到学好语音知识的快乐。

（二）自然拼读法的优越性

1. 有效利用汉语拼音的正迁移作用

小学低年级（一般从二年级起）的学生已掌握汉语拼音，用拼音朗读和阅读的能力基本形成。由于汉语拼音中有许多音与英语的发音相似，如英语中的辅音与汉语拼音中的声母发音都很相似，汉语拼音的 ao 与英语中的元音/au/的发音基本相同，等等，因此及早采用自然拼读法进行语音教学，就可以利用汉语拼音对音素教学产生的正迁移作用，有效地帮助学生掌握英语字母和字母组合的发音。

2. 避免学习国际音标带来的干扰

国际音标与自然拼读法采用的都是音素（Phonemic）教学，但前者学习 48 个音素，是以另外一套书面符号来代表音素。这对小学生而言，无疑加重了负担。自然拼读法则学习国际音标 48 个音素中的 44 个，是以字母和字母组合来代表音素，学习者只要记忆一套符号（英语字母）即可。这样就可以弥补因学习国际音标而需兼顾音、形两组符号的缺陷。掌握了自然拼读法，小学生就可以不需要借助音标就能认读单词，从而少学一套符号，减轻学习负担。因此，在小学英语教学阶段自然拼读法完全可以取代国际音标的教学。

3. 提高学生学习和记忆单词的效率

教学实践研究发现，自然拼读法是任何年龄、任何学生学习单词最快、最简单、最有效的方法。运用自然拼读法教学，学生只要掌握了单词中字母的发音，学习单词就再也不用靠模仿来记住单词的发音，可以做到见词可读；了解了英语拼写和读音之间的关系，即可利用这些规律记住单词的拼写，做到听音可写。

4. 促进学生的各项语言技能的发展

运用自然拼读法教单词，能够帮助学生认识到单词是由一些单元（字母或字母组合）构成的，也能让他们理解字母的音与形的一致性。研究表明 85% 的英语单词能够通过字母音形对应的规则来拼写。学生在掌握了英语字母的这种音形对应关系之后，就能很快地进行单词的拼读与拼写。英语的拼读能力是阅读能力的基础，当学生拼读与拼写单词的能力达到见词能读，听音能写的程度后，就可以很快地进行阅读教学，在大量的阅读中扩充单词，熟悉语法，培养语感，从而进一步促进听说能力的发展。

（三）怎样把自然拼读法应用在小学英语教学中

1. 巧妙运用 26 个字母的发音进行语音教学

学好字母是学好发音的关键步骤，因为如果学生能够正确发出 26 个字母的读音，实际上学生就已经掌握了 26 个发音音素，因为这些字母包含了 26 个音素，如学会了字母 A，则学会了音素[ei]，学会了字母 B，就学会了[b]和[iː]2 个音素，依次类推。在教学中，为了避免增加学生的学习负担，建议不呈现音标，只教读音素的发音。很多老师在大学学习时是通过音标学习读音的，所以习惯了要用音标教读音，这是不必要的。 对于小学生，通过字母和自然拼读法能够有效地学习发音，同时减少学习负担。

2. 系统地教授字母及字母组合读音的规律

运用自然拼读法教学的第一步就是让学生掌握代表英语 44 个基本音的字母和字母组合。除了 26 个字母的读音外，这些字母音可分为两大类：辅音和元音。辅音包括单辅音（p，d，k...）、辅音字母组合（ch，sh，th...），元音包括短元音（a，e，i...）、长元音（ai，ee，ie...）和其他元音（er，or，oi...）等。教师在教学前应拟定一个计划，决定这些字母的教学次序。一般按照先辅音后元音的顺序进行，因为学生有了汉语拼音的基础，学习辅音是较为容易的。

Lloyd（1992）建议将字母音分为七组，即：

（1）s，a，t，i，p，n

（2）c/k，e，h，r，m，d

（3）g，o，u，l，f，b

（4）ai，j，oa，ie，ee，or

（5）z，w，ng，v，little oo，long oo

（6）y，x，ch，sh，voiced th，unvoiced th

（7）qu，ou，oi，ue，er，ar

这种分组方式的优点是：在学完第一组字母音之后，就可进行单词拼读与拼写的练习，如 at，is，pin，sat；也有利于区分一些发音容易混淆的字母，因为 b 和 d、m 和 n 等都不在同一组中。

（二）疑难问题的处理

在运用自然拼读法的过程中，教师们可能会遇到一些困难，下文将分别介绍如何用相对巧妙的方法克服这些困难。

1. 巧用比喻区分字母名称和字母发音

字母名称和字母发音是学习者容易混淆的两个概念，通过巧妙的比喻可以轻松化解，教学者可以用动物的名字和动物的叫声做比喻，例如把小狗比作字母名称，把小狗的叫声“汪汪汪”比作字母发音。例如，字母 P 的名称（letter name）是[piː]，发的声音（letter sound）是/p/。以这样的方法处理，学习者即使是小学生也比较容易分清其中的区别。

2. 长期坚持，应对大量的字母和字母组合的发音

对学生来说学习语音并不轻松，需要学习的字母有多种发音，而且字母组合的量也比较大，学生难以很快掌握。建议把语音教学作为一个长期坚持的教学内容，循序渐进，可以集中学习、分散巩固，或者分散学习、分散巩固。不要期待学生通过一段时间的学习后就能使用，其实语音教学应该贯穿在整个小学乃至初中的学习过程中的。教师认为简单的东西对学生来说并非如此，要意识到这是学生学习英语的难点，难点的东西肯定不能一学就会。

3. 从拼读到拼写，与词汇教学相结合

1）拼读教学

当学生掌握了一组字母音后，即可以进行拼读教学。拼读教学是培养学生见词读音能力的基础。建议拼读学习从两个音的拼读开始，如 ka，shi，me，lu，bee 等，然后再进行三个音的拼读操练，如 cup，ship，job，map，然后再过渡到多音节词的拼读。在学习过程中，为了给学生提供更多体验拼读的机会，教师可用已学的字母组成单词，制成海报，贴在教室的墙壁上，也可将单词印发给学生，让他们自己拼读。经过大量的拼读练习，学生见词读音的能力就能逐渐提高。

2）拼写教学

利用自然拼读法教学的目的之一是要让学生掌握通过其音形一致的规律去记忆单词的方法，而拼写教学就是指导学生了解如何把字母或字母组合的音转变成形。一旦学生掌握了此方法，记忆单词就变得容易多了。拼写教学一般可分为以下三个步骤。

（1）听音。培训者以先快后慢的语速说出一个单词，重复几次，目的是让学生听清单词中所含的音素。在做听写练习念单词时，教师可以有意识地按照音节读出单词，在音节和音节之间做短暂的停顿，帮助学生感受到单词含有的音节数。

（2）辨音。教师以提问的方式引导学生辨明并说出单词中含有的音素。如，第一个音素是什么？下一个音素是什么？最后一个音素是什么？……

（3）写音。当学生能正确说出单词中含有的音素后，教师则开始指导学生把听到的音转变成形，写下来。上述方法已经在成都磨石外国语学校试用过，学生认为听写是一件极其简单的练习，因为他们认为老师已经把所有的音念出来，实际上就是把单词中所有的字母都念出来了。

观察那些掌握较好的学生，他们在单词拼读上的进步很大。主要表现在其对单词认读方面能合理运用一些基本技巧。如：

（1）类推技巧（Analogy Skill）。学生能够通过学习掌握部分字母组合在单词中的发音，碰到新的单词时，如单词中包含有相同的组合，就能把过去学过的发音运用到此，如根据 sheep 中 ee 的发音来类推单词 jeep 的发音。

（2）分析技巧（Analytic Skill）。分析单词中字母或字母组合和发音的对应关系，避免只知其音不知其形。

（3）拼接技巧（Synthetic Skill）。在熟练掌握了读音和字母的对应关系后，能把单词转化为发音，再重新组合拼接这些发音，构成熟悉的单词。这个技巧的掌握对学生的单词拼读能有很大的促进作用。

三、借助语篇，提供大量听音、反复模仿实践的机会

（一）语篇教学与课文理解、模仿和语音学习之间的关系

语篇教学的理念要求教师们需要通过语篇帮助学生充分理解课文，不能够仅仅停留在字、词、句的教学上，在理解的基础上学好字、词、句，在理解的基础上引导学生进行有意义的模仿，学好节奏、语调、韵律、重读和连读。

现代英语教学理论注重语篇教学，注重在情境中进行教学，语篇教学是相对于以词汇和句子结构为中心的教学而言的，目的是要使学生能用目的语来交流思想和获取信息。小学英语教材中的课文、故事、对话、独白、歌曲和歌谣等学习材料都可以称为语篇。为了给学生创造理解的情境，课堂的语音和词汇教学都不脱离语篇和语境。由于语音知识不仅仅包括语音音素，还包括节奏、语调、韵律、重读、连读等知识，在脱离语篇语境的前提下，学生很难真正理解不同语调所要表达的不同含义，也难于学好节奏、韵律、重读、连读等超音位方面的知识。

模仿被看做英语语音学习的有效方法，在英语教学起始阶段，语音教学主要应通过模仿来进行，教师应提供大量听音、反复模仿和实践的机会，帮助学生养成良好的发音习惯。很多学校都会利用录音机等设施进行正音，引导学生对语音的辨析和模仿，触摸语音感觉。语音的掌握主要是通过模仿习得的，加强学生对语音的辨析与模仿的，让其触摸体会语音间的不同，如长短、口型的大小、语调的升降等，是发展学生语言技能的重要途径之一。但是模仿不能仅仅是机械的跟读，特别是节奏、韵律、重读、连读等超音位方面的学习，更应该强调借助不同的语篇，帮助学生理解课文含义，在理解的基础上进行模仿才能够学好语音。

（二）借助语篇进行语音教学的方法

语篇教学的过程归纳为整体—部分—整体—运用，即从篇章到句子，再到词汇、语法点等语言知识点，最后落实到对所学语篇的整体理解。一线教师要学习在语篇教学中融合语音教学，在实际操作中可以通过朗读教学进行渗透，通过语篇上下文的情境，引导学生理解课文，理解如何通过语调和停顿表现课文的内涵；在词汇教学中渗透；在表演活动中巩固。具体说明如下。

1. 声情并茂，在朗读教学中渗透

节奏、语调、韵律、重读、连读等超音位知识的教学特别需要教师结合课文内容进行讲解和训练，通过正确的朗读指导，使学生感受到文字所传达的真情实感，体验到英语语言的

音韵美、节奏美，也体验到文字传达信息的功用。例如，在 PEP 教材“Let’s go to the Zoo”的课文教学中，执教教师特别注意让学生领会到课文中主人公要去动物园的激动心情，在朗读句子“Let’s go”时，应刻意夸张喜悦的表情、热切的双眼、鼓动性地挥舞手臂和使用激动的语气，让学生也受到感染，体会到如何在语调上表达要去动物园的激动心情。

在课堂教学中小学英语的语言教学过于重视学会字、词、句，忽略了帮助学生真正地理解课文，也没有深入地去理解篇章含义，有些教师的课堂教学，甚至公开课，满足于给观课者展示小学生能够会说会用一些词汇和句子，但是没有能够真正地明了课文的内容，对课文内容的理解停留在理解字词的字面含义，学生学习课文似乎只为了认读或者能够写出那些字词或句子，能够达到上述教学目标的英语课堂似乎就达成了教学目标。但是，如果对学生的课堂反应做深入思考，便会发现学生没有真正理解课文含义，也因此而不能有效地进行课文朗读。本章拟介绍一堂小学英语课，该堂课具有一定的典型性。以下是课文内容（括弧内为教材图片或视频内容）：

(Daming and Sam are playing outside. They are happy to share toys. Sam has a toy car and Daming has a new kite.)

Daming：Look，I’ve got a new kite. Have you got a new kite ?

Sam：No，I don’t have a new kite. I’ve got a toy car.

(Sam flies the kite)

Daming：Watch out，be careful with my kite. (Unfortunately，the kite is caught on a tree and broken.)

Daming (sad)：Oh，my kite，my kite.

(Then,Sam’s sister comes over.)

Sam：Here is my sister. She can fix the kite.

Sister (tries to fix the kite)：I am sorry，I cannot fix the kite. Now，we don’t have a kite. We’ve got a jigsaw puzzle.

All：Haha，haha.

该堂课在常规的教学之后，教师请学生拿着书本进行角色扮演，认读课文对话，笔者特别注意观察了学生的朗读情况，发现学生的朗读有一定的困难，对字词不能够读得很正确只是其中一个问题，学生在朗读中无法读出儿童拿了新玩具在外玩耍的快乐心情，也听不出大明的风筝挂坏后的难过心情，尤其是最后的笑声非常勉强，听起来很像冷笑声。笔者认为造成这个结果的根本原因是教师没有帮助学生真正体味对话的含义，没有理解对话中的幽默，学生没有意识到 kite 和 jigsaw puzzle 之间的联系。那么是否学生的年龄偏小，无法理解其中的幽默？为了确定该质疑是否有说服力，一个偶然的机会，笔者见到一个年龄相仿的小学生，他在过去的 2 年曾随父母在新加坡生活学习，笔者很随意地向该学生讲述了以上的课文内容，该学生发出了很会意的笑声。由此，我们可以断定，在前文所述的课堂教学中，教师没有很好地帮助学生理解文字的魅力，课堂朗读的表现才会差强人意。因此，笔者建议教师的教学要借助语篇，帮助学生真正理解课文内容，唯如此才能够帮助学生在一定的语义和语境中，学会通过语言表达不同的情感，语调表达才能够正确。

2. 以旧带新，在词汇教学中渗透

在学生理解了课文的整体含义之后教学单词 jeep 时，可以先复习 sheep，然后将 sh 改为 j，这样学生就会产生音形之间的联想，然后在单词旁画上一辆吉普车，表示所学单词的含义，一个词的音、形、义很自然地结合在一起，学生也会很快地掌握新词 jeep。

3. 手舞足蹈，在表演活动中巩固

玩演视听是小学英语教学的一大特色，学生在表演的过程中能够比较充分体会角色的性格和心情，能够和角色产生同理心，也希望从语言上表达出角色的喜怒哀乐，教师在表演活动中应当好导演，启发学生正确理解角色的心情，以正确的节奏、语调、韵律、重读、连读说出角色的台词，学生能够在表演活动中巩固对语音超音位知识的理解和应用。

（三）利用情境，创设情境

1. 利用情境

对于语音教学，教师和学生都会有感到困难，其中一个重要的原因是呈现方式单一，枯燥，没有上下文，没有情境，所以教师和学生都会感到吃力。为了改变这一现状，国内外语言教学研究机构开发出了不少可以为教师所用的教学资源，教师们可以广泛运用已经开发出的卡通微电影或漫画。由于在英国、美国、加拿大等英语为母语的国家和新加坡等地，自然拼读法是小学语文课程的必修内容，这些国家早已开发出很多带有情境氛围、用于语音教学的卡通微电影或漫画，完全可以用做教学资料，也可以针对中国学生的情况，适当进行改编用于小学英语课堂。这些语音教学网站在内容的设计上尽可能为学习者提供和所学发音有关的语境，使语音学习与情境紧密结合。

美国华特迪士尼公司下属的迪士尼英语培训机构开发了活泼可爱的自然拼读法学习单词发音的卡通节目，在节目中，所有的字母都变成了有生命的“字母人”，长着可爱的眼睛和会跑会跳的脚，他们会发出自身的本音，并跟着其他的“字母人”在一起组合成新的发音。http://www.starfall.com 和 www.baobao88.com 都是面向儿童的自然拼读法语音学习网站，开发了系统的学习课程，配有非常富有童趣的学习活动。例如，为了帮助儿童学习字母 e 在单词中的发音，网站设计了一个叫 Peg 的母鸡形象，表现母鸡 Peg 在某一天的活动，首先屏幕上会出现一个蹦蹦跳跳的字母 e，同时画外音读出其发音，之后所呈现出来的句子讲述了一个完整的故事，而每个句子都含有字母 e 的单词，同时配有生动的漫画，学生很容易通过漫画猜测出 Peg 的活动，如 Peg is a red hen.（画面上的 Peg 穿着大红色的衣服。）Peg gets set to go.（画面上 Peg 正带上帽子准备出门。）Pet gets in a green jet.（画面上 Peg 坐上绿色的飞机。）The jet is fast.（画面上的飞机快速飞行着。）Pet gets wet.（画面上的天空下起了雨。）The jet gets in a web.（画面上的飞机突然撞上蜘蛛网。）Peg falls and falls.（画面上的 Peg 正从天上掉下来。）Peg falls into bed.（画面上的 Peg 最后掉到了自己的床上。）在点击进入下一个画面之前，画外音都会念出字母 e 的读音，学生能够在快乐的情境中自然而然地学会发音。类似的微电影和漫画资料还有很多，非常适合小学英语教师借鉴使用。

2. 创设情境

教师还可以和学生一起创设很多有趣的情境。创设情境可以由老师独立完成，也可以教师与学生共同完成，笔者更赞成师生共同完成。首先，教师和学生可以采用头脑风暴的形式把所有与当天所学字母具有同样发音的单词汇聚在一起，然后通过联想造句，把这些单词串成句子，甚至段落。

例 1，关于发短音的字母 a 的学习，师生通过头脑风暴，共同收集到如下单词：bag，hat，apple，ant，black，rat，dad，cat，在学生小组活动的共同努力下创设出以下情境：（1）A fat cat is under a hat. It catches a big rat.（2）Dad has an apple. He sees an ant and gives it to the ant.

例 2，关于字母 a 的发音学习，可以帮助学生找出下列词的共同点，列出更多的词，并编成一句话。如：take（拿），cake（蛋糕），plate（盘子），make faces（做鬼脸），学生的成果是 Mike takes a cake out of the kitchen and makes faces to everybody. 通过情境创设，既能够帮助学生活跃思维，又能够把要学习的字母或字母组合融合在语篇中，使语音教学不再是孤立的单个音素的发音学习。

四、改变教学形式单一，枯燥乏味的呈现形式

1. 运用歌曲、韵句、童谣、诗歌、电影和话剧

没有什么材料比英文歌曲、电影、话剧更能体现语言的地道性了，学唱英文歌曲是正音、训练连读的有效办法。在平时的课堂上或“英语角”活动中多举行英语课文朗读等，对激发学生纯正语音追求的兴趣，是非常有帮助的。充分发挥歌曲、韵句、童谣和诗歌的作用意义，让学生赏析感受英语语音优美的旋律。教材每模块第二单元中的活动三都设置了一首韵诗或歌谣，内容浅显、生动活泼、琅琅上口、富有趣味性，洋溢着孩童的纯真，可以让学生赏析，并感受美在什么地方。如三年级英语第二册第四模块第二单元活动四的韵诗：I like coffee .I like tea. I like cats and they like me. 让学生多听两遍录音，多读两遍，引导学生在感受中说出划线部分的字母和字母组合押/iː/韵，因此，说唱起来琅琅上口，节奏优美，让学生练习，或让学生欣赏性地听，能够调动学生的兴趣和学习的积极性，在美的熏陶中获取英语语感。

为了适应儿童的学习注意力，小学英语教学中时常采用儿歌的方式进行，培训者可针对将要学习的某个字母，选择含有该字母韵律的儿歌或童谣进行教学，由于儿歌和童谣韵律清晰，琅琅上口，充满童趣，在教学中可以达到事半功倍的效果，如在小学广泛应用的“Row, Row, Row your Boat”等轻松愉快的歌谣既能够帮助学生认识 ow 和 oa 作为字母组合的读音，又可以用于训练学生的语调，培养语感。再比如“Hands，Knees and Toes”是一首非常欢快的歌曲，歌词如下：

Head and shoulders，knees and toes，knees and toes.
Head and shoulders，knees and toes，knees and toes.
Eyes and ears and mouth and nose.
Head and shoulders，knees and toes，knees and toes.

在此歌谣中，由于曲调欢快，节奏感强，为了赶上歌曲的速度，在唱歌的过程中自然而然地会把 head 中的最后一个字母 d 和 and 中的第一个字母 a 连读在一起，以及 knees and toes 中 knees 的 s 和 and 字母 a 连读在一起。学习者能够借此迅速熟悉单词的连读，也特别适合学习节奏、语调、韵律、重读、连读等。

2. 巧用含有同样韵脚的单词，学习撰写诗词

在小学高段的学习中，可以安排写诗活动：以图片的形式呈现出一个正在写诗的诗人，她正冥思苦想，为如何把写出的句子押韵而感到苦恼，她需要找到含有 sh 发音的单词完成诗中的某个句子，例如 My feelings and your worldly smile，Listen to my heartbeat（once in a while），她非常需要学生们的帮助完成 Listen to my heartbeat 后半截的内容……。该活动可以使学生整理学习过的含有与 smile 相同音素的单词，帮助学生学习相应的语音知识，还使学生能够体会到学习读音本身也很有用处，在小学阶段就能给学生打下诗歌写作的基础。

3. 巧借其他游戏

很多教师在课堂教学中都会应用游戏进行语言教学，对教学生学习单词的游戏稍加改变即可以用于教授语音。例如，蜜蜂采蜜、小兔看病或者小小配音员游戏。蜜蜂采蜜的游戏做起来简单易行。利用课件出示四只计划教学的标有字母组合的小蜜蜂，每个小蜜蜂头上戴着写有这些字母的小帽子，如 i（发长音的 i）、ear、ch、sh，在它们的下方是不同颜色的花朵，每朵花上都标有单词如 bite，chopsticks，hear，chair，shine，bear，beat，shiver，shovel，silver，各小蜜蜂对相应的花进行采蜜，如戴着 i（发长音的 i ）帽子的小蜜蜂飞出去后需要找到含有同样字母且发音相同的单词 bite 算做中正确，找到的正确配对最多学生获胜。小兔看病的游戏是在小兔身上写上一些不完整的单词，再在药丸上写上空缺的字母组合，让学生试着去给小兔看病。在看病时有时间的限制，如在规定的时间内没有得到正确的药丸，小兔就会死去。教师不妨进行小组比赛，看看在规定的时间内哪组蜜蜂采的蜜最多或哪个小组帮小兔看好的病最多。通过该游戏，学生能够在愉悦的气氛中复习字母的发音。教师们还可以仿照这些游戏开发出类似的其他游戏，例如摘桃子、找朋友等。另外，小小配音员的游戏也能够激发小学生的兴趣，争先恐后地模仿电影中人物的发音，达到寓教于乐的目的。

4. 运用 TPR（全身反应法）的方法，以容易掌握的方式呈现

大多数小学教师都了解儿童生性好动，注意力保持时间短，全身反应法（TPR ）是非常适合儿童生理和心理特点的学习方法，在西部农村地区，语音教学一直以枯燥的单个发音为重点，似乎没有合适的情境可以利用，因此教与学双方都感到吃力。事实上国内外有很多教师已经利用谐音幽默的动作帮助记忆发音，如：s 模仿蛇的样子发出 *ssssss*；p 做吹蜡烛的样子发出 p，p，p；h 装喝水状发出 h，h，h，n 装飞机起飞的轰鸣声发出 nnnnnn；m 吃完美食满意地摸肚子发出 mmmmmm；c，k 装年老咳嗽状发出 k，k，k 等等。任课教师还可以发动学生创造一些相应的动作，学生能够记得更牢。

五、巧用探究教学法，培养学生的观察和概括总结能力

（一）什么是探究性教学

探究式学习的理论基础是“建构主义”学习理论和布鲁纳的“发现学习”理论。建构主义学习理论认为知识不是通过教师传授得到，而是学习者在一定的情境下，借助学习获取知识的过程及其他人的帮助，个人主动建构的结果。该理论提倡教师指导下的以学生为中心的学习，与其相适应的教学模式是“以学生为中心，在教学过程中教师起组织者、指导者、帮助者和促进者的作用，利用情境、协作、会话等学习环境要素，学生对知识主动探索、主动发现，最终达到对所学知识意义的主动建构的目的。布鲁纳的“发现学习”理论强调发现中学，即学生运用探究的方式，通过自己再发现知识形成的步骤，以获取知识，并着重培养学生发现的态度、发现的能力。发现学习的基本过程是，从各种特殊事例归纳出一般法则，并用之来解决实际问题。探究式学习的教学目的主要是培养学生探究的精神和方法。教学目标的制定要根据英语课程标准、各教学单元及每节课的内容、学生认知发展的现状，做到既明确又要有可操作性。

（二）小学英语课堂探究学习的操作模式

探究性学习的操作模式是“激疑—探究—建构—迁移”。“激疑”通常是指创设情、境（情景和语境），提供有助于形成概括结论的实例或者任务，以激发学生的兴趣和探究欲望，刺激学生提出问题，引导学生观察各种现象的显著特点，并逐步缩小观察范围，把注意力集中于某个中心点以整合成课堂教学目标。“探究”是指从问题或任务出发通过调查、资料分析、观察、思考、比较、推理、假设、验证、讨论和交流等方法分析问题及解决问题过程中的生生、师生间的互动过程，让学生在合作、自主中积极探究语言的相关内容。教师应引导学生对各种信息进行转换和组合，以确定假设；之后，引导学生思考、讨论以事实为论据验证假设，并引导学生不断地对假设加以修正和完善。“建构”主要是指通过归纳、内化（顺应、同化）、反思和评价等方法对语言运用的规律进行总结，用“再次发现”的方式以形成自己合理的认知结构和学习能力。“迁移”是指将形成的认知结构或学习能力创造性地加以运用，应用到新的情景中，解决新问题或解释新现象，同时培养学生解决问题的能力。

考虑到英语学科的教学内容需要和小学生的心理和认知水平相一致，在英语语音课堂探究学习中，以小学英语教材为基本内容，形成“激疑—探究—建构—迁移”的以问题为载体的教学过程是适宜的。英语语音教学同样可以遵循该教学模式，首先为学生呈现许多含有所教内容发音的字母或字母组合，其中包含已经学习过的含有相同字母或者字母组合的单词，鼓励学生观察这些单词的共同特点（激疑和观察），以已经学过的单词为依据，推测新单词的读音（探究），给予学生一定的时间进行讨论，提出学生的假设（建构），在学生熟悉了单词拼读的规律后，教师还可以有意识地引导学生去拼读没有学过的单词，启发学生开动脑筋，学会自我探究字母发音的规律，从而达到举一反三的目的（迁移）。“能根据拼读的规律，读

出简单的单词。”也是英语课程标准中语言二级技能关于“读”应该达到的目标之一。例如：如要教授 ar、ea、er、oo 等字母组合在单词中的发音，应通过让学生读单词 book、look、good、food、foot，引导学生说出这几个单词中字母组合 oo 发[u]，car、card、park、supermarket 四个单词中字母组合 ar 发[aː]等，并让学生想一想发音相同的字母组合还有没有其他单词，以提高学生自主学习新单词的能力。以下的课例是一堂设计非常巧妙的探究性教学课，执教教师很巧妙地把需要教授的字母组合 ee 所包含的单词融汇在教学的内容之中，帮助学生学习总结了字母组合 ee 的发音规律，达到了教学目的。

步骤一：课前布置预习任务，引导学生搜集相关资料。教师准备有关蜜蜂的视听材料，并收集一些植物的种子。

（1）Can you say something about bees?

（2）Do you know the word “seed”? How many kinds of seeds do you know?

步骤二：激疑。

（1）创设情境，导引目标。教师打开电视，学生观看蜜蜂采蜜、筑巢及蜂后生子的录像。这个步骤的目的在于激发学生的兴趣，生成探究“为什么”的好奇心理。

（2）教师设问。

“Can you say something about the bees?”

步骤三：探究。

（1）学生回答上述问题。

S1：A bee is yellow.

S2：A bee has wings，and it can fly.

S3：There is a queen.

S4：A bee has six feel.

教师及时将学生找出的包含“ee”的单词（green，feet 等）写在黑板上。

（2）教师出示一些种子，请一名学生取一颗自己认识的种子向其他学生介绍：“This is a sunflower seed. We can eat it.”

笔者及时提出了另外的问题：“What can we do with all kinds of the seeds?”一名学生总结了这些种子的共性：“We can plant them.”

步骤四：建构。

在此基础上，执教教师布置了一个新任务：让学生根据自身对“ee”的了解，总结出曾经，学过的包含这一字母组合的单词，并造句或编成一个小短文。（这是一个继续进行探究活动并建构知识的过程，目的是使学生熟悉更多的包含“ee”的单词，并学到一种记忆单词的学习策略。）

学生积极性很高，有的翻生词表，有的查字典，有的和同学一起轻声讨论，总结出的词汇如下：bee，feet，queen，sheep，meet，see，jeep，feed，geese，need，beef，teeth。

接着学生朗读自己的句子或小片段：

S1：The queen doesn’t work. The bees work for their queen.

S2：On a farm，we can see so many sheep，geese ... We can get to the farm by jeep.

步骤五：迁移

课后，执教教师布置了如下的课外作业：用一句话来帮助自己记忆字母组合 ar 和 oa 的发音。

ar：arm，car，park，farmer，garden

oa：boat，goat，coat，road，soap

总之，语音是小学英语教学的出发点，在听说能力越来越重要的今天，语音的重要性愈发不容忽视，这就需要我们教师根据小学生的心理及年龄特征，不断改进教学手段，采用合适的教学方法，使学生在愉快的气氛中，不知不觉地掌握正确的语音，自然而然地应用它，达到润物无声的目的。

参考文献

[1] 德怀特. 保林杰（Bolinger）. 语言要略[M]. 方平等译. 北京：外语教学与研究出版社，1993：25-35.

[2] 胡春洞. 英语教学法[M]. 北京：高等教育出版社，2003：86.

[3] 中华人民共和国教育部制定. 义务教育课程标准（2011 年版）[M]. 北京：北京师范大学出版社，2012：16.

第二节　小学英语绘本教学设计

一、英语绘本的概念

绘本，也叫图画书，指的是用图画讲故事的书。它不是普通意义上的写给孩子的带插图的书，而是用图画和文字共同讲述一个故事，并通过这个故事来表达特定的情感和主题的读本。在绘本中图画不仅仅是点缀，通过和少量文字的有机结合，在有限的篇幅内绘本的作者和绘画者把故事通过好看的方式清楚明白地讲述出来。因此，绘本的图片都比较唯美，即使是不认字的孩子也能通过图片“读”出故事的内容。绘本于 17 世纪在欧洲诞生，20 世纪 30 年代的时候美国迎来了绘本图书的黄金时代。在 21 世纪的今天，绘本阅读已经成为了全世界儿童阅读的时尚，它不仅能给孩子讲故事、传授知识，还可以全面培养孩子的多元智能，并帮助他们建构自己的精神世界。

英语绘本，有的研究者称为“English Children’s Book”（杨式美，2000），有的称为“English Picture Book”（许惠贞，2004），还有的称“Big Book”（昆霞，2004），指的是以图片为主，由英语文字与图片共同构成的具有一定故事情节的读本。作为一种新的图书品种，英语绘本的画面色彩丰富，语言简练生动，故事情节生动活泼，能使英语课堂更具趣味性，增进学生阅读的动力，能帮助儿童扩展理解力、想象力和思考力，是最适合低年级孩子进行英语阅读的材料，在国外已经成为儿童早期阅读活动的主要方式。

二、英语绘本的特点

图片精美。英语绘本中的图画部分，大多数都是由世界上知名插画家完成的作品。这些图片颜色明丽、重点突出、叙事性强，在孩子语言和阅读能力有限的情况下能够极大地促进孩子对故事情节的理解，帮助他们的认知的发展。

语境真实有趣。好的英语绘本选取的题材和内容都是贴近孩子的生活经验的，无论是故事中出现的角色还是故事编排的情节都是孩子熟悉和喜闻乐见的。这些提供英语学习的真实生活情境和丰富词汇的英语绘本能够很好地帮助孩子发展语言能力。良好的语境创设也为孩子在生活中恰当地运用所学知识奠定了坚实的基础。

语言简洁明了，且具重复性和累积性。由于绘本的目标读者是孩子们，这就决定了基本句型在绘本故事里面的重复出现的概率很高，其语句常常具有明显的重复性和累积性。重复性主要表现在反复性的语句，或是替换性的描述，或是续接性的陈述，或是重复性的问句。累积性主要表现在通常以一个简单的句子作为故事的起点，然后在下一页的叙述之前先重述上一页的内容，然后再增加新的语句。这种渐进式的累加词句更利于孩子的理解和接受。很多句子也是以押韵的方式展开的，读起来多是琅琅上口的，编排的时候也舍去了特别华丽的辞藻和复杂的句型，这就给孩子们营造了一个愉悦的更为容易掌握英语单词发音和基本核心句型的环境，为他们提供了良好的语言支架。

主题经典隽永。优秀的英语绘本题材和内容具有多元的特点，大多贴近孩子的生活经验，有深远的主旨，且兼具知识性和趣味性，其故事情节和意境能够加深孩子对周遭环境和世界的了解，有助于拓宽他们的知识视野，能够丰富他们的生活经验，涵养他们的生命，促进他们的认知发展。书里的主角对人、事、物的观念和解决问题的方式都能成为孩子模仿的对象。因此好的英语绘本，不仅蕴涵丰富的智慧词汇语句，还具有培养文化意识、发展孩子想象力、促进情感表达的能力。他们还潜藏着处世哲理，能够为儿童提供极佳的认同与学习，提升他们对周遭事物的认识能力和应对生活中问题的能力。

不管是学生目前英语课本配图片和对话等的“简易绘本”还是已经被奉为经典的货真价实的英语阅读绘本，我们都能轻易地找出上述绘本的特征。以北京师范大学出版社 2011 年 7 月出版的义务教育课程标准试验教科书《英语》二年级上册书中的 Uncle Booky’s Storytime 为例，本册共 6 个单元，除去第 6 单元的复习课，还有 5 个单元的 Storytime。这些阅读材料都是由 6 幅图片和相应的对话组成，普遍篇幅不长，适合低年级孩子的年龄特点。内容分别为小狗、小鹿早起之后问候太阳，互相问候，互问姓名来操练问候语；用鸟妈妈带小鸟找吃的来操练“This is…”和“That is…”这两句本单元的重点句型；孩子们心中的英雄超人救人的情节来学会用“Who’s that? ”句型，最后孩子抖出包袱：这个超人就是一个普普通通的妈妈儿子，培养孩子们对生活和未来的信心；让一个貌似外星人的家伙介绍他的家庭成员来操练“This is…”句型和帮小青蛙找爸爸来操练本单元新学的“He is…”和它的变体“He isn’t…”以及“Is he…?”不管是这些书中的英语故事绘本还是日常生活中用于阅读的英语绘本故事书，它们基本上都是由一幅幅色彩缤纷的图片，再配上简短的对话构成了一个个小故事，通常篇幅都不是太长。

就以上面提到的 2011 年 7 月出版北师大《英语》二年级上册书中的 Uncle Booky’s

Storytime 为例，文中配的对话是这样的：

Baby Bird： Come on. Mommy，Mommy!

Mom： Look，my baby. An eagle. Be careful.

Baby Bird： Mommy，look!

Mom： That is a worm.

Baby Bird： Mommy，Mommy，an eagle.

Mom： This isn't an eagle. It's a sparrow.

Mom： Hello，what's your name?

Sparrow： Hi，I'm Coco.

Boy： Hello，this is for you.

Baby Bird： Thank you!

这篇绘本故事对课文前面学习的重点句型“This/ That is...”句型进行了重复操练，并进行了替换，还在此基础上进一步进行了深化，接着又练习了该句型的变体“This isn't ...”。这种反复的重复、替换以及在已经学习的知识的基础上增加新的语句的方法更利于学生理解和接受。从上述绘本的实例中我们也不难观察到英语绘本的基本特点：图片精美、语境真实有趣且贴近孩子的生活经验、语言简洁明了且具重复性和累积性、主题有现实意义，且能帮助孩子拓展视野，帮助发展他们的多元智能及分析和处理生活中实际问题的能力。

再以经典绘本之一 *The Vey Hungry Caterpillar* 《好饿好饿的毛毛虫》为例。从中不难看出，英语绘本提供的是丰富而真实的语料，使用的是简洁明了的语言，真实有效的情境交流范例，加上教师的帮助和丰富的色彩，能对学生进行有效的视觉、听觉的刺激，激发他们的好奇心和浓厚的学习兴趣，最终实现让他们心甘情愿地快乐地学习的目的。

这本绘本是 Eric Carle 的得意之作，风靡全球，至今仍魅力不减当年。在无数讲座中被奉为经典来分享。几乎很多初接触绘本的人接触的经典之作就是它了。故事很简单，就是讲的一条毛毛虫吃啊吃啊，然后变成了蛹，最后变成了蝴蝶的过程。针对特定的目标读者，它把小毛毛虫从周一到周五吃水果的画面处理成了一串连环页，而且还有洞洞，把孩子读书的过程也演变成了游戏的过程，读过的孩子无不兴趣盎然，读了一次还不够，还要反复读。故事不复杂，句型结构简单，且通过每天吃不同的东西，反复重复句式“On ... day，he ate through ... but he was still hungry.”配上绘本图片，故事情节不会给孩子的理解造成太大的困扰。在反复操练这一基本核心句型的同时，作者还巧妙地融入了星期的名称 Sunday，Monday，Tuesday，Wednesday，Thursday，Friday，Saturday 等表示星期的词，并且加入了数量词和水果以及零食的名称，如：one apple，two pears，three plums，four strawberries，five oranges，one piece of chocolate cake，one ice-cream cone，one pickle，one slice of Swiss cheese，one slice of salami，one lollipop，one piece of cherry pie，one sausage，one cupcake，one slice of watermelon 等。绘本的图片精美，色彩鲜艳，可以很容易地抓住孩子的注意力，并带给他们无限的想象空间，透过这些绘画的技巧与风格，孩子们可以学会体验和感受周遭事物的美。在富于故事性的图片的帮助下，孩子可以很容易运用自己的有限的生活经历读懂或者是听懂故事。由于绘本的内容和他们的生活密切相关的，而这种兼具知识性和趣味性的阅读材料又能够很容易地吸引他们的注意力，绘本的阅读就能够帮助这些具有强烈好奇心的孩子们拓宽视野，也能促进他们的认知能力的发展。像 caterpillar 这个单词，可能我们以前学习多年的英语都不知道，但对这些反复看过这本绘本的孩子来说，要记住毛毛虫这个英文名字并能脱口而出应该不是难事。像 apple，pear，plum，strawberry，orange 等在他们的日常生活中都能轻松找到一一对应的事物，这毫无疑问地会极大地提升他们的自觉地学习英语的动力。在整个故事中，句子“On Monday he ate through one apple. But he was still hungry.”在接下来的几页中，通过巧妙地替换星期几和吃的不同水果，不断地、反复地、极其自然地出现在孩子的面前，这种自然而然的输入轻松有趣地解决了星期几的说法、水果的称呼和基本表达句型“On … day, he ate through … but he was still hungry.”的掌握。比起枯燥无味的句型讲解和单词背诵，这不知要轻松愉快多少倍。不管是从该故事中的毛毛虫吃了很多东西就肚子疼了，还是肚子疼得厉害及后面的从丑陋的蛹演变成了美丽的蝴蝶都是绘本阅读的引导者可以善加发挥和延伸，不着痕迹地教会孩子们在日常生活中处理问题和正确面对困难的方式，从而多元地帮助孩子们的健康成长。

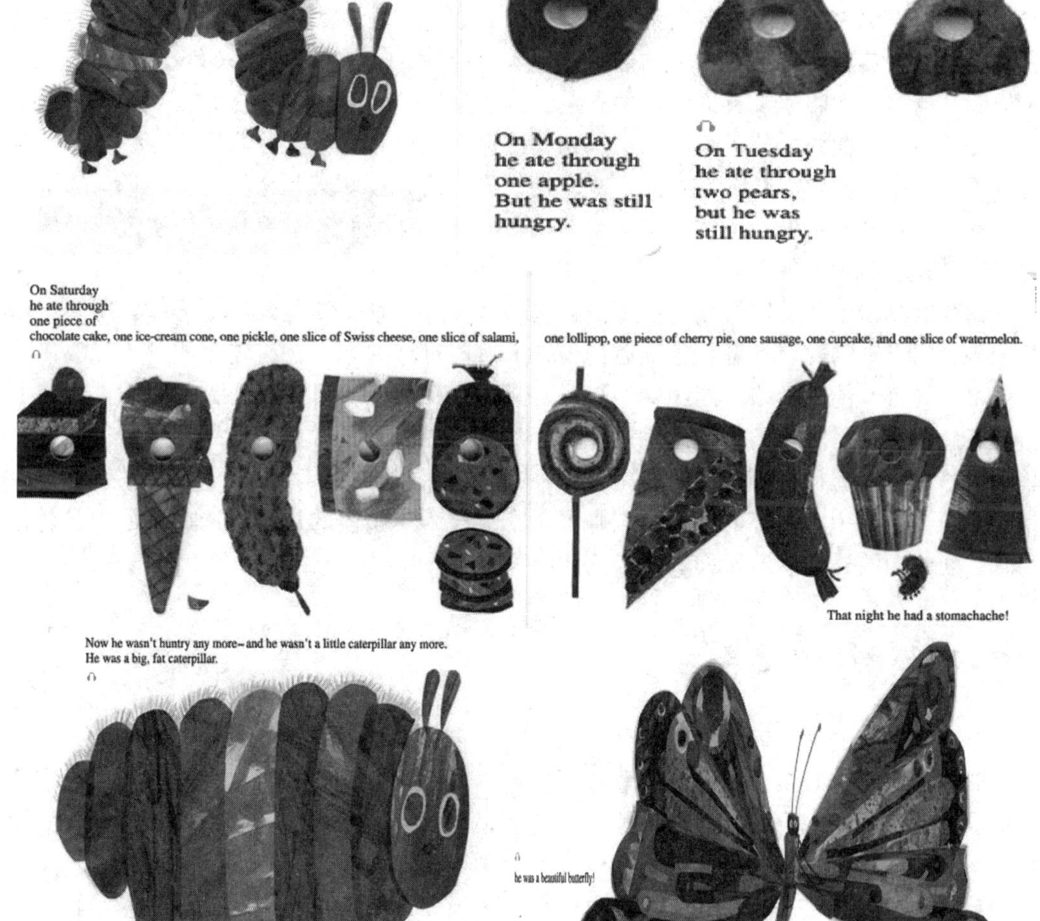

三、英语绘本教学在儿童英语教学中的重要意义

绘本阅读完全满足著名英语教学学者 Krashen（1981）所提出的语言学习的三大要素，可以给儿童提供可理解的语言输入、具有真实自然的情境及低压力，在这种情况下儿童可以自然而然地习得英语。相关文献及研究者早就对绘本在儿童语言发展过程中所扮演的重要角色进行了肯定。Huck，Helper 及 Hickman（1987）都明确指出绘本阅读有助于儿童的语言发展，绘本阅读对儿童语言的发展具有重要的意义。那些大量接触绘本的儿童都拥有良好的语文能力。

对于那些把英语当成是一门外语来学习的儿童来说,英语绘本可以激发他们的学习动机，发展他们的词汇和语法能力，提升他们的听、说、读、写四大基本语言能力。英语绘本能够给孩子们提供自然、真实、有意义的英语语言语境，不论是初学英文的孩子还是英文程度欠佳的孩子都能较为容易地从绘本中找到学习的乐趣。绘本中基于儿童生活经验的可预测性的内容和重复的句法可以增强儿童阅读的自信心，加大他们在阅读过程中的参与感。好的英文绘本可以为他们的阅读带来许许多多的乐趣。在阅读英文绘本之后，孩子们会自觉自愿地在现实生活中用绘本中的见到过英文词汇和句法来表达自己的想法，这显然比机械式的句型练习更有助于他们英语口语表达能力的提升。现实生活中的成功表达带来的满足感又会进一步加大他们对英语绘本阅读及英语学习的兴趣，进一步提升他们学习英语的主动性并在此基础上形成良性循环。此外，英语绘本的词汇和句法也可以作为儿童学习写作的良好范本，对他们的英语写作能力的养成起到良好的示范作用。英语绘本在刺激儿童的视觉、听觉的基础上配上教师恰如其分的引导，能够引发儿童的好奇心，增强他们的学习动机，使得英语学习对他们来说更具吸引力和现实意义。

好的英语绘本不仅能够给孩子们提供自然、真实、有意义的英语语言语境，还能让他们有机会接触到丰富的内容和题材，这有助于他们发展自己的词汇，有效地认识英美文化并运用他们习得的英文能力学习不同领域的知识、锻炼自己的逻辑思考能力，对周围事物等形成自己的概念和看法，对儿童的情感发展也有着深刻的影响。在阅读绘本故事的过程中，他们往往在潜移默化中就得到了正确的人生观和良好的生活态度的滋养，也学会了在生活中与人相处，在社会生活中求生存的能力。教师可以在英语绘本阅读的过程中选择合适的契机，启发儿童，使他们的感情朝着正面、积极的方向发展。

四、英语绘本的选择

现今英文绘本的种类繁多，获取他们的途径也多种多样，我们可以通过去书店买，到图书馆查阅，上网浏览等多种方式来收集英语绘本，但并不是所有的绘本都适合用来进行英语教学的，因此，老师在进行英语绘本教学的时候，首先需要面对的问题就是选择合适的绘本进行教学。一般来说，老师选择英语绘本进行教学需要注意以下几点原则。

在英文绘本的定位问题上，大多数教师都认为不能用绘本作为主要教材来取代教科书，但完全有必要将英文绘本纳入到补充教材中，而且还可以将英文绘本运用到跨科教学之中，达到课程整合的目标。尽管英文绘本的价值及其在英语学习上的功用得到了多数英语教师的

肯定，但要在一个班级中面对那些英语程度尚浅的学生，成功地激发学生进行绘本阅读的兴趣，最大限度地发挥绘本阅读的优势还需要结合其他各种教学活动形式，如 PHONICS、排序、猜字谜、字母重组、大声朗读、讨论活动、着色、美劳、及做小书，等等。

在绘本题材的选择上，教师要根据不同年龄段学生的认知发展水平和学习特性，来选择适合的英语绘本来进行学习。首先，老师在把绘本用于教学之前，要广泛地收集大量的绘本教学资源，自己先进行阅读，先判定绘本的内容带来的文化差异等是否能为我们的学生接受。其次，选择的英语绘本要适合学生的接受程度。不同年龄段的儿童对故事的接受程度是有差异的。教师在选取英语绘本教学材料的时候要对学生的年龄及其相应的心理特点有准确的把握，并在此基础上来选取符合学生年龄特点的，有他们乐于接受的人物，能够与他们的生活经验相匹配的绘本故事。再次，教师还需判定绘本中词汇和句子结构的难度和书中表述的概念的复杂程度是否适合将要接受绘本阅读任务的学生层次，过高或者过低都是不太恰当的。

由于不同年级的孩子在心理状态和知识水平方面都有一定的差异，因此，教师可以根据绘本故事的长短作切合学生实际情况的处理。比如，小学低年级阶段的学生，一面对稍微有点长，信息量稍稍大些的绘本，即便是有图片的帮助，他们也有可能会感到十分的困难。这种情况下，教师可以通过选择其中的部分内容进行学习的方式来处理；而对小学高年级阶段的学生来说，由于已经具备了一定的语言基础，中等长度和难度的绘本对他们而言，也会稍显容易，会有很大一部分同学会感觉“吃不饱”。针对此种情况，教师也有必要对绘本的教学内容作适当的调整，适当增加部分学习内容和加大学习的难度，来让他们有机会获得克服困难后的满足感。

五、英语绘本的教学过程

英语绘本的阅读教学按时间可以大致划分为 pre-reading，while-reading 和 post-reading 三个阶段，每一阶段的目的和任务各不相同。在 pre-reading 阶段，教师需要考虑如下的问题：学生已经具备了些什么知识和能力？通过这次绘本的学习要获得什么？在这一获得的过程中教师可以为学生做些什么？为了更好地获得这些知识和能力，学生还需要哪些资源？学生在哪些方面有发展空间？学生生活经历与阅读材料间的关系可以建立一些什么样的联系？与英语绘本相关的学生心理年龄特点、智能因素和认知能力是否匹配？绘本内容是否处于学生的语言能力范围之内？学生是否已经具备相关联学科的知识储备？绘本阅读的教学中可能会出现哪些问题？可以迎来哪些好的结果？所有这些都是为了在正式的阅读教学开始之前激发学生的阅读动机，激活或适时地补充相关的背景知识，为进一步的阅读理解扫清语言和知识储备上的障碍。在此基础上就可以完成绘本阅读的教学目标的制定和绘本教学基本模式的确定。在接下来的 while-reading 的过程中，教师就可以通过各种各样的教学手段引领学生了解并获取绘本阅读材料中的信息，并带领学生进行阅读技巧的训练。在接下来的 post-reading 阶段教师就需要通过在图片与词语提示下复述故事、讨论和思考、 续写故事、改写结局、为本篇故事写推荐卡、制作绘画小书、讲故事、表演、结合自身经历讲故事等各种不同的手段（由学生的年龄、知识积累程度、认知程度及语言表达能力等发展程度来决定）来训练学生用语言输出绘本信息的能力，并最终达到全面提升学生的人文素养的目的。

具体到现实的教学过程，绘本阅读教学按内容安排大致可以划分为以下几个过程。

第一步，阅读前的准备活动，主要是进行故事正式开始前的铺垫，介绍故事主角及故事中的主要活动，并鼓励孩子主动去创设情境，去推测故事的发展状况，主动地融入到故事的发展中去。

接下来孩子就可以在教师的带领下去把故事内容当成一个完整的整体去感受，去体会故事的发展。他们可以一边欣赏美丽的图片，一边聆听优美的绘本故事。为了充分调动学生的积极性和好奇心，可以把原本小本的原版英语儿童绘本放大，做成色彩绚丽，图画优美的超级大书，以小朋友在平时的生活中见不到的形式来充分调动他们对绘本故事的好奇心。然后由英语老师带领学生一起听原声的绘本故事，一起读一起体会绘本故事。原声绘本英语的播放可以让孩子们直接接触到英语读绘本所用的抑扬顿挫的语调,有助于学生们培养英语语感，对阅读材料产生浓厚的兴趣，同时还可以锻炼他们的英语听力。老师也可以用夸张的语言和表情去演绎故事的内容，通过栩栩如生的图片提供的信息的帮助把小朋友们带入有趣的故事情节当中，完全可以不用急着去讲单词、短语或者是句子的意思，完全可以让学生们自己根据图片和上下文去猜单词的意思，去意会，从而最终理解阅读材料的意义。绘本的神奇就在于它的画面和它的语言，可以没有任何语言上的障碍。

下一步就可以进入到演绎模仿阶段了。通过让孩子们去演绎生动的绘本角色来帮助他们加深对阅读材料的理解。每个孩子都有表现自己的欲望，都强烈地希望想得到别人的关注和赞美。根据儿童的这一心理特点，我们就可以通过给孩子们提供表演绘本角色的机会给他们制造强化阅读英语绘本故事兴趣的机会，同时也能实现锻炼儿童英语口语能力的目的。要想表演得像，孩子们就得要努力地去模仿原版的英文发音和技巧。儿童正处在是最善于模仿的年龄阶段，等到他们大家都模仿得差不多了的时候，其实绘本材料的内容孩子们也就已经差不多会背诵了，然后再由英语老师来分配孩子们各自表演的不同的绘本角色。在这一环节的实施过程中，教师还可以适时地融入手工制作等孩子参与度高、兴趣又浓的活动，可以让孩子回家自制简单的道具。这样既提高了孩子参与的热情，又培养了孩子的动手能力。通过角色扮演，要求孩子们用英语将整个绘本故事的内容演绎出来，排演出一部非常好看的绘本儿童剧。孩子们会非常乐意参与其中，并认真努力地扮演自己分配的角色，其实又是通过另外的有趣的方式再次对绘本教材的内容进行反复的熟悉。通过这种反复的有趣的且是无意识的操练，孩子们语言习得的程度肯定大大提高了。

除此之外，还可以针对年龄稍大，自我表达能力更强一些的高年级同学提出更高一点的要求，让他们自己去编故事结局。鲁迅先生就曾经说过：“孩子是可以敬服的，他常常想到星月以上的境界，想到地面下的情形，想到花卉的用处，想到昆虫的言语；他想飞上天空，他想潜入蚁穴……因此，我们有时在给高年级进行英语绘本教学的时候，不妨在时机恰当的时候，先不让孩子们知道结局，而是让孩子自己说自己想象中的结尾。这个环节往往是孩子们的最爱。他们往往都会尽情地发挥自己的想象力，给想象插上翅膀，放飞自己的想法。尽管许多大人常常轻视孩子，但他们也不得不承认，孩子是完全不同于成年人的独立个体。他们有自己独特的思维方式，还有他们独特的阅读方法。虽然他们的年龄小，阅历少，但他们头脑里的思想一样也是丰富而迷人。在这样的英语阅读课堂上，孩子的答案是否正确已经不那么重要了，语法错误也已经是无关紧要的了。只要他们肯开动脑筋大声地把自己的想法表达出来，这就已经足够了。绘本阅读正是通过帮助学生高效阅读来最终达到让他们会说英语的目的，这种通过让学生开口给绘本编结局的思维训练的模式正好符合我们国家《新课程标准》中提出的英语课程的学习，既是学生通过英语学习和实践活动，逐步掌握英语知识和技能，提高语言实际运用能力的过程；又是他们磨砺意志、陶冶情操、拓展视野、丰富生活经历、开发思维能力、发展个性和提高人文素养的过程。通过这一系列精心编排的环节，学生的英语听力、英语口语能力、英语思维和语感、想象力、表现力、动手能力、审美能力等诸多能力都得到了切实的发展，他们也亲身体验到了阅读给他们带来的乐趣，从而完成一场奇妙的绘本之旅。

但课堂绘本阅读的教学时间毕竟是很有限的，为了进一步地巩固学生之前的绘本阅读教学的收获，在课后有必要要求学生做必要的延伸活动。延伸活动以“开放、探究”为着眼点，其主要目的是给予学生时空的自由，帮助学生内化新知，体验图画故事阅读的快乐。在当今便利的网络运用条件下，教师可以充分地利用网络在在时间和空间上为有效教学的延伸活动提供保障，可以建议和要求学生课后利用网络搜索相关绘本，了解更多的相关阅读材料的内容，帮助学生主动地把学习时间由课内延伸到课外，把学习空间由校内拓宽到家里，积极地引导学生在网站上进行英语阅读活动并在游戏等活动中学习和运用英语，真正做到把英语学习引入他们的日常生活。

以前面提到的 *The Very Hungry Caterpillar*《好饿好饿的毛毛虫》为例，有老师就是这样操作，带着学生进行绘本故事的阅读：通过教师的巧妙引导和逐层揭示，学生逐步了解绘本内容，直到最后可以用自己的语言简单复述出来，并享受与他人分享绘本阅读的乐趣的。

1. 带着问题走近绘本

教师先引导学生说出有关昆虫的单词和句子，然后通过屏幕呈现绘本的封面图片，并与学生一起谈论绘本故事的主角——毛毛虫。

T：Look，this is the cover of the book. Watch it carefully and tell us—Does this caterpillar look happy?

Ss：No.

T：Well，can you give the story a title?（板书：A very ________ caterpillar）

S1：A very sad caterpillar.

S2：A very unlucky caterpillar.

S3：A very ugly caterpillar.

S4：A very tired caterpillar.

...

T：OK. You have many different ideas! Let me show you the title of the book.（屏幕显示绘本标题）Can you read the title together?

Ss：The very hungry caterpillar.

T：Yes，now you know he’s a very hungry caterpillar. Do you have any questions about this hungry caterpillar?

S1：Why is he hungry?

S2：What’s his name?

S3：Where is his mother?

S4：What does he want to eat?

S5：Does he like chocolate?

（学生说出自己的疑问，教师板书问题。）

一条毛毛虫引发了学生心中的很多疑问，而这些疑问很好地激发了学生的阅读兴趣。教师首先让学生看绘本封面，通过观察猜测绘本故事的标题。在揭示标题之后让学生提出自己的问题。这些问题并非源自教师，而是源自学生，正是他们想要知道的。此时教师的角色是倾听和记录学生的问题，引导他们带着问题走近绘本故事。

2. 带着想象走进绘本

教师播放绘本每一页的图片，并播放故事录音，让学生边听边看绘本故事。但是放到一半时教师忽然中断故事，仿佛是绘本中间的几页遗失了，直接播放故事的结尾部分，告诉学生现在毛毛虫已经不再是一只小毛毛虫了，而是变成了一只肥肥的大毛毛虫。有的学生感到惊喜，有的学生感到奇怪。

T：What happened? Boys and girls，can you try to guess the missing part of the story?（给出几个有启发性的提示）The caterpillar goes to buy some food./Maybe he meets a boy who gives him a lot of food everyday.

教师让学生结对讨论，并鼓励学生讨论时发挥想象力。学生讨论后给出了如下回答：

S1：Maybe his mother gives him some food.

S2：I think he goes to an insect supermarket.

S3：He eats a lot of ice-cream，so he is fat.

S4：Maybe he meets another little caterpillar，and he eats it.

S5：It’s his birthday，so he eats a big birthday cake...

T：Wow，you have so many great ideas.

（教师板书不同的回答。）

学生的想象力是无穷的，借助绘本给他们一个想象的空间，他们就能用英语表达出许多有趣的想法，这是非常可贵的。在小学英语课堂中，时常会因为学生早已熟知教材内容而错失让学生预测故事情节的机会，学生发挥想象的空间越来越少。绘本阅读给予了学生想象的空间，一些“遗失”的故事情节激发了学生的想象力。教师所要做的就是用巧妙的教学设计引起悬念，引导学生展开想象的翅膀，并努力尝试用英语表达出来。

3. 带着期待制作绘本

在充分引起学生的悬念之后，教师让学生打开自己的图片袋。图片袋内有绘本每一页的彩色复印页，但是没有页码，并且打乱了顺序。教师让学生仔细阅读每一页纸上的文字和图片，根据表示时间顺序的线索词，把图片纸按顺序重新排列，夹上书夹，制作成自己的英语绘本。

T：What happened on earth? We don’t know. But we will find out it after reading the story. Now open your picture bags. Read the sheets in the bag in pairs carefully, and then put the sheets in the right order. Try to make your own storybook, please.

学生两人一组阅读打乱的复印页，并制作自己的绘本。制作完成后共同阅读自己制作的绘本。

绘本的阅读过程是充满期待的，而自己制作绘本更是令人兴奋的。在这个过程中，学生不仅又一次进行了有目的性的阅读，而且在无形中感知了绘本故事的语言逻辑顺序，体会了故事蕴涵的趣味。同时，这个让学生自己制作绘本的教学设计也解决了因原版绘本价格昂贵而无法人手一本的问题。

4. 带着欣赏分享绘本

在教师和学生一起阅读并制作了绘本之后，学生一一回答了阅读之前自己提出的问题，对故事中没有提到的问题还展开了想象。他们都表示很喜欢这个绘本故事，教师希望学生能把这个故事与别人一同分享。

T：If you want to share this story with others，the best way is to tell it to them. Who wants to have a try?（没有一个学生举手）Well，don't worry. The pictures can help us tell the story. Now I'm going to show you some pictures. Please try to say something about each picture.

教师依次呈现自制板书图片，让学生根据绘本故事用自己的语言描述图片内容。

根据提示，学生给出了各种回答，相互补充后形成了如下对虫卵变蝴蝶全过程的描述：

S1：One evening，there's an egg on a green leaf. It is a caterpillar.

S2：The caterpillar is very hungry. He looks for some food. He eats a lot of fruit from Monday to Friday. He eats a lot of delicious food on Saturday. He does not feel well at night.

S3：He makes a house for himself，and lives there for two weeks. Then he opens a window and flies out.

S4：Now he is a beautiful butterfly.

教师让学生在阅读绘本故事的基础上，借助绘本中的图片，尝试使用自己的语言来简单地讲一讲故事。虽然开始时学生感到有难度，不敢轻易尝试，但在图片的启发和板书的引导下，学生鼓起勇气进行了尝试，并且获得了成功。这个过程就像毛毛虫破茧成蝶一样，虽然不易，但是充满了成长的喜悦。

纵观整节课，笔者仿佛也经历了一个毛毛虫不断成长、化茧成蝶的过程。学生从对绘本知识一无所知到充满好奇，饶有兴趣地开始阅读；通过自己动手制作绘本了解绘本故事；通过教师不断的引导和启发，吸收绘本中的知识养分，体会绘本故事的趣味；最终用自己的语言完成了故事再创造的过程，这正是绘本在小学英语阅读课中的魅力所在。

尽管有些地方还可以再进一步探讨，但上面的文字基本能反应出我们处理绘本阅读材料的基本教学过程。

六、英语绘本教学的误区

1. 把绘本当成朗读材料来使用

绘本的图片精美，语言精练。一些老师就会在绘本阅读的教学过程中要求学生反复朗读绘本材料。这种不断重复的朗读会使绘本阅读变味，大大地削弱绘本的趣味性和对孩子的吸引力，最终使他们丧失对绘本的兴趣。

2. 把绘本当成精读材料来使用

有些老师会秉承传统的英语教学方法，带领孩子仔细研读绘本的字、词、句、段落和篇章结构并对绘本材料进行语法、句法等方面的分析，使绘本的本来面目遭到严重扭曲，孩子和绘本之间本应有的亲近、有趣和活泼的关系会荡然无存，绘本阅读本身在教学中具有的优势也会被抹杀殆尽。

3. 在绘本阅读中教师完全把自己置之度外

在展开绘本阅读的教学实践中，一些老师打着“绘本是读给孩子看的书”的理念，完全以一个旁观者的姿态出现，对孩子的绘本阅读不启发，不质疑，不点拨，不引导，是孩子在绘本阅读的过程中完全处于一种自发的、无助的状态。这种缺乏引导的绘本阅读会使其效果大打折扣。

七、英语绘本教学的注意事项

教师要在平时的教学和生活中要作一个有心人，在日常生活中要随时随地有意识地去收集、整理并归纳各种绘本资源，将其系统化并形成自己的资源库。在收集和整理的过程中，伴随着教师本人绘本资源量的变化，教师自己本人对绘本的解读能力在这一过程中也会得到质的提升，其绘本阅读的教学能力相应也会得到提高。

在绘本阅读的教学实施过程中，生词和语法的处理都要得当、适度。要随时注意培养儿童的阅读策略，让他们努力去培养默读、按意群阅读、寻读所需信息、寻读具体细节，在阅读的过程中要尽量克服逐字读的不良习惯，尽量扩大视距并逐步培养根据上下文去猜测的能力。

在绘本阅读的教学中过程中教师要注意处理好阅读和朗读的关系，不能把阅读课简化成单纯的朗读材料，在课前教师需要精心设计各个环节，以期最终能够实现语言信息的大量输入的目的，为学生日后的说和写打下坚实的基础。

第三节　农村小学英语词汇有效教学设计

一、词汇教学的重要性

词汇是构成语言的三要素之一，词汇教学是外语教学的一个重要组成部分. 英国著名语言学家 D. A. Wilkins 说过：“没有语法，人们不能表达很多东西，而没有词汇，人们则无法表达任何东西。”

词汇是语言表达意义的重要承担者，而意义在语言的产生和理解方面，在语言的存储和检索中都起着极其关键的作用。L Ron Hubbard 提出：在语言教学中，影响理解和应用的最重要因素是词汇。

词汇教学与交际能力有着密切的关系，我们不但要使学生拥有辨别用词是否合乎语法的能力，还要使学生学会正确、得体地使用词汇，从而有效地进行语言交际。

词汇还能直接影响阅读的速度和理解的准确度。贾斯特（Just）和卡朋特（Carperter）认为，阅读的速度与准确度与词汇有着最直接的关系，语境与技能只能作为词汇的补偿。

词汇也决定写作水平的高低，更影响翻译的“信”与“达”。我们常在学生的作文中发现，由于词汇量有限或对词的不同意义了解不全面而导致要么表意不清，要么用词不当。可见，词汇影响着外语学习的各个方面，词汇是培养学生“交际能力”的一个极其重要的组成部分。词汇在语言交际过程中起着重要作用。我们应把词汇教学的重点放在帮助学生科学地记忆和灵活地使用词汇上，使他们能够通过对词汇的掌握和运用，提高听、说、读、写、译能力，从而真正获得语言交际的能力。

二、农村小学英语词汇教学的现状和问题分析

（一）理念上落后

在具体的教学实践中，无论是学生还是教师都对词汇产生了片面的理解，把词汇学习等同于单词学习，孤立片面地理解和记忆词汇，在词汇加工的广度和深度上均产生了问题。笔者曾对农村小学英语教师词汇学习策略的培养做过问卷调查和访谈，结果显示：教师在教学中重单词词汇意义轻单词的语用意义，重机械记忆轻词汇使用的语境和文化，重知识的传授轻词汇学习方法和策略的引导。这就直接造成学生学习词汇时重记忆轻运用，重物理加工记忆轻语音、语义加工记忆，词汇学习费时低效、运用失当。

另外，除了将词汇教学等同于单词教学、就单词教单词外，农村小学英语词汇教学还存在一个较严重的问题，就是忽略英语词汇是音形意结合体的本质，尤其把单词的音和形割裂开，过分强调单词的汉语意义，导致学生在记忆单词的时候经常不关注单词的用法、读法等，而只关注其中文释义。

（二）教法上落后

1. 直接灌输多，思维启发少

小学生以形象思维为主，抽象思维则在发展之中。教师的讲解一般是孤立地去教每一个单词，直接灌输是当前词汇教学中存在的普遍问题之一。小学英语教师在教授词汇时的所有教学活动设计一定要考虑到小学生的理解能力与接受能力，尤其是如果涉及音标教学，必须在学生有了一定的词汇积累的基础上才可以让学生学习单词拼读的方法，不能急于求成，否则就是鼓励学生死记硬背。

2. 教师语音示范能力弱

在词汇教学中，学生经常会模仿老师的发音，但老师自身的语音问题，往往极大地妨碍其准确无误地示范语音，如果自身的语音问题就突出的话，这样的示范则是灾难性的。因此，如果老师自身语音有问题，建议尽量少示范，或者干脆多用其他途径达成示范的目的：如让学生听磁带发音，观看视频，等等。

3. 机械操练过多

一提到英语单词记忆，脑海里就自然地浮现出以前私塾学生读古诗词时摇头晃脑的画面，我们的小学英语课堂也经常有这样的场景。老师说：“OK，Read after me! Book，book，书，书。B-O-O-K.”这样的操练一方面误导学生单词记忆就是背单词中文释义，同时也会误导学生漠视单词内部所固有的音和形的联系，这不符合语言学习规律。

新的小学英语课标二级目标明确了词汇知识标准，具体如下。

（1）知道单词是由字母构成的；

（2）知道要根据单词的音、义、形来学习词汇；

（3）学习有关本级话题范围的600～700个单词和50个左右的习惯用语，并能初步运用400个左右的单词表达二级规定的相应话题。

600～700个单词和50个左右的习惯用语的记忆对小学生而言不是件容易的事，因此记单词一定要找到最合适的方法，利用拼读规律来记忆单词就是一种很有效的单词记忆方法。教师如能在词汇教学中有意识地向学生渗透拼读的规律，正如词汇知识标准第二点所言“知道要根据单词的音、义、形来学习词汇”，教会他们单词记忆的方法，就能有效减轻学生负担，提高词汇教学效果。记单词的方法多种多样，如构词法、卡片法、联系法等。在课堂教学中，老师如能引导学生了解单词记忆规律，对今后的英语学习是大有裨益的，但现实中学生的单词记忆方法太过单一。

三、如何提高小学英语词汇教学有效性

（一）从意识上改变，提高教学理念和认识

小学英语词汇教学存在重知识轻方法，重记忆轻运用的问题，导致词汇加工的广度和深度不够，学生学习费时低效、运用失当；一直以来的“重结构、轻词汇”或“重形式、轻意义”的倾向，使得词汇教学基本处于一种松散状态。

语言不是教会的，而是在使用中学会的。通过运用语言来学习语言才是科学的。就词汇知识而言，它包括三个层面的内容：概念层面（词形、词义等）、句法层面（词性、基本搭配要求等）、语音层面（词汇的音位特征和读音等）。小学阶段我们更多只强调概念层面的词形和词义和语音层面的词语读音。就词义的讲解而言，如果没有真实语境的创设，通过语境来辅助重形象思维的小学生来感悟词义，老师唯一能做的就是直接把词语的中文意思明示，换句话说英语教学就一直依赖母语进行，这是不符合语言学习规律的。因此教师在进行词汇教学时不能脱离真实的语境，可以新旧结合，以旧带新，还应想办法创设真实语境让学生在用中学。小学英语词汇教学应坚持词不离句，句不离篇，篇不离用。不仅让学生掌握音、形、义，还能学会在不同的情形下运用。学习一门语言就是为了实现更大范围更多形式的交流，而交流的前提就是我们要有足够的词汇量，而词汇量的积攒是要运用多种技巧的，它不是将单词一次紧跟一次地“旧调重弹”，或者一口气念十几二十遍，这样单调、机械地重复只会产生厌烦的情绪，容易引起大脑的抑制。在学习词汇时，要采取多样的学习方式，与情境结合，增强实践机会，在不知不觉中自然的记忆和掌握新的词汇。

（二）从教学方法和策略上改进

有了教学理念和教学意识上的改变，更具体的改变就应该体现在教学方法和教学策略上，以下就是比较实用的有效词汇教学具体方法。

1. 直观教学法

直观教学法形象生动，在词汇教学的课堂上老师可以用动作、神态、表情、实物和图像等手段帮助学生构建起形象思维，以此来深化学生对单词的印象，充分提高单词记忆的实际效果。主要可以通过下面两种形式来实现：第一，利用肢体语言进行词汇教学。小学生有效关注的时间非常短，老师在课堂上要使用各种手段吸引他们的注意力。在具体的单词教学过程中，有不少单词其实老师完全能用手势、动作或神态等肢体语言帮助学生轻松地理解和掌握。比如 cry，smile，run，jump，swim 等词，老师在教这些词汇时，可以配合对应的动作再加上丰富的表情，有了这些辅助的肢体语言，再让他们一边做出动作一边说出英语，这样会让他们在愉悦的氛围中轻松地学习到词汇的知识。有了这些词汇的基础，老师可以让学生用刚刚学过的这些词汇造句，让学生更充分地掌握所学单词的用法以及能适用的常见句型。第二，利用实际物体开展词汇教学。比如，有不少单词和学生的实际生活密切相关，老师在教这些单词时可以把具体实物带入课堂，让他们亲眼观察这些实物，比如钢笔、桔子、香蕉、水杯、直尺等，老师在词汇教学时可以一边教单词一边展示实物，因为他们看到的都是生活中很平常的东西，自然会有一种新鲜的感觉，浓厚的学习兴趣就会被激发出来。这种做法让学生的多种感官得到刺激，生动形象，将单词的形、音和义同时完成了。紧接着教师可以采用他们熟悉的句型来提问，比如教师可以问："What's this?" 学生一起回答："It's a/an..." 这样就在游戏中强化了学生对单词音形义的理解与认识。

2. 音形结合法

英语词汇总量虽然庞大，但最基本的构词成分是有限的。无论音、形还是意义，每个英语单词都与其他单词有或多或少的联系，都是整个词汇系统中的一部分。学好语音不仅有利于准确地用声音表达思想，而且对单词的学习与记忆大有裨益。教师必须严格要求学生养成规范的发音习惯，同时在教学中要引导学生了解字母、字母组合的发音规则，从而学会正确的拼写形式。假如学生不会读音，不了解拼读规则，只是单纯地靠死记硬背字母的顺序来记单词，最终只会导致学生的自信心丧失，事倍功半。比如在学 clear 时，可列出 ear，tear，year，dear，near 等单词。在学 lake 时，可列出 date，gate，lake，face，hate 等单词。让学生对单词进行音、形与义上的比较，记忆效果更好。

3. 夸张教学法

英语教学的特性表明，凡是对教学内容的表达比较强烈，对比明显，不断变化，带有新颖和刺激的艺术效果，都会引起学生学习英语的兴趣。例如在进行 pep 教材三年级下册第六单元 a 部分 let's talk 教学中，有 "it's so big" 的教学。教师拿出一条巨大的长裤，让几个学生穿一穿，由于裤子太大，学生被淹没在长裤中，全班学生会由于处在如此有趣的情景中而笑声连连。"So big." 教师抓住时机，用贴切的语气带领学生说该句子。此例，教师在教具上采用了夸张手法，学生与裤子，本身没有多大吸引力的两种物体，经过教师与学生的合作所产生出的情趣，带给小学生一种新奇感。这样的一种情景，会让学生在语言学习中留下深刻的印象，以后在日常生活中，只要有类似“大”与“小”高与矮长与短悬殊的情景出现，学生就会脱口而出：so big /small /tall /short! 夸张手法在此表现出来的诙谐、幽默特点，使学生在学习英语时心情舒畅，轻松愉快，肌肉自然放松，减轻了学生的压力感和身心上的紧张焦虑情绪，从而排除心理障碍，使学习处在一种愉快和安全的环境中。在这种环境中学习英语，学生在心理上的许多积极因素被调动起来，使学生对学习内容在感官上出现了好奇和兴奋，学习的兴趣也由此产生。

4. 类比教学法

英语词汇与中文用语一样，也有很多意义相同或相近的单词。利用近义词类比或代换是小学英语词汇教学中常用的一种方法，它可以让学生在已有知识的基础上通过对比、联想等方式学习到新的单词，不失为一种较好的词汇教学方法。反义词的类比。任何事物都有相反的方向，是人们容易发生联想的正常思维，通过反义词之间的类比，有助于学生加深记忆。例如：big 与 small，tall 与 low，open 与 close，hot 与 cold，fat 与 thin，等等。通过反义词的类比，不仅有助于学生熟练记忆，还能使学生在对比中更进一步地了解每个单词的用法。同音异形词的类比。在学习生词时，有时会遇到与之前的单词发音相同的单词，此时教师要让学生明确两个单词在形、义上的区别，并在不同的情境下让学生进行区分，从而让学生更加牢固地掌握生词的读音、词性、意义和拼写等。

5. 归纳整理法

心理学家布鲁纳指出“关于人类记忆，经过一个世纪的充分研究，我们能说的最基本的东西，也许就是，除非把一件件事情放进构造好了的模型里面，否则很快就会忘记。”这就说明了规律在学习中的重要性。词汇教学中的规律性主要体现在根据词汇的某一相同特征归类。比如：（语音方面）归类 igh 发[ai]的单词 light night high 等。在词汇教学时，可以先教授 light 的发音，教授 igh 发[ai]，通过 igh 的发音，教师读[lait]，这样学生就可读出 night 和 high 了，从而掌握了 igh 发[ai：]。（语法方面）归类 an 放在以元音开头的单词前的单词 eleghant orange apple 等。在教学时，出示 an elephant，an orange，an apple 等，让学生比较从而掌握规律。（词汇方面）按种类分类。比如，水果：apple，pear，banana，orange，peach，pineapple 等；反义词：old—new，tall—short，fat—thin 等。在平时的教学中，要注意词汇教学规律性的应用，引导学生运用其规律性去记忆词汇。

6. 游戏竞赛法

学生活泼、好动、好表现，老师应充分利用学生这一特点，努力在英语课堂上为学生创造说和做的机会，使他们处于学习的主体地位，把竞争机制引入课堂，把游戏带进课堂，不仅拉近了师生间的距离，而且能使学生整个身心处于积极主动的学习状态。我在教授单词 rice 时，运用游戏“摇头晃脑”，即一个学生读完单词后，头可向前、后、左、右摆动，摆到哪位同学，哪位同学接下去读。教授单词还可运用“单词接龙”“四面开花”“比手指少 1”“大小声”等方式。教授发音比较难的单词 vegetable，可采用“找一找”的方式，即教师蒙上一名学生的眼睛，然后将 vegetable 图片藏在一位同学的课桌里，然后让该学生睁开眼睛开始寻找单词卡片。全班学生齐读 vegetable，vegetable。当该学生走近图片时，全班的声音变大；该学生远离图片时，全班的声音变小。学完单词通过游戏 What's missing? “点兵点将”，引导学生快速记忆单词。这样采用不同的游戏方式多方面地巩固单词，添加趣味性。我在教词汇时用竞赛的形式也有多种，竞赛可用于词汇教学的各个环节，使学生的学习兴趣更加浓厚。

7. 语音渗透法

对于刚学英语的低年级小学生来说，认读单词对他们来说极其困难，读完就忘是常有的事，以旧带新，利用相同音素，音形义结合是最适合他们的记忆方法。如在低年级中简单的单词可先认读单词中的辅音字母，教授 ten 时，让学生根据以前的单词 pen 认读 en 的发音，再根据字母 t 认读［t］这个音，随后学生自己进行拼读。让学生有一个初步拼读、认读单词的意识。

8. 多感官参与记忆

从教学实践中我们知道，参与记忆单词的器官和身体部位越多，单词在大脑中的印象就越深刻，记忆的时间也就越长。新单词呈现时，让学生看所学单词所代表的事物形状，可通过实物、卡片或了了几笔的简笔画，使学生有一种直观感受。让学学生在“乐”中学，在“趣”中练，是小学生识记单词的一条捷径。

四、小学英语词汇教学过程中需要注意问题

（一）关注小学生英语学习兴趣的保护

“兴趣是最好的老师”。小学英语是入门教学，应把培养学生学习英语的兴趣放在首位。兴趣是学好语言的关键，教学单词的时候，如果激活学生的学习兴趣，我们的单词教学自然就事半功倍。赞可夫说：“教学方法一旦触及学生的情绪和意志领域，触及学生的心理需要，这种教学就会变得高度有效。”苏霍姆林斯基曾说：“如果老师不想方设法使学生产生情绪高涨和智力振奋的内心状态就急于传授知识，不动感情的脑力劳动就会带来疲倦，没有欢欣鼓舞的心情，没有学习的兴趣，学习就会成为学生的负担。”著名心理学家皮亚杰也认为：兴趣是能量的调节者，它的加入发动了储存在内心的力量。

（二）关注小学生英语学习策略的培养

达尔文曾经说过，关于方法的知识才是最有价值的知识。“授人以鱼不如授人以渔”。在英语教学过程中关注小学生英语学习方法和学习策略的培养，如与单词认读密切相关的自然拼读法；单词记忆密切相关的词块教学法、思维导图、联想记忆法、以及蜂巢式结构图记忆策略等。

第四节　农村小学英语语法有效教学设计

随着小学英语新课程改革的推进，我们越来越重视学生的综合语言运用能力。但事实上，很多学生直到小学毕业，也不能比较正确、流利地用英语就某个情景或话题作简短的交流，

有的甚至连最基本的自我介绍也不会，而书写的句子更是错误百出。原因之一便是语法知识掌握不佳。

小学英语教学着重对学生进行语言基本技能的培养，不是单纯的语言知识的传授，但只练习听说不管语法的极端做法是不可取的。语法是语言内部规律的总结，学习英语要了解其基本语法。

小学英语阶段开展语法教学不是从语法到语法，强调的不是语法形式而是语法功能，需要帮助学生在感性认识的基础上通过大量的实践活动上升到理性认识，最后让学生在理性认识的正确指导之下再进行语言实践。小学英语教学的任务之一便是培养学生对英语语法获得一些感性认识，为初中进一步学习打下基础；小学英语阶段实际就是对英语知识的感性积累阶段，即语法学习的初级阶段，应把握好这一初级阶段的特点。

一、小学英语语法教学的必要性

1. 英语语法要不要专门学

从小学英语教学的任务来看，似乎只要学生通过听、说、唱、读、做，学会简单的英语对话或用英语进行简单描述日常生活就达到了教学目的，语法教学可有可无。很多人也认为我们从未特意学习过汉语语法，却一样把中文说得自如、流畅，所以学英语也不用专门学习语法。殊不知，中文是我们的母语，接触和使用的机会很多，可以自然形成语感和习得语言，不必专门学习语法。而英语就不一样，学生缺乏学习英语的语言环境，如果不了解该语言的内部规则，终究会影响学生运用英语的能力。

语法是语言的内部规则，影响着语言表达的准确性。第二语言学习研究结果也表明，学习语法有助于外语学习者提高学习效果。20 世纪 90 年代以来的大多数研究结果证明，在适当的学习阶段，以适当的形式关注语法形式对语言学习者是很有益的（Dekeyser，1998：42）。

除此以外，语法能力是交际能力的组成部分；人们在学习和运用语言的过程中，总是自觉或不自觉地学习和运用着语法。因而，静态的封闭的语法知识是在运用中为动态的、开放的、创造性的交际活动服务，语法是帮助实现交际目的的手段；交际的顺利完成依赖于表达的正确性，没有系统正确的语法知识体系做支撑，语言表达很难做到准确无误，因此语法教学是语言教学必不可缺的内容。掌握系统的语法知识，才能提高英语的学习效率；在强调提高语言综合运用能力的诉求下，英语学习必须学习语法。

2. 小学阶段要不要学英语语法

上文提及“在适当的学习阶段，以适当的形式关注语法”，那么小学阶段是不是适当的学习阶段呢？之前诸多研究者和教员对小学要不要学语法、教语法有过激烈争执，觉得小学阶段以培养小学生的英语学习兴趣为主；以形象生动的教学内容为主；而语法是抽象的、枯燥的、没有生命力的，语法知识讲解会让小学生觉得枯燥难理解甚至产生畏难情绪，致使其英语学生兴趣降低。

新课程标准要求在小学阶段进行简单的语法学习，因为即使是孩子也要学习一些英语的语法知识来帮助他们正确地掌握和运用语言。Cameron 也认为，即使在小学阶段，学生也需要简单的语法知识帮助他们从一开始就养成正确表述语言的习惯，以利于培养学生的综合语言运用能力。

3. 小学阶段英语语法学习的目的

不同阶段的英语学习侧重点不同，语法学习同样如此。小学阶段英语学习以学生兴趣培养为主，因此其语法教学也有着跟初高中不一样的学习目的。在小学英语教学中，语法教学不是为了让学生记住语法规则，而重在让学生形成一种语法意识，能够在语境中更准确的运用语言。在小学英语语法教学中，教给儿童语法，不是为了培养他们用语法分析英语语言的能力，不是要他们掌握一系列的语法术语概念，语法教学从属于运用英语能力的培养，是为培养儿童运用英语的能力服务的。

二、农村小学英语语法教学的现状和存在问题

1. 教学观念陈旧，就语法教语法

重概念轻内涵，重形式轻能力的现象在当下农村小学英语教学中很普遍。语法教学容易走入两个极端：完全不讲或者讲得太完全，就语法讲语法；提到语法教学就是语法概念讲解和练习操练、题海战术。强调语法概念，侧重语法知识的孤立训练，忽视从语言的运用上去讲解语法知识，从运用能力的培养上去要求儿童。

2. 教学方法落后，教学过程枯燥乏味

即便意识到语法学习对于英语语言学习的重要性，但苦于没有系统研究小学英语语法教学，教师们只能沿用或照搬自己以前的语法学习经验，随时随地讲解抽象的语法概念，说教色彩浓厚，不适合小学生认知规律，加之语法教学中使用的例句没有真实语境为依托，不利于小学生理解语法的意义和功能，也不便于小学生用真实的语境进行真实的语用功能表达，教学效果低下。

三、小学英语语法教学的原则

不同的教学目的需要通过不同的教学设计和教学活动来达成。小学阶段，教师对于英语语法教学应注重语法知识建构的方法和过程，不能简单机械地传授语法规则，要基于学生的生理心理的特点和他们的认知水平，灵活使用各种教学手段，充分调动学生的各种感官，激发他们的学习兴趣，在不断的语言实践中逐步自主习得语法知识，这跟新课程标准所倡导的“以人为本”的理念是高度一致的。该理念要求教师的教学设计与教学活动都要符合学生的本能与天性。生动有趣、重在实践的语法教学方法有助于营造出一个人性化的教学环境，不仅有利于调动孩子的学习积极性，提高教学效果，还有利于孩子身心、情感的健康发展。

小学阶段英语语法教学需要遵从以下原则。

1. 隐性原则

语法概念本身是抽象的，难理解的；小学生英语语法教学，千万不能直接讲解语法概念，然后生硬地将语法内容套在概念上；也不可采用简单直接的机械性讲解和操练，以免把自己的英语课堂变得枯燥乏味，一潭死水。小学生由于年龄小，接触的知识面又比较窄，所以看问题都缺乏理性。根据孩子的天性，小学生都是活泼好动，喜欢玩耍的，所以应该把语法教学巧妙地融入到富有意义，生动有趣的英语情景教学中进行，尽量多地利用唱儿歌，做游戏，讲故事，TPR，chant，猜谜语等形式，来推进英语语法的教学，使英语语法在这种“隐性”的原则下不知不觉地进行，以达到“润物细无声”的效果。

2. 适量原则

小学生在学习上本来就缺乏耐性，加上在抽象思维方面又发展不完全，在静下心来思考和推理方面较成人有很大的差距，所以小学英语语法教学一定要注意确保适量和适度。有一些小学英语教师认为只有把语法讲得尽可能的详细和到位，才能确保孩子们在运用时准确无误，结果费时费力，啰嗦不止，反而弄巧成拙，导致孩子们稀里糊涂甚至厌学。英语是用会的，不是学会的，根据孩子的天性，在教学中要做到“以人为本”。新课程标准倡导“以人为本”的理念，要求教师的教学设计与教学活动都要符合学生的本能与天性，以激发学生的兴趣为主要目的；适量和适度的英语语法教学有利于为学生打造一个生动有趣、贴近实践的人性化英语教学环境；生动、适量的语法教学不仅有利于调动孩子们的学习积极性，提高英语教学的效果，还有利于孩子们身心和情感的健康发展。

3. 意义先行原则

语法是遣词造句时一些规则的综合体，其本身体现的是语言的结构形式，其内容主要是英语词语和英语句子的使用规则。语法教学是学习英语语言的一种工具，是用语法来解释英语语言现象，而不是语法决定英语语言，所以学生可以利用语法来纠正和规范英语在语言交际中的运用，最终目的就是为了促进和提高学生积极参与交流的能力。因此，小学英语语法教学必须放到以实现真实的交际意图为目的的交际活动中去进行，在大量生动活泼，趣味十足的英语交际性活动中对语法项目略做讲解和点拨，引导学生通过仔细观察，理性分析和归纳总结使语法教学起个“画龙点睛”的作用。有了生动化、生活化的情景创设辅助教学，学生能在形式多样的活动和游戏中运用已有的认知和推理能力，充分感受语法意义。只有理解了意义，孩子们才能加以运用；在感知意义的基础上，教师再适时引导学生关注语法现象，总结语法规律。总之，要先让学生在接触足够实例的情况下解释语法现象，不脱离实例讲结构。解释语法现象的时候首先从意义出发，结合语言使用来解释，不离开意义讲结构，更不要背“口诀”。

4. 交际性原则

小学英语语法教学必须以实现真实语言的交际意图为目的。小学英语语法的交际性在于语言呈形象化、交际化。语法能力是交际能力的组成部分。语法教学不应该在孤立的句子中进行，而应该在交际活动中将零碎的语法点和真实有效的语境结合起来，从视、听、说入手，通过设计、创造交际性语言环境，运用幻灯、动作、实物、图片、简笔画、表演对话、手势、表情等，在形式丰富的听说实践中使学生发现并掌握语言规律；以教学内容为中心，组织真实、半真实的交际活动把语法点和交际性语境结合起来，让学生在贴近生活实践的语言材料中感知、理解和学习语言；在语言交际实践中熟化语言结构，发展言语技能，培养初步的交际能力。

5. 实践性原则

语言学习离不开实践和反复练习。以行为主义学习理论为基础的听说法认为：外语学习基本上是一个形成习惯的过程。按行为主义的解释就是：当对刺激的正确反应一直受到奖励，习惯就形成了。其他流派也从不同角度提出了练习在培养言语能力中的作用。因而在语法教学中必须强调语法知识的实践性和练习的多样化。小学英语语法主要出现在单词、句型、短小文章中，因而语法教学主要是结合这些具体的学习活动，让学生感受、领会、掌握一些基本的语法知识。语法教学要做到精读多练，或适当点拨、反复操练，直到小学生熟练掌握、形成语感、建立一套新的语言习惯。

四、小学英语语法教学的策略和方法

英语语法是英语这门语言本身就有的一种现象，它确确实实地存在着，如果教师不向学生讲清各种语法知识，学生就无法真正理解并学会英语这门语言。语法教学既是困扰教师教学的一个难题，也是阻扰学生学习的一个难点。如果语法教学经常讲的是一些语言规则或是条条框框的东西，容易陷入枯燥乏味的传统语法教学模式，学生在学习语法时也容易走神生厌，甚至抵触，所以小学英语的语法教学一定要运用多种正确有效的教学方法。以下介绍几种实用高效的小学英语语法教学策略和方法。

1. 直观教学法

语法教学中可以尽量多地利用我们身边的实物、图像、电影、动画等直观手段，有效地化解语法教学中的枯燥感和单一性，吸引学生的注意力和激发他们的兴趣，以达到提高课堂语法教学效率和学生学习积极性的目的 。例如：讲解表示位置关系的介词 in，on，under，in front of，behind，over 时，我们可以拿出两种物品，通过展示其对应方位关系来诠释方位介词的意义，直观地讲解它们的位置关系；也可以设计一组 PPT 图片，直观地展示两种物品的位置关系。直观教学法能直观地展示所讲的内容，使讲解的语法知识看得见摸得着，语法教和学都变得轻松有趣，学生也就学得主动，记得牢，用得活。

2. 媒体教学法

在英语语法教学中时态是一个很重要的语法项目，但是学生难以掌握，尤其在交际的时候容易出错。如果仅用孤立的句子去理解和说明这一语法现象，或者让学生去死记，他们会感到学习语法很枯燥，太抽象。我们可运用多媒体，通过场景的快速切换，有效地调动和控制学生的注意力，先帮助他们形成直观的表象，再设计一些有一定信息差的会话练习，唤起学生的求知欲。例如，在教 be 动词的一般过去时态时，可以这样设计。

1）铺垫

媒体出示一卧室，内有一张床和一张课桌，床上有两件毛衣，床下有一双鞋，桌上有一只手机和一些鲜花，墙上挂着一只风筝。

T：Where's the mobile phone?

S1：It's on the desk.

T：Where're the shoes?

S2：They're under the bed.

媒体出示下列句型：

It is on the desk.

They are under the bed.

2）导入

隐藏上图中的手机和鞋，媒体出现两幅图，让学生进行对照。

T：Where's the mobile phone now? Is it on the desk?

S：No.

T：But it was there just now.

T：Where are the shoes now? Are they under the bed?

S：No.

T：But they were there a moment ago.

媒体出示下列句型：

It was there just now.

They were there a moment ago.

由学生已知的一般现在时作铺垫，引出 be 动词的一般过去时，两种时态对比使用，教师作适当解释。

3）操练

隐藏毛衣和风筝，两图对照，让学生分小组模仿操练。

4）总结

一般过去时表示过去某时发生的动作或存在的状态，其谓语动词要用动词的过去式。在汉语中不存在这样的现象，这是中英文的区别之一。还要向学生讲清 is，are 的过去式分别是 was 和 were。

5）运用

分组自由创设情景，活用以上所学知识，用英语进行交流。

这样，借助媒体，通过对话感知，模仿训练，归纳语法现象，活用知识进行实践等一系列活动，有效地帮助学生掌握了 be 动词一般过去时的用法。

3. 图片或图画教学法

充分利用图画的形象生动，色彩艳丽，有很强的吸引眼球的功能，通过制作卡片、画简笔画等方式，把图片引入语法教学环节。例如教句型“What is XX doing ? XX is...”句型时就可以充分运用图片或图画教学法。如果是静态的图画，教师可事先准备好图片，然后只展示图片的一个部分，然后真实地提出问题：What is XX doing? 如果是动态现场简笔画，那么教师也可以边画边问，通过先吸引其目光关注力，进而激发小学生们共有的好奇心，轻松顺利完成教学。

4. 归纳总结法

针对小学生感性的年龄特点，教师往往在平时的教学中逐步渗透了很多的语言现象，这些大量的具有共性的语言现象通过学生们自己的观察分析并且找出固有的规律，归纳和总结出语法规则，这样就能使语法知识主动地被学生所理解，接受和掌握，我们可以称之为归纳总结法。例如：讲解现在进行时态，师生通过大量的听说练习，使学生积累了足够多的表达现在进行时态的句子，他们在教师的引导下能从现在进行时的语法意义，即“现在正在做的事情或者存在的状态”，进而关注其语法形式，即“be + 动词的 ing 形式”，最终实现形式和意义的统一，实现知识点的内化。归纳总结法充分调动了学生学习英语语法的积极性和主动性，与传统的教师逐条讲解灌输语法规则，被动强迫学生接受的教学法相比较，明显具有很大的优势，是教师和学生都乐于接受的教学法之一。

小学英语语法教学中归纳和总结英语语法是很必要的。在接触、理解、体验、操练、运用之后，进行归纳和总结，会取得事半功倍的效果。但在做总结归纳的时候还要根据学生的不同阶段和思维的特点来采取相应的方法。

5. 对比归类分析法

在语法教学中，我们常常把学生容易混淆或者用法相近的一些语法点用图表归类的方法列出来，去引导学生对这些语法点进行观察，对比和分析，找出它们的共同点和不同点，有针对性地区别和理解这些语法点，使复杂的语法知识容易化。例如：在讲解有关人称的代词时可以列表格来比较和化解难度（见表 3-1）。

表 3-1 人称代词与物主代词

人称代词主格	I you he she it they
人称代词宾格	me you him her it them
形容词性物主代词	my your his her its their
名词性物主代词	mine yours his hers its theirs

学生通过表格的对比能轻松地弄清楚它们之间的区别和用法，记忆起来也会方便许多。

6. 韵律记忆法

英语语法教学中，很多教师喜欢把一些死板的语法点编成顺口溜，教孩子们反复吟唱，学生在不知不觉中就能清晰地记住并使用这些语法点。比如很多教师在教序数词时喜欢使用这个顺口溜：“一二三不容易，咱们最好单个记；四以上加 th，八减 t，九去 e；f 来把 ve 替，ty 要变 tie；如果碰上几十几，改变个位就可以。”本人经常把同一语法点放一起编成顺口溜，屡试不爽，学生非常喜欢。例如：foot 的复数是 feet，oo 变 ee；goose 的复数是 geese，oo

变 ee。也有老师在教星期的说法时也喜欢编成顺口溜，如：Monday，Monday 星期一，猴子花钱坐飞机；Tuesday，Tuesday 星期二，猴子屁股摔两半儿；Wednesday，Wednesday 星期四，猴子忙着去考试；Friday，Friday 星期五，猴子遇见大老虎；Saturday，Saturday 星期六，猴子故事一溜溜；Sunday，Sunday，星期天，猴子公园荡秋千。 总之，顺口溜教学法非常适合小学生，使他们能在玩耍中学习英语语法。

7. 整合教材内容

小学英语教材中的语法现象是分散出现的，是按由简到繁这一循序渐进的原则来编排语法结构的。有的语法现象不仅出现在同一册书中的不同单元，而且还贯穿于几册书中。如动词的三人称单数形式，3A 就出现了 be 动词的第三人称单数形式 is 的肯定句，3B 开始出现 be 动词的第三人称单数形式 is 的特殊疑问句，一般疑问句及其肯定和否定回答，4A 第六单元则出现了行为动词的第三人称单数形式：She looks so funny. 5A 第八单元讲了 have 的第三人称单数形式 has 的肯定句和特殊疑问句，5B 则重点讲解了一般现在时，其重难点就是行为动词的三人称单数形式及助动词 does 的正确运用。这样的编排体系需要教师在学生学习同类语言现象有一定的积累后，合理整合教材；如果教师完全根据教材来讲解，那么学生学的语言知识往往是支离破碎的，不利于学生系统地掌握语法知识。因此，教师要深入了解正确把握全套教材，抓住暗藏在语言材料中的语法项目，理顺每册书和各单元之间的语法联系，把握好这一语法项目在教材中的分布规律，对一些重难点的内容及早渗透。学生多次见过某种语法现象，对其有了初步的了解，教师再及时帮助学生进一步理解，总结归纳，学生对此语法项目就会有清晰、完整的了解，就能比较正确的运用在语言交流中。知识的系统化和整体化教学有助于学生的理解和记忆，从而发展学生的学习能力，提高学习效率，收到良好的教学效果。

8. 故事教学法

故事教学法是一种符合小学生年龄特点的有效激趣的方法，它通过创设故事情境，以简明、短小、有趣的故事代替教学内容，让学生在轻松易懂的环境氛围中掌握新词汇、新句型。实践证明，故事具有趣味性，能很快激发学生的学习兴趣与积极性；且故事有情节，有不同的角色，容易引发学生的表演欲，学生通过表演故事既提高了学习兴趣，又提高了口语表达能力，同时还锻炼了学生的交际能力与表演能力，也就是说，故事教学法可以提高学生运用英语的综合能力。

运用故事教学法教语法也是种很好的尝试。大部分故事多以时间为主要线索，故事情节按照时间推移发展推进。那么，在教师对几种基本时态如一般过去、一般现在、一般将来时进行梳理比对时，选择一个时间线索发展很明显的故事辅助学生理解就不失为一个很好的选择。

除了以上提及的语法教学方法外，还有歌谣法，游戏法，表演法，集中法，画图法等。总而言之，作为新时代的小学英语教师，无论采用哪种教学方法，都必须注意“精讲多练，以练为主；点到为止，注重运用”。语法教学的对象是活生生的人，一定要多想办法，以人为本，提倡素质教育。

五、小学英语语法教学课例分析

(一) 案例展示

Module 2　Shopping
Lesson 1

【教学内容】

Unit 1　How many do you want?

【学习任务】

How many bananas do you want?

How many cheese do you want?

I want two kilos of rice.

【功能】

学会如何在购物。

【运用任务】

✦ 说出购物的过程；
✦ 使用 how many 和 how much 询问东西数量，使用 how much 询问价钱；
✦ 表演一个购物的短剧；
✦ 模拟购物。

【教学程序】

1. 热身复习

教师播放学生在 Module 1 中学习的英语歌曲，并把与歌词相配的三幅图片贴到黑板上。学生跟录音唱，边唱边指相应的图片。

2. 任务呈现与课文导入

拿起各种文具问学生它的英文名称，是从什么地方买的。学生会说，从城市或商店买的。教师说，当我们需要某种东西时，就可以到商店去买。到商店买东西的英文是 shop。教师问购物前一般做什么准备，到商店购物时大约需要多少时间，讨论完后，问学生是否知道用英语怎样表达上述观点。

介绍购物背景知识。学习 kilo，教师说　kilo 为公斤，half a kilo 为一斤；Yuan 是 China 货币。

3. 课文教学

1）学习新词

出示 shopping，bananas，cheese，list，card，egg 的图片和单词卡，学生看图理解单词。教师每出示一张图片时可先让学生看拼写试读一下,这样利于培养学生看拼写读单词的能力。

学生试读后，教师领读，学生跟读。之后教师读单词，学生用手快速指向图片。在学生能较快地指出图片后，练习读音，选择一名学生指图片，其他学生读出单词及词组。

2）活动 1

学习 how much 的用法。how much 既可用于询问不可数名词的多少也可以用于询问价钱。How much is it going to cost? 问的是东西的价格。教师让学生看不同物品，让学生猜测 How much is it going to cost?

将学生分成三人一组，让学生看书并思考下列问题。教师应确认学生清楚问题的含义，适当解释。然后学生逐一读问题。

How many bananas do they want?

How many cheese do they want?

How many things are there on the list?

学生先自行思考找答案，然后在小组内通过交流找到正确答案。

全班对答案，教师予以指导。

打乱购物顺序，重新排列。学生两人一组完成此项任务。

放第一遍录音。学生完成后教师给答案。说一说购物的过程。学生看书并听第二遍录音，在每一句话后停顿，学生跟读，模仿录音中的语音、语调。

（3）活动 2

学生看 VCD 光盘中的对话。学生一人扮演 Ms Smart，一人扮演 Lingling，教师指五幅图中任意一幅，学生两人表演。提醒学生在表演时要根据对话的内容配以适当动作。将与对话相配的挂图贴在黑板上为学生对话作提示。叫自愿者到前面表演，教师对学生及时鼓励。

（4）活动 3

教师出示活动中的四个回答，学生读出这四个句子，然后分别找出与这些回答对应的问句。学生两人一组做问答练习，完成后互换角色。

4. 任务完成

表演购物短剧。先问学生购物前应该准备什么（a shopping list）？购物时怎样问价（How much is this coat/shirt? ）怎样问要多少（How many … do you want?）学生两至三人一组自定角色练习。教师可布置出一个商店的环境供学生表演使用。

5. 课后作业

（1）听录音，熟读课文。

（2）模拟 Unit 1，学生两人一组编购物的对话。

（3）Copy the key words and sentences.

（4）Recite the key words and sentences.

（二）案例分析

本课时涉及的语法知识是使用 how many 询问东西数量，同时使用 how much 询问价钱。从教案设计来看，教师能正确分析教学重难点，每个教学步骤设计合理。但在涉及语法知识点细节的问题上处理不够：如英语中询问数量，除了用 how many 外，我们同样会用到 how much；与此同时，how much 除了用于询问价格外，还能询问数量。

关于这个语法点，教师需设计情节，让学生感受、理解，然后教师适时引导，归纳，总结。

六、小学英语语法教学注意事项

（一）情景创设尽量生动化，生活化

生动有趣的教学情景对学生掌握语言、利用语言是能起到事半功倍的效果的。在语法操练环节我们应该设计自然、真实的情境，这些情境要贴近学生的生活，可能在生活中再现或发生过的。一方面学生乐于讲述生活中的事情，使得语法操练有趣而不枯燥，另一方面在真实的情境中才能达到运用语言，正确理解语法现象的目的。活动给孩子们提供了一个较真实的情景去使用语言，让他们在玩乐中无意识地训练了所学的语法。精讲多练，促成内化。淡化对语法的讲解和记忆，留更多的时间和精力用于实例、实践、实用；启发、诱导、点化学生在语境中反复接触和应用语言。

（二）设置梯度，正确引导，分层学语法

语法教学要注意梯度，正确引导学生一步一步解开谜团。不能要求学生一下子就得到答案。我们要强调的是学习的过程，让学生在解决问题和完成任务的过程中，通过与他人对话、交流、讨论来达成理解，形成共识，构建自己的知识。我们经常可以采取以下方式设置梯度。

（1）教师举例，师生一起完成例句。

（2）学生仔细观察，讨论，分析，比较例句，初步归纳出语法规则，教师适时点拨，解答学生疑问。

（3）教师对学生归纳的语法规则给予客观的评价和补充。

（4）学生进行操练，教师提供多种形式的题型，如选择；填空；笔译和文章理解等，以检查学生的掌握情况。

总之，反对离开语境和意义讲语法规则，不主张离开意义背口诀；反对语法知识点支离破碎，主张适时归纳，但也反对没有足够感性积累的情况下过早归纳；语法规则的归纳反对教师灌输，提倡教师提供典型实例，学生或师生共同总结归纳；反对不顾学生需要和接受能力追求全面。

参考文献

[1]　郝兴跃. 20世纪90年代以来国外语法教学的新趋势[J]. 外语界，2004，(4).

[2]　王电建，赖红玲，岳可观. 小学英语语法教学的原则及方法[J]. 甘肃教育学院学报（社会科学版），2002，18（4）.

[3] 王琴."新课程标准"下小学英语语法教学的定位及策略思考[J].当代教育论坛(教学研究),2011,3.
[4] 刘道义.基础外语教育发展报告(1978—2008)[M].上海:上海外语教育出版社,2008.

第五节 农村小学英语课堂管理与评价

小学阶段是英语教育的启蒙阶段。教育部在颁发的《小学英语课程教学基本要求》(试行)指导意见中指出:小学英语教学的目地是要重视激发小学生学习英语的兴趣和培养积极的学习态度,使学生建立学习英语的自信心,培养其具有一定的语感和良好的语音、语调基础,使其乐于用英语进行简单的交流,初步形成应用英语进行简单表达、书面阅读以及日常交流的能力,为进一步的学习英语打下良好的基础。该阶段学生英语学习兴趣的培养、情感的教育、自信心的建立等将对今后的英语学习产生较大影响。由此可见,英语基础教育阶段教学改革的重点是防止和纠正以教授字词句、语法等语言知识为主的做法,强调课程从学生的学习兴趣、生活经验和认知水平出发,注重培养和激发学生学习的积极性和自信心。如何抓好小学的英语教学是外语教育工作者必须予以重视的。

基于我国人口众多、基础教育受面大的国情,我国的英语基础教育主要是通过课堂教学途径展开,因此,抓好小学英语课堂教学尤为重要。课堂评价是伴随学生学习活动而进行的评价反馈活动,它为学生达成学习目标提供监督保障。学习评价的主体既是教师也是学生,它将评价学习目标的达成度、评测学习过程的合理性、评价学习效果和学习投入之间的关系,涉及学习任务的完成水平、学习态度、学习策略的运用、学习资源的提供、学习情境的创设、学习过程的变通性等多个角度。课堂评价作为一个非常重要的课堂环节,是小学英语教学过程中不可或缺的重要内容,它能对教学全过程和结果进行有效的监控,是保障课堂教学成功的一个重要措施,并为学生的发展程度和教学的改进提供依据。《英语课程标准》也十分强调课堂评价的作用。作为有效、成功教学的一部分,课堂评价是对学生学习过程的评价,其目的在于掌握学生的学习情况,激发学生的学习热情,促进学生学习质量的提高,而不仅仅是对学生的一种测评。课堂评价能使学生在英语课程的学习过程中不断体验进步与成功、更全面地认识自我、建立自信,促进学生综合语言运用能力的全面发展,为进一步学习英语打下坚实的基础。同时,对于老师而言,课堂评价也是一种教学方法,一种教学手段,一种对学生成长的记录。课堂评价能使教师及时获取英语教学的反馈信息,根据情况变化及时对自己的教学行为进行反思和适当的调整,从而促进教师教学水平的不断提高。此外,课堂评价还能让学校及时了解课程标准的执行情况,改进教学管理,促进英语课程的不断发展和完善。

目前,小学英语课堂评价还存在着不少问题,主要表现在:评价缺乏实效性,没能抓住评价的最佳时机,促使课堂教学得到优化;二是评价缺乏多样性,没能激发学习的兴趣,调动学生积极参与;三是评价缺乏准确性,没能把握好评价的尺度,促进学生思维能力提高。这些问题的出现,不仅让学生学习兴趣索然,老师教学忙碌疲惫,而且使课堂评价难以达到目的,英语教学无法取得实质性的效果。在实际的教学中,老师经常会遇到这样或者那样的问题,特别是在评价问题的环节上也都有各自不同的想法和观点。本章节旨在辅助老师领会课堂教学评价的概念理论和一些实际运用的方法和策略，以供老师们参考，以期促进教学。

一、小学英语课堂评价管理概述

（一）课堂评价的定义及理论依据

课堂评价是指教师在课堂教学活动过程中，根据学科教育的目的和原则，对教育过程和所产生的成果进行定性和定量的测量，即对学生学习质量、学习成效以及表现情况的评定，进而做出价值判断，从而为学生的发展程度和教学的改进提供依据。小学英语课堂评价，作为一种教学方法，一种教学手段，一种学生成长的记录，不仅仅是英语教学活动过程中的一个重要环节，而且是检验学生学习效果的一种重要手段，是协助教师及时调整和改进教学的评估活动的重要依据。有效的课堂评价对调控英语教学以及激励学生学习英语起到积极的调节和指导作用。

教育部在新颁布的《英语课程标准》及《小学英语课程教学基本要求》中明确指出：对于关注学生综合运用能力的发展过程，学生的评价应以形成性评价为主，以学生平时参与各种英语教学活动所表现的兴趣、态度和交流能力为主。期末或者学年度考试，可采用口试、笔试和听力相结合的方式，英语课程的评价要体现评价主体的多元性和评价形式的多元性，评价学习的效果，使对学习过程和对学习结果的评价达到和谐统一。通过课堂评价，能使学生在英语课程的学习过程中不断体验进步与成功，认识自我，建立自信，全面提高学生综合运用语言的能力；教师通过评价的手段能及时掌握教学情况，且相应地对教学行为进行反思和修正，从而有效地提高教学效率；教育管理者也能以评价为依据，及时了解课程标准的执行情况，对英语教学进行有效监管和调控，从而促进小学英语教学的长足发展。

（二）课堂评价的内容

1. 对学生英语学习过程的评价

对学生学习过程的评价应该包括课堂学习表现、学习效果、学习档案、问卷调查、座谈、家长对学生学习情况的反馈与评价，平时测验等。

2. 对学生情感、策略发展状态的评价

通过学生在课堂听讲、回答问题、对话表演、小组讨论、英语课外实践等活动中的表现，观察了解学生对英语课程学习的兴趣，主动学习的态度和合作学习的情况，同时了解学生是否能够根据不同的学习任务调整学习策略。

3. 对学生所学语言知识和技能掌握情况的评价

通过课堂提问、独立作业、阶段测试等方式检验教学效果。根据测验结果判断学生学习掌握情况，并及时采取相应的对策。

4. 对学生综合语言运用能力的评价

通过观察学生在课堂听讲，回答问题，小组合作，用英语获取、处理和使用信息，真实语言交际以及期末考试等活动中的表现，了解学生综合运用所学语言知识的情况。

（三）课堂评价的目的

课堂评价是对学生学习过程的评价，目的在于掌握学生的学习情况，激发学生的学习热情，促进学生的全面发展，而不仅仅是对学生的一种测评。对学生的课堂评价是有效、成功教学的一部分。充分利用好课堂评价这个教育工具，使学生在课堂学习过程中不断体验进步和成功，认识自我，建立和保持英语学习的兴趣和信心，激发学生的学习积极性，促进学生学习质量和综合语言运用能力的全面提高，促使学生在学习过程中情感态度、价值观念、学习策略等方面的积极发展和变化。同时，课堂评价作为了解课堂教学效果的重要依据，让教师能够对教学行为、手段和节奏等进行科学的调整，有利于改进教师的教学手段，提高教学水平；使学校和教育主管部门及时了解课堂教学情况，改进教学管理，构建高效课堂，让学生受益。

（四）课堂评价的作用和意义

《英语课程标准》明确指出："评价是英语课程的重要组成部分。科学的评价体系是实现课程目标的重要保障。"小学英语课堂评价对学生而言具有重要的意义，它不仅可以激发学生的学习兴趣，调动他们学习的积极性，还可以使他们获得成就感、增强自信心、培养合作精神。而这些都有助于学生形成初步用英语进行简单日常交流的能力，并为他们进一步学习英语打下良好的基础。同时，课堂评价也是教师对学生进行终结性评价的一个依据，它记录着学生的学习效果，学习态度和与他人合作等情况，为教师进行终结性评价提供第一手资料。此外，课堂评价是组织和调控教学的重要手段，可以促使教师不断反思自己的课堂教学，正确了解和认识自己的教学观念和教学行为；并在此基础上确立正确的课堂教学观念，养成正确的教学行为，改进后续设计；激发学生的学习兴趣、活跃课堂气氛；维持课堂纪律、以保障教学的顺利进行；确保教学目标的顺利实现。

二、对农村小学英语课堂评价的现状及问题分析

英语课程标准新提出的课堂评价理念为："改革评价过分强调甄别与选拔的功能，发挥评价促进学生发展，教师自身素质提高和改进教学实践的功能，应建立促进学生全面发展的评价体系。"因此，教师和学生的发展是《英语课程标准》关于英语课堂教学的核心理念，我们应关注和发挥学生多方面的潜能，了解他们在不同阶段的不同需求及疑惑，帮助解决他们不断面临的新问题，让他们建立自信，激发他们学说英语，学用英语的兴趣，发挥评价的教育功能，让他们发自内心地喜爱英语。然而，我国现行的小学英语课堂教学评价仍存在着一些弊端，其表现为以下几方面。

（一）课堂评价的主体缺乏多源性

现今的课堂教学，评价主体比较单一。在评价时往往是老师评价学生，基本上没有形成学生、教师、管理者、教育专家、家长等多主体共同积极参与、交互作用的评价模式，忽视了评价主体多源、多向的价值，尤其忽视自我评价的价值。

在课堂评价时，作为评价者的教师总是高高在上，而作为被评者的学生往往被动地处于被检查、被评判的地位，自尊心、自信心得不到很好的保护，因而对评价往往持一种冷漠、应付、抵触或者恐惧、逃避的态度，甚至出现欺骗、弄虚作假的行为。评价者与被评者心理上形成对立，从而很容易导致评价结果的片面性。

（二）课堂评价的形式缺乏多样性

在小学英语课堂上，教师课堂评价形式比较单一的现象十分普遍。每当学生完成一个课堂活动，教师要么就是使用诸如“good，great，excellent，”等千篇一律的词汇给予学生表扬和肯定，要么就是发放 sticker 一类的物质奖励。单一的评价和奖励模式在长期实施后就形成了一种定式，失去了评价应有的激励作用。当表扬和奖励的效用被夸大时，学生就会把学习目标抛之脑后，而只在意老师的肯定和奖励。长此以往，学生就产生功利心理，即学习的目的是为了通过得到老师的奖励和肯定，进而获得心理上和物质上的满足。因此，一开始还能看到学生积极参与课堂活动，长此以往，学生对表扬和奖励所原有的期盼心理，变得可有可无，当这样的“学习动机”逐渐消失后，最终只能让课堂评价失去对教学的积极促进作用。

（三）课堂评价的内容缺乏全面性

一般而言，教师对学生学习纪律，学习成绩等外部表现做出的评价比较多，而对学习动机，学习努力程度，学习习惯以及学生个性心理特征等内部活动则关注较少，多数教师往往把考试成绩作为评判标准，分数高就是学习好。这样仅仅凭学习成绩来评价学生，抹杀了对学习过程的评价，使不同起点、付出不同努力相应达到不同水平的学生觉得不公平。当学生觉得自己无论怎样努力都难以得到高分时，就会放弃努力。因此，教师在对学生智力因素进行评价的同时，还应重视对学生学习积极性有很大影响的非智力因素。

（四）课堂评价的功能失调

传统的课堂评价过分注重教学结果的评价，忽视质性评价，重视鉴定、选拔的功能，忽视改进、激励和教育的功能。对学生的评价方法就是看这个孩子最后的考试得分和成绩排名。这样的评价体系扼杀了学生主动探究新知的欲望，忽视了学生的学习主动性，不能让他们积极参与其中，忽视了学生的主体性和个体发展的层次性和差异性。在评价标准中没有对学生思维能力、创新能力、实际应用能力的评价内容，从而违背《英语课程标准》在教学中的实际指导方向。在实际教学中，过分注重课堂的教学气氛是否热烈，但实际上很多学生的回答是被动的简单和机械的重复和模仿，而不会实际地运用英语，师生没有实现真正的互动，没有将课堂教学引入正确轨道，教师与学生之间没有达到真正的沟通。这种课堂评价结果将学生的兴趣、情感、个性等因素拒之于课堂教学评价之外，使课堂教学评价变成了一个机械、死板、对立的过程，这与《英语课程标准》关于课堂教学评价的理念是相违背的。这些问题的出现，不仅让学生学习兴趣索然，老师教学忙碌疲惫不堪，而且使课堂评价难以达到预想目的，英语教学无法取得实质性的效果。

三、小学英语课堂评价管理的原则

英语课堂评价是伴随学生学习活动而进行的评价反馈活动，它为学生达成学习目标提供监督保障。《英语课程标准》中指出："英语教学评价的主要目的是激励学生的兴趣和积极性。"为此，我们对小学英语课堂教学评价要把握以下原则。

（一）掌握课堂教学评价艺术

根据儿童的心理特点，小学生学习外语会呈现不稳定状态，产生阶段性差异的变化。当他们初始接触英语时，在心理上会产生较强的新奇感，对英语充满学习兴趣，而且由于他们处在接受语言训练最佳的年龄阶段，故而学得也快，有很强的模仿力。但这种本能的求知欲很稚嫩，随着知识水平与心理要求差距拉大，一旦知识满足不了心理要求，它们之间产生的矛盾就会引起学习外语的情绪变化。一方面，一些学生探秘心理更强，求知欲更旺盛；另一方面一些学生的自信心和求知欲逐渐淡薄，甚至消失，滋生英语难学、英语无用的错误想法。为此，在运用课堂教学评价手段上，教师要根据学生阶段性差异变化，评价方式及评价内容要不断加以调整，保证他们学习英语的热情及自信心。教师的课堂评价，要促使学生有参与的需要，有表现的欲望；不要压抑他们活泼好动的天性；通过活化教材，刺激学生主动参与课堂中的各项活动；设计符合他们的心理活动和知识水平及表现能力的教学活动，形成融洽的师生关系。同时教师还要关注儿童的智力差异因素，在组织教学活动时，教师不仅要关注接受能力好、表现欲强、积极参与活动的学生，对于基础较差的学生，同样要加以鼓励，以保护他们的兴趣和热情，从而让所有的孩子都能轻松愉快地学习英语，在教学过程中掌握综合运用英语的能力。

（二）控制课堂教学评价范围

首先，教师要根据该堂课的主要教学任务，确定评价的主要范围。如果是以听力为主的课，就将评价的重点放在对学生的听力评价活动上；如果是以说为主的课，就将评价的重点放在对学生说的活动上。至于在以某种技能为主的教学活动中，穿插其他技能的活动，教师就不宜占过多时间面面俱到地加以评价。如听力活动课中出现读的练习、写的练习，就无需对读、写一一加以评价。

（三）把握课堂教学评价尺度

教师对学生活动的评价，一定要简练、明确、到位。注重评价实效性，使评价起到画龙点睛作用。教师一方面要控制评价频率，避免使用过于烦琐的评价程序，占用过多的教学时间，延误课堂教学任务的完成；另一方面要防止评价的形式主义的现象产生，比如为了评价而评价。

（四）及时进行评价反馈总结

评价反馈的目的就如《英语课程标准》中所指出的：“使教师获取英语教学的反馈信息，对自己的教学行为进行反思和适当的调整，促进教师不断提高教育教学水平。”课堂教学评价是教师教学活动中形成性评价的重要组成部分，它反馈的信息量大，客观性强。教师及时将课堂评价信息进行反馈总结，并对其进行理论升华，然后再指导今后的教学，这对教师的教育教学水平有很大的帮助和提高。反馈总结方式可采用写课堂教学小结，让学生填写调查表或与学生交谈等方式。

四、小学英语课堂评价管理的形式

课堂评价形式就是保证评价内容得以实施的方式。形成性评价形式多种多样，如：课堂学习活动评价、学习效果评价、学习档案、问卷调查、访谈、家长对学生学习情况的反馈与评价、平时测验，等等。我们可将这些形式划分为教师评价、学生个体评价、小组群体评价三个方面。但评价的具体形式要根据每堂课的主要教学任务性质选用相适应的评价形式，课堂教学评价既有时可将教师、学生个体和小组群体评价三者结合起来使用，有时却无需教师将所有评价形式都在一堂课中体现，应灵活处理。

因课堂教学评价受到时空限制，教师一般把口头评价贯穿在教学活动中。但为了能让教师更系统全面地了解学生在课堂上的表现，促进教学更好地进行，逐渐培养学生建立良好的学习策略意识，教师不妨制定几种课堂活动评价记录表发给学生，定期要求学生根据自己在课堂上的活动情况做测评记录。教师可每月将表格收上来，根据学生的自评，给予月评价。表格设计思路要根据《英语课程标准》中一级目标的描述制定。表格形式要简单明了，便于学生使用。通过该表的使用，学生可以对自己的英语学习有所了解，并能对自己不断进行自我总结，逐步养成反思的习惯。同时，教师通过学生的自评，更全面系统地了解学生，并对学生的评价有信息依据，使今后的工作更有目的性，更有成效。

五、小学英语课堂评价管理的策略

小学生的心理特点决定了他们注意力容易分散，很难对同一种事物长时间的保持兴趣。因此，我们把激发学生的学习兴趣，培养学生学习的积极性作为小学英语教学的最基本目标。对学生的评价分为形成性评价和终结性评价，尤其是形成性评价，基本都以学生平时参与各种英语教学活动所表现出来的学习兴趣、态度和交流能力等为主要依据。

针对新课展示、复习巩固等不同内容，对学生的分层和评价也不一样，要充分体现评价主体的多元性，评价可以是以集体为单位，也可以是以小组为单位，甚至是以个人为单位。同时，也须注重评价的多样性，例如学生自评、小组互评、教师评价和家长评价等等，增加评价的趣味性，刺激竞争，激活课堂气氛。具体而言，小学英语课堂评价管理可以采用以下一些策略。

（一）评价主体多源化

1. 教师对学生进行有效评价

在英语课堂上教师可以使用 Very Good/ Good /Ok / Wonderful / You're clever 等激励性语言评价学生的学习活动，学生大多数能在这些语境中以健康，快乐的心态进入下一环节的学习。在批改学生的英语作业和课堂练习中，常采用书面描述激励性评价方式，如在批改作业时用 Excellent / Very Good / Good / Adequate / Need Improvement 五个等级评定，或者写上“I believe you can do it better.”等鼓励性语言，让孩子看到这样的话语犹如看见了老师期盼的目光，下次的练习学生一定会做得更好。在课堂上，为了有效地控制学生的注意力，刺激他们的学习情感，常常用荣誉激励性评价方式，如画五角星、奖红花、赠送小物品等多种形式。这种形成性评价对后进生尤为适宜。因为他们能在这种评价中体验进步，重新认识自我，从而建立自信。当教师交给学生一些任务，让他们运用所学的语言知识来完成时，这种评价强调，通过学生在情境中应用知识的活动、作品、笔记、设计等第一手资料来评价学生的学习过程及成果，借助第一手资料对学生做出的评价具有很高的可靠度。此外，肢体语言类的评价，如教师的点头微笑、拍拍学生的肩、摸摸学生的头都能鼓励学生。

2. 学生进行自我有效评价

学生自我评价有利于学生培养自我剖析的能力，进行阶段小结，以便制定以后的学习计划。其中心理评价有利于保护学生的秘密，让学生进行自我反思和自我激励。这种评价由于其隐性度高，不便教师获取信息的反馈，但心理评价对培养学生心理健康有着积极作用。教师在操作时，可以只提要求，不具体分析。而口头评价有助于学生大胆、正确地认识自我。如：学生在学唱完一首英语歌曲后，教师鼓励学生进行自我评价，引导学生说“I think...”或“We think...”，让学生能够客观地分析自己的成绩。就笔头评价而言，这种评价适宜于学生在完成了一定的语言任务或评价手册作业后，在教师的引导下，对自己的成绩进行笔头评价。如：完成得很好，可以画一个红苹果给自己；完成得较好，可以画一个青苹果给自己，鼓励自己继续努力；完成得不好，可以画一个苦李子给自己，用以警示自己。档案袋评价作为一种流行的评价方式，是指收集学生在课程学习过程中的作品，以学生的现实表现来判定学生学习质量的依据的评价方法。首先，建立档案袋：既可以要求学生按照统一的格式建立，也可以让学生自行设计，以突出学生个性。然后共同收集档案袋内容，档案袋的内容涉及到教师想要知道学生学了什么，什么成果最能反映学生的表现和进步，什么资料最能反映学生在知识的掌握、技能的培养以及情感、道德、态度等方面的发展等等。档案袋可以作为一种信息来源，让教师和学生把握学习的实际情况，以便对进一步的学习作出调整。在对学生进行档案袋评价时，尽可能地收集能够反应学生英语学习进展的材料，把学生在教学活动中的表现作为依据，对学生的进行客观合理的评价，从而使学生的英语学习形成良性循环。

3. 学生间相互的有效评价

课堂评价是一个收集、综合和分析信息的过程，是了解学生的各项技能发展水平和发展潜力等信息的过程。传统课堂教学大多采用“教师问—学生答—教师评价”的模式，教师成了课堂评价的“主宰”。但是学生才是学习的主体，因此课堂评价应该是学生评价和教师评价两方面，在教学中应引导学生积极地参与评价，使整个学习的过程都确实以学生为主体，充分发挥学生的主观能动性。通过学生对学生的评价，有助于建立融洽、民主的学生交流渠道，有助于学生一起相互反思学习过程和学习效果，互相鼓励和帮助，做到共同学习。学生互评的方式主要有：同桌互评、组间互评、个体对全体的评价以及全体对个体的评价等形式。

（二）评价语言多样化

恰当的课堂评价语言是学生学习的“兴奋剂”，它能使学困生看到希望，使优秀生得到进一步发展。因此，在课堂教学中恰当地运用课堂评价语言非常重要。在课堂上，每个学生的表现都不一样，教师应根据学生的不同表现做出不同的评价。当学生得到一般的评价时，他会更积极地参与课堂活动，争取得到更好的评价；当学生听到最好的语言评价时，内心会很有成就感。我们常会在学习过程中发现学生机械性错误，那么教师可以立即纠正，但不要说：“No”或“You’re wrong!”等负面评价的语言，以免挫伤学生的自尊心，而可以委婉地运用“Good，but...”，“Can you say it again?”或“Say after me，please”等评价进行鼓励和纠正。教师充满魅力的课堂评价语言，虽不是蜜，但可以粘住学生；虽不是磁，但可以吸引学生。在课堂中，针对学生在课堂活动中的兴趣、情绪、学习方式、乃至错误的回答等，巧妙而恰当地进行课堂评价，使学生全身心地学习，使教与学达到更高的境界。善于运用多样化的课堂评价语言，不仅能促使学生的思维更加敏捷和灵活，能让课堂教学更加妙趣横生，充分调动学生学习的积极性。此外，在英语课堂教学中教师也可以经常用肢体语言和体态进行鼓励评价，如手势、眼神、面部表情、人际距离和自身动作等，向学生传递积极的信息，对激发学生的求知欲望、调节课堂气氛、创设温馨的学习环境等都能起到积极的辅助作用。

（三）评价的形式丰富化

评价的形式应该多种多样，如课堂观察、学习周记、学生成绩档案、问卷调查、面谈、平时测验，讨论等。但评价的具体形式要根据每堂课的主要教学任务性质选用相适应的评价形式，教师无需将所有评价形式都在一堂课中体现。如，以口语训练为主的课，教师通过组织学生单个说句、二人对话、表演游戏等活动，着重采用个体评价和教师评价方式；以听力训练为主的课，可着重采用个体评价与同桌互评相结合的方式；以读写为主的训练课，可着重采用教师、个体和小组相结合的评价方式等。例如小组评价，这种方法以培养学生的团队精神，让学生学会合作，学会关心，学会以集体的力量去竞争为目的。首先给学生分组，教师布置学习任务，明确学习目标；然后让学生分组讨论，并进行练习，最后全班进行评价交流。又如开展活动评价，教师通过组织开展各种形式的活动，充分调动学生的积极性。活动评价的形式有很多种，例如开展一些知识性的游戏活动；创设情景，让学生身临其境地投入表演和练习，以此评价学生对英语知识的理解和运用能力；通过多种形式的竞赛活动对学生的语言交际能力和创新能力进行评价。此外，在小学英语课堂教学中，学生经常会有错误的信息反馈，比如当学生有一个单词发音不准时，教师不应急于纠正评价，而是采用延迟评价，给学生一个自我纠正错误的机会，自我调整的心理空间，学生的压力就会减轻，同时也通过认真、努力的思考，以达到教学目标。因为延迟了对错误信息的评价，改善了学生所处的精神环境，提高了学生对英语活动的兴趣和对自己的要求，使学生学会了如何正确、积极地评价他人，学会主动而有效地与他人合作的技巧。

（四）评价标准层次化

学生必然存在着个体差异，但我们要让每一个学生的个性得到发展，发现其闪光点，激发学生的兴趣和积极性。针对不同层次的学生采用不同的评价方式。比如当一个学习能力不是很出色或平时不太爱学习的学生回答问题时，即使答得不是很理想，教师应对学生的态度进行表扬，当优秀学生回答问题时，教师有必要严格要求，引导并鼓励学生答得更好。这样才能使落后的学生重拾学习的兴趣和信心，使优秀的学生取得更大的进步。教师要根据不同层次的活动对学生的课堂表现进行评价，也就是根据学生参加活动与任务的难易程度进行评价。例如，对读单词、指图片等简单练习，教师只需对学生回答正确与否做出评价就可以，对描述图片、人物、场景、事件或自编对话表演性等综合能力要求较高的任务进行评价时，表扬的力度就可以大一些，除了口头赞赏外，还可以增加其他形式的奖励。

（五）课后评价跟进化

课后评价有三层意思：一是家长评价，家长也是教育评价的主体，因为家长既是教育活动的直接参与者，也是教育结果的重要责任者。家长根据学生在家的学习和完成作业的情况等给予评价，这是对学生课堂学习效果的一个有力评价。学生每天都有听读的作业，为了让家长很好的配合孩子完成作业，就可以要求家长为孩子签名或打分，这是家长参与学习评价的重要举措。二是组长评价，按组选举不同的学生轮流担任组长，让组员读给组长听，让组长进行打分或签名。三是教师对学生的书面作业情况给出恰当的评价。

六、小学英语有效课堂评价的注意事项

（一）教师的课堂评价应自然和简练

在课堂教学中，教师的评价主要通过有声语言或肢体语言来完成，使学生能及时体验到学习成功的喜悦。教师的评价应以鼓励为主，即使学生的回答有误，也要让学生感受到教师的关爱，从而激发学生再次尝试的勇气和继续努力的信心。教师进行课堂评价时要自然得体，切忌使用过分夸张的动作和语气；表扬要恰如其分，绝不能随意使用鼓励与表扬的话语。如果表扬得来的太容易，学生就会对此习以为常，也可能导致学生对问题浅尝辄止或随意应付。需要指出的是，滥用鼓励与夸奖是小学英语课堂评价的误区。新课程标准强调尊重和赏识学生，但并不意味着一味地表扬学生。

（二）教师对学生小组的评价应有针对性和实效性

首先，教师要明确课堂小组评价的目的。大班教学中学生人数多，教师无法对每个学生都进行相应的评价，而教师对小组的评价则在一定程度上解决了此问题。小组评价促进了组内的合作和交流，并发挥了学生之间相互监督和鼓励的作用，促使每个学生都能参与课堂学

习活动。这种评价强调内在的激励作用，尽可能地弱化外在的甄别或淘汰作用。

其次，教师应考虑评价的方式、规则、时机以及评价细节的处理。对小组的评价可以贯穿课堂教学的全过程，但并非用于每个活动的所有环节；否则，这种评价就会过多占用课堂时间，甚至增加师生的负担。

再次，尽量简化评价的方式。课堂评价应尽量采用简便易行的方法。形式简化了，而意义并没有淡化。例如，教师没有必要听取甚至记录每个学生的发言，可以先让学生小组集体讨论，再汇报小组的讨论结果。这样既可以节省时间，又可以让学生进行更深层次的交流。

（三）使课堂学习评价常规化

所谓常规，是指沿袭下来经常实施的规矩。英语课堂学习评价常规化，就是要让英语课堂学习评价成为一种规矩，一种制度，坚持不懈的执行下来，其评价的结果不断积累，成为终结性评价的资料来源与依据。而要使英语课堂学习评价常规化，需要做多方面的工作。首先，要制定好评价的项目：在一堂英语课中，需要评价的项目很多，有学习效果方面的，如听、说、读、写；有学习态度方面的，如学习积极性，在小组合作中的参与度等；有学习策略方面的，如怎样解决老师提出的问题，学习过程中遇到困难该怎么办，等等。这些项目如果不一一列出告诉学生，他们在评价时就不知道该如何评价。其次，给出评价的标准：在列出项目后，要给每一项分成 A、B、C 三等，分别给出三种不同的奖励标志，比如分别给 3、2、1 颗星星。记录下评价结果，到期末根据星星数目的多少，给学生定等级，写评语。再次，教给学生评价的方法：要使评价常规化，学生必须掌握评价的方法，养成良好的评价习惯。这些习惯的养成，需要老师进行长期的训练。

（四）防止过度的进行课堂评价

赞赏也应该有个“度”，超值的嘉奖会让学生产生一种惰性。有时一些老师频繁的给予学生奖励，只要学生回答出一个简单的题就说“好极了”“真聪明”，不管学生的思考是否到位，也不管学生的回答是否有可取之处，便盲目地进行表扬与奖励。老师们片面地认为，只要对学生肯定了，表扬了，学生学习的积极性就调动起来了，所以一堂课下来好多学生都得到很多奖励。其实表扬和奖励也应有个“度”，表扬和奖励必须建立在客观评价的基础上，千万不可滥用。过度或频繁的赞赏只会失去应有的价值和意义，会让学生“迷失自我”。

（五）进行评价反馈总结

《英语课程标准》中指出的：“使教师获取英语教学的反馈信息，对自己的教学行为进行反思和适当的调整，促进教师不断提高教育教学水平。”课堂教学评价是教师教学活动中形成性评价的重要组成部分，它反馈的信息量大，客观性强。对于一些学生来说，接受教师的书面反馈和及时反馈是十分重要的。而另外一些学生则需要教师给予他们面对面的谈话，以此强调他们哪些方面做得很好，哪方面做得不足或不正确。教师应及时将课堂评价信息进行反馈总结，并对其进行提炼升华，然后再指导今后的教学，这对教师的教育教学水平也有很大的帮助和提高。教师可以制定课堂活动评价记录表发给学生，定期要求学生根据自己在课堂上的活动情况做记录。教师可每月将表格收上来，根据学生的自评对学生给予评价。还可采用写课堂教学小结，让学生填写调查表或与学生交谈等方式来进行反馈总结。

七、结　语

教无定法，学无定法，课堂评价也没有其固定形式或规定的形式。作为教师，可以在平时的教学实践中，有意识地、科学地、全方面地、多角度地评价学生，要有利于学生的情感投入，有利于学生的自主学习，有利于培养学生积极的学习态度和正确的学习方法；本着"一切为了孩子的发展"的教学理念，促进学生综合语言运用能力的发展。综上所述，要想调动学生学习英语的积极性，激发每个学生的语言学习兴趣，不断提高英语的教学质量和水平，课堂评价的正确合理运用确实是一个不可或缺的关键手段。课堂评价的有效运用不仅能让教师探索出一套英语教学的新思路；减轻教学的压力和负担；提高学生学习英语的积极性；加快学生接受和掌握知识的速度；营造出一种"教师乐教，学生乐学"的良性循环教学模式和氛围；更能使学习过程和学习结果的评价真正达到和谐统一，获得事半功倍的教学效果。在教学改革的浪潮中，我们要不断积极研究，优化课堂评价的内容和方法，进行有效的课堂评价，从而提高小学英语课堂的教学效率，促进师生共同发展。

附　录

1. 小学生英语课堂学习评价表

表 3-2　课堂学习评价表

		A（三颗星）	B（两颗星）	C（一颗星）
听	听课文	全部听懂，能准确回答所给出的问题	基本听懂，能给出一部分问题的关键信息	只能够听懂课文中的一部分，不能答问
	说发音	能仔细的听别人的发言，包括评价的发言，获取信息，并及时作出反馈	大多数时候能够听别人的发言，了解所包含的信息	偶尔听一听，不太仔细
说	说英语	能熟练地运用所学知识与老师、同学进行问答，语音清晰，正确	能够及时回答老师所提出的问题，与同学就所学的句型进行问答	能模仿句型造句
	说评价	能主动、自信地说出对自己、对他人的评价，评价中肯、全面，注意发言礼貌	能比较中肯地说出对自己和他人的评价，注意发言礼貌	能说出对自己及他人的评价
读	朗　读	朗对话与文章时，发音准确、清晰，语言流畅	发音比较准确，语言比较流畅	发音不够准确，读书不流利
写	书　写	格式正确，书写流畅，页面整洁	格式正确，书写工整，页面整洁	格式正确

2. 研究性学习评价量规

表 3-3　研究性学习评价量规

		优　秀	中　等	差
提出问题		教师给出主题，学生自己确定问题	教师给出主题，学生在教师的引导下提出问题	教师给出问题
推理、假设		学生利用已有的知识、技能和经验自己独立完成推理、假设	在完成推理、假设的过程中，教师只需要提供极少的帮助	学生在教师的引导下完成推理、假设
解决问题	信息搜集	从多种电子和非电子的渠道收集信息，并正确地标明了出处	从多种电子和非电子的渠道收集信息	仅从极少数的电子和非电子渠道搜集信息
	分析、处理信息	学生独立分析信息，得出结论	在教师的引导下分析信息，得出自己的结论	完全引用所搜集到的信息
	小组合作（内部）	每个小组成员都积极参与小组活动	部分小组成员参与小组活动	仅有极少数成员参与小组活动
	小组合作（外部）	不同小组之间互相交流情报、心得，或在活动中相互帮助。	不同小组之间交流不是很多	不同小组之间几乎没有交流
成果展示		能综合使用多种形式展示自己的成果	能综合使用几种形式展示自己的成果	仅使用有限媒体展示自己的发现

3. 研究性学习成效评价量规

表 3-4　研究性学习成效评价量规

一级指标	二级指标	优秀	中等	较差
学习效果	个人成绩	• 完全掌握学习目标中规定的知识内容或技能并能应用于实际； • 信息能力得到提高（搜索资料能力，发现并解决问题能力，与小组成员协作能力等）； • 充分利用研究性学习的机会丰富自己的学习体验，找到最适合自己的学习途径	• 基本掌握学习目标中规定的知识内容或技能； • 信息能力得到提高； • 利用研究性学习的机会丰富自己的学习体验，还在探索最适合自己的学习途径	• 尚未掌握学习目标中规定的知识内容或技能； • 信息能力几乎没有得到提高； • 没有利用研究性学习的机会丰富自己的学习体验，等待分配任务或者没有参加小组研究活动
	小组成绩	• 及时完成学习任务； • 完成水平较高； • 成果及时交流，以便下一步研究	• 经教师催促能完成学习任务； • 完成水平中等； • 成果没有及时交流	• 在教师再三催促也没有完成学习任务

续表 3-4

一级指标	二级指标	优秀	中等	较差
学习过程	个人表现	• 积极寻找一个合适的主题，确定的主题新颖、独特 • 能够合理、明确制订学习计划 • 通过各种渠道（网络、图书、电视等）查找所需信息，信息来源可靠，信息有价值； • 完成个人任务，还有余力帮助其他有困难的小组成员完成任务； • 虚心听取小组其他成员建议或者向小组其他成员提出改进建议，互帮互助，共同解决问题； • 能按计划顺利开展研究工作	• 没有寻找一个合适的主题或确定的主题不够新颖、独特； • 计划不够明确、合理； • 获取信息渠道单一、信息来源不够可靠或有些信息没有价值 • 完成分配的任务，但不能为其他成员或小组提出改进建议	• 不能确定一个的主题； • 不注重计划的制定； • 没有努力去查找资料； • 不能完成自己的任务； • 不能与小组其他成员协作
	小组表现	• 每个组员积极参与，为研究工作的推进做出自己的贡献； • 个人部分成果、资料、经验共享； • 小组交流频繁，经常商讨该组出现的问题，找出解决方案； • 小组有着团结进取的氛围； • 按照既定方案和计划有条不紊的展开工作	• 部分组员参与工作； • 每个成员对自己的部分成果、资料、经验都有所保留； • 小组不经常交流，出现问题，需要外界帮助才能找出解决方案； • 工作进度进展缓慢，需要外界施压才有所进展	• 只有一个或两个人做工作； • 个人部分成果、资料、经验都绝对保密； • 小组几乎不沟通交流，存在很多问题； • 工作几乎陷于瘫痪

4. 小组合作学习评价量规

表 3-5　小组合作学习评价量规

	好	中	差
组内合作	• 成员表现：每个成员积极的参与小组活动。 • 资料共享：每个成员将自己的资料献给小组 • 倾听：每个成员愿意听取别人的意见。 • 讨论结果的价值：讨论有实质性的进展，或有价值的成果出现。 • 任务的完成：任务总是按时完成	• 成员表现：大部分成员能参与小组活动。 • 资料共享：大部分成员将自己的资料献给小组 • 倾听：大部分 • 成员愿意听取别人的意见。 • 讨论结果的价值：讨论有一些进展，或有成果出现。 • 任务的完成：任务大部分时候按时完成	• 成员表现：只有几个成员能参与小组活动。 • 资料共享：只有几个成员将自己的资料献给小组。 • 倾听：成员只愿意听取很少人的意见或很少有成员愿意听别人的意见。 • 讨论结果的价值：讨论几乎没有进展，也没有成果。 • 任务的完成：任务需要催促才能完成
组间合作	• 小组间的关系：关系融洽，小组很积极的参与组间合作。 • 资料共享：每个小组都将自己的资料给大家共享。 • 讨论结果的价值：问题有了实质性的进展或有价值的成果出现	• 小组间的关系：关系一般，小组能参与组间合作。 • 资料共享：大部分小组将自己的资料给大家共享。 • 讨论结果的价值：问题有了一些进展或有成果出现	• 小组间的关系：关系冷淡，小组很勉强的参与组间合作。 • 资料共享：极少有小组将自己的资料给大家共享。 • 讨论结果的价值：问题几乎没有进展也没有成果出现

5. 合作学习项目成果评价量规

表 3-6　合作学习项目成果评价量规

	优秀	良好	中等	差
选　题	选题新颖，有独创性	选题有一定的创新之处	选题一般	题目陈旧
资料搜集	除了所提供的信息之外，广泛的搜集各种信息；并且将个人的观点融入到项目中去	除了所提供的信息以外，能从其他信息源搜集信息支持自己的项目	除了使用所提供的信息之外，引用了部分外部资源	不能有效的利用所提供的资源；搜集了很少或者几乎没有搜集任何外部资源
内容的精确性	内容完全精确；所有的事实都准确、清晰，时效性强	部分信息准确；仅存在少量前后不一致和错误的信息	绝大部分信息精确；但也存在部分前后不一致和错误的信息	存在着大量的错误信息
项目的组织	项目组织严密、逻辑性强很容易理解；观点与观点之间转变平滑；严密的组织增强了项目的表达效果	项目经过深思熟虑的组织；大部分观点过渡平滑、容易理解；但有时候思想表达不清楚	对项目进行了稍微的组织，思想表达不连贯、过渡不平滑，有时容易转移观众的注意力	项目组织混乱，不易理解；观点过渡生硬，严重的转移了观众的注意力
表达技巧	在整个项目的演示过程中，能够有效的激发、捕捉观众的兴趣；广泛的采用了视频和多媒体资源；视频资源色彩丰富、图象清晰	表达组织严密，能够很好的激发观众的兴趣，使用了一些视频资源	有时表达生动、有趣、清晰准确；有时思想明智、组织有逻辑；有限的使用了几处视频资源，但所使用的视频资源颜色不丰富、图象不清晰	表达组织不严密；不易理解、不能激发观众的兴趣；没有使用视频资源

6. 合作学习中成员表现的评价量规

表 3-7　合作学习中成员表现的评价量规

	优秀	良好	中等	较差
工作态度	积极持续地为小组目的工作	不用催促就为小组目标工作	偶尔催促一下能为小组目标工作	只有在被催的情况下才为小组目标工作
能否顾及他人感受	顾及小组其他成员的感受并且能了解小组其他成员的需求	能顾及小组其他成员的感受	能顾及小组其他成员的感受	在追求个人需求的同时，需要提醒才能顾及到小组其他成员的感受
个人位置	很希望在小组中被接受并且有自己的位置	在小组里找到自己的位置行使自己的职责	偶尔催促一下能为小组做出贡献	只有在被催的情况下才为小组做出贡献
对小组的贡　献	积极持续地贡献出自己的知识，观点和技能	能向大部分同学贡献自己的知识、观点、技能	仅向部分同学贡献自己的知识、观点、技能	很少或几乎不贡献自己的知识、观点、技能
评估能力	评估小组所有成员知识，观点和技能的价值并且鼓励他们用这些才能为小组做贡献	评估小组部分成员知识，观点和技能的价值并且鼓励他们用这些才能为小组做贡献	评估小组一些成员知识，观点和技能的价值	在被催促和鼓励的情况下，评估小组部分成员知识，观点和技能的价值
鉴定能力	积极帮助小组鉴定必要的改变并且鼓励其他成员参与这一改变	主动帮助小组鉴定必要的改变并且鼓励其他成员参与这一改变	偶尔催促一下能帮助小组鉴定必要的改变	在被催促和鼓励的情况下，能帮助小组鉴定必要的改变

7. 成功学生的评价量规

表 3-8 成功学生的评价量规

	好	中	差
个人方面	• 充满朝气、活力：在课堂上学生学习态度积极主动；身体健康，精力充沛；对老师讲解的内容反应机敏，能准确表达自己的见解并善于提出问题；对学习具有一定的主动性、自觉性。 • 能自觉（或有能力）安排好自己的事情：善于管理自己，不用别人告诉他们该做什么及怎样做；对学习有一定自主能力，平时随身带着一些必要的学习材料，便于随时随地准备学习；能有效安排自己的学习时间，因故误了课时，能主动找老师补上。 • 能努力学习，积极投入：努力学习，持之以恒，即使是在学习内容难度较大的情况下，也不轻易丧失信心；了解自己的能力与不足之处	• 朝气、活力：在课堂上学生学习态度一般；身体健康，精力充沛；对老师讲解的内容反应机敏，能表达自己的见解有时也能提出问题；对学习具有一定的主动性、自觉性。 • 能安排好自己的事情：大部分时候能够管理自己；对学习有一定自主能力；能安排自己的学习时间，因故误了课时，能主动找老师补上。 • 投入到学习中：大部分时候努力学习，持之以恒；了解自己的能力与不足之处	• 朝气、活力：在课堂上学生学习态度很差；身体虚弱，精力不足；对老师讲解的内容反应迟钝，不能表达自己的见解或提出问题；对学习没有一定的主动性、自觉性。 • 不能安排好自己的事情：不能够管理自己；对学习没有一定自主能力；不能安排自己的学习时间，因故误了课时，不主动找老师补上。 • 投入到学习中：很少会努力学习，持之以恒；不太了解自己的能力与不足之处
智力方面	• 能够专心于学习之中，并且对学习始终抱有浓厚的兴趣，对学习有一定的责任心。 • 对于知识，他们有着强烈的欲求，尤其是对新知识	• 对学习有兴趣和有一定的责任心。 • 对于知识，他们有着一定的欲求，尤其是对新知识	• 对学习不感兴趣，对学习没有一定的责任心。 • 没有一定的求知欲，即使是新知识
社交方面	• 能同成人一起交流，允许教师了解他们，并主动寻找机会与教师交谈。 • 能尊重他人，待人宽厚，善于接受他人意见，思想解放	• 有时能同成人一起交流，允许教师了解他们，但不主动寻找机会与教师交谈。 • 大部分时候能尊重他人，待人宽厚，善于接受他人意见，思想解放	• 不能同成人一起交流，不允许教师了解他们，不会主动寻找机会与教师交谈。 • 不能尊重他人，或待人宽厚，或善于接受他人意见，或思想解放
应变能力	• 对突出情况反应灵敏，处理办法正确	• 对突发情况反应较快，处理办法基本正确	• 对突发情况反应迟缓，束手无策

8. 小学英语评价量规

表 3-9 小学英语评价量规

	A	B	C	D
单　词	能够使用听说读写教学目标内的单词	能够使用听说读教学目标内的单词	只能使用听懂但不会表达教学目标中的单词	听说读写均不达标
语法知识	无语法错误	语法基本正确	有语法错误，但能把基本意思表达清楚	表达不清楚
语言组织	能用正确完整的句子来表达意思	能用中心词组来表达意思	能用简单的单词来表达意思	不会表达
语言表达	声音完整，语句通顺	声音洪亮，语言丰富	声音比较洪亮	语言不通顺
交际能力	新旧知识相结合，综合运用	熟练运用本课知识进行交流	能基本运用本课的知识进行交流	只能部分运用本课的知识进行交流

9. 小学英语课堂教学评价量表

表 3-10　以教师为主体的评价表

班级________　课题________　执教者________　开课类别________　日期______

评价指标		权重	自评	互评	总评
一级	二级				
目标与发展（10分）	① 合理恰当，充分体现全面性与均衡性	3			
	② 明确具体，具有层次性与针对性	3			
	③ 能根据课型功能，有所侧重体现差异性。以学生发展为本，落实基础，注重内容拓展	4			
内容与组织（20分）	① 能合理整合，渗透文化因素，完整正确，能抓住重点，突破难点	3			
	② 能根据课程标准，抓基础落实的同时注重拓展延伸。教学内容要有利于教育目标的达成	2			
	③ 能创造性地处理与使用教材，设计新颖，具有科学性、人文性与趣味性。容量难度适当，体现任务型语言教学思想	2			
	④ 组织以学生为主体，话题为主题，活动为主线的课堂教学	3			
	⑤ 教学过程体现民主、和谐、平等、互动的氛围，教学方法得当，活动形式多样	3			
	⑥ 能适时恰当地运用教学辅助设备，创设语境，注重语言实践与语言运用能力的培养	2			
	⑦ 课堂结构严谨，逻辑性强，有层次感，训练规范，有利学生形成知识结构，掌握学习方法，培养学习习惯	2			
	⑧ 注重过程性评价，评价目标多元，方法多样	3			
特色与素养（10分）	① 教师的教学设计与教学行为具有个性特征与教学风格	2			
	② 教学观念新，并能落实在课堂教学的各个环节中	2			
	③ 教学技能娴熟，专业功底好，教学语言准确、科学、流畅、生动，教态亲切大方。板书简洁、合理、醒目。	2			
	④ 反应敏捷，有较好的教学机智，课堂调控能力强。	2			
	⑤ 对教学工作充满热情，积极投身改革，以严谨的治学态度，高尚的人格魅力来影响学生。	2			
效果与创新（10分）	① 教学辅助手段的运用独特，效果明显，课程整合恰倒好处。	2			
	② 课堂教学能激活学生思维，培养学生的创新意识，形成学生的自主学习与自我探究的习惯。	2			
	③ 教育目标在教学过程中得到落实，同时生成新的教学资源。	2			
	④ 利用恰当的评价促进学生知识与技能的提高，使学生主动发展，各层次学生都有收获。	2			
	⑤ 学生的非智力因素得到培养，表现在学习习惯的养成、学习兴趣的激发与保持，求知欲的加强，学会学习、学会合作、学会做人。	2			

表 3-11 以学生为主体的评价表

评价指标		权重	自评	互评	总评
一级	二级				
习惯与能力（10分）	① 初步形成良好的学习英语的态度；养成善模、勤读、巧学的学习习惯	3			
	② 获得英语课堂中的语言知识与学习技能，具有自主学习的能力	3			
	③ 具有中外文化异同的敏感性与鉴别性	2			
	④ 能把新旧知识进行融会整合，在现实的生活情景中学于致用的能力	2			
参与与合作（18分）	① 学生能全程参与学习，能踊跃举手，兴致勃勃地模仿操练、讨论、阅读、交际	5			
	② 积极主动投入，充分动口、动手、动眼、动耳，能自觉进行听、说、读、写等语言文字的各种练习	5			
	③ 学生与学生之间在学习过程中能友好合作，责任心强，善于倾听；学生与教师之间的交流能语言得体，礼仪大方	4			
	④ 在小组学习交流、表演、讨论时，能给于别人指点帮助，能大胆发表与众不同的见解	3			
实践与探究（10分）	① 能在学得与习得一定语言知识后，投入到新知识或问题的讨论与探究之中，形成自己的学习策略	4			
	② 学生能张扬自我，在一定的情境中，勇于用英语思维参加讨论、交流等实践探究活动	3			
	③ 能尝试利用多种途径广泛收集信息，进行语言实践	3			
情感与创造（12分）	① 学生的语言流畅有条理，善于思考、解释、表达所学知识	3			
	② 善于质疑，提出有质量的问题，并能进行积极的言表	3			
	③ 学生的所谈内容能有自己的观点与创意	3			
	④ 学生能全身心投入学习，同时伴有满足、成功、愉悦等体验	3			
教学评价总体描述（教学反思）：					
总分		等第			

（说明：评价等第分为优秀、良好、中等、及格、须努力五等。优秀为 90～100 分，良好为 80～89 分，中等为 70～79 分，及格为 60～69 分，须努力为 59 以下。）

评价人________ 评价日期________

10. 小学英语授课课堂活动评价量规

表 3-12　小学英语授课课堂活动评价量规

评价项目	评价内容及评级分值					
	☺☺☺☺☺（优秀）	☺☺☺☺（良好）	☺☺☺（及格）	☺（需提高）	自评	师评
小组分工	① 小组内成员分工明确； ② 任务分配合理； ③ 有小组分工职责明细表	① 小组成员分工较明确； ② 任务分配较合理； ③ 有小组分工职责明细表	① 小组内成员分工明确； ② 任务分配不大合理； ③ 没有有小组分工职责明细表	① 小组成员分工不太明确； ② 没有任务分配； ③ 没有小组分工职责明细表		
小组合作	① 讨论热烈，发言积极； ② 组员之间互相尊重，相互帮助； ③ 资料和成果共享	① 有一定讨论，发言不很积极； ② 组员之间能够互相尊重，能够相互帮助； ③ 大部分资料和成果共享	① 很少讨论，发言不积极，讨论中经常转移话题； ② 不够尊重他人，偶尔能相互帮助； ③ 偶尔资料与成果与他人共享。	① 无兴趣讨论，发言不积极； ② 不能够帮助人，不尊重他人； ③ 资料与成果不与他人共享，无合作意识		
信息搜集	① 通过网络和图书馆搜集的有关信息符合本研究话题要求； ② 难度适中； ③ 材料丰富	① 通过网络和图书馆搜集的有关信息基本符合研究话题要求； ② 难度较适中； ③ 材料较丰富	① 通过网络和图书馆搜集的有关信息部分符合本研究话题要求； ② 内容稍难或稍易； ③ 材料不很全	① 通过网络和图书馆搜集的有关信息的信息不符合本研究话题要求； ② 内容过难或过易； ③ 材料支离破碎		
研究表现	① 研究目标明确； ② 积极参与小组合作和学习研究； ③ 研究思路明确； ④ 陈述思路条理清晰	① 研究目标较明确； ② 能够做到积极参与小组合作和学习研究； ③ 大部分研究思路明确； ④ 陈述思路条理较清晰	① 研究目标不很明确； ② 参与小组合作和学习研究积极性稍差； ③ 部分研究思路明确； ④ 陈述思路条理不很清晰	① 研究目标不明确； ② 不参与小组合作和学习研究； ③ 研究思路混乱； ④ 陈述思路无条理、不清晰		
研究结果	① 回答出各个环节的问题，并能在自评部分顺利写出完整的 Reading 小结； ② 理解了阅读文本的大意和主要细节； ③ 圆满完成了本专题学习任务	① 回答出多个环节的部分问题，并能在自评部分写出大概的 Reading 小结； ② 理解了文章大意和主要细节的大部分； ③ 较好地完成了学习任务	① 找到了一、两个问题的解决方法； ② 理解了了文本的大意和主要细节的部分； ③ 基本完成了学习任务	① 没找到各环节问题的答案； ② 没理解文章大意，只看懂一点零星的细节。 ③ 完成学习任务有困难		

11. 常用课堂激励与评价用语

表 3-13 常用课堂激励与评价用语

1	Good!	好!
2	Right!	对了!
3	Brilliant!	很好!
4	Fantastic!	太好了!
5	Cool!	棒极了!
6	Wonderful!	好极了!
7	Excellent!	太棒了!
8	Come on!	加油!继续!
9	Well done!	做得好!
10	Big hands!	鼓掌!
11	Try again.	再试一次。
12	Great job!	做得好!
13	You are right.	对了。
14	Don't be shy.	不要害羞。
15	Take it easy.	别紧张。
16	You are very smart!	你真聪明!
17	Great!/ That's Great!/ You are great!	很好!
18	You've made great progress.	你进步很大。
19	You have done a good/great job!	你做得非常好!
20	You are doing very well today!	你今天做得很好。

参考文献

[1] 教育部. 小学英语课程教学基本要求(试行)[J]. 基础教育外语教学研究，2001，1.
[2] 常汝吉. 英语课程标准[M]. 北京：北京师范大学出版社，2001.
[3] 少茜. 英语课堂教学形成性评价研究[M]. 北京：外语教学与研究出版社，2003.
[4] 杜小宜. 小学英语课堂教学评价的探索与实践[J]. 中小学教材教学：小学版，2006 (12)：80-82.
[5] 禹明. 小学英语教学评价[J]. 基础教育外语教学研究，2005(11)：32-37.
[6] 李静纯. 小学英语课程评价改革的设想[J]. 课程. 教材. 教法，2002(6)：59-63.

[7]　熊国琪. 小学英语课堂教学评价策略[J]. 中小学教材教学：小学版，2005(8)：86-88.
[8]　林肖慧. 小学英语课堂评价的剖析与反思[J]. 中小学外语教学（小学篇），2005，4：008.
[9]　董永娟. 新课程理念下的小学英语形成性评价策略研究[D]. 长春：东北师范大学，2007.
[10]　郭苑怡. 新课程下小学英语教学评价的实践探索[J]. 教育导刊：上半月，2009(12)：55-56.

第六节　农村小学英语文化导入教学设计

语言是文化的载体，文化是语言形式所反映的内容，语言与文化密不可分已经成为学界的共识。美国语言学家 Claire Kramsch 认为，文化并非附加于听、说、读、写等基本技能之外的第五种语言技能；文化是存在于语言背后的深层次的东西，再优秀的语言学习者也会因忽视文化因素而受挫，其实际能力会因为缺乏文化理解而受限制，对周围世界的认识也会遇到挑战。随着中西方外语教学法的改革与发展，语言教学中的文化内涵受到重视。20 世纪 70 年代末，许国璋先生率先将社会语言学引入我国外语教学领域，为语言教学中的文化导入提供了理论依据和实证。许多英语教师也从教学实践中体会到了文化因素的重要性，提出跨文化交际研究“要结合外语教学”（胡文仲，1994）。《义务教育英语课程标准》将“文化意识”列入了课程五大目标之一，明确指出“在学习英语的过程中，接触和了解英语国家文化有益于对英语的理解和使用，有益于加深对中华民族优秀传统文化的认识与热爱，有益于接受属于全人类先进文化的熏陶，有益于培养世界意识。”然而，在具体教学活动中，受教材、教师文化意识、教学水平、教学条件等因素影响，许多农村小学教师对这一目标的完成情况较差，教学实践环节薄弱。本章从文化导入的具体内容、实施原则及教学方法三个方面进行分析，希望能加深小学英语教师的文化导入意识，为课堂教学中的文化浸入提供参考。

一、文化导入内容

（一）何为“文化”

对于“文化”一词，不少哲学家、 社会学家、 人类学家、历史学家和语言学家一直努力试图从各自学科的角度来界定其概念。然而，迄今为止仍没有获得一个公认的、令人满意的最终定义。人类学家 Edward Tylor 认为文化“包括知识、信仰、艺术、道德、法律、习俗以及包括作为社会成员的个人而获得其他任何能力、习惯在内的一种综合体。“（Tylor，1920）Tylor 理解的文化是知识、习俗等非实物内容。

而英国社会人类学大师 Malinowski 在《文化论》（1987）一书中指出：文化是包括一套工具及一套风俗——人体的或心灵的习惯，它们都是直接地或间接地满足人类的需要。文化是一个组织严密的体系，同时它可以分成基本的两方面，器物和风俗，由此可进而再分成较细的部分或单位。

作为功能学派的缔造者，Malinowski 强调了文化的功能——满足人类的需要。相较于前者，他还特别指出文化应该包括“器物”方面。

我国学者张占一（1983）将文化分为“知识文化”和“交际文化”。“所谓知识文化，指的两个文化背景不同的人进行交际时，不直接影响准确传递信息的语言和非语言的文化因素。所谓交际文化，指的是那种两个文化背景不同的人进行交际时，直接影响信息准确传递（即引起偏差和误解）的语言和非语言的文化因素。”（载胡文仲 1994：193）

由于关注点的不同，中外学者对“文化”的定义和分类意见也不尽相同。从外语教学的角度出发，要培养学生的跨文化交际能力，笔者参照文化人文学家的视角，将文化定义为特定人群的整个生活方式及价值观念体系，即：“在外语教学中，文化是指所学语言国家的历史地理、风土人情、传统习俗、生活方式、行为规范、文学艺术、价值观念等。”（《义务教育英语课程标准》2011）因此，在外语教学中，教师应注意知识文化与交际文化的融合，两者并重，缺一不可。

（二）文化导入的必要性

语言是一项社会活动，语言的选择根据社会功能和个人意图而变化。语言教学必须教会学生如何从一系列方言、语域、交际渠道和风格中选择适当的语言形式以适应情境；同时，也应教会学会如何从一系列交际功能之中，选择适当的语言形式来表达自己的思想和情感。（Widdowson，1972）所以，理解语言必须了解文化，理解文化必须了解语言。（邓炎昌，1989）

语言教学的目标绝不是词汇、语法，而是语言交际能力和技巧。传统的外语教学将语言知识的传授与文化知识相剥离，忽视目的语相关国家或地区的文化背景知识，从而造成交际障碍。有调查表明，在与外族人交谈时，相较于文化错误，本族人对于他们在语音和语法方面的错误往往更为宽容。比如在印度使用左手吃饭，在美国餐厅吃饭不付小费等行为，这些在中国看起来很正常很普通的事情可能就会带来许多不必要的麻烦，给人留下不好印象。

20 世纪 70 年代起，英语学者 Halliday 的系统功能语法对我国的语言教学产生巨大影响，人们开始研究交际法教学。随后，许国璋先生将社会语言学引入我国外语教学领域，文化在语言教学中的重要性逐渐被一线教育者们认同和实践。胡文仲先生编写的《文化与交际》《外语教学与文化》以及《跨文化交际与英语学习》等著作为我国外语教学打开新的视角，外语教材的编写也开始有意识地加入文化内容。随着英语学习低龄化和教育国际化理念的提出，小学教育阶段的英语教学目标发生变化。2001 年颁布的《全日制义务教育、普通高级中学英语课程标准（实验稿）》首次明确提出“文化意识”的培养，并根据不同级别制定相应培养目标。

（三）文化导入的内容

Cortazzi & Jin（1999）从文化所在地域将文化分为三类：学习者的本族语文化（Source Culture），将英语作为目的语文化（Target Culture）以及更宽泛的包罗世界范围内各种英语及非英语为目的语国家的国际文化（International Culture）。鉴于儿童的认知发展情况和身心特点，小学英语文化教学的施行不宜太深太广，最有效地方法是以现行小学英语课本为蓝本，充分利用学校乃至社会资源，在语言知识的传授过程中潜移默化，适时地渗透文化知识。在《义务教育英语课程标准》中小学阶段英语教学应当实现二级文化意识目标，如表 3-14。

表 3-14　中小学英语教学二级文化意识目标

级别	目标描述
二级	• 知道英语中最简单的称谓语、问候语和告别语； • 对一般的赞扬、请求等做出适当的反应； • 知道国际上最重要的文娱和体育活动； • 知道英语国家中最常见的饮料和食品的名称； • 知道主要英语国家的首都和国旗； • 了解世界上主要国家的重要标志物，如：英国的大本钟等； • 了解英语国家中重要的节假日； • 了解一些日常交际中的中外文化差异

为实现文化意识培养的教学目标，现行小学英语教材在编纂中有意识的增加了文化知识部分。以《义务教育课程标准实验教科书英语（PEP）》（供三年级起使用）为例，全书共八册，一学期一册每册 8 个单元，6 个学习单元，两个复习单元，（六年级下册为 4 个学习单元，2 个复习单元）。每个单元分 A、B、C 三个部分，其中 A、B 部分属于要求掌握的内容，C 为扩展部分，每个单元的 C 部分中都有一个独立板块来介绍中西方文化。第一、第二两册中的文化部分被称为“Culture”，第三至第八册中的文化部分被称为“Good to Know”。整套教材共涉及 46 个文化教学知识主题，涉及本族语文化的主题有 6 个，涉及目的语（英语）文化主题有 21 个，涉及国际文化的主题为 19 个（梁珊珊，2012）。

由此可以看出教材编写时主要关注的是目的语文化和国际文化，但是也没有忽视对本族语文化的普及，符合教材与资源方面的要求，在对本民族主体文化认同的基础上，尊重、了解其他国家、民族、地区文化的基本精神及风俗习惯。具体涉及知识点如表 3-15 所示。

表 3-15　小学英语教材编写的知识点

知识分类	书册	单元	页数	文化主题	关键词
饮食文化	三年级上册	第五单元 Let's eat	P57	西餐礼仪	The knife is on the right. The fork is on the left. The spoon is beside the knife. the plate is in the middle
	四上：	第五单元 What would you like?	P67	饭后甜点 dessert 的介绍	It's something sweet, like pudding, fruit or ice-cream
	五上	第三单元 What's your favorite food?	P36	中国食品的英语表达	汤圆　饺子　粽子　月饼
节日文化	三下	第一单元 Welcome back to school 第五单元 Where is my ruler?	P11 P57	Women's day Children's day	
	四上	Recycle 2 Merry Christmas	P80	圣诞来了	Father Christmas，Christmas tree，turkey，gifts
	五上	第二单元 My days of the week	P24	西方节日	Mother's day, Father's day, Thanksgiving day

续表 3-14

知识分类	书册	单元	页数	文化主题	关键词
生活常识日常标志的认识	三下	第六单元 At the zoo	P67	出口和入口卫生间标志	entrance，exit，women's，men's
	五下	第四单元 What are you doing?	P54	不同国家的紧急求救号码	911，etc.
	六上	第六单元 The story of rain	P78	水零度结冰膨胀	
	六下	第一单元 How tall are you?	P9	鲸鱼的介绍	sperm whale，killer whale
	六下	第三单元 Last weekend	P36	常见标志	no fishing/no swimming
称呼介绍	四上	第六单元 Meet my family	P79	对爸爸和妈妈的多种称呼叫法	Mon，mommy，mama，dad，daddy，papa
	六上	第五单元 What does she do?	P66	同一个工作性别不同的称呼	actor actress，sales woman，salesperson，mailman，mailperson
时间	四下	第二单元 What time is it?	P24	各地时差介绍	London，Sydney，New York，Beijing
服装	四下	第三单元 Is this your skirt?	P36		Cowboys wear jeans. Chinese people are proud of Tang Dynasty.
	四下	第五单元 How much is it?	P66	衣服和鞋子的尺寸大小表示	
季节和天气	四下	第四单元 What's weather like?	P54	摄氏和华氏	
	五下	第二单元 My favorite season	P24	北京和悉尼的相反四季	
动物	五上	第六单元 In a nature park	P78	熊猫的生活介绍	
	五下	第三单元 My birthday	P36	十二生肖	Chinese zodiac
	五下	第五单元 Look at the monkeys.	P66	澳大利亚树带熊的介绍	koala bears
交通	六上	第一单元 How do you go there?	P9	traffic rules in different countries.	China，USA，England，Australia
其他	六上	第三单元 What are you going to do?	P36	人类书写发展史	on bones，on bamboo slips，on paper，on computers
	六下	第二单元 What's the matter，Mike?	P24	颜色和情绪的关系	

教师在进行英语文化教学时可根据各单元主要话题，结合实际情况有目的的将文化内容加入到练习和测试中，有针对性的开展文化主题活动，加深学生对文化内容的理解和吸收。

二、文化导入原则

文化教学的进行受到社会环境、教师素质、教学特点与现状等诸多因素影响。在教学实践中，针对语言教学的各项知识（如语音、语法等）和技能（听、说、读、写、译）都有明确的教学、测试体系。教师在实施语言教学时容易掌握进度，了解学生的学习情况并做出学业判断。相对而言，文化教学的范围弹性较大，需因地制宜、因材施教，对教师个人素质要求相对较高。因此，在处理具体文化教学内容时，教师的教学方法和侧重点不一定相同，但都应当遵循一些基本原则。赵贤洲（1989）的层次性、适应性；鲍志坤（1997）的层进、适度、主流、系统性；束定芳，庄智象（2008）提出的实用性、阶段性和适合性原则等都有共同之处。结合小学教学实际情况，笔者认为在小学阶段英语教学中进行文化导入应当遵循以下几点原则。

（一）实用性原则

Byram 等人认为，文化知识教学应当使学生接触到外国文化中潜意识的知识和有意识学习得来的知识，以便他们能够适应常规行为和具有隐含意义的交际行为。“文化”内涵丰富，教师在教学中不可能面面俱到，因此，教师在选取文化教学内容时要根据学生在课堂中所学书本知识中的文化因素和对外交际交流所需的文化知识两个方面进行取舍。换而言之，教师不但要从语言教学的层面（即词汇、语法、语篇结构等方面）挖掘文化知识，让文化知识的学习促进语言技能的获得和掌握，课堂上教授的文化知识还应该与日常生活息息相关，还原真实语境。例如我国早期许多中学教材中都出现过这样的对话：“What’s your name? My name is … How old are you? I’m thirteen. Where do you come from? I come from …”

以中国人的思维方式，这样的对话是没有问题的，是熟悉的“家长里短”。但在实际生活中，除警察局、医院或移民局等特殊场所，英语国家人民很少会这样发问，在他们看来这一串问题语气生硬且涉及个人隐私。上述中式英语不仅带来了交际障碍，也提醒了当代英语教材编写者和一线教师们语言教学离不开真实文化背景和语言环境。因此，学生在学习 PEP 教材三年级下册 Unit 2“How Old Are You”这一单元时，教师可通过在体育课上、在班里、在医院、在车站、过生日等不同场景，引导学生有礼貌地用英语来询问和回答关于年龄及时间问题。同时，在教学设计中利用师生对话练习方式巧妙的回避回答自己的年龄，以此告知学生在西方社会年龄、收入等问题属于个人隐私，尤其忌讳询问年长女性年龄。这样既避免中国文化在西方文化教学时的负迁移，也加强了语言教学的效果，调动学生好奇心，提高学习兴趣。

（二）适度性原则

这里提出的适度性原则，主要指小学英语教学中文化教学内容和教学方法的适度。小学生有着特殊的心理特征：① 小学生心理发展是开放的，小学生经历有限，内心世界不太复杂，这个阶段“闭锁性”不明显，具有较强的“开放性”；② 小学生心理发展是可塑的，比起逐渐成熟起来的青少年，小学生的心理发展和变化具有较大的可塑性；③ 在小学时期，儿童的思维能力出现了一次质的飞跃，即从具体形象思维为主过渡到以抽象思维为主，儿童的思维活动逐步摆脱对具体事物的依赖，开始运用概念来进行判断推理，这种抽象思维的发展为小学生进一步掌握人类文化知识提供了可能性；④ 小学生的认知活动的逻辑性不断发展，已逐步能够较为深刻地理解事物及其相互关系。小学英语教师在处理文化教学内容时，应当充分考虑学生的身心发展规律，由易到难，多种教学手段相结合，让学生快乐学习，潜移默化中习得文化知识。在教学设计过程中，教师必须避免“为文化而文化”，本末倒置，因过分关注文化教学而影响语言教学，盲目灌输给学生大量文化知识内容。在教学方法上，教师应根据学情和教材内容选择恰当的文化导入手段，设计丰富的教学活动，鼓励学生参与进来，寓教于乐。

（三）客观性原则

文化教学的客观性原则，是指教学内容的真实、正确，以及教师对待、传授文化知识时的客观意识。在实际教学过程中，因出版物或教师个人原因，传授的文化知识与实际情况有所偏差。教师对教学中所提到的文化内容必须多次求证，保证输入的正确性和真实性。

在文化教学过程中概括文化差异，建立文化“定型”（Walter Lippmann，1922）是一种合理存在的认知心理过程。文化定型的典型思维公式是：

中国人甲＝中国人乙＝中国人丙

美国人甲＝美国人乙＝美国人丙

然而这种文化定型弊端十分明显：它忽略了个体差异，容易产生民族中心主义（Ethnocentrism）。我们在进行小学英语文化教学的过程中，教师应特别注意自身的观点立场，既不应该站在民族中心主义的立场，对英语国家的文化抱有偏见，横加指责，也不应该一切以英语国家的文化为楷模，丧失民族自尊心。比较可取的做法是站在客观的立场上，警惕文化歧视，避免用自己的主观态度影响学生对不同文化的看法。使学生对所处理的信息保持一定距离，培养学生的批判性思考能力和文化宽容意识。

（四）相关性原则

同语言学习一样，文化教学的学习过程是一个循序渐进、持之以恒的过程，应该贯穿英语学习的每一阶段。“文化”是一个综合体，仅仅依靠单独某一部分的导入造成语言学习者理解困难。因此，在小学英语教学中导入文化内容时要从文化要素、文化差异、文化发展进程等方面出发，密切结合教材内容和学生兴趣点，选取恰当的切入口进行引导，实现从“教师教”到“学生学”的转变。教师在进行教学设计和测试时应当有意识的建立信息差（Information Gap），在“已知”的练习中加入“新知”，完成文化教学目标。例如：

PEP教材四年级下册学过Unit 4 “What’s the Weather Like”后，让学生在每日的Duty Report中加入指定城市的天气预报，并在五年级学习My Favorite Season这一单元时总结指定城市的天气情况，以此带出话题“favorite season”并让学生完成在不同季节的旅游攻略。学生不但在日常使用中潜移默化，熟悉描写天气的语言，还能通过报告这种形式了解不同城市的天气特点和人文特色，并在总结的过程中锻炼了英语思维能力，将书本知识和生活常识紧密联系在一起。

（五）阶段性原则

语言学家 Gillian Brown 指出：第二语言习得与文化移入的不同阶段有关。她区别了文化移入的四个阶段：① 最初的兴奋与愉快；② 文化休克；③ 文化压力；④ 适应目的语文化。由于儿童与成年人相比被母语文化束缚的程度低，因此他们在社会文化方面更有伸缩性。在小学开设英语，小学生的母语文化尚未完全定型，被母语文化束缚程度低，如果对其进行适当的文化教学，则可以促进其文化移入不同阶段间的过渡，进而促进其第二语言的习得。

结合小学生的心理发展特点和语言学习进度，小学英语教学中的文化教学应当顺应阶段性原则：① 对低年级小学生施行文化教学以直接参与为主，让他们直观感受以文化活动；对中、高年级学生则可以适当扩大其阅读范围，鼓励他们从课外资源获得文化知识；② 在语言教学中加入文化教学需注意学生的语言贮存与文化输入内容水平一致；③ 文化教学活动应当由相对简单、具体的活动开始，逐步转向一般性的文化主题和对于目的语社会更为广泛、深入的了解。文化知识的输入和积累是一个呈螺旋形上升的过程，我们的教学始终要坚持以学生为主体，培养他们自主学习能力。

以 PEP 教材小学英语一年级上册 Unit 3 Animals 为例，这一单元的词汇学习内容有 cat，dog，monkey，tiger 和 bird 五个动物单词，在英文中关于动物有常用谚语或习语，但是针对刚刚入学才一两个月的孩子来说，在这一阶段能基本完成单词的认读已经很不错了，如果全班性的扩充讲解对他们而言晦涩难懂的谚语反而可能破坏他们的学习兴趣。事实上，在教材编排中，这部分文化内容也被放到了高年级段学习，这时候学生既有一定语言知识积累，也有相应地理解思考能力，符合儿童认知能力发展特点。教师在课堂教学中无需刻意传授这方面文化知识，但是可以在之后的课堂用语、游戏等适当融合这部分内容，让学生在无意识中习得文化知识。

三、文化导入方法及案例分析

要想开展切实有效的文化教学，首要前提是找到适合文化教学的方法。对此，束定芳（1996）、鲍志坤（1997）、胡文仲和高一虹（1997）、陈申（2001）等教育专家进行了研究和探讨。其中，束定芳提出了几种在英语基础阶段教学中传授文化知识的方法，如注解法、融合法、实践法、比较法和专门讲解法；胡文仲和高一虹在《外语教学与文化》中详细的介绍了文化渗透、文化旁白、文学作品分析等八种文化教学方法；陈申在《语言与文化教学策略》中提出了文化讲座、文化讨论、文化参观等多种文化教学研究策略。结合当前四川省农村基础教育阶段英语学科教学情况，从教学实践出发，笔者认为可以通过以下几种方法在小学英语课堂进行文化教学。

（一）融合法

“融合法”是将语言材料和文化内容相结合的一种文化教学方法，在具体操作中与教学内容关系紧密。在小学英语课堂上，教师可将文化内容有机地结合到词汇教学、游戏设计、教学评价等方面。

1. 在词汇教学中融合文化内容

词汇是语言的基本单位，在学生掌握词语概念的基础上，教师可以引导学生挖掘词汇的内部文化因素，进行适当的知识扩充。如在教学生颜色单词“blue”时，可以为学生播一首“blue song”，让他们了解什么叫蓝调音乐并真实体会“blue”带来的“忧郁”和“沮丧”。适时的扩充一些习语、谚语也能学生进一步加深对英语思维方式的理解，譬如中国人往往用“狗”（dog）来表达不好的人或事，如“狗腿子”；而在英语中用“lucky dog”表示“幸运儿”，从中可以看出中西方人民对待“狗”的观点和态度。

2. 游戏中融合文化内容

英语游戏教学中的“游戏”，不是毫无目的的娱乐活动，游戏的安排设计必须服务于教学，要根据教学内容和目标进行设计。游戏教学是小学英语课堂教学过程中非常重要的教学手段。利用游戏进行教学，不仅能激起学生的学习兴趣，整合学生的多元智能，还能让它成为文化的载体。教师需要有一定的文化敏感度和文化教学意识，在进行教学活动设计时灵活变通，让语言学习练习和文化知识完美融合，提升学生的情感态度。以数字游戏为例。

1）游戏一：“抛绣球”

一个学生说完一个数字后快速将花球传给另一位同学，接到花的人马上接着说下一个数字，数字安排为 1 到 20，凡是该说 4、13 的同学不说出口，以拍掌示意。

【设计意图】

中国人认为数字“4”与“死”谐音，不吉利，在很多地方如选楼盘等都避讳这个数字。而在圣经中，因耶稣受难前最后的晚餐有 13 个人，英美国家对数字“13”也很忌讳，请客吃饭都会避免数字 13 的出现。在游戏中体现对 4 和 13 的避讳，让学生下意识的去探究原因，了解中西方文华差异。

2）游戏二：“幸运数字”

PEP 小学英语三年级上册 Unit 6 的 Culture 部分提到中国的幸运数字是 6，加拿大的幸运数字为 7。这部分文化内容可融合在之后更多数字的学习中：在教学完 1 到 20 的数字后，让一组学生随机抽取数字，抽到“four”和“thirteen”数字的同学说“I'm unlucky”，教师随机为他们选择一位 partner 进行一步加减，如果加减结果为 6 或 7，则宣告“We are lucky now”。

【设计意图】

这个游戏检验了学生对数字的理解、认读，培养学生的英语思维能力，结合英语与数学两门学科知识，提倡多元智能发展，并从“lucky”和“unlucky”的对比中让学生了解特殊数字的文化内涵。

在设计游戏活动环节时，教师可根据教学内容进行相应调整。文化内涵可以渗透到游戏任务中，也可以作为游戏的辅助工具。如在教句型“Where is ...?”时，设定活动“egg hunting”，以问句“Where is the Easter egg？”练习 in，on，under 等方位词。在寻找过程中同学们不但练习到了句型还真实体会到了复活节的重要活动——寻蛋，并在近距离接触中了解了复活蛋。这样的例子不胜枚举。

3）游戏三：“填色”

以 PEP Book 1 Unit 3 Let’s paint 这一单元为例，在学习完关于颜色的词汇后，让学生根据教师指令在电子白板上对 CAN，PRC，USA 和 UK 四国国旗着色。

【设计意图】

本单元文化部分是 CAN，PRC，USA，UK 四个国家的国旗。通过填色活动，教师检测了学生对颜色单词“音”、“意”的掌握情况，隐形的扩充国旗知识，将文化内容可以直接渗透到颜色教学，在动手过程中让他们加深记忆和理解。

4）游戏四：“时间表”

学生学习了关于时刻表的表述方法后，老师出示同一时间在不同国家的时刻表让学生进行描述。通过这项活动学生既练习了时间的描述方法也了解到了时差的概念，大致明白了不同国家在地球上的地理位置。

在游戏中融合文化内容切忌刻意，首先要明确教学目标和游戏设计意图，尽量还原真实情景，不能“为文化而文化”。我们比较熟悉的小活动“Rock Paper Scissors”，扮演 Santa 给学生发小礼物等，都是利用游戏创设情景融合文化教学的有效策略。

3. 教学评价中融合文化内容

教学评价是对教学目标实践情况的价值判断，是实现课程标准的重要保障。英语课程的评价要体现评价主体的多元性和评价形式多元性，激励学生的学习兴趣和积极性。那么如何在评价过程中融合文化内容呢？

1）在课堂激励、评价方式上做一些调整

口头表扬是每个教师都会做的一件事，英语教师应当注意使用不同的、原汁原味的英语表达方式，用不同的语言和动作来调动学生情绪。比如在学生完成了比赛后对获胜者说一句“Congratulations! Give me five!”再跟他击掌一下，几次示范后无需中文解释学生也能正确模仿使用这个语句和手势。

现在很多老师喜欢给学生发小贴纸（sticker）以示鼓励。在实践中发现，学生对 sticker 的热情会随着年龄的增长和发放数量的增多而降低，以致于这种鼓励手段最终沦为“鸡肋”。针对这种现象，教师可以在图案选择上下功夫，比如选择有中国各民族图案的 sticker，每次表现好的同学随机发放一张，整学期集齐五十六个民族图案的同学可以调换一个愿望卡之类的大奖。这样学生有了收集的动力，在调动学习积极性的同时他们也通过 sticker 扩展了中国多民族文化知识。这一活动的进行也为高年级段讲解 stamp collecting（PEP 小学英语六年级上 Unit 3　What’s your hobby?）做铺垫。

教师常用的课堂分组活动评价方式也可以根据教学内容和需要进行改良。如学生在学习生词为 football 等运动单词的单元时，可以将学生分为男足队和女足队。提前制作一张足球场的图片，用磁贴代表足球，哪一队受表扬就将球踢入对方球门一次，最终以比分决定胜负。这种小组评价不但激发学生的荣誉感，还让他们在这过程中了解比赛基本规则，学会比分的表达方法。

2）将文化知识与语言测试相结合

小学英语教学测试的主要目的是通过考试的形式来检测学生的学习兴趣、学习习惯及其对语言知识的掌握情况。试卷的制作应当遵循大纲要求，通过试卷分析教师可以从各个维度掌握学生学习动态，做出适当调整。我们对学生文化意识的培养亦可以表现在试卷中，以成都市青羊区 2012—2013 学年度下期五年级英语期末检测题中的一道阅读题为例。

【练习】

读一读，然后判断句子的正（√）误（×）。

Mr Smith lives in London. He will travel in China next month, so he wants to learn more about China. He bought a book about China in a bookshop in London.

Chapter 1　The Famous Mountains in China ······························· 1

Chapter 2　The Famous Scenic Spots（著名景点）in China ·················· 27

Chapter 3　The Culture（文化）in China ································· 43

Chapter 4　The Delicious Food in China ·································· 58

（　　）Mr Smith is from England.

（　　）Mr Smith can learn about Chinese food in Chapter 4.

（　　）Mr Smith can learn something about the West Lake（西湖）in Chapter 1.

在测试中，都文化内容可以渗透到听、说、读、写各个语言技能检测环节。另外，教师在课后作业中也可以布置相关练习，如采访记录他人喜好，设计点菜单，制作填写圣诞卡片等，将文化内容和语言教学测试有机结合起来。

（二）体验法

体验式教学是指根据学生的认知特点和规律，通过创造实际的或重复经历的情境和机会，呈现或再现、还原教学内容，使学生在亲历的过程中理解并建构知识、发展能力、产生情感、生成意义的教学观和教学形式。英语学习是语言知识与交际技能积累的过程，仅仅依靠教师与学生的“授——受”关系难以提高他们的跨文化交际能力。对二语学习者而言，成功的体验（Experience）、运用（Performance）和实践（Practice）能够保证语言能力（Language Ability）的提高和习得（Acquisition）过程的实现。

田丽（2008：9）认为，“体验式教学的方法有情境体验法、换位体验法、多媒体教学体验法”。基于文化教学的特点及其在英语教学中的难度和地位，在小学英语课堂教学实践中，教师可以充分利用多媒体课件，改善教学环境，创设真实场景，实施情景教学法。另外，可通过学校文化主题活动来深入文化教学内容，譬如以班或年级为单位开展“非洲月”“法国周”“国学课堂”等主题活动，也可以班级内开展主题活动，如组织复活节的 Easter Egg Roll 或开展中国传统点心制作大赛等，让学生真实参与，切身体会，加深他们对中外文化知识的了解，培养学生自主学习习惯。

（三）对比法

比较是语言教师在文化教学中常用的一种方法。比较可以是外显的，也可以是内隐的。学习者在保有本族文化与文化立场的同时将所学的外国文化建入自己的认知框架。比较法是跨文化语言交际教学中的一个极为重要的手段。通过对母语和目的语语言结构以及文化之间的对比，发现并掌握两者之间的异同，从而获得文化敏感性，提高跨文化交际的能力。在小学阶段英语教学中，教师有意识的引导学生进行文化对比，可以在语言学习的最初阶段就避免母语文化负迁移，也能在对比学习中更多地了解本国文化内涵，生成民族自豪感和爱国情操。

【案例 1】

在教授 PEP 五年级上册 Unit 3 What Would You Like? 这课时，文中出现 sandwich，salad，hamburger 等西式食品。第一课时中教师可以同时让学生对比平时自己吃的主食，从而引导他们了解中西方饮食差异。在第二课时教师可以传授学生吃西餐的基本餐桌礼仪，并与中方餐桌礼仪对比，让他们学会思考不同文化背景下餐桌礼仪的异同。

【案例 2】

PEP 六年级上册 Unit 4 中涉及了写信这一文化内容，教师在教授写信格式时可以让学生对比中英信封书写，特别是地址书写顺序上的差异，让学生掌握不同语言语法知识，提高“写”的知识能力。

英文信封书写格式：

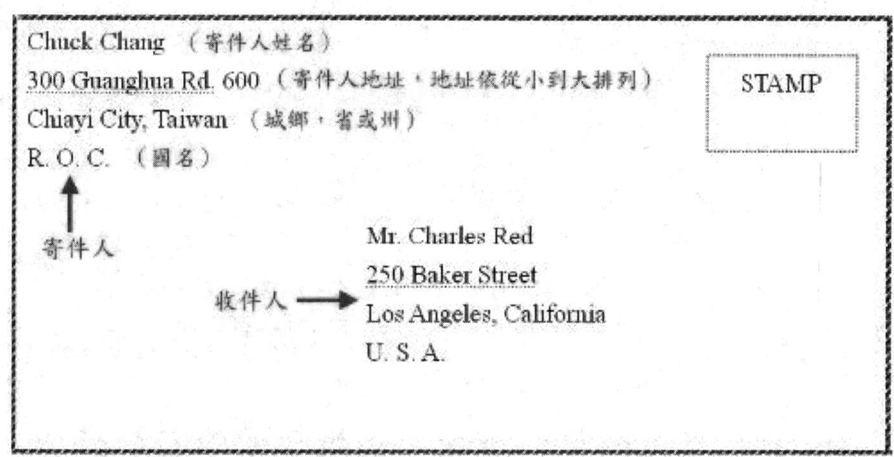

中国信封书写格式：

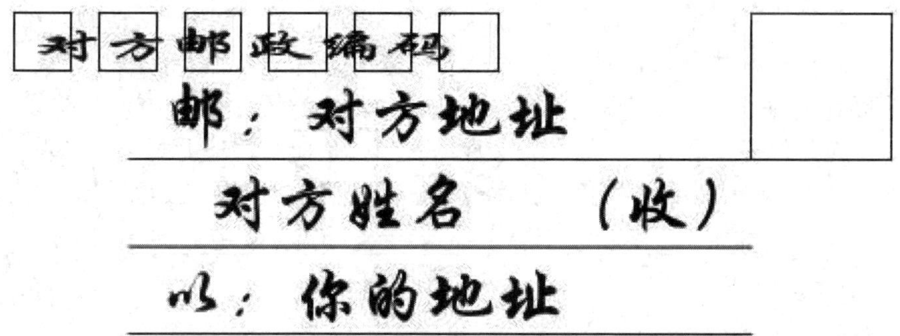

教师在教学之余可以鼓励学生学以致用，试着给友好学校小朋友写信，通过交外国笔友的方式来认识和交流不同文化。

参考文献

[1] BYRAM, M. Cultural studies in foreign language education[M]. Clevedon, Avon: Multilingual Matters.1989.
[2] CLAIRE KRAMSCH. 语言教学的环境与文化[M]. 上海：外语教育出版社，1999，12.
[3] CORTAZZI，MARTIN&JIN. Researching intercultural learning：investigations in language and education[M]. Palgrave MacMillan Press，2012.
[4] MALINOWSKI. 文化论[M]. 费孝通，等，译. 北京：中国民间艺术出版社，1987.
[5] TYLOR E. Primitive culture[M]. London：Cambridge University Press，2010.
[6] WALTER LIPPMANN. Public opinion [M]，New York：Freepress，1922.
[7] WIDDOWSON，H. G. Teaching English as communication[M]. Oxford：Oxford University Press，1978.
[8] 陈申. 语言文化教学策略研究[M]. 北京：北京语言文化大学出版社，2001.
[9] 邓炎昌，刘润青. 语言与文化[M]. 上海：外语教学出版社，1989.
[10] 胡文仲. 文化与交际[M]. 北京：外语教学与研究出版社，1994
[11] 胡文仲，高一虹. 外语教学与文化[M]. 长沙：湖南教育出版社，1997.
[12] 束定芳，庄智象. 现代外语教学理论、实践与方法[M]. 上海：上海外语教育出版社，2008.
[13] 梁珊珊. 小学高段游戏教学的有效策略研究[D]. 重庆师范大学，2012 年.
[14] 赵贤洲. 文化差异与文化导入论略[J]. 语言教学与研究，1989 年，(1).
[15] 鲍志坤. 也论外语教学中的文化导入[J]. 外语界，1997（1）：7-10.
[16] 田丽. 论大学英语体验式教学模式的应用[J]. 科技信息：科学研究，2008，(9).

第七节　农村小学英语教学信息技术的有效应用

小学英语教学是一门综合性和实践性都很强的学科，充分利用现代信息技术和信息资源，能够改变教师的教学方式和学生的学习方式，改革传统的教学模式，使教学辅助手段多样化，给学生创造更真实的语言环境。提供更多更新的信息与交流的机会，有助于培养学生用英语思维的能力，充分发挥英语的工具性和人文性的作用，从而培养学生探究、实践、思考和综合运用语言的能力，最终达到利用信息技术改善缺乏学习兴趣、缺乏运用英语的语言环境的现状。

一、信息技术和信息技术教育的概念

信息技术（Information Technology，简称 IT）特指与计算机、网络和通信相关的技术。信息技术教育不是单纯技术教育，也不是以信息技术研究和开发为目标的教育，信息技术教育的内涵由信息技术课程和信息技术与其他学科的整合两大部分组成。信息技术教育是素质教育的重要组成部分。要培养学生的创新精神和实践能力，促进人的发展。

信息技术教育为学习者提供资源（这里的资源指的是在学习过程中可被学习者利用的与信息技术有关的一切要素）和环境，具有与其他科学整合的特性，是学习者全面持续发展的可靠保障，是教育走向信息化、产业化、民主化、经济化的支持性技术基础。从技术哲学角度来说，信息技术教育主要由经验形态技术、物化形态技术和知识形态技术等三大类要素构成。三者之间存在密切关系，共同促进教育信息化向前发展。信息技术教育是教育技术发展到一定程度，达到高级阶段的产物，是在信息技术作为教育观念、内容、工具、手段的前提下，对教学资源与学习资源的信息化，以及教师的教，学习者的学的教学与学习的优化过程。信息技术教育是实施素质教育的重要组成部分。

（1）信息技术教育要着力从基础培养，发挥学生的创新精神和实践能力为重点；

（2）信息技术教育要促进教育教学改革，是现代教育技术不可缺少的部分；

（3）信息技术教育与其他学科的整合，应用于各科教学中，而不是计算机辅助教学；

（4）信息技术教育的环境基础是全程全网，互联互通的“校校通”网络，而不是各自独立的网络教室和校园网；

（5）信息技术教育的资源是通过集成的资源库，而不是课件或者积件；

（6）信息技术教育的资源使用方式共享，而不是个别占有；

（7）信息技术教育是所有中小学教师的工作，而不仅仅是计算机教师的事。

二、信息技术在小学英语教学中的广泛应用，是教育改革、教学手段进步的必然结果

（一）有利于营造学习氛围，创设学习环境，激发学习兴趣

利用现代教育技术图文声像并茂，形式活泼的特点，营造良好的学习氛围，展现新颖的课文讲解和练习，呈现丰富的文化背景知识。教师除了应用教学课程软件外，还可选择一些辅助材料，利用电影、VCD、录音机以及网上资源自制教学课件，来丰富和完善教学内容，达到突出教学重点与难点。提高英语教学效果，在创设学习环境上利用多媒体的动态画面，多彩的颜色、逼真的声音来刺激学生的各种感官，吸引学生的注意力，激发学生学英语的兴趣，使学生在身心愉悦的状态下掌握知识，避免了学生在紧张气氛下的被动学习。

（二）有利于创设情境，不断培养学生的实践和交际能力

小学生特别是农村地区的小学生学习英语缺乏一定的语言环境．缺乏语言实践的机会。而在实际教学中，教师又往往只注重句型的学习．忽视它的具体应用。因而，不少学生能从原型例子和教材练习中获得固定的、孤立的知识点，但将这些知识迁移到实际生活情境的能力比较差。当他们遇到与之不同场合下的现实问题时就束手无策。教师通过数字化多媒体教学资源的应用，能在课堂上模拟现实生活的情景，这不仅缩短了教学和现实的距离，给学生提供使用英语交际的机会，而且满足了他们好奇、好动的心理，学生触景生情，激发起表达的欲望。这种情境性学习无疑在一定程度上促进了学习迁移。使学生在英语交际活动中提高了交际能力。如在小学英语课堂上，借助于媒体的帮助，将本课重点句型通过课件转化成一

幅幅活泼有趣的画面。再配以富有冲击力的声音：呼呼的风声、轰隆隆的雷声，使学生在视觉、听觉全方位刺激的过程中．在猜谜游戏中完成了学习新知识的目的。随后，教师又在媒体的帮助下通过练习检验学生对此项内容的掌握运用程度，这样既突破了教学重点，又培养了学生的运用能力，达到了“一箭双雕”“事半功倍”的效果。

（三）有利于提高学生的语言交际能力

现代信息技术中的网络资源为学习者提供了创造性运用语言的空间，以网络为媒介的交流方式是多种多样的，学生与老师、学生与学生之间在网上可一起探讨同一话题，共同收集。分享信息，共同解决问题。这种方式比课堂师生之间的讨论更加平等、轻松、和谐，减轻了学生学习时的紧张感和焦虑感，学生在网上获取信息、讨论问题的同时，为锻炼学生的听、说、读、写方面的技能提供了机会，使得学生的语言和信息技术运用能力得到了综合提高。利用网上交流工具可用于句型教学训练，首先将所教句型使用的地点和场合用数码相机拍下，并在网上播放出来，给人以身临其境的感觉。有助于帮助每个学生正确理解使用句型。然后让一个学生与事先拍下的情境中的人物进行对话，也可以让不同的学生扮演不同的角色去面对不同的场景，或是在聊天室与他人用英语聊天等。教师在设计课件时，也可设计恰当的“关卡”只要练习过关，就给予“Good/Great”“Clever/Work harder”“Don’t drop，0K?”等评价，或不时地跳出一张可爱的小脸，并配上一段动听的音乐，使他们始终以饱满的热情和机器对话。这不仅可以达到理解和掌握句型的目的，还能使学生们敢于大胆开口说英语。使中国人学的英语不再是“哑巴英语”了。这得益于现代教育技术网络的优越性——人机交互性。

（四）为小学英语阅读教学的课程资源提供了更广阔的天地

新课程标准指出：小学生的英语学习在毕业时要达到二级目标要求——除了能认读、理解教材上所示的单词、短语和对话、短文外，还应看懂贺卡等所表达的简单信息，借助图片读懂简单的故事或小短文，并养成按意群阅读的习惯，正确朗读故事或短文，并看懂英文动画片和程度相当的英语教学节目。要达到这一目标和要求，仅靠教材所提供的语片和材料，肯定是远远不够的。课外材料的合理、有效利用，既是对教材的有效补充，又是对教材学习的一种检测和提升，也是提高学生英语能力的有效、直接的方式。利用网络开发课程资源，可以摆脱课本是阅读材料主要来源的局限性，利用网络资源来丰富封闭、孤立的课堂教学，增加语言输入，拓宽学生的知识面。

教师可以发挥备课组、教研组大集体力量，分工协作，围绕教材中的各个话题，在网络上收集与之有关的阅读材料。对收集到的语言材料要进行筛选，分级，力求能为各个层次的学生提供难度适中、梯度明显的阅读内容。最后，将收集、整理的内容统一存储在学校网站上，提供学生自主访问，选择使用。学生在阅读中遇到的困难可以写在留言板上。老师定期解答疑难问题。

教师通过搜索引擎在网络中寻找适合小学生的英语学习网站，向学生推荐；与此同时，可以组织英语基础较好、使用信息技术能力较强的学生，将在网络上读到的好文章收集起来，推荐给教师和同学，进一步扩充阅读资源库。

所以，信息技术在小学英语教学中的广泛应用，是教育改革、教学手段进步的必然结果。教师不仅要学会合理使用多媒体，创设各种情境引导孩子积极愉快地学习和运用英语，同时还要利用好网络，帮助孩子搞好英语课外学习，从而进一步培养他们浓厚的英语学习兴趣，为他们今后终生的英语学习奠定良好的基础。这也是我们每位小学英语教师应尽的责任。

三、信息技术在小学英语教学中的广泛应用，是信息技术与英语教学整合的必然要求

以计算机网络为核心的现代科学技术为我们提供了前所未有的机会和极大的发展潜力，它将人和人，人和信息联系在了一起。正如中国的造纸术和印刷术改变了人类传播文明的方式一样，计算机带来了人们处理和传播英语教学信息的变革。信息技术对教育的影响和冲击已悄然开始，并由此产生出全新的教育方式。英语教学也同现代技术教育联系到了一起。

（一）信息技术与教学的整合

1. 教师在课程整合中的角色

教师是实现整合的关键，是信息技术和课程整合教学实践的主导。现代教育理论认为教师不再是传统意义上的课堂教学的主宰，而是教学的组织者（Organizer），学生的指导者（Director）、合作者（Collaborator），学习的促进者（Facilitator）。因此英语教师与信息技术的整合是小学英语教学中的重要课题。教师要勤于学习现代教育理论和教育技术，熟练运用各种教学所需的软件与多媒体技术，并积极自觉地运用网络获取最新信息，追踪英语教育理论与实践的前沿研究成果，提高自己的研究水平，丰富自己的教学资源，并将这些运用到课堂教学中。如此既可以激发学生的兴趣，引导学生自觉运用技术协助英语学习，又可以创设良好的情境氛围，为学生的学习和英语运用能力创造条件。

2. 学生在课程整合中的角色

学生是教学和学习的主体。在英语课堂中，学生利用学习环境，积极构建知识意义，进行应用练习。信息技术和多媒体技术所特有的集声、动画、图片和影像等于一体的音像效果，让学生接受多种方式的感性刺激，有利于对语言的巩固。而通过网络所获得的有益于教学的资源是传统教学无法比拟的，它能激发学生的学习兴趣，并能充分发挥学生的主体性。学生将信息技术与所学语言具体结合在一起，可进行探究学习，如为准备一个课题的学习。学生利用搜索引擎在互联网搜索、筛选、选择和分析相关信息以及有关音像资料；还可以跨学科学习同一课题，拓宽视野，培养创新精神。这样，学生从传统的知识被动接受者转变为主动发现者、建构者，并养成自主学习的习惯。信息技术成为辅助英语学习的助手和培养探索能力的工具。

3. 课程整合对教师与学生的要求

苏霍姆林斯基说过：教学就是教给学生能借助于自己的知识去获取新知的能力，并使之

成为一种思索活动。因此，课堂教学要以教师创造性的教为主导，以学生探索性的学为主体。以发展为主线，在教学中要为学生提供观察、实践和独立思考的情境。鉴于此，在信息技术的教育教学中，我们要有阶段、有目的地去培养学生这方面的能力。在小学课程整合的教学中，要求学生自已去寻找问题、发现问题和解决问题。在这种资源型学习中，学生必须能熟练地运用计算机，熟练地运用网络，先获取信息然后对它们进行加工，从而发现新知。在这种教学过程中，也为学生将计算机技术应用到其他学科的学习中打下良好的基础。可以改善过去学生被动学习、死记硬背和机械训练的做法。倡导学生主动参与、探究发现、交流合作的英语学习方式有利于学生成为学习的主体。

（二）信息技术与英语整合

1. 多媒体教学只是一种教学辅助手段，而不是目的

如果掌握好运用的时间、数量等“度”的问题，会收到事半功倍的效果。在设计如何问路的情景中，利用计算机的闪烁运动功能，将问路的提示圈慢慢展现，同时将多种路线设计于其中，既形象又直观，让学生一目了然，整节课只有这一个环符运用了多媒体手段，但它既成功的突破了本节课的难点，又激发了学生的学习兴趣，提高了学生学习的积极性，其作用是不言而喻的。但有的老师，将整堂课的内容全部打到电脑里，使多媒体课件成了教案的翻版，教师成了程序的操作者，由传统的“满堂灌”改成了“电子灌”，最终教学效果往往不尽人意，与教师的设想相去甚远。还有的老师有意无意地把它作为一种“门面装饰”，为了整合而整合，如要上公开课或评优课. 就采用信息技术与英语课程整合. 而不去考虑这节课的内容是否确实需要。造成了某些所谓的信息技术与英语课程整合的课反而不如普通的传统课堂教学的课的效果好。这种脱离了实际的“信息技术与课程整合课”是没有生命力的。

2. 体现了人机交互

在一个好的多媒体课件中，恰当的使用图形、图像和声音，可以促进学生理解教学内容，提高学生的学习兴趣。

加强学生非智力因素的培养。由于小学生对新事物普遍存在着好奇心，他们的兴趣往往跟着好奇走，自控能力不是很好，如果在信息技术与课程整合中一味地追求形式的多样化，追求多种媒体的引入。追求表现的新颖、动感等效果，无论什么图形、图像、动画、影像等一股脑儿的展现出来，这样不但达不到预期的效果，还会对学生的学习产生负面的影响，反而分散注意力，造成学习时偏离主题。曾经听过一位老师的信息技术与英语课程整合的公开课，界面上不单有诸如“向前、向后、内容简介、讲解、演示、结论”等按钮，还在界面上增加了某一动画片的卡通人物。当前进一页时，卡通人物没有消失，还添加了一个小鸟翩翩起舞的动画. 再前进一页，又添加了“绿茵鲜花”，且不说教学内容如何，仅仅这些点缀，也让学生眼花缭乱，干扰了学生的注意力，影响了教学效果。

信息时代改变了教育生存与发展的环境，改变了人的学习环境。运用信息技术来辅助英语教学可以更有效地培养学生的英语交际能力，实践能力和创新精神，较大限度地提高教学效率和教学质量，全面提高学生运用英语的能力。因此，信息技术与英语整合是对当今小学英语与信息技术是一种扬长避短的互补，可推进当今学生、教师、社会三者的和谐进步。

四、信息技术在小学英语教学中的应用是英语教学必然需要

（一）契　机

以多媒体和网络技术为特征的信息技术的发展，给当今小学英语教学改革带来了契机。21 世纪是网络信息时代，在小学英语教学中，以计算机为工具，以网络为资源，以活动为载体，以语言交际为主线，探索信息技术与小学英语教学整合的现代教学模式已得到广泛的开展和推广。实践证明，信息技术在小学英语教学中的运用能给课堂教学注入新的生机和活力，丰富教学形式，优化教学过程，从而更有效地培养学生的语言综合运用能力。

（二）信息技术运用于小学英语教学的理论基础

建构主义认为，学习是一种建构过程，是一种活动过程，知识不是通过教师传授就能得到的，而是学习者在一定的情境即社会文化背景下，借助其他人（包括教师和学习伙伴）的帮助，利用必要的学习资料，通过建构意义的方式而获得。小学英语课程的目标就是要根据小学生的生理、心理以及发展需求，激发学生学习英语的兴趣，培养他们英语学习的积极态度，使他们建立初步的学习英语的自信心；培养学生一定的语感和良好的语言语调基础，使他们形成初步运用英语进行简单日常交流的能力，为进一步学习打下基础在运用多媒体和网络技术进行小学英语教学时，教师应成为组织者、指导者、帮助者和促进者，利用情境、协作、会话等学习环境要素，充分发挥学生的主动性、积极性和创造性，多媒体和网络则是学生在主动学习、协作探索时的认知工具，使学生有效地达到对当前所学知识的意义建构的目的，最终达到小学英语课程所要求的各项目标。

（三）运用多媒体技术，优化小学英语课堂教学结构

多媒体技术对文本（Text）、图形（Graph）、静止图像（Still Image）、声音（Audio）、动画（Animation）和视频（Video）等信息具有集成处理的能力，使教学手段趋于全方位、多层次，创造一个更适合学生学习的开放的探索式的学习环境。它能加速学生感知过程，促进认识深化，加深理解，增强记忆和提高实际应用能力。以译林、牛津版教材 4A，Unit 6 “Whose gloves?”为例，具体教学步骤如下。

1. Revision

大屏幕显示各种实物图：bottle，kite，clock，tape，fan，crayon，chess，trousers 等，帮助学生复习一些常用的实物名称，为介绍做好铺垫。该阶段教师是强化记忆者（Memory Activator），实际活动是以旧带新。

2. Presentation

用软件将本课录像编辑成六个场景，以动画片形式呈现给学生，呈现结束后，教师可以选择任一场景任一角色与计算机进行模拟对话，起到示范表演者（Demonstrator）的作用，实际活动是提出新材料。教师可以让学生在学习对话的同时学习单词，此时电脑上与单词对应的有关画面自动闪烁，并配有事先录制好的单词读音，使学生能够在语境中学习对话，在对话中学习单词。

3. Drills

该阶段教师为组织者/指挥者（Organizer/Conductor），实际活动是机械操练。通过设计的对话游戏活动，让每个学生戴好耳机，在计算机上选择任一场景，进行人机对话。如果想扮演角色 A，只要用鼠标选取 A，并对着话筒说 A 应该说的句子，说对了，角色 B 就应答，说错了，屏幕上就会出现一个瞪大眼睛的小怪物，耳机里还会告诉学生：Sorry，you're wrong. 这充分体现了小学英语教学的活动性原则。同时教师利用网络教室优势进行监视监听，并及时把学生个体情况展示给全班，让全体学生都参与评价，体现学生的主体性。

4. Practice

该阶段教师是裁判员（Referee）/监督者（Supervisor）/监听者（Listener），实际活动是运用性练习。通过屏幕上人和物的连续变换，要求学生在真实情境中灵活运用对话：Whose is this/are they? It's/They're…通过动画片中物体的变长、变短，变大、变小，变新、变旧，变漂亮、变丑陋，结合伴随的读音，要求学生正确分辨音和意，从而更好地掌握形容词 long/short，big/small，new/old，pretty/ugly。同时，更准确地表达"The jeans are too long. Try this on. She looks funny. Lood at her gloves. They're so big. It's pretty."等主要句型。

5. Consolidation

教师开始是帮手（Helper），后来是记分员（Marker），实际活动是输出性练习。我们根据因材施教原则，发挥计算机智能化优势，设计了 A、B、C 三级题库练习，题库存放在服务器上，学生可以自由挑选完成。每级有 20 题，每级题库中的题目都要做对一题后才能做下一题，使学生在练习时要"量力而行"。题型有听力，阅读理解，看图完成对话等，主要考查学生的语言运用能力。

（四）运用信息技术，改革小学英语教学模式

信息技术教学是一种与传统教学有很大差别的全新教学模式。多媒体网络不仅具有各种媒体信息处理和人机交互功能，而且实现了网上多媒体信息的传递和多媒体信息资源的共享，形成了一种理想的网络教学环境。在实践中，我们可以一方面利用它来创设真实的或模拟的语言环境，让学生更多地参与语言实践；另一方面可以利用网上资源，培养学生获取信息、分析信息、处理信息、运用信息、传递信息的能力，更好地培养学生自主学习的能力，为终身学习打好基础。

1. 运用网络课件，培养学生自学能力

教师根据教学目标要求，可以将教学内容制作成 PPT 或教学软件，学生在课内或课外通过访问校园网站，可共享该课件资源。以"小太阳起步学英语"网络课件为例。课件提供了 12 个学习生活场景，如：In the park，On a farm，My home，Near the beach，In the zoo 等。学生如果点击"In the zoo"按钮，就进入"动物园"的场景，各类动物呈现在眼前。有的在嬉戏，有的在散步，有的在洗澡，有的在用餐，形象生动，栩栩如生。只要学生用鼠标随意点击动物，相应的单词和音标就会出现在动物身旁的"气泡"中，读音会通过耳机传出。学生

可以看着单词和音标，听着标准读音来自学单词。如果学生选择了对话按钮，再选中某种动物，如 Monkey，耳机里就会传出 Monkey 和 Elephant 的对话。

M：Good morning，Mr Elephant. What are you doing?

E：Oh! May I having a bath. My nose and feet are very dirty.

M：Ok!May I have a bath with you?

E：Certainly.

M：Oh，I have some bananas.Would you like one?

E：OK! I like bananas a lot.

M：Here you are. Catch!

E：Thank you very much.

同时，如果你选择了对话原文按钮，屏幕上就会自动出现中英对照的对话原文以供参考。学生不仅能逐句跟读，而且还能扮演不同角色做配音练习。网络课件的教学，有利于增加学生的词汇量，有利于提高对话教学的实效，使学生在掌握更多词汇的基础上，更灵活地运用对话。在学生学习过程中，教师能够随机调用任何一台学生机，随时掌握学生的自学情况，以起到组织者、监督者和指导者的作用，更好地调控课堂教学进程。

2. 加强人际交流，提高写作能力

国外很多研究与实验表明，信息技术的应用，除了能加强人际交流外，在辅助写作教学方面优于传统教学。新加坡和加拿大的教师们发现，在 E-mail 辅助下，学生为了更好地在交际中表达思想，不断努力地修改内容，使之更清楚，更有意义。在教学实践中，可以做以下方面的尝试。

（1）在学校的校园网上开设英语 BBS 公告栏，英语教师把作业布置在 BBS 上，形式有看图写话，写日记，写贺卡，改写课文，续写课文等。学生先把第一稿发送给教师，教师浏览批阅后发还给学生，学生根据教师所提供的意见进行修改，经过几次反复交流，最后定稿，对优质的作业，教师允许其发表在英语 BBS 上，供大家交流学习，此举极大地调动了学生的积极性。

（2）在有条件的地区，可以定期组织学生与国外的友好学校的同龄学生进行通信交流。在这种跨文化的真实的交流中，学生的语言运用能力可以得到了极大的提高。

（3）利用每到母亲节、教师节、妇女节、圣诞节、春节或是同学的生日时，组织学生发英语电子贺卡，在写贺词时，学生往往会查阅许多网上资料，寻找自己最满意的祝福语来表达自己的心情。在这些写作交流中，学生都是在进行真实的、高度积极的、具有现实意义的语言实践活动。

五、信息技术在小学英语教学中的有效教学手段

（一）慕　课

1. 慕课的含义

所谓“慕课”（MOOCs），顾名思义，“M”代表 Massive（大规模），与传统课程只有几十个或几百个学生不同，一门 MOOCs 课程动辄上万人，最多达 16 万人；第二个字母“O”

代表 Open（开放），以兴趣导向，凡是想学习的，都可以进来学，不分国籍，只需一个邮箱，就可注册参与；第三个字母“O”代表 Online（在线）；第四五个字母“Cs”代表 courses（课程），学习在网上完成，无需旅行，不受时空限制。MOOCs 是新近涌现出来的一种在线课程开发模式，它发端于过去的那种发布资源、学习管理系统以及将学习管理系统与更多的开放网络资源综合起来的旧的课程开发模式。通俗地说，慕课是大规模的网络开放课程，它是为了增强知识传播而由具有分享和协作精神的个人组织发布的、散布于互联网上的开放课程，这一大规模在线课程掀起的风暴始于 2011 年秋天，被誉为“印刷术发明以来教育最大的革新”，呈现“未来教育”的曙光。

2. 慕课的课程范围

MOOCs 是以连通主义理论和网络化学习的开放教育学为基础的。这些课程跟传统的课程一样循序渐进地让学生从初学者成长为高级人才。课程的范围不仅覆盖了广泛的科技学科，比如数学、统计、计算机科学、自然科学和工程学，也包括了社会科学和人文学科。慕课课程并不提供学分，也不算在本科或研究生学位里。通常，参与慕课的学习是免费的。然而，如果学习者试图获得某种认证的话，则一些大规模网络开放课程可能收取一定学费。

3. 慕课的授课形式

课程不是搜集，而是一种将分布于世界各地的授课者和学习者通过某一个共同的话题或主题联系起来的方式方法。尽管这些课程通常对学习者并没有特别的要求，但是所有的慕课会以每周研讨话题这样的形式，提供一种大体的时间表，其余的课程结构也是最小的，通常会包括每周一次的讲授、研讨问题、以及阅读建议等。

4. 慕课的测验

每门课都有频繁的小测验，有时还有期中和期末考试。考试通常由同学评分（比如一门课的每份试卷由同班的五位同学评分，最后分数为平均数）。一些学生成立了网上学习小组，或跟附近的同学组成面对面的学习小组。

5. 慕课主要特点

（1）大规模：不是个人发布的一两门课程。“大规模网络开放课程”（MOOCs）是指那些由参与者发布的课程，只有这些课程是大型的或者叫大规模的，它才是典型的的 MOOCs。

（2）开放课程：尊崇创用共享（CC）协议；只有当课程是开放的，它才可以成之为 MOOCs。

（3）网络课程：不是面对面的课程；这些课程材料散布于互联网上。人们上课地点不受局限。无论你身在何处，都可以花最少的钱享受一流课程，只需要一台电脑和网络联接即可。

（二）微　课

1. 微课的含义

微课又名微课程，是指以微型教学视频为主要载体，教师针对某个学科知识点或教学环节而设计开发的一种情景化且能支持多种学习方式的视频网络课程。微课具有“短小精悍”

的本质特征：教学活动短、视频时长短（10分钟内）、资源容量小、教学主题小、教学内容精选、教学活动精彩、交互性强、功能强大、应用面广。

2. 微课在小学英语教学中应用的优势

小学英语教学的目的在于使学生在具体情境中学会运用英语听、说、读、写、培养学生学习英语的热情，提高自主学习的能力和创造性地使用英语的能力，微课的特点为小学英语教学目标的达成提供了基础。

1）有助于突破重难点

微课程只讲述一个教学知识点，这个知识点是供学生自主学习时必须要教师讲述才能理解的内容，是学习的重点或者难点、易错点、小学英语教学中有很多的关键句型，这些是学习的重难点。为了培养学生自主学习的能力，教师可组织学生对事先录制好的优质微课进行分组讨论学习，小组讨论的学习氛围给了学生更多展示自我、表达自我的空间，也给了学生创造性运用英语的机会，这样既可以调动学生学习的积极性，还能培养学生自主学习的能力。

2）有助于复习巩固

微课的出现为个别化教学提供了更多可能。传统课堂中学生一旦错过了教师的重难点、疑点的讲解，就很难完成学习任务，而微课为学生课后的复习及疑难点的再学习提供了机会可以照顾到正规课堂中误课的学生，有助于缩小学生之间的差距。对学困生而言，简要而清晰的微课讲解可以帮助排除课堂上的知识盲点。

3）微课丰富的技术环境为英语学习提供了良好的知识建构环境

微课制作中要求针对不同的主题，选取合适的一种或者多种方法，恰当运用信息技术，学生自主学习。英语学习对语境的要求较高，而信息技术恰恰为英语学习中学生的自我建构提供了条件。

3. 微课在小学英语教学中应用的途径

1）课前自主学习

微课所掀起的教学改革狂潮更多来自翻转课堂，传统课堂是以课堂内导入新课、讲解新知、布置作业、课堂外练习为主的先教后练的模式。相比之下，翻转课堂则是以课外自主学习、提出困惑、课内展示交流、协作探究为环节的先学后练的模式。由于小学低年级学生自制力差，还不具备自主学习的能力，翻转课堂的教学模式对于小学低年级学生是不适用的。而在小学高年级的英语教学中使用翻转课堂的教学模式，让学生在课前使用微课资源自主学习，可充分发挥其自主性，找出自己的困惑所在。

2）课中突破重难点，答疑解惑

在课堂上，教师要组织学生针对自主学习阶段提出的困惑展开讨论并适时给予引导，对于无法解决的问题教师要再次引导学生思考，回顾微课，使学生自己找出问题的答案。同时，教师也要根据学生提出的困惑，播放微课视频引导材料，辅助学生逐步找到问题答案，这样能让学生逐步理解知识点，同时也能提高学生的交流能力、质疑能力。

当然，微课资源并非仅用于翻转课堂，在传统课堂教学模式中，微课资源可以很好地辅助教师突破教学重难点，起到画龙点睛的作用。而学生在课堂上通过观看微课视频就可以很容易地理解知识点，这对师资较为短缺的地区有很大的帮助。

3）课后复习巩固，拓展知识，提高学习兴趣

首先，微课提供了复习巩固的机会，传统的课堂教学中，学生一旦错过了教师的讲解就很难掌握知识点，而微课则很好地解决了这一问题。学生可以在课后通过微课再次复习巩固课堂上学习的内容。其次，微课不仅仅能帮助复习，还能进一步拓宽学生的知识面。课堂学习结束后，教师可以给学生安排一些拓宽知识面的视频，学生根据自己的兴趣，选择学习教师安排的微课。这样就很好地解决了课堂上因为教学时间有限而满足不了学生求知欲的问题。在有条件的家庭中，学生还可以在家长的陪伴下，通过订阅英语学习的微信公众号观看微视频，并与他人交流，这种利用碎片时间进行非正式在线学习的方式能帮助学生提高学习效率。

4. 微课在小学英语教学中的应用

微课因其应用简单、使用范围广泛、使用效果好而受到越来越多人的欢迎，为了更好地保障微课在小学英语教学中的应用效果，要从以下几个方面入手。

1）微课本身要聚焦、精练、美观、适用

微课程只讲述一个教学知识点，这个知识点是供学生自主学习时，必须要教师讲述才能理解的内容，是学习的重点或者难点、易错点、微课中的讲解要通俗易懂、语言简洁，一节微课的播放时间一般控制在10分钟左右。微课本身在技术上要图文并茂、动静结合、视频要简洁、清新、流畅微课在选择或者制作上一定要考虑学生的基础、兴趣、习惯等，要适合自己的学生使用。

2）重视发挥教师的引导作用，培养学生的自主学习能力、质疑能力

比起在传统课堂，微课堂上更加提倡使用翻转课堂的教学模式，侧重培养学生的自学能力、自主能力及创新能力。由于小学生自主学习能力不足，学生也没有使用微课学习的习惯，因此教师要发挥好引导作用，及时提醒、检查、监督，使学生逐步养成使用微课学习的习惯，把学习变成一种主动的行为。同时，学生在使用微课学习时，也不能被动地接受知识，而应该创造性地提出问题，锻炼质疑能力，只有这样才能培育出富有创造精神的栋梁之材。

3）提供丰富的微课资源

要鼓励小学生更好地使用微课资源来学习英语，教师、家长及学校都应该给学生提供丰富的资源，作为家长，可以通过订阅教师提供给小学生学习英语的微信公众号观看微视频，阅读微英语资源，参与互动，提高英语学习的兴趣。作为学校，应该在学校网站上提供丰富的英语微课资源，学生可以根据自己的喜好选择不同的微课。

六、“慕课”“微课”与“翻转课堂”的实质及其应用

（一）“慕课”在中国的发展

目前，“慕课”“微课”“翻转课堂”已成为课堂教学改革的流行语，其来势之猛，大有颠覆传统课堂、迎来课堂教学革命之势。这种源于美国的教学形式，目前已经引起了国内许多中小学和教育行政部门的重视，如山东省昌乐一中宣称自己是国内第一家“慕课学校”，从

2011 年秋季新学期开始在初一、高一各取两个班进行翻转课堂实验。山东省济南市历下区教育局也于 2013 年 7 月颁布了“翻转课堂”教改实验实施意见，提出在全区义务教育阶段学校积极开展数字化网络环境下学习方式的探索，开展“翻转课堂”教学的研究。特别是华东师范大学 2013 年 9 月成立了慕课中心，并组织了高中、初中、小学慕课联盟（C20MOOCs），开展了一系列的研讨活动。甚至有的专家放言：“慕课将翻转基础教育课堂”，“将来可能一门课就是一个优秀教师上课，别的都是辅导员”，教师未来的选择就是“当讲师还是当辅导员”。“慕课来袭”似乎使人们看到了基础教育课程改革的新动向，在课堂教学中的效果如何？其适用范围是什么？

（二）“慕课”翻转的是教师讲课的时间和地点，并没有翻转接受性学习的本质

前面我们已经讲到，“慕课”是一种大规模开放式的在线课程（Massive Open Online Courses，简称 MOOCs）。“翻转课堂”（Flipped Classroom 或 Inverted Classroom）是指学生在家里观看教师事先录制好的或是从网上下载的讲课视频，回到课堂师生面对面交流和完成作业的一种教学形态。“慕课”强调的是用“微视频”（微课），区别于传统的一节课 45 分钟的网上教学或“空中课堂”，每段视频不超过 15 分钟，便于集中学生的注意力和分解难点，力求保持学习的有效性。基础教育课程改革以来，人们提倡由过去的“接受性学习”变为学生自主合作“探究性学习”。有的“慕课”推广者强调这种新的教学形式有助于学生的探究性学习，是“先学后教”，是对传统课堂的颠覆和翻转。事实上“慕课”所提倡的“先学”已不是新课改意义上的“先自学”，而是“先听课”。所谓“先学后教”，是在老师讲授之前让学生自学课本，并特别强调在课堂上自学，教师根据学生的自学情况再进行点拨。而现在的“慕课”是“先听课”。学生在家里或课外不是自学课本，而是观看教师的讲课视频。学生不用自己探究，教师把重点和难点都进行了分解，甚至对课文的分析或对例题的解题步骤都讲得很具体，学生只用做练习题就可以了。与传统的接受性学习不同的是：过去是在课堂上听老师讲课，现在是在家里听老师讲课，只是换了个时间和地方，翻转的是时间和地点，但没有翻转接受性学习的实质。新课改所提倡的探究性学习也被翻转回了接受性学习。其实，慕课的本意是为缺课学生补课用的，而不是提倡大部分学生都用这种方式学习。“慕课在发达国家主要应用于成人的高等教育，而不是基础教育。在欧美国家的基础教育领域对于慕课等新技术的应用并不风风火火，而是相对保守。”我们现在提倡的“探究性学习”，是在老师没有讲授之前先让学生自学课本，而不是先听老师讲解。学生自学不会的通过小组合作来解决，小组合作不能解决的全班讨论来解决，大家都不会的再由教师点拨来解决，老师一定要退到最后一步。教师讲多长时间、讲什么，不是根据课前的预设，更不是事先录制好微视频，而是根据学生的自学情况“以学定教”“顺学而教”。教师在课堂上只讲学生不会的、不对的，学生通过自学能够解决的问题不需要老师讲。而现在的慕课是根据教师的预设，并不知道学生通过自己看书学会了什么、不会什么，又回到了接受性学习的老路上去了。“探究性学习”强调的是让学生通过自己的实验、推导、求证得出结论，建构知识。所以修订后的义务教育课程标准更注重学生的探究过程。而慕课所倡导的“微视频”，虽然教师在视频中也引导学生探究知识的形成过程，但这种探究并不需要学生的独立动手动脑，是观看教师的“探究过程”。更不用说自控能力差的学生会直接看问题的结论，没有耐心去看老师的推导探究过程。

（三）“慕课”及“微课”的积极作用与适用范围

“慕课”和“微课”是借助先进的信息技术和网络平台实现的，其积极作用不能低估。它首先表现在优质资源共享和自学的灵活性上。目前传统课堂的小班上课，由于一个学校教师水平的参差不齐，一些优秀教师所教的班有限，别的班的学生没法享受优秀教师的资源，更别说学校之间的差距更大。多年来屡禁不止的择校问题，与其说是择校，不如说是择师。虽然优质学校的硬件设施好于薄弱学校，但家长更看重的是优质学校的师资水平。而传统的手工式的教学方式，再优秀的教师也只能教几个班的课，不可能让外班外校的学生享受到这种优质资源。俗话说“庄稼种不好误地一年，学生教不好误人一生”。如何发挥优秀教师的讲课资源，“慕课”和“微课”可以部分地解决这一问题。通过以上的分析我们认为，“慕课”不能完全颠覆传统的实体课堂，不能代替老师在课堂上的现场点拨和指导，只能作为课堂教学的一种补充。其作用主要表现在以下几个方面。

1）适于教师在备课时借鉴学习

通过“慕课”可以募集到许多优秀教师的讲课课件，这些优秀教师对课程标准的理解、对教材的分析、对课堂教学的设计都是难得的课程资源，如果教师在备课时能学习借鉴这些优秀资源，一方面会提高个人的专业素养，另一方面可以直接借鉴学习，提高自己的教学水平。因为微视频不同于过去网上的课堂实录和优秀教案，它是以 PPT 课件的形式配以教师的讲解，对教师的备课能起到直接的启迪和借鉴作用。

2）适于转化学习困难的学生

在课堂上同样的授课时间，学习困难的学生并不能完全掌握，教师也没有时间专门去照顾这些学生。过去靠课堂笔记难以复现教师讲课的情境，现在有了微视频，学生在课后复习时可以反复观看，加深理解。还可以根据“慕课”提出的练习题进行变式练习，确实有助于转化学习困难的学生。

3）适于家长辅导孩子

现在家长普遍重视孩子的学习，有的家长想辅导自己的孩子苦于不能了解教师的讲课进度和要点，也有的限于文化水平觉得辅导不了。现在有了微课”，家长在家也可以反复观看，首先自己明白，然后检查和辅导自己的孩子就方便多了。甚至家长可以通过智能手机在上班的地铁上或中午休息时间下载观看老师的微视频，提前学习，回家辅导孩子时做到心中有数。

4）适于学生的课后复习

根据艾宾浩斯的遗忘规律，学生在课堂上学得再扎实过后不复习也会遗忘，而学生在复习时如果能够观看老师的微视频，会加深自己对教材的理解，会复现老师讲课的情景，激活记忆的细胞，提高复习的效果。所以老师在课后可以把自己的微视频放到网络上，供学生复习时参考。

5）适于缺课学生的补课和异地学习

有些学生因病因事缺课，过后找老师补课，一是老师不可能有时间及时给学生补课，二是老师补课时也不会完全像在课堂上讲课那么具体。如果有了“微视频”，学生即使在外地，也可以通过网络下载老师的“微课”自学，及时补上所缺的课程，使“固定学习”变为“移动学习”。现在笔记本电脑、平板电脑、智能手机比较普遍，携带方便，都能实现这种移动学习。

6）适于假期学生的自学

中小学生每年的寒暑假时间都比较长，除了参加一些必要的社会实践活动外，一般老师都会布置一些预习和复习作业。如果老师能够根据学生的需要事先录制一些“微课”帮助学生预习或复习，也能够提高学生的自学效率。当然，用于预习的视频要区别于教师讲课的视频，不然又变成了“先教后练”的接受性学习。

总之，对于慕课、微课这样的新生事物，我们要积极研究和实验，取其所长，避其所短，既不能盲目追风，轻易“翻转课堂”，又不能一概排斥，忽视现代化手段带来的积极作用。

七、农村小学英语教育信息化有效性的策略

解决农村教育信息化有效性的关键在于采用换位思维，站在教育信息化参与主体发展的立场上，在尊重农村教育信息化参与主体的真实需求和英语教学环境的基础上，对农村小学英语教育信息化的目标、内容、模式进行改革调整。

（一）构建农村小学英语教学信息技术教育目标体系

尊重参与主体的层次性发展需求，构建适用于农村的小学信息教育目标体系。依照美国课程学家泰勒的观点，教育目标的确立依据三个因素：社会、学生和课程。农村小学英语教学信息技术教育目标应既要体现对基于地域文化差异、地域经济差异以及农村教育发展不平衡差异性的尊重，又要体现对农村教育信息化参与主体发展需求层次性的尊重。差异并不意味着差距，而是总体目标水平不变的前提下，将目标层次化、具体化、操作化，形成一个灵活性、多样性、体系化的农村中小学信息技术教育目标体系。首先，细化信息技术目标在各学段实现的目标过程，缩小各层级之间梯度，给农村学校以适度的“宽容”。第二，形成良好的目标选择机制，具体措施是制定一个与基本环境条件相匹配的目标选择范本体系，给予学校适合自己条件的目标选择。允许不同地区学校具有不同层次的目标选择权利，以照顾到各个发展水平层次的学校。最终目的在于发挥地区优势，保证不同地区处于不同发展层次的参与主体都取得进步和发展，最终消除差距。

（二）采用因地制宜的多样化推进模式，满足参与主体需求的具体性和特殊性

当前农村小学英语教育信息化推行模式大致是，先是硬件资源一步到位，然后教师培训普及信息知识和技能。实际推广过程中，后者往往难以有效保证，加上技术更新跟不上，造成投入资源无法得到有效利用，单一推进的模式无法照顾到农村现实差异性。农村小学英语教育信息技术推进过程要针对不同的地区差异，采用不同的推进模式。例如资金投入模式由一次性投入改为分期分批投入，保证农村教育信息化后继硬件设备技术更新能力。信息技术资源的应用开发模式转变以往城市化倾向，注重农村本土英语教育资源的开发，注意当地乡土教育资源与信息技术整合，以及先进科技文化与当地优良传统文化的结合。推行过程中侧重点应有所不同。在偏远地区，重点在于信息知识的普及和信息技术使用技能的培训，硬件投入和教师培训同时行。在条件稍好的地区，可以把重点放在教育观念和学习观念的变革、信息技术与英语课程的整合上。同一区域，充分发挥学校之间合作功能，整合信息技术资源，加强资源共享，提高资源利用率。总之，在调查分析基础上，制定出切合实际的推进模式。

（三）改善农村英语教师信息技术培训，激发参与主体的内在动机需求

培养一支高素质的农村小学教师队伍是农村英语教育信息化发展的关键。教师自身信息素养和信息技术能力关系到教育模式、方法、内容等改革的成败。针对当前农村教师培训形式化、低水平现状，有必要对其培训目标、模式、手段、内容等进行改革。培训目标上，注重实际运用，注重利用信息技术与各学科的整合，能够利用信息技术优化学科教学；培训模式上力求多样化，集中培训和分散培训相结合；培训时间上，专题培训和假期轮训相结合；培训手段上，面对面传授和远程教育相结合；培训内容上，从以往的技术培训转移到以信息化教学设计与实施为主的方面上来；关注培训对象的层次性和差异性，切合农村英语教育实际状况，重点发挥“国培项目”的后续功能，建立教师网络研修平台，提高农村小学教师对信息技术的参与性和推广性。

（四）继续深化农村教育改革，推行素质教育，推广信息技术的应用，创设参与主体对信息技术应用需求的浓厚氛围

农村小学英语教育信息化有效推进的一个关键是要消解信息化与应试教育的悖论，大力推行素质教育，为推进农村小学教育信息化创造有利的应用氛围。信息技术带来教学方式和学习方式的革命，带来教学的优化和教育质量的提升，因此教育信息化和素质教育本质上是一致的。农村小学英语教育信息化是加快农村教育现代化，提高农村教育质量的有效途径。一方面加快信息技术与课程的整合，尤其是与乡土课程的整合，有利于调动师生积极性，培养师生浓厚乡土热爱之情，体会到信息技术应用的乐趣；另一方利用可用资源，加快教育管理、学习、工作的信息化环境建设，为参与主体提供一个广阔的信息化实践平台，让师生在实践中培养信息意识、掌握信息技能，提高信息素养。

八、结论和思考

通过以上分析，我们对信息技术在小学英语教学中的应用有如下认识。

（一）能激发学生学习兴趣，创设和谐的学习氛围

正如英语中说的：You can lead the horse to the river，but you can not make it drink.只有当学生对学习产生兴趣和渴望，他才愿意学。信息技术的应用，可以根据教学内容呈现教学情景，使教学过程变得形象、生动、活泼，营造良好的学习氛围，使学生乐学、爱学，激发求知欲望。

（二）能调动学生多样感官参与教学过程，提高学习效率

认知心理学对记忆率的研究发现：学习同样的材料，如果单用听觉学习，3 小时后能记忆获知的 70%，3 天后降为 10%；单用视觉，3 小时后记忆中留存 72%，3 天后降为 20%；如果视觉和听觉同时使用，则 3 小时后保存记忆 85%，3 天后仍存留记忆 65%。可见，在教学环境中广泛使用能使学生视听并用的教学媒体，就可以大幅度提高学习效率。从心理学角

度来看，学生的学习过程是多种感官活动的综合运用过程。通过应用信息技术，使抽象的教学内容具有声形并茂、生动活泼的表现形式，使教学活动情理交融，有张有弛，学生动脑、动眼、动耳、动口、动手，多种感官共同参与，更准确生动地感知所学知识，同时也更有利于学生理解和掌握知识。

（三）能促使教学过程四要素关系的转变

信息技术与英语学科的整合教学，是在多媒体教学和网络环境教学下，在教师指导下的学生建构学习过程。它能突破过去那种以教材、教师为中心，教师教、学生跟着读的旧模式；能改变过去只注重音标、语法的传统英语教学方式。通过发挥现代教育技术的优势，可以促使教学过程四要素的转变。即变教师“主讲”为“主导”，变学生“被动”为“主动”，变媒体“教具”为“学具”，变教学内容“以教材为中心”为“教材加生活”。通过转变，强化“学”的环境设计，为学生创造良好的语言学习环境，从而达到真正意义上的分层教学和个性化教学的目标。

（四）能创造真实语言环境，构建自主学习教学模式

信息技术与英语学科的整合教学，可以使教师通过设计真实任务型活动（Taskbased Activities），让学生在完成真实任务的心理驱动下开展语言实践活动，获得和积累相应的学习经验，让学生接触足够量的语言材料，保证输入量，把“习得”和“学得”有机地结合起来，在学中用，在用中学。网络教育充分体现了以学习者为中心的特征，更多地赋予学习者学习的自由，有利于构建自主教学模式，通过教师的组织和指导以及其他软件和硬件的帮助，让学生学会自己学习，自己去探索、获取知识，培养技能。同时，在基于建构主义学习理论教学设计思想的指导下，更有利于发现式学习（Discovery Learning），或称探究式学习（Exploration Learning）、体验式学习（Experiential Learning）活动的开展。

（五）能增加学习语言的机会，提高学习频度

正如唐代诗人杜甫所说的：“读书破万卷，下笔如有神。”为什么每个人都会讲母语？为什么一个中国儿童到了说英语的国家很快就学会了英语？其实无非是他们有大量接触语言的机会。由此看来，学习语言，接触语言的频度比长度更重要。目前，校园网的建成，家庭电脑的普及，使学生有更多机会用多媒体课件或通过网络来学习英语，从而在听说读写等各方面得到更多的锻炼。学习频度的提高，进一步促进了学生对外语的感知和掌握。

（六）能促使教师更多地进行教学反思

信息技术的运用需要教师本身素质的提高，对教师本身来说也是一个挑战。教师在自身的职业发展中，信息技术应是一门“必修课”，教师要选准起点，瞄准目标，不断探索，勤于反思，使自身的教育教学能力适应时代的发展和需要。

综上所述，信息技术应用于小学英语教学不仅是教学手段的改进，更重要的是它对教育教学观念产生了巨大冲击。当然，信息技术与小学英语的整合教学并非是常规教学的全部，也不是每课都适宜使用，如何根据建构主义学习理论来进行以学生为中心的教学设计，如何

根据教学目标来更有效地把多媒体和网络技术应用于教学之中，使之为教学服务，还有待更多的英语教育工作者进行研究和探索。

第八节 农村小学英语游戏活动有效设计

古语道:“知之者不如好之者,好之者不如乐之者。”《小学英语课程教学基本要求(试行)》指出:“兴趣是学好语言的老师。对小学英语教师来说，激发学生学习英语的兴趣是当前小学英语教学的一项重要任务。小学英语教学改革就是建立在充分激发学生学习兴趣的基础上的。对于孩子来说，游戏就是生活，生活就是游戏。在游戏中，孩子们要听，要看，要唱，要画，要跳，积极的参与，使他们体验到学习的乐趣，获得成功经验的满足。”在游戏中，孩子们的智力、认知、交往等综合能力得到和谐发展。小学英语游戏教学法充分尊重儿童的心理发展规律，全面考虑教育教学中的主要因素，融合了新课程的诸多教育理念，将“游戏活动”引入小学英语课堂中，不是浅层的哗众取宠，而是教师的道德情操，教育理念，教学技巧与学生活动的有机结合。在游戏教学过程中，学生和教师是双重的主体，是相互作用、相互促进的。所以，游戏教学法是一种行之有效的教学法。

游戏教学从儿童的心理特点和目前小学英语的教学实际出发，以儿童在学习心理上体现出“五好”的特点，即好奇、好玩、好动、好胜、好表扬作为游戏教学心理的依据，在教学中尽可能将枯燥的语言现象转变为学生乐于接受的、生动有趣的游戏形式，为学生创造丰富的语言交际情景，使学生在玩中学、学中玩。

一、小学英语游戏教学的理论解读

（一）小学生的特点

小学英语教学的对象一般是7~12岁的学生，这个时期的孩子好奇、好玩、好动、好强、喜欢表扬。爱玩是孩子的天性。我国著名的教育家陈鹤琴先生也说:“小学生生来是好玩的，是以游戏为生命的。”还有类似的英语谚语:“All work and no play makes Jack a dull boy.”(只工作，不玩耍，聪明的孩子会变傻)。但从纯英语教学的角度看，英语课程要求学生掌握一定的英语基础知识和听、说、读、写的能力，形成一定的综合语言运用能力。正是由于这种“任务”所施加的压力，课堂上难免会出现教师机械灌输和学生机械接受的情况。传统的课堂教学往往很注意课堂纪律，学生静静地坐在那儿，师云亦云，整个课堂也因此变得沉闷乏味，学生的学习兴趣和热情也在不知不觉中逐渐消失殆尽。

心理学观察材料表明:小学儿童在每一节课中，在正常的条件下，平均每次能保持10~20分钟的有意注意，这时可以进行比较困难的课业或讲解教材的主要部分。在紧张而努力的有意注意后，教师就要运用直观教材、有趣的语言或其他方法来引起儿童的无意注意。那么用什么教学方法来引起小学生的无意注意呢？那就得从孩子的实际出发，做到既不违背他们的天性，又能达到一定的教学目的，游戏教学就可以做这个桥梁。

何谓英语课堂游戏教学呢？它是指教师在英语课堂上，针对具体教学目标，结合特定教学内容，遵循一定的游戏规则，创设真实的教学情景，采用生动有趣的活动形式，组织全体学生进行语言操练和英语实践活动。可见，英语游戏教学不应简单地理解成一种教学形式或教学方法。游戏教学具有以下特点：第一，游戏教学是教师根据教学目标和教学内容设计的，它以服务教学内容为目的，即游戏教学不仅有娱乐的目的，还有认知挑战的作用，是为了促进学生的认知发展。第二，游戏教学通常以教学内容为素材，设计假想情境。游戏教学是游戏形式和教学内容有机构成，游戏任务和教学任务基本吻合，教学任务在游戏活动中以隐藏的方式得以实现。例如“找朋友”游戏的教学内容和任务常常是字母归类、单词归类等。

（二）英语游戏教学的理论基础

1. 建构主义学习理论

建构主义认为，知识不是通过讲授得到的，而是学习者在一定的社会文化背景下，借助于他人的帮助，利用必要的学习资料，通过意义建构的方式来获得的。教师是意义建构的帮助者与促进者，而不是知识的传授者与灌输者；学生是信息加工的主体，是意义的主动构建者，而不是外部刺激的被动接受者和被灌输的对象。教学中应采取全新的教学模式、教学方法和教学设计思想，彻底摒弃以教师为中心、强调知识传授、把学生当作知识灌输对象的传统教学模式。建构主义的教学模式应该是以学生为中心，在整个教学过程中教师充分发挥学生的学习主动性、积极性和首创精神，最终达到使学生有效地实现对当前所学知识的意义建构。

建构主义学习和教学理论把新型的小学英语课程教学环节以一种明确的线性关系排列出来，那就是：创设游戏学习情景——学生在游戏中模仿语言、在角色表演（Role Play）中操练语言、在游戏竞赛中活用语言——结果评价。这就为在小学英语课程教学运用游戏教学模式提供了模式框架。

2. 多元智能理论

美国心理学家加德纳提出多元智力理论，他认为人类至少存在七种以上的智力：语言智力、逻辑智力、空间智力、运动智力、人际交往智力、内省智力、自然观察智力。加德纳认为，每个学生都在不同程度上拥有上述九种基本智力，智力之间的不同组合表现出个体间的智力差异，教育的起点不在于一个人有多么聪明，而在于怎样变得聪明，在哪些方面变得聪明。在加德纳看来，智力并非像传统智力定义所说的那样是以语言、数理或逻辑推理等能力为核心的，也并非是以此作为衡量智力水平高低的唯一标准，而是以能否解决实际生活中的问题和创造出社会所需要的有效的产品的能力为核心的，也是以此作为衡量智力高低为标准的。因此，智力是个体解决实际问题的能力和生产出或创造出具有社会价值的有效的产品的能力。为此，加德纳承认每个人都或多或少拥有不同的九种多元智力，这九种智力代表了每个人不同的潜能，这些潜能只有在适当的情境中才能充分地发展出来。这一全新的智力理论对于学校教育具有重要的意义。每个人的智慧类型不一样，他们的思考方式、学习需要、学习优势、学习风格也不一样。学生的学习客观上存在着个体差异。当教学针对个别差异以最大程度的个别化方式来进行时，就能取得最大的功效。

多元智力理论在教育界受到关注的理由是因为它所引起的广泛共鸣。学生与生俱来就不相同，他们都没有相同的心理倾向，也没有完全相同的智力，而都具有自己的智力强项，有自己的学习风格。如果考虑这些差异，考虑学生个人的强项而不是否定或忽视这些强项，教育以最大程度的个别化方式来进行，那么教育就会产生最大的功效。多元智力观（无论是理论上还是实践上）的核心在于认真地对待个别差异。它强调教师要了解每一个学生智力特点，也就是说，教师应了解每一个学生的背景、兴趣爱好学习强项等，从而确定最有利于学生学习的教育方式。

依据多元智能理论和《英语课程标准》，教学时我们应该根据不同学生的智力特点，采用适当的教学手段、方法和策略，实施个性化教学，发展每一个学生的多元智力优势，挖掘其多元智力潜力，满足每一个学生的学习需求，促使学生得到最大限度的发展。要达到这个目的，必须突破现有的单一的教学模式，针对学生差异，构建开放而有活力的英语课堂，实施个性化教学。多元智能理论为小学英语游戏教学提供了强有力的理论依据，游戏教学极其注重根据学生不同个性特点，选取适当的游戏，能照顾学生不同的个性特点，让班级里不同程度水平的学生得到相应的发展。

3. 二语习得理论和交际性语言教学理论

20 世纪 80 年代初克拉申（Stephen Krashen）提出的第二语言习得监控模式，是迄今应用语言学领域最引人注目的第二语言习得模式。在他的监控模式（Monitor Model）中，卡拉申阐明了外语学习的内化过程。他认为这一过程有三个环节，即过滤（Filter）、组织（Organize）和监察（Monitor）。其中过滤环节是充分调动学习者主观能动性的关键所在。在该环节中，学习者接触了许多各种各样的语言材料，可以说这是对它的输入，但是把输入变为吸收就取决于学习者的动机因素、感情因素和环境因素。

在课堂为主的英语教学环境中，输入的一端是教学的各种手段和措施，另一端是学习对象的语言行为，这两端都是可以观察的。难以观察到的是学习者的被称为“黑盒子“的心理过程。因此，英语教学要达到内在化过程的目的，重要的一点就是解决学习者的主观能动性问题，增强学习者的吸收力，使他们变被动为主动，从而提高教学效率。卡拉申提出的这三点因素是我们在小学英语教学中运用游戏教学以实现有效教学时必须考虑的，通过游戏教学，让学生在持续的兴趣中得到足够量的输入以实现输出，从而实现真正意义的语言掌握与运用。

4. “从做中学”理论

“从做中学”的理论是杜威教学理论的重点。杜威认为，“从做中学”也就是“从活动中学”“从经验中学"，它使得从学校里知识的获得与生活过程中的活动联系了起来。由于儿童能从那些真正有教育意义和有兴趣的活动中进行学习，因此那些活动就有助于儿童的生长和发展。在杜威看来，这也许标志着对于儿童一生有益的一个转折点。但是，儿童所“做”的或参加的活动并不同于职业教育：在批判传统学校教育的基础上，杜威提出“从做中学”这个基本原则，他强调教学过程应该就是“做”的过程。按照杜威的观点，如果儿童没有“做”的机会，那必然会阻碍儿童的自然发展。儿童生来就有一种要做事和要工作的愿望，对活动具有强烈的兴趣，对此要给予特别的重视。

对中国游戏教学做出了杰出贡献的专家陈鹤琴先生提出“儿童要求得真实的知识一定要‘做中学’而教师也应‘做中学’，共同在“做”中求进步。“如果你要了解儿童的个性和兴趣，明了儿童的能力和感情，自己一定要参加到儿童的队伍里去，共同游戏，共同工作，这样才能深切地了解儿童，指导儿童。

二、英语游戏的作用

（一）促进智力发展

1. 促进儿童记忆力的发展

游戏教学有使知识形象化的特点，增加记忆的强度，促进儿童记忆力的发展。

2. 促进思维能力的发展

在游戏教学活动中，学生通过观察、感知、积极思考而做出的判断，是种积极主动的再创造的过程，从而使学生的思维得到锻炼和提高。学生在不知不觉的游戏活动中，由以前被动的思考变为积极主动的思考，从而提高了他们思维的流畅性，更认识到了集体智慧结晶的宝贵。

3. 促进儿童表演力和创造力的发展

小学生有丰富的模仿和创造潜能，这都要教师平时耐心的去培养。英语课堂上的分角色表演的游戏活动是将知识转化为能力的重要环节。也是训练学生运用英语的好方法。这样抽象的语言与有趣的实际生活应用联系起来，学生处于良好的听说氛围，内在的激情得以产生，不仅能充分发挥自己的表演能力和创造力，而且把本课的句型深深的印在自己的脑子里面。

4. 促进儿童想象力的发展

爱因斯坦说："想象比知识更重要，因为知识是有限的，而想象力概括着世界上的一切，推动着进步，并且是知识进化的源泉"。因此，教师在课堂中可设计一些富有创造性和挑战性的游戏。在反反复复的猜测中，学生的思维不受任何限制与约束，不仅充分发挥了想象力，而且在不知不觉中学会了句型。

（二）开发非智力因素

苏霍姆林斯基指出：儿童是用情感认识世界的。这就决定了教师教学的成功与否，不仅取决于学生的智力因素，还取决于学生的情绪态度，学习动力等情感因素。游戏教学的趣味性往往能激发儿童内在的动机，游戏活动中的合作形式又往往能增强学生之间的情感，而游戏教学的竞赛性质又使学生获得心理上的满足感和成就感，并自觉的用所学的语言进行交际，使苦化乐，紧张变轻松。这样，动机、兴趣、情感、自信等非智力因素在游戏中就得到自然开发，在英语教学中发挥巨大作用。同时，师生关系也会因此得到根本性的改善，并反过来给教学有力的推动。

（三）提高口语能力

在课堂教学中开展游戏活动，那么绝大多数的学生会在轻松的环境里摆脱英语的生涩感，从而能大胆地讲英语，渐渐提高组织语言的能力。

（四）降低学习难度，突破重难点

儿童在学习时出现一些错误是不可避免的，这些错误如果不能得到及时的纠正，或许会影响学生对知识的掌握，但如果过于强调其正确性，不注意方法，则会损伤学生学习的积极性，使学生失去学习英语的兴趣。游戏是学生普遍喜爱参与的形式，生动活泼，有趣的游戏可以避免反复操练的枯燥，消除学生在学习过程中出现的紧张情绪，如在一段时间学习后，学生掌握了一些单数概念的句型，会形成一种心理定势：每说一句话，就会自然地在名词前面加上冠词，借助歌曲游戏使学生及时领悟其间的差异，较好地掌握了该课的重难点。

三、英语教学中游戏运用的方法

（一）用游戏组织教学

课堂教学离不开组织教学，组织教学应该贯穿教学的全过程，既活跃了气氛，激发了兴趣，又为新课做了心理及知识上的准备。

在练习阶段，单纯的机械的操练往往会使学生感到乏味，因此，可利用游戏提供的真实情境或信息差激发学生交际的欲望，让学生在游戏中进行交际性的语言训练，最终达到运用语言的目的。

课间也可让学生自己组织玩卡片游戏，帮助组织教学，调节课堂气氛，放松学生紧张的大脑，以便为一步更好地学习打下基础。

（二）用游戏引入新授知识

用游戏引入新授知识。字母是和单词是学好英语的基础。在教学 26 个字母时，可用 “Follow me”，Who’s my brother?” 等游戏引出 26 个字母。在低年级的单词教学中教师可充分利用神奇的 “Magic box”，引出文具、动物、水果等单词。

用游戏操练新授知识。语言是一种交流工具，学习了新的语言后，可利用游戏让学生尽快地掌握运用。如在学习 “Are you ...?” 句型后，可让学生进行猜人、猜年龄、猜性别等游戏，学生往往兴致盎然，起到了很好的操练效果。

用游戏巩固新授知识。在教学单词时，可以把同类词用歌曲游戏的形式结合起来复习。如用教唱 “What is this?” 来复习文具、动物、交通等单词。学生边唱，边演边问答，多种器官联动，即提高了复习效率，又活跃了思维。

四、小学英语游戏教学的原则

（一）游戏设计要有目的性

教学游戏不同于生活游戏。教学游戏是教师为了完成预期的教学任务所设计的，它既有娱乐性，也有教学性。教师不应只重视游戏的娱乐性，而忽略其教学性，使学生单纯为玩而玩，收不到应有的教学效果。因此，教学游戏一定要有目的性。例如，为了让学生更好地复习有关动作的单词，教师课前可以把表示动作的单词编成简短的句子，如：Wave your arms. Shake your body. Touch your nose. Stamp your feet. C1ap your hands. 然后玩 “Simon says” 的游戏（例如教师说 Simon says：“wave your arms.” 学生挥动胳膊，教师只说：Wave your hands，学生不出声）。通过做游戏，学生巩固这些动作单词，从而完成教学任务。

（二）游戏内容要有趣味性和实用性

教师在设计游戏时，除了注意其目的性，也要注意其趣味性和实用性。因为只有有趣的游戏活动才能吸引学生的注意力，使学生主动地参与。游戏活动实用性指游戏内容要有现实意义，与日常生活有关，如购物游戏、问路游戏、打电话游戏、失物招领等。游戏内容的实用性使学生觉得学英语是有用的，可以运用自己所学到的英语与别人交际，从而大大提高学习的积极性。

（三）游戏方法要有创新性和多样性

俗语说，"把戏不可久玩"，再好玩的游戏，玩多了也会觉得无聊。为了满足小学生的好奇心和新鲜感，教师在设计游戏时要注意游戏方法的多样性和创新性。游戏方法有听音选词、猜一猜、动物表演、角色表演、记忆王、找朋友、编小故事、考眼力等等。为了更加吸引学生，教师可以借鉴电视娱乐节目中的游戏活动，然后根据自己的教学内容设计游戏，如做动作猜词义。教师把单词写在小纸条上，表演者先看小纸条，然后做动作，其他同学猜他表达的意思。这种游戏可运用于复习动词（如 clap，sing，swim，dance，jump，jump high，等）、表示职业的单词（如 teacher，fireman. policeman，driver，doctor，nurse，waiter 等）、表示动物的名词（如 cat，dog，fish，duck chick，horse，monkey 等）。如果动物名词配合相应的动物声音，学生更容易猜测，游戏更有趣。

（四）游戏规则要有可操作性和激励性

游戏规则规定游戏的整个过程，它是顺利完成游戏活动的一个重要保证。因此，教师在设计游戏时，要设计好游戏规则，游戏规则要简要明确。游戏前，要把游戏的规则要求、奖罚细则讲清楚，避免在游戏活动中重复讲述游戏规则。那样不但浪费时间，而且会影响或破坏学生的兴致，致使学生对游戏活动失去乐趣和主动性。由于游戏教学只是教学中的一种手段，教师不可能用整节课来玩游戏，因此游戏规则要有可操作性和激励性。例如，猜学习用品前，教师可先让学生复习所猜用品的单词（如 bag，pen，book，ruler，pencil，knife，eraser 等）。每组有 2 次猜测机会，时间在 10 秒钟内。第一次猜中得两颗星星，第二次猜中得一颗星星。这样的游戏规则既节省了游戏时间，也激励了学生参与游戏活动。

（五）游戏过程要有群体性、合作性和纪律性

《英语课程标准》指出，教学要面向全体学生，每位学生都是课堂学习的主人。（如小贴纸给学生作为表扬和鼓励）。为使评价能保持长期的激励作用，教师可以采用形成性评价。比如在黑板旁设置一个计分表，把小组成员每一次成绩用分数或符号表现出来，最后累计成绩，让学生自己评出游戏表现出色的小组。

五、小学英语游戏教学的意义

（一）能活跃课堂气氛

游戏教学具有游玩性、嬉戏性和教学性，区别于一般性的教学活动。在正式的教学活动

中，学生不能随便离开自己的座位，不能大声喧哗、做小动作，学习气氛较沉闷。游戏教学能让学生在课堂上不感到拘束，乐于参与学习；能提高学习积极性，使学生享受到轻松愉快的学习氛围。不言而喻，学生肯定喜欢愉快的课堂教学氛围，在课堂上做游戏可以使沉闷的学习变成有趣的学习。因此，教师在教学过程中应适当地运用游戏进行教学，促使学生主动积极地学习，从而营造一个和谐、融洽的课堂气氛。

（二）有利于发展学生智力

大量的研究表明，总体上而言，学生各门学科的学业成绩与智力测验分数呈中等程度的正相关，为 0.5。也就是说，学生学业成绩的差异有约 25% 是由学生的智力水平的差异造成的。因此，小学英语教学不仅要教给学生知识，更要发展他们的智力，在课堂采用智力游戏的方式，把学生的思维积极性调动起来。例如，在复习颜色词时，教师可采用下列填空题：

red = 1 blue = 2 yellow = 3 white = 4 pink = （ ）purple = （ ）green = （ ）orange = （ ）。通过这道游戏题，既能使学生复习和运用美术课所学的三色原理（例如，red + white =pink；red + blue = purple；yellcw + blue = green；yellow + red = orange），也能使学生更好地记住相应的英语颜色单词。为了增加游戏的趣味性，教师又可在游戏过程中让学生动手调色，这样又可以培养学生的动手能力。

（三）能使学生集中注意力

心理学实验告诉我们，在一般情况下，7 ~ 10 岁儿童可以连续集中注意 20 分钟左右，10 ~ 12 岁儿童在 25 分钟左右，12 岁以上儿童在 30 分钟左右。要是教师的教学方法呆板、节奏慢，学生就会出现开小差、做小动作等现象。这时，教师可用游戏竞赛法，刺激他们的大脑，使他们把注意力集中到教学内容上。

（四）有助于提高对所学知识的记忆效果

在小学英语教学中，最令教师头痛的问题是：为何学生对所学知识遗忘得如此快？笔者认为最主要的原因是，有些教师还没有改变自己满堂灌的教学方法，以自己的认识结果取代了学生学习的认识过程。学生只是暂时记住教师传授的知识，而没有形成自己的理解，因而对所学知识记忆不牢固。心理学上认为，人在精神亢奋时，对外界的刺激体验最强烈，对外部信息的接受也是最快的。达芬奇说："正如不情愿的进食有害于健康，不情愿的学习会损害记忆，所记东西无法保持。"因此，教师在教学中采用游戏教学法，可以调动学生的多种感官让学生玩一玩、练一练、听一听、看一看，从游戏中探索并学会知识，使所学知识记得更牢固。

（五）有利于培养学生的表演力

小学生天真可爱，善于模仿，很容易进入角色。因此，在英语课上，教师可根据课文内容，请学生进行角色扮演。角色扮演能使所学的语言材料显得更加真实，使扮演者身临其境，更好地培养学生的交际能力和表演能力。如在学习有关使用英语打电话的内容时，教师可以把玩具电话带进教室，让学生演一演，试试用英语打电话。又如学生学了有关表情的词汇（如 sad，happy，worried，nervous，afraid 等）后，教师可以让学生做"Act and Say"的游戏进行复习，让一位学生做一个表情，其他学生说出表示该表情的英语单词，谁先说谁得分。这个游戏也可以采用小组竞赛的形式进行，看哪一小组得分最多，最多者为胜者。这些角色扮演，不但使学生复习了有关词汇也培养了学生的表演能力。

（六）有利于培养学生的创造力

在小学英语教学中，游戏教学有助于培养学生的创造力。例如，让学生用不同的材料（如绳子、铁丝、纸张、小石头等）组成各种各样的形状（如字母、数字、水果、动物等），让别人猜猜是什么，并用英语说出来。这种游戏不但使学生在轻松愉快的氛围中学习了英语单词，而且有助于培养学生的动手能力、创造力和想象力。

（七）有利于培养情感态度

《英语课程标准》把情感态度列为英语课程目标之一。可见，培养学生积极向上的情感是教师的一个教学任务。良好的情感态度有助于学生积极参加语言实践，获得更多的学习机会，而强烈的学习动力可提高学习的效果，有助于学生树立较强的自信心以及克服困难。

1. 激发动机，增强学习动力

随着学生生活中高强度诱因刺激的增加，课堂学习很容易使学生感到单调、呆板。因此，激发学生的学习动力是教师面临的一个重要任务。笔者认为，游戏教学可以大大激发学生的学习动机，因为它不同于一般的教学活动，它具有游戏性，可帮助学生获得表现的机会，获得为团队争光的机会，从而不断增强自信心和成就感。比尔·盖茨说："没有什么能比成功更能给人满足的感觉，也没有什么能比成功更能激起进一步追求成功的努力。"游戏最容易让学生体验到学习的成功感，让他们在语言实践中有用武之地，从而激发学习动机，增强学习动力。

2. 鼓励竞争，树立自信心

克拉申（Krashen）认为，孩子们的个性因素与英语学习的成效有关。在个性因素中，尤以自信心最为重要。苏霍姆林斯基说："成功的欢乐是一种巨大的情绪力量，它可以促进儿童好好学习的愿望。"游戏具有竞争性和刺激性。在小学英语教学中，教师采用游戏教学，可以使学生从竞争中获得成功，从而树立自信心。

3. 加强交往，培养合作精神

现在的孩子大多是独生子女，从小娇生惯养，以自我为中心。然而，他们将来所面对的是一个充满竞争与挑战的社会，只靠个人的力量，不与别人协助是难以生存的。合作精神是孩子们心理健康成长的要素。因此，教师在教学过程中，除了传授知识，还要培养他们的合作精神。在小学英语教学中，教师可以采用小组合作学习的形式，开展一系列有目的的游戏活动。例如，复习表示动作的单词（如 sit，run，jump，swim，dance 等）时，教师可以把学生分成若干组，每组 4 人，地上放几个呼拉圈，每一组的 4 名学生站在一个呼拉圈里。然后，教师发指令，学生们在圈里转圈并按指令（如 Please sit. Please run. Please jump. Please swim. Please dance.）做动作。由于呼拉圈面积小，所以在按令做动作时，全组同学必须相互协调。如果有人被挤到圈外，那么该学生就视为出局，最后站在圈里人数最多的组获胜。这个游戏既复习了表示动作的单词，也在一定程度上培养了学生的团队精神。

六、游戏在英语课堂教学中的具体操作

下面介绍一些具体的分类游戏。

1. 字母游戏

名称：哪个字母消失了。

游戏的适用范围：所有年级（包括幼儿园）。

游戏的目的：培养学生辨认，记忆字母的能力。

游戏的准备：将当堂课所要教授的字母写在黑板上。

游戏的具体操作：当完成了单词的输入后，开始进入游戏阶段，给学生讲明规则。

师：同学们，我们下面要玩一个游戏。请大家坐端正。在游戏的时候呢，要求大家闭上眼睛，我敲桌子，大家抬头看哪个字母不见了。不要举手，抢答，我看哪个同学的反应最快，能够知道哪个字母不见了！（教师的语调要具有煽动性，让学生产生浓厚的兴趣）如果哪个同学没有闭上眼睛，那么就扣分！

师：Now，close!

教师赶快擦掉一个字母，马上敲桌子，学生回答。最重要的一点，教师在调节的时候，要注意语言外，还要在不经意的时候，不是擦掉字母，而是加上字母，这才是这个游戏真正的趣味性。

【注意事项】

（1）教师的语言要具有煽动性，让学生迅速的投入游戏状态。

（2）一定要有一个加字母的过程，增加游戏的趣味性。

（3）规则一定要讲明，并且严格执行，防止游戏流于形式。

（4）在实际的课堂中，为了避免过多的汉语解释，应通过做示范来解决的问题。先请一个同学，然后教师迅速擦掉一个字母，然后敲桌子，学生回答。游戏规则描述不忌讳使用汉语。

2. 单词游戏

名称：相同词首单词拼读比赛。

游戏的目的：培养学生记忆单词的能力，同时也为以后学生探究性学习打下了良好的基础。

游戏的准备：最好的准备途径是将学到的具有典型意义的单词拿出来复习一遍。

游戏的具体操作：这个游戏在教学中是属于综合性的游戏，比较适合最后的复习阶段，因此在整个游戏过程中，首先要做好的是铺垫工作，让学生在进入游戏时有一个心理准备，同时也为游戏的顺利进行打下一个良好的基础。

将全班分成若干小组，教师说一个字母（如 D），第一组的第一名学生立即站起来，说出并拼出三个（也可以是五个，甚至十个，具体看学生的词汇量而决定）以字母 D 打头的字母，如 desk，dog，door 等，念不出或者念错要扣分，但是扣分不要太严。这个学生说完后，教师念另外一个字母，由第二组的第一个学生说。这样依次进行下去，最后得分最多组的胜出。也可以让两组的学生轮流说字母，如由第一组的第一名学生说字母，由第二组的第一名学生答，这样就成了对抗赛，注意不要说 Q，X，Z 等字母。

【注意事项】

（1）教师千万不要受“比赛”两个字的影响，这是一个比赛，但是比赛是为了教学服务，所以千万不要理解成了只要比赛，只看成绩。我们也鼓励学生查书，甚至查字典，只要他们能读得出来。

（2）因为是单组进行游戏，有时候可能是个别人在说，那么肯定有一部分学生会显得无所事事，那么教师就要注意培养学生良好的学习行为习惯，让他们有事情做，鼓励他们赶快查书，查字典。

3. 听力游戏

名称：高低声转换。

游戏的目的：通过游戏培养学生听说英语的能力，让他们在一个轻松的氛围中开口去说。

游戏的准备：良好的输入准备，（在游戏开始前画）在黑板上画两个滑稽的三毛图像（注意随手画，不要太正规）

游戏的具体操作：

这个游戏最主要的载体就是三毛的图像，他们希望能够打败老师。这两个三毛一个是他们，一个是教师。当我们完成了句子的突破后，教师以最快的速度在黑板上快速的画出两个三毛的图像。

T：Boys and girls, we will play a game, loud and soft voices. If I speak loudly, you will speak softly, if I speak softly, you will speak loudly!

教师大大声，学生小小声；教师小小声，学生大大声，其中的载体就是那两个三毛，如果学生三次都不错，教师就要擦掉自己代表的三毛的一根头发，但是只要学生错一次，教师就要擦掉相应三毛的一根头发，最后是擦耳朵，眼睛，鼻子，最后是脸。

该游戏可以分层次进行，在低年级可能这个游戏只是一句话的大小声转换学生能够接受，但是对于操作时间比较长的学生或者是高年级的学生，那么教师就要善于利用学生的心理去调节趣味性。比如：一句话，学生说的很流利了，你已无法让他们擦掉头发了，于是你可以将这个句子中有些重要的单词或者短语用小声说出，这样一来，让学生操练了句子，同时学生为了避免错误，也会很认真，效果非常好。再比如，人都有惯性思维，可以在几个大大声后突然来个小小声，让学生保持集中的注意力。要解释的是，不是为了让学生输，在低年级教师很多时候是让他们赢的，可是赢的太多了，他们就没有兴趣了，所以要做的就是要设置适当的难度，让学生每天都感觉到挑战，那么我们就成功了。

【注意事项】

（1）防止有一部分学生捣乱，有一部分学生为了引起大家的注意，可能故意在该小小声的时候大大声，在这样的情况下，教师一定要制止。

（2）防止个别学生大吼大叫。

（3）要积极的奖励学生，让他们时刻有成功感。

（四）情景游戏

名称：打电话。

游戏的目的：培养学生的听说能力。

游戏的准备：足够的输入量。

游戏的具体操作：这是一个非常有趣味性的游戏。学生的反应是非常热烈的，在这种情况下，教师就要严格控制学生的情绪，让学生保持在一个稳定的状态。在进行了一定量的输入后，以每个纵队为一组，将全班分成若干组，教师分别发给每一组最后一排的学生一张纸，上面写有一句话。在教师说“开始”后，最后一排的学生马上用耳语将纸上的话告诉前面的同学，这位同学再把听到的话告诉前面的学生……这样依次下去，第一排的学生把所传的话写在黑板上或者说出来，传得最快、最准确的组获胜。

这个游戏最大的特点是给学生创造一个紧张的气氛，学生愿意在这样一个充满挑战的氛围里面去学习，这就是这个游戏的成功之处。

【注意事项】

（1）要求学生之间互相监督，防止学生大声说出来。

（2）制造一种紧张的气氛，以达到使学生情绪高涨的效果。

第九节　农村小学英语听说课有效教学设计

小学英语是我国英语学习者的启蒙阶段，对于学生的后期学习尤为重要。在小学英语教学中，要特别重视听说训练，因为小学生的模仿力、记忆力和形象思维都较强。从心理语言学的角度来说，英语学习的过程和母语学习有很多共同之处，特别是从儿童起开始学习英语，都应该先从口语着手。[1] 在人类语言的交际活动中，听说占了人类语言交际活动的 75%。[2] 因此，在英语教学中，特别是小学阶段，听与说应该作为小学生学习英语的主要手段和英语理解与表达的形式。然而，当前我国的农村小学英语教学在英语课时少、时间短、教学资源匮乏等现实条件的束缚下，学生的听说能力训练十分不足，这造成的直接结果就是：学生经过几年的英语学习，仍然难以运用所学的知识进行简单的口语交际。因此，研究传统农村小学英语教学中的不足之处，通过多途径提升听说教学的效果就显得尤为重要。

一、听说教学设计的内涵与特点

1. 听说教学的内涵

听说法（The Audio-Lingual Method）起源于第二次世界大战结束前夕的美国，在战后不断得到完善，到 20 世纪五六十年代在世界范围内逐渐产生了较大影响。听说法以句型为纲，以句型操练为中心，着重培养听说能力的外语教学法，又叫“句型教学法”或“口语法”，代表人物是弗里斯（C. C. Fries）和拉多（R. Lado）。[3]

2. 听说法的主要特点

（1）重视听说、提升读写。学习英语首先要掌握听说能力，在学习语言的初级阶段更是如此。所有的语言材料先要经过耳朵听、嘴巴说，之后再进行读和写。要严格地按照听、说、读、写这样一个循序渐进的顺序开展教学。

（2）强调反复练习，形成语言习惯。听说法强调语言的学习要靠大量的“刺激—反应—强化”的反复操练，通过模仿、记忆、重复、交谈等实践反复练习，形成自动化的习惯。[4]

（3）以句型教学为基础。在小学英语教学中，教材的安排、知识的讲解、实践的运用主要是通过句型的教学来进行的，通过句型训练来发展英语的综合运用能力。

（4）对比语言特征，挖掘教学难点。强调英语教学必须将第二语言和母语进行特征上的比较，从而找出它们在结构上的不同，以确定英语教学的难点。

（5）利用电化教学手段，广泛开展听说教学。

小学英语教学的基本目标就是使学习者能有效地进行交流，而听说就是人际交流过程的重要形式。与此同时，听说课目前已经成为小学英语教学中最重要的课程组成部分之一，但是实际教学效果还有待提升。因此，对小学英语听说有效教学设计的探讨具有重要的现实意义。

二、听说教学实施中存在的问题

1. 应试教学对英语听说教学效果的影响

现阶段我国小学英语听说教学存在一定的误区，在教学过程中教师更多注重的还是学生应试能力的培养，往往由于教学进度的要求、考试内容、班级规模等限制忽略了对学生的语言应用能力，尤其是听说能力的培养。“重读写、轻听说”的观念根深蒂固。学校老师、家长和学生本人都认为听说不重要，成绩才是最重要的，而成绩的获得，就必须通过考试，只有从考试结果来判断学习效果的好坏。部分英语教学对语言学习缺乏正确地认识，认为学习英语就是背单词、记音标、掌握语法等而已，忽视了语言学习的应用过程和实用价值。[5]

刘润清在英语教学改革笔谈中提到“我国英语教学受应试教学的影响忽视听说能力的培养，即使安排听说课也是以备考为目的的听力训练，结果学生养成了打钩画线，猜答案的思维习惯，极不利于培养真实环境下的口头交际能力。”为了考试而听、为了考试而说的现象在我国农村地区的小学还普遍存在，学生在学习过程中非常被动，久而久之，很容易对听说课产生恐惧和厌倦心理，严重影响了学生听说能力的真正提升。

2. 英语听说教学手段落后、方法单一

在实际的英语听说教学过程中，在农村地区的英语教师往往是采用录音机、黑板以及教材等传统的教学手段进行听说教学，在一些偏远经济落后地区，农村小学的教学设备更加简陋，部分学校连必不可少的录音机都没有，更不用说多媒体教学、电化教学等现代化教学手段了，难以引起学生学习兴趣。

教学方法单一，许多教师不注意学生的个性差异，不顾英语听说课的教学特点和要求，采取单一的教学方法，教学形式陈旧呆板，没有设置课堂交际活动练习，导致小学英语课堂上学生的听说训练变得“死气沉沉”。通常的现象是：老师以讲为重，学生被动的接受英语知识，过于依赖教师、缺乏主动参与意识，听说训练很难得到较大的提高。

3. 英语听说学习环境的缺乏

学习英语的过程是内外因相互作用的一种过程，英语听说教学良好效果的取得首先要靠

“内因”，即靠学生自己的领悟和练习。但是，也不能够忽视“外因”的作用，也就是学习环境对英语听说起到的至关重要的作用。处在一个母语非英语的国家中，英语语言环境的缺乏是非常不利于英语学习的。特别是在现在的农村小学英语课堂教学过程中，由于练习英语的时间有限，在课堂上不是每位学生都有机会表现自己，大部分学生只是每周在课堂上接触一下英语、听一下英语，实际自己表达的时间短，这种外部环境缺乏，都使得学生听说能力很难有质的提高。

4. 学生对英语听说学习的焦虑心理

就学生的发展情况看，学生学习的难点不仅仅在于知识的获得，更重要的是心理和能力方面。听、说能力差，学生缺乏自信、学习兴趣和课堂参与积极性，都让他们在英语教学过程中表现出消极，不配合，学习效果差等问题。

学生自身的性格特征会影响到语言的表达，尽管其在试卷答题时可以做好，但是语言需要交流，如果仅仅会做题，这就失去了学习英语的现实意义。[6] 在我国，英语作为第二语言在小学阶段设置课程，对于低年级的学生刚开始接触英语，因为听方面的困难，听不懂，所以就说不出来；另外还经常出现一些同学感到自己的英语基础差，不好意思开口说，怕错了被同学取笑；还有些同学好不容易鼓起勇气发言，也显得比较紧张，信心不足，这些现象都反应出学生在听说课上的焦虑心理。怀有焦虑和紧张心理让学生在听说课堂上表现得无所适从，越来越不愿意在课堂上说英语，遇到自己听不懂的问题也越来越害怕，这样一来上英语听说课在某种程度上也就变成了一种“痛苦”。在上课时，学生的这种心理状态必然会阻碍他们听说能力的提高。

三、英语听说教学的改进策略

语言学家海宁斯（D.C.Hennings，1982）说：“人与人之间的交际主要是通过听说，很少通过读写。”[7] 在英语教学中应适当扩大听和读的输入量，通过大量的语言实践活动，切实提高学生综合运用英语的能力。

1. 激发学生听说学习的兴趣

英语听说的教学设计主要是解决如何去激发学生开口讲英语的冲动问题。[8] 威尼兹和利兹（Winitz and Reeds，1973）认为：“人的大脑功能决定了理解在复用之前。语言教学也不应违背这一道理。”换句话讲：“听”应该先于“说”，学生通过听，大量地接触英语语言之后，才能开始进行口语能力的训练。

农村小学听说教学开展之前应采取多样化的手段，提高学生对视听材料的趣味性、积极性及参与性。例如在进行“听”前结合插图、简笔画、幻灯片等方式，听时结合精听、泛听和略听等提高学生的听觉灵敏性和准确度的方法，让学生在听前可以有一个合理的预测、想象及听后进行分析、推理和归纳的过程。

在小学英语听说教学过程中，教师必须认识到在学生在刚开始接触到一门外语时，要最大限度地激发学生的学习兴趣，挖掘其创造性和想象力，才能使他们全身心地参与到教学活动中。运用不同类型的教学方法，为学生营造一个轻松的英语学习环境，这样就可以较好地避免学生们的焦虑紧张心情，不会害怕自己因为表达错误造成尴尬，使学生能够大胆积极的发言、积极思考，通过这种反复的形式将不断培养小学生英语学习的兴趣，以便更加愿意在这个过程中表现自己。

2. 丰富英语听说训练方式

改变农村小学传统的听与写相结合的形式单一，学生学习兴趣不浓的现状，应采取听、说、写三者相结合的形式，开展丰富多样的课内外活动，将听说教学置于活泼、轻松的教学形式中，调动学生的主动性与积极性。其中很重要的形式就是任务型教学，它在小学英语教学中的应用十分重要，任务活动可以从多方面培养学生的综合运用语言的能力。在任务活动中要以学生为中心，以相关话题为引子，以完成任务的活动为方式。通过情景表演，辩论、小组讨论、模仿配音等具体的活动，激发学生的参与兴趣，在听说课堂教学活动的实践过程中使学生学习到相关话题中的句型表达。

国家基础教育《英语课程标准》实施稿总体目标确定为：培养学生综合运用能力并且倡导体验、实践、交流与合作的学习方式，强调学生要用所学的英语做事情。这就要求教师在教学中要创设情景进行教学，让学生能在一定的情景中学习。[9] 教学情景的创设包括以下方面。① 直观呈现情景：从生活中选取某一典型场景作为教学情景，或者有意识创造一种语言环境；如：在学习“What’s the weather like?”时，可以设计“天气预报发布会”；在学习“Shopping”时，可以布置“小商店”场景进行实践活动；② 实物演示情景：如：食物、文具、玩具、服装等，教师可以用于课堂上的实物演示；③ 角色扮演情景：在这种角色扮演的活动中，学生扮演某个语言情景中的不同人物角色，并把在那一情景下可能发生的事情用语言和动作表达出来，使学生体会到最近似语言愿意的交际情景。

3. 情境交际和朗读训练相结合

在英语“说”的教学课堂上，教师应有意识地培养学生观察和理解语言的社会交际情境，什么场合用什么语体，以此来了解说话人的身份，说话者之间的交情深浅与语体的关系等等。在教相关用语时，应有意识地把语言形式与社会环境结合起来。情境交际是在一定的语境中进行的，创设情境交际语境方式有多种，其中朗读训练就是之一。朗读可以提高学生的语感、运用英语的能力，教师还可以在学生的朗读过程中，及时发现错误的语音和语调，帮助其纠正。

除此之外，为提升学生的英语听说能力，在小学英语课堂教学中可通过“背、画、唱、戏、赛、演”等多样的教学形式来增强学生学习英语的积极性、参与性，充分的让学生的听说能力得到了训练。所谓“背”就是背课文、歌谣；“画”就是通过简笔画或用挂图、画片来教学；“唱”就是学唱英语歌曲；“戏”就是通过做游戏来学单词、练听力；“赛”就是开展各种听说的比赛；“演”就是学生表演课文中的情景对话内容，让学生进入角色。在实际操作中，可以将听力放置在具体的指令、行动中，如将学生分成几个小组，以小组竞赛发指令的形式展开，“open the door”“bend down low”“touch your nose”“open your pencil case”看哪一组获胜，进一步增强学生对英语听力的欲望。

4. 辅助教学工具的合理运用

辅助教学工具是丰富听力训练的教学手段，恰当使用多媒体及教学双向系统、电影、电视、录像、电脑等现代化媒体为学生提供更加真实的语言情景、形象、直观、声情并茂，既可拓宽学生听的“空间”，又可以极大地激发他们听的兴趣。特别是对于英语教学这类实践性较强的学科来说，以 CAI 课件为代表的现代信息技术的使用可以解决教师单纯传授语言文化知识的弊端。CAI 课件具有声与像、动与静、远与近、表与里、虚与实相互结合转化等功能，能够创造出生动活泼的英语学习环境，可以吸引学生参与到运用英语进行的各项活动中，进而完成课堂上的学习任务。[10] 同时，英语老师还可以利用 CAI 的示范、语音对话等功能，进行讲解演示，并获得学生的即时反馈，以便更好地训练他们的英语听说能力。

例如，在教 PEP 版第四册 Unit 4 B “Let’s learn” 中，应学习短语 get up，go to bed 及句型 “It’s time to...” 内容。在学习 “go to bed” 表达之后，可引出 “get up”，利用多媒体创造一个让学生入睡的情境，呈现一个会走的时钟并配上背景音乐 “tick tock，tick tock”。英语老师随着音乐慢慢地说 “It’s time to go to bed”，示意学生闭上眼睛，逐渐入睡，点击课件突然铃声响起，老师说：“Get up! It’s time to get up.” [11] 通过现代信息技术的方式把学生带入一个真实的语言情境中去，从而缩小了教学内容与学生真实生活的距离，帮助他们理解与表达。

小学英语教学是学生英语学习的启蒙阶段，而听说能力的培养是小学英语教学的一项重要任务。因此，教师应加强小学生听说综合能力的训练，使学生的听说能力成为一种基本素养，为今后学习英语的道路奠定坚实的基础。

参考文献

[1] 陈琳，王蔷，程晓堂. 义务教育英语课程标准解读（2011 年版）[M]. 北京：北京师范大学出版社，2012：54.

[2] 邵煜. 浅谈新课程理念下的中学英语听说教学[J]. 学园，2011，(10)：107.

[3] 刘稀桥. 小学英语听说教学策略的研究[D]. 天津：天津师范大学学位论文，2012.

[4] 桂诗春. 应用语言学与中国的英语教学[M]. 济南：山东教育出版社，1988.

[5] 华维芬. “学习者自主”探析[J]. 深圳大学学报：人文社会科学版，2002，(2)：107-112.

[6] 吴瑶. 小学英语听说教学改进策略研究[D]. 长春：东北师范大学学位论文，2013.

[7] Brown，Gillian，Yule，George. Teaching the spoken language [M]. Beijing：People’s Education Press.

[8] 甘海星. 英语听说课的教学策略[J]. 海南大学学报：社会科学版，1996，(3)：102-104.

[9] 林冬华. 小学英语听说教学[J]. 中小学教学研究，2007，(1)：38-39.

[10] 陈丽. 论 CAI 课件在小学英语听说教学中的设计[J]. 中国科教创新导刊，2010，(18)：128，241.

[11] 王影. 基于多媒体的农村小学英语听说教学模式的探究[J]. 小学教学研究，2011，(8)，55-56.

第四章

课例研修

利用篇章教学，提高小学生英语阅读能力

——“I Like Bobby”教学课例分析与研究

芦珊珊
绵阳市三台县刘营小学

一、选题背景

1. 为什么选择该课例研修主题？

阅读对于学习者来说，既是目的又是一种手段。因为，作为人，阅读一篇文章或一本书首先是为了获取信息，而小学英语的教学又是通过阅读帮助学生学英语，通过阅读帮助学生巩固所学的字、词、句，发展听、说、读、写的能力。小学英语阅读教学应培养学生听、说、读、写四项技能的综合能力。

英语阅读能力是英语课标语言技能中的其中一项，在听、说、读、写四个方面的技能中，听和读是理解的技能，说和写是表达的技能，这四种技能在语言学习和交际中相辅相承，相互促进，学生应通过大量的专项和综合性语言实践活动来形成综合语言运用能力，为真实的语言交际打下基础。另外，小学英语阅读教学是教师通过开展有效的阅读教学活动，培养学生良好的英语阅读习惯，使学生在轻松愉快的环境下获取信息，得到感知语言的能力，从而达到全面提高英语能力的目的。

2. 关于该研修主题，他人做了哪些研究？

篇章阅读是针对以前“教单词—读课文—回答问题”的阅读教学模式提出的。Gu Xueliang（1998），Nuttal（1982），Grellet（1981），Johnson P. Effects（1981）和 Nunan （1991）等都提出过篇章阅读的重要性，分别指出以前的教法有悖阅读的基本特征。阅读是一个能动的、积极的思维过程。改变以前“重语言符号分析，轻文化背景知识；重语言表层教学，轻篇章整体意义；重教授知识，轻学生参与”等不科学的做法，需要大力提倡篇章教学。同时，还应在选取合适小学生的阅读材料的基础上，重视文本中的文化和背景知识渗透，把小学英语阅读教学落到实处，不断锻炼学生的思维及想象力。

3. 本次课例研修希望在哪个方面有所改进和突破？

英语课程标准对小学英语阅读教学也提出了明确的目标，在语言学习中，阅读是所有其他技能的基础，阅读的最终目的是培养和提高学生的阅读能力，较强的阅读能力有助于学生

对英语的把握。学生一旦具备了一定的阅读能力，他们不用老师的帮助就能自己在阅读的过程中进步，就能进行自主学习。阅读教学不仅要传授语言知识，而且要培养技能。

本研究希望改变传统的老师讲，学生听的满堂灌的阅读教学方式，转而引导学生自我预测故事，帮助他们梳理故事脉络，勾画出思维导图，全面理解课文，提高对语篇的整体理解能力，而不是单纯的字、词、句的学习。

4. 教材和课例选择

北师大教材四年级上 Unit 2，“I Like Bobby”。

二、教学内容简析

三、学情分析

1. 知识基础

学生在一年级时已经能够初步运用“What do you like?”“I like ...”进行交流；三年级时能够熟练运用“Do you like...? ”“I don't like ....”询问及表达。

2. 年龄特点

活泼好动，好奇心强，喜欢故事，想象力丰富。

四、教学目标

（一）教学三维目标

1. 知识与能力

学生能够全面理解故事内容；学生能运用“Do you like…?”“Yes，I do.”“No，I don't”.“I like…”“I don't like…”表达对故事中人物的喜爱；学生能够朗读并在小组内分角色表演故事，做到语音语调正确。

2. 情感与态度

提升学习英语的兴趣，渗透学生之间要互相关心，互相帮助的意识。

3. 过程与方法

学生通过观看、听故事，整体感知课文内容；学生通过跟读、自读、质疑等活动，能语音语调准确地朗读故事；通过教师引导学生在语境中关注语言（上下文联系），学生理解宾格形式的指代关系。

（二）教学重点、难点

1. 重　点

理解故事大意，正确朗读故事。

2. 难　点

能够借助关键词和图片谈论故事。

五、初次实践

（一）教学过程

Step 1. 复习和导入

Warm-up and Greetings.
Sing a song：I like…

【设计意图】 互相问好，英语热身。复习句型“I like…”

Step 2. 呈现新知

Brain Storm：What animal is it？

【设计意图】 通过头脑风暴的形式激发学生学习的动机。在学生说的过程中，与学生交流，通过与学生谈论动物的话题引入故事，自然导入本课的学习。

Step 3. 学习新知

1）整体听故事，回答问题

T：Do you like Bobby bear?

Ss：Yes，I do.

T：Do Ken and Ann like Bobby bear? Let's listen to the story.（教师播放第 1 幅图动画。）

2）播放 2 ~ 9 幅图动画

T：Can Bobby see Ken and Ann?（呈现 picture 4）

Ss：No，Bobby can not see them.

T：Can Bobby see Ann and Ken at last?

Ss：Yes，he can.

T：Who are coming now?

Ss：Rabbits.

T：Do Ann and Ken know the rabbits? Do they like them?

Ss：No，they don't. They like them very much.

Step 4 训练和练习

1）师带领学生运用黑板上重点句型梳理故事发展

【设计意图】 再次跟读课文，结合黑板板书，梳理线索。

2）提供活动复习巩固故事理解

Pair work ：讨论故事内容，进行选择和给图片排序、判断文字说明并改错。

【设计意图】 检验学生对故事的理解。

3）运用图片和文字，引导学生讲述故事。

In the story, who do you like?

I like ...，because...

【设计意图】 学生讲述故事、复述故事；让学生学会合作学习，培养英语学习自信；教师对学生的情感渗透，培养学生乐于助人的品质。

Step 5. 作业（学生可以根据自己的学习情况，自由选择作业）

P.15 ~ 18

a. Listen and read

b. Tell your family the story or show the story.（给家人讲故事或是表演本故事。）

【设计意图】 提高学生学习的自信和竞争意识。

（二）教学效果

学生的作业显示基本上达到了教学目标，但是似乎对文章的整体故事脉络不够清楚。

六、一次反思

1. 执教教师的思考

该堂课基本上达到了教学目标，但是，在整体语篇教学方面还有所欠缺，应该更好地发挥学生的主动性，在引入课文后，发动学生预测故事，学生尝试梳理线索，学生整体阅读故事，然后再一幅图一幅图学习故事，更能加深学生对故事的理解和阅读。

2. 课题组成员讨论建议

小学生以培养学习兴趣为主，寓教于乐要贯穿整堂课，在小学英语阅读教学活动当中，如果按照固定模式学习故事，学生会感到很枯燥。长此以往，很多孩子会逐渐降低主动阅读的积极性。因此在学习新知环节，可根据教材的内容特点，安排分段式或情景教学等模式，让学生在充满乐趣的氛围中进入阅读教学的学习。

七、第二次实践

1. 教学改进

通过思考和讨论，重点修改了学习新知环节如下。

Story Time.

整体感知故事，回答问题 What can you see?

【设计意图】 引导学生观察图片，并进行描述。学生预测 bear，tiger，rabbit 在森林里会发生什么事情。由学生提出问题，引导学生积极思考，借学生的问题进一步引入课文内容，理解故事情境，表达对动物的喜好，为课文学习做语言知识的铺垫。在此基础上，教师勾画出思维导图，帮助学生进一步理解故事。

2. 第二次教学反思

通过对“I like Bobby”阅读教学课例分析与研究，更能让我感受到阅读教学对小学生的重要性和趣味性。在教学中让学生在理解故事的前提下，用表演故事，重点句或自己的话来预测故事，讲故事；也测情节，想结果，找问题，推答案在一定程度上也就提高了学习的阅读的能力。传统的教学模式扼杀了英语语言学习情境性和交互性，教师只是一味地注重单词教学、句子的记忆，导致学生不能够在整体上理解文章含义。

该活动调动了学生的学习动力，避免了在传统阅读课中老师讲学生听的弊端，每个学生都带着任务参与到学习中，为所有学生提供了参与平台，学生得到锻炼的机会大幅度增加，提高了学生阅读能力。

八、指导教师意见

在阅读教学过程中，我们要注重培养学生阅读的思维能力——预测故事，表演故事和转述故事的能力。

英语表达能力不仅是说的技能，而且强调语境的运用，情感的表达；除了模仿、表演故事，讲述故事的内容更是高层次的要求。这就要求在阅读学习中，注重学生在故事的情感投入，使之感同身受；在理解故事的前提下，能用表演故事，用重点句或自己的话来预测故事，讲故事等。很多孩子在阅读学习中，非常有感情地尝试人物语气，模仿人物语言，情感投入使得学生在角色朗读故事和表演故事片段中非常积极。这也是阅读的表达能力的体现。

在学习故事情节后，用自己的话来表达自己喜欢哪一位主人公，为什么喜欢，也能渗透教育学生助人为乐，以及表达自我喜好的语言阅读能力。

In the story, who do you like?

I like .... because （因为）__________.（cute，clever，strong，brave，beautiful，kind，good）

故事教学培养学生的阅读能力，不仅仅局限于这一个故事，而是在学习过程中，整体把握故事内容，真正理解故事的意图，如在最后总结的时候，很多孩子在表达时，就说出了 I like Ann because she is beautiful. I like Bobby because he helps the rabbits. 学生的阅读表达能力得到了发展。

巧设“情景”，启迪智慧，优化故事英语阅读教学

——“Mocky’s Friends”阅读教学课例研究

黄　倩
成都市彩虹小学

一、选题背景

1. 为什么选择该课例研修主题？

《英语课程标准》明确倡导学生主动参与、乐于探究、勤于动手，培养学生搜集和处理信息的能力、获取新知识的能力、分析和解决问题的能力以及交流和合作的能力。

在缺乏英语氛围的学习环境下，课堂英语学习更需要语言情境营造，用情景激发学生语言建构、重组、创编、新旧知识运用、对课文情景发生过程中的各种质疑、共同与故事人物参与情景等能力。这些能力需要寓教学内容于具体形象的情境之中，潜移默化的“习得语言”，学会交流。学生也能在情景中更多的接触感受英语（feel English）、说英语（speak English）、用英语进行思维（think in English）、用英语的方式主导行为（behave in English）。

学生要达成这些能力，需要教师通过各种手段创设情景，给学生情景中“说话”的机会。情景创设方法很多：生动形象的语言描绘、课内游戏、角色扮演、诗歌朗诵、音乐欣赏等。英语课堂情景创设方式多样，所处教学环节根据文本进行有效处理与安排。

小学英语故事阅读教学模式历经发展已经趋于成熟，通过“听说”优先，让孩子在听的前提下感知课文，并在教师逐图讲故事中不断学会语言，了解大意，达成各项能力目标。可不可以将这样模式做适当调整，或是改变呢？

面对学生实际情况，实践中我更倾向语言如何“运用”，思维如何发展的训练。因此在“听”之前，设置以“学前情景”创设为开课环节，让学生在“听故事”之前，不受课文语言局限，先在老师情景创设下与故事主人翁共同预设故事情节，并参与故事发展，共同思考可能的语言交流进行“语言建构”，在“文本”出现前共同完成整个故事的“自我创编”。之后，再通过“听”的输入，通过设问，让孩子们对比自己创编文本与课文中的不同，找出差别，完成之后的各种任务。

经过实践，我认为这种方法同样甚至能更好地达成教学目标，更能让学生学会思考、搜寻信息、运用语言，重组语言、启迪智慧，更能提升孩子学习的成就感。这些也符合《课程标准》提到让学生学会“搜集和处理信息的能力”。

2. 关于该主题，他人做了哪些研究？

情境教学自提出以来已经有海量的研究，而且硕果丰盛。 李吉林《情境教学》，情境教

学法是指在教学过程中，教师有目的地引入或创设具有一定情绪色彩的、以形象为主体的生动具体的场景，以引起学生一定的态度体验，从而帮助学生理解教材，并使学生的心理机能能得到发展的教学方法。

冯卫东《情境教学操作全手册》对情境教学进行了全面地探讨，并总结了教师教学实践中会用到的有关情境教学的各种具体方法。因此，主要包括以下内容：情境教学概述、故事情境教学的效率化和问题解决指导、问题情境教学的效率化和问题解决指导、生活情境教学的效率化和问题解决指导等。《情境教学操作全手册》不仅对各种情境教学的形式进行了理论上的探讨，还甄选与分析了名师运用相应方法进行教学的经典实录，并在实录后提出了有效运用这种教学方法的建议与策略。特别在情境创设的方法上进行了介绍，有较高的参考价值。

3. 本次课例研修希望在哪个方面有所改进和突破？

“教无定法”，同样是呈现故事，将“讲故事”改成“演故事”，能让孩子同故事人物一起推动故事发展，真正“身临其境”感受语言，不知不觉中学习语言。

本研究希望能对传统英语故事教学模式做一些改动尝试。通过 “课前情景”创设，让学生与故事主人一道走进情景，一道推动故事发展，一同感受故事真实情景、人物感觉心情，一道创设可能的语言，在不知不觉中渗透课文新知，体会特定语言在特定环境中恰当使用。这种尝试在教学实践中能对孩子观察、思维训练、旧知恰当筛选、语言的重组、建构、运用能力提升有着积极影响。

此环节还注重留有“悬念”，目的在于激发学生好奇，通过大部分故事感知后，学生迫切希望了解“悬念”部分，此时“听”的引入就梳理成长了。有了课前情景创设中的语言建构以及“悬念”设置，学生也更关注听的内容，“听”的输入将有意义。之后的语言学习难度将降低很多。

4. 教材和课例选择

本环节选择北师大版《小学英语》第三册 Unit 2 第 1 课时“Mocky’s Friends”，“课前情景创设”片段课例分析。

二、教学内容简析

课文主要讲了 Mocky 带领朋友 Ken 和 Ann 去见自己森林里的朋友，一路走来看到了 Danny 和 Lulu，其中 Lulu 环节增加了 Mocky 认错朋友情节，将老虎当成 Lulu 介绍给 Ken 和 Ann，情节很紧张也充满了戏剧特点，能抓住孩子注意力。主要句型为：This is…/That is…/This isn’t…

课堂设计以“情景”创设为主，旨在让孩子在情景中不知不觉上口，不知不觉中提升能力，用情景启迪思维，用情景激发孩子使用语言欲望，用情景提升孩子综合能力。

三、学情分析

所教学生虽然是二年级，但生活中孩子已经通过海量的视频、动画、书本、广告等获取到一些常用英语，愿意主动展示自己所知所想，“课前的语言建构”只需通过老师引导就能逐步呈现，完成学之前的整体语言建构。

实验中，班级中多数孩子在课堂上随着教师营造情景进行故事推动，愿意在“情景”中用自己语言表达“所见所闻”，愿意建构、展示自己。课堂常常出现学生语言建构比书本还多的内容，极大鼓舞了孩子们学习、使用、运用语言的能力。班级后 1/4 学生则能在情景氛围中听懂故事、了解故事，虽然不能建构、创编语言，但也能被其他孩子所感染，并积极思考，班级学生有意注意时间较长，思维活跃，学生课堂个性开放。同时，为了更好进行语言建构与创编，很多孩子英语学习积极性越发提升，通过各种学习增加自己英语能力，课堂常常出现前 1/4 学生在新知学习前就能顺利使用新课中新的语言进行建构，这让课堂新知引入自然顺利。

四、本研究课例教学目标

（一）教学三维目标

1. 知识与技能

（1）会在情景创设中建构语言。

（2）会在图片、课件帮助下了解课文大意，听、看懂故事

（3）会在课文故事中了解语言点 This is.../That is ... This isn't...

（4）课后达到 2/3 学生能流利认读课文，并能在课本的帮助下表演故事。

2. 情感与态度

（1）会在情景创设的语言建构中体会使用语言的乐趣，体会快乐。

（2）会在图片、课件帮助下启迪思维，形成积极学习态度。

（3）会在表演中体会成功乐趣，在介绍朋友中感受友情。

3. 过程与方法

情景法、故事阅读法、表演法。

（二）教学重点、难点

1. 重　点

会在情景中启迪思维，参与语言建构，在听、说、读、演中学习语言并较为流利的认读课文。

2. 难　点

情景中启迪思维，引导学生建构语言，现场生成，解决新知语言学习。

五、阅读教学巧设“情景”教学片段

1. 两次实践教学方式对比及课堂效果对比

表 4-1

改进前环节设计与效果			改变后环节设计与效果	
环节	课堂现场	效果	课堂现场	效果
谈话引入	T: Look, what can you see?	提问意义不大，学生早已经了解	T:（简笔画）Look, they are Ann, Ken and Mocky. Do you have any questins about them?	让学生看图并提问，尊重学生学习主动权
			T: What are they doing?	给学生猜测时间，充分调动思维，提高语言建构能力，学生积极性高
新知引入	T: What are they doing? Let's look at the screen.	直接引入，虽快捷但显得无趣	T: Let's go with them. What will happen? Who wants to go with Mocky? 教师简笔画将愿意参与活动孩子画在黑板上并与孩子一道与主人翁走进情景，一起发现，一起参与可能的情景语言	变直接引入为共同走入情景，建构可能的语言。 该环节能激发学生语言建构，能让学生产出多于文本语言，思维得到有效训练
新知深入学习环节	T: Let's listen again and learn this story. 教师引导学生逐图听、声情并茂逐图讲故事	有听力输入，并将学习故事难度化解，易于学生接受	T: Look, this is your own story. How about our book? Listen and answer some questions.	学生用自己语言建构完故事后，成功感倍增，带问题引入听音，对比文本内容，专注度更大

2. 执教教师反思

“教无定法”，让孩子在有限课堂时间中积极主动参与各项活动，那么教师应该充分相信孩子能力，给孩子语言建构、图片想象、思维训练的时间、空间，孩子会给你意想不到的惊喜。有时教师甚至还可以恰到好处的“示弱”，引发孩子好奇，调动解决问题欲望，孩子们将真正“动”起来，真正成为学习主人。

巧设情景给孩子发挥空间与时间，能有效启迪学生思维，提升语言建构能力，优化小学英语故事教学，对孩子长效发展有着积极的帮助。

六、指导教师点评

该课例研究注重阅读教学中情境创设的方式，前后两次实践的对比可以发现，执教教师在第二次实践时不仅仅是利用课文的情境，而是带着学生一起走入情境，在学习课文之前，教师提出：Let's go with them. What will happen? Who wants to go with Mocky? 由此带领学生一起“迈入”前面的情境中，引导学生共同去思考“会发生什么”，然后再“一起发现，一起参与可能的情景语言”，这一改变较好地激发了学生的参与意识和积极思考的主动性，变被动学习为更为主动的学习方式，较好地体现了新课标“培养学生思维能力”的要求。

思维导图在阅读教学中的运用

——“Where Is It?”课例分析

陈　悬
成都市行知小学

一、选题背景

1. 为什么选择该课例研修主题？

阅读教学一直都是英语教学中高段的主要教学任务之一，以北师大版《先锋英语》这套教材为例，从二年级上册起教学内容就以简短的故事情节为主线把本单元的重点语言知识点揉捏在故事中，通过每一幅图所展现的情境来帮助学生更好地掌握和理解语言在情境中正确使用的的方法。由于每一单元的课文都是一个完整的故事，所以故事背后暗含有很多逻辑关系，情节发展，如果老师没有帮助学生在教学中理清这些逻辑关系和情节发展的过程，阅读教学就很难达到它本来应该发挥的作用，反倒是给学生在语言学习上增添了障碍。学生容易把语言知识点和故事本身拆开来看，用中文思维来理解故事，然后再单独学习英语语言知识。其实这也是很多一线教师所困惑的，老师们也甚至会觉得阅读教学真麻烦，直接教语法多简单，拿故事来让学生学，反而把教学过程弄复杂了。其实，在教学实践中，我们发现思维导图是一个非常有效的工具不仅可以帮助学生在头脑中建立一个清晰的故事情节发展脉络，并且对教师在故事情节中教学语言知识也起到了贯穿前后的作用，让教师的语言教学不再是干巴巴的，而是紧密与故事发展联系在一起，在课堂上教师不再是一言堂，给了学生很多思考的空间和语言运用的机会，通过思维导图，教师可以有效地帮助学生进行课文重述，学生也可以更加有效地在一个情景中进行语言的运用。

2. 关于该研修主题，他人做了哪些研究？

思维导图（Mind Map）是由托尼巴赞（Tony Buzan）于 20 世纪 60 年代提出的。他在《思维导图：放射性思维》一书中对思维导图是这样定义的：“思维导图是放射性思维的表达方式，因此也是人类思维的自然功能。它是一种非常有用的图形技术，是打开大脑潜能的万用钥匙。思维导图可以用于生活的各个方面，其改进后的学习能力和清晰的思维方式会改善人的行为表现”（托尼·巴赞，1998）

江苏省丰县华山初级中学教科室主任尹建林，从 2005 年起，积极从事思维导图在教育教学中的嫁接和应用，是我国开展思维导图教学的第一人，取得了良好的效果。目前，已撰写了《思维导图在政治课教学中的导向定量作用》《思维导图与课堂教学流程设计》等文章，积极开展和推动思维导图教学。

3. 本次课例研修希望在哪个方面有所改进和突破?

希望结合实际教学，让思维导图这个本身是训练思维的工具更有效的服务于英语的阅读教学，让学生真正读懂故事，在故事中学习中掌握新授语言知识。并让学生有信心通过思维导图的帮助在自己的能力范围内复述课文。

4. 教材和课例选择

北师大版《小学英语》第七册，Unit 4 “Where Is It?”第一课时。

二、教学内容简析

本课的内容为北师大版《小学英语》四年级上册第四单元的第一课时，本单元主要内容是表示位置或方位的介词的用法。第一课时为本单元的语言知识点提供了一个故事场景。故事讲述了 Mocky 爬到树上去摘坚果，不小心坚果从手中滑落，Mocky 从树上跳下来找，却怎么也找不到，最后在好朋友 Lulu 的帮助下发现原来是被小松鼠捡到了。在故事中通过 Mocky 在水里、石头下、地上找坚果的情景，直观地呈现了主要的句型和表示方位的单词和词组。

三、学情分析

四年级的学生经过三年英语学习，对英语学习能够表现出一定的积极性和初步的信心，能听懂有关熟悉话题的语段和简短的故事，能够与教师或者同学就熟悉的话题交换信息，能够读懂小故事及其他文体的简单书面材料，能用短语或句子描述系列图片，编写简单的故事。并且能够在课堂上与同学合作，完成一定的学习任务。四年级的学生容易对有趣的内容产生较大的兴趣，并且已经发展出一定水平的逻辑思维，所以会对故事的发展逻辑产生很大的兴趣，所以教师需要在这一点上设计比较吸引学生的环节。

四、教学目标

（一）语言知识技能目标

在思维导图和教师的引导下可以正确理解故事。初步学习表示方位的单词和词组，知道分别表示的方位。

（二）情感目标

有学好英语的信心，敢于在课堂上用英语进行表达，能在小组活动中积极与他人合作，共同完成学习任务。

（三）重点、难点

1. 重　点

正确理解故事和初次出现的表示方位的单词及词组

2. 难　点

新学的方位词和词组在初次课文复述中的正确使用

五、一次实践

（一）教学过程

Step 1：Greeting

Step 2：Lead-in

（1）教师拿出 Mocky 的头像问：Who's this? 学生回答。

（2）教师：Today，our old friend Mocky goes to a place. Look at the blackboard，here may be a park. What can you see on the blackboard?（问这个问题目的是让学生通过观察黑板上的板书说出本节课故事中的背景信息。）

（3）教师：Mocky sees a big tree，and there are so many nuts on the tree. Something happens on him. You are divided into ...groups. If your answer is right，I will give you a nut.

在整理看故事前给学生一些相关信息可以帮助学生更好的理解故事，并在此时给学生一个故事线索的头子，让学生抓着头子慢慢顺着线走。

Step 3：Presentation

1）整体看故事

教师：Now let's watch the video then tell me what animals you can see?

学生：Monkey，leopard，bird，snake，frog，squirrel.

（教师拿出相应头像贴在黑板上。）

教师：Do you know where the bird，the snake，the ... is?

Now let's watch Part 1.

在这个环节中，通过师生问答，在黑板上呈现出了思维导图重要的组成部分之一——故事当中所涉及的主要角色，并向学生们提了一个问题，让学生带着问题去仔细地观看第一部分的故事动画。

2）逐图讲故事

图片 1

（1）再整体看一遍图 1

Where is the bird?

播放第一句：The bird is on the rock.

这时拿出鸟的图片贴在 rock 上，并在图旁写上 on，引导学生再次说出 The bird is on the rock.

（2）同样的方式教学以下内容。

The snake is under the rock.

The frog is in the water.

The squirrel is behind the tree.

Mocky is in front of the tree.

图片 2

There are many nuts on the tree，so Mocky climbs up the tree and picks a nut. But what happens?

Where is the nut now?

（这时可以用之前出现的方位词来引导学生。）

You can guess...

The nut is...

图片 3

What animal can you see in this picture?

Where is the squirrel?

引导学生说出：

The squirrel is under the tree.

What's in squirrel's hands?

Yes，the squirrel has Mocky's hands.

So is the nut under the tree? （No.）

Is the nut in front of the tree?（No.）

引导学生说出：

The nut is in the squirrel's hands.

Does squirrel like nuts?

图片 4

Look at this picture，what animals can you see?

Where are Lulu and Mocky?

引导学生回答：

They are in front of the tree.

In Picture 2，Mocky climbs up the tree. Why Mocky is in front of the tree now?

Can you understand "look for"?

Let's watch the video.

播放录像，通过录像让学生理解"look for"。

Mocky is looking for his nut.

Where is it?

Where is the squirrel?

Does Lulu know?

Does Mocky find his nut?

Is Mocky happy?

Mocky is not happy. He is sad.

Mocky is sad.

（教读 sad 并板书在黑板上）

图片 5

What's Lulu doing?

Is it in the water?

图片 6

Where are they looking for the nut?

They are looking for the nut on the ground.

Do you know ground?

I will show you some pictures of ground.

PPT 出示图片，让学生知道"ground"是指土地。指着地面问：

Is this ground?

No，it isn't. It's floor.

Is the nut on the ground?

图片 7

In this picture，the squirrel comes out. The squirrel is in front of the tree. So Lulu finds the nut.

If you were Lulu，what would you say?（让学生自由发挥）

图片 8

What does the squirrel do?

Mocky is happy or sad now?

在这个教学环节中通过故事的发展逻辑串联起每一幅图中的内容，在教师的提问和引导下让学生试着用自己已掌握的英语来回答针对此故事提出的问题，从每一幅图中都可以提炼出关键的信息和本课所要学习的单词，将其放在思维导图中，并对思维导图进行不断的扩充和完善。这些信息都不是教师直接告诉学生的，而是通过学生自己的观察，阅读以及在其他同学的帮助下自己思考出来的，以这种形式得到的语言信息对学生的刺激远远强于教师直接的教授。通过这样的模式讲授故事，学生不仅靠自己总结出了本单元新出现的单词和句型，并且对故事的理解也更为深入。

Step 3：Practice

（1）跟读、复述。

（2）分角色朗读课文。

（3）完成阅读判断题和填空题。

（4）情感目标的扩展。

Step 4：Conclusion

六、实践教学效果

通过本次课，发现多数学生不仅可以正确的初步使用本课出现的方位词和词组，包括：能听懂，能说，能运用在练习题中，而且可以在思维导图以及教师的一定提示下进行课文的复述，并且有一小部分学生可以看到故事背后所要传达的道德思想教育，这个是我们在准备课的时候并没意识到的点，所以在本堂课快要结束的时候，让学生谈谈你从这个故事中学到了什么，有些同学的回答挺出乎大家意料的。

七、一次反思

1. 执教教师的思考

在本次研究课的准备中我发现阅读教学逐图讲解不是脱离故事的主线、摒弃逻辑关系的讲解，而是应该串联起来，通过思维导图帮助学生把逻辑关系理清楚的过程。板书设计上应该在图像化的基础上增加英语单词的呈现，通过图和单词的双重视觉刺激，帮助学生在课堂上尽可能的有效记忆。在教案设计时，“look for”这个词组的教授方法有很多种，最后选择了呈现一段录像给学生的方式，在录像中我直接为“look for”设计了一个生活场景片段，两位学生在这个场景中使用了“look for”词组，通过这段录像，在课堂中学习的学生不仅通过录像理解了“look for”词组的意思，并且还在这个语境中学习了正确的句式，这种方式就比教师直接讲出“look for”的意思，然后造个英语句子效果要好很多，因为语言的使用是离不开生活场景的，如果不给学生一个语境的参考，他们很难在生活中开口说出正确的句子，这跟我们看英文电影学英语口语是一个道理。课本教学始终要和生活运用相结合，英语学习对于学生来说才是有意思的。

在这堂课前、中、后期我在思考一个问题，如何正确对待所谓教师的“一言堂”。语言学习里面有个重要的环节就是语言的输入，这就包括听、读两项任务。教师在课堂上说的所有英语对于学生来说都是语言的输入。我认为在每单元的第一课时，教师在课堂上说英语的量一定要非常大，给学生足够的输入，学生之后才能有足够的材料输出，所以老师不能在“一言堂”这顶大帽子下畏手畏脚，觉得要把课堂还给学生，让学生来撑起整个课堂，这些都是之后几个课时的课堂状态。第一课时老师说什么，怎么说，都是以学生为学习主体，达到最初设定的三维目标而展开。不同课时，教师的讲解量和引导模式都是不一样的，教师在课堂的每一句话都是围绕当堂课的教学目标开展的。所以我认为在以后的教学中，应该多注意先精后粗，先详后略，足够的输入才会有一定量的输出。

2. 课题组成员讨论建议

在做这个课例研究之前，我们在阅读教学中更多地是使用传统的教学模式，或者是说在某些环节采用思维导图的方式来呈现故事，在这样的课堂中学生更倾向于被动接受信息的教学，学生对整个课堂的参与性比较低，故事也不容易引起学生的兴趣，自然而然对故事中出现的语言点也就兴趣不大。但是通过这一次课例研究，我们比照之前没有使用思维导图的课堂和本堂课，明显发现学生在本次课研究课上对故事的理解更为充分，并且在教师的引导下，对故事的发展充满了兴趣，而且会对故事进行积极的思考。最后还能根据思维导图对课文进行复述。所以我们认为，本次课例研究对阅读教学非常有指导意义，并给教师带来很多新的思考，让我们在以后的教学设计中更加注重如何让学生在阅读教学中有空间进行主动积极地思考。

八、指导教师点评

通过之前的试讲，以及之后对教案进行不断地调整、打磨和细化，这堂研究课最后呈现出来的效果确实让我们感觉到教师在这堂课的阅读教学上有效地利用故事本身来教授语言知识，把故事本身变成了一个语言学习的工具，而不是让教师倍感苦恼的绊脚石。而且通过对故事发展脉络和逻辑的挖掘，让学生在本堂课上把故事吃透了，与此同时学生还把该学的语言知识都学到了，感觉整堂课的容量很大，学生们兴趣也很高。其实思维导图为学生提供了有效思维的图像工具，经由思维导图的放射性思考方式，让学生在课堂上能够更有效地把握和整理信息。

思维导图与语文倒叙相互结合营造探究的教学情境

——“What Happened to You?”课例分析

曾 立
成都市彩虹小学

一、选题背景

1. 为什么选择该课例研修主题？

倒叙是把事件的结局或事件中最突出的片段提到文章的开头来叙述，然后再按事件的发展顺序进行叙述。倒叙并不是把整个事件都倒过来叙述，而是除了把某个部分提前外，其他仍是顺叙的方法。采用倒叙的情况一般有三种：一是为了表现文章中心思想的需要，把最能表现中心思想的部分提到前面，加以突出；二是为了使文章结构富于变化，避免平铺直叙；三是为了表现效果的需要，使文章曲折有致，造成悬念，引人入胜。

情境教学法是指在教学过程中，教师有目的地引入或创设具有一定情绪色彩的、以形象为主体的生动具体的场景，以引起学生一定的态度体验，从而帮助学生理解教材，并使学生的心理机能能得到发展的教学方法。情境教学法的核心在于激发学生的情感。英语教学离不开情境教学，但是如何激发学生的好奇心，情境教学法对于小学中高段学生也是存在局限的。

因此将语文教学中的倒叙故事和英语思维导图相结合，能够更好的激发学生学习兴趣，让学生在好奇心的驱使下产生自我探究的动力。

2. 关于该研修主题，他人做了哪些研究？

李吉林的情境教学法，在语文教学中有极大的影响力，英语作为同样的语言教学完全可以大量借鉴同样的教学思想。情境教学自提出以来已经有海量的研究，而且硕果丰盛。冯卫东《情境教学操作全手册》对情境教学进行了全面地探讨，并总结了教师教学实践中会用到的有关情境教学的各种具体方法，对于一线教师，有较高的参考价值。

在全世界著名的小说中很多采用了倒叙的手法，如《呼啸山庄》把结局提前，然后再追述故事发展的原因，获得写作上的巨大成功。

3. 本次课例研修希望在哪个方面有所改进和突破？

本研究努力为学生创设生动的故事情节探究情境，打破以往逐图讲解故事的英语教学模式，利用语文倒叙的手法探究式的推断故事。有效利用学生好奇心，爱猜测的特点，在小组合作中通过倒推故事，逐步了解故事各个环节的的办法理解整篇故事大意。

4. 教材和课例选择

新标准版《新课标一起》四年级第 7 册 Module 9 Unit 1 第一课时。

5. 操作步骤

1）教学实践

采用个人备课与集体备课相结合的方式。

（1）个人备课。首先，备课老师个人备课。通过研究思维导图和语文倒叙教学，基于英语新课程标准和本单元具体内容，我确定了以下课程设计的基本理念：以新课程为指导，教学活动力求以学生为主体，以话题“What happened to Daming?”为线索，利用四格漫画的形式以倒叙的方式呈现故事。让学生通过思考、猜测、小组合作的形式体验语言，体验学习的过程与快乐。本堂课采用任务型教学，使学生在探究中发展思维能力、创新意识和语言运用能力。让学生在语言实际运用中感受成功之喜悦，从而达到对学习英语情感培养。

（2）集体备课。每一次试讲后，所有英语组老师都要进行一次集体备课，大家依据上课老师的教学设计畅所欲言，展开了激烈的讨论，经过研讨大家一致认为，备课首先要尊重教材，根据学情制定合理的教学目标；其次要设计好教学流程，调整教学内容。最后根据大家集体备课的情况形成了课例的教学设计。

2）教学反思

在引入部分教师直接抛出问题“What happened to Daming？”并让学生通过讨论进行猜测，环环相扣的故事用倒推与探究的方式进行学习，在巩固旧知的同时，把课堂真正还给学生，让学生在思想碰撞中获得答案。在开课之初，就让学生直接获悉故事结果。老师引导学生从结果开始逆推，前一步发生了什么导致了这一类结果。学生在一次又一次的猜测—推出答案—猜测中像福尔摩斯破案般，在激烈的思想碰撞中推出答案了解到 Daming 的故事。

通过这样的英语故事语篇教学，能进一步构建学生课堂，发挥学生主动能动性，促进学生积极参与课堂学习思维训练，达到读懂课文、了解故事大意并最终会复述故事教学重点的目的。这样逆推的学习方式，是对学生思维训练的新尝试，因此为了强化学生的这种思维能力，在巩固课文故事之后，我们设计了预设了自编故事环节，以达到拓展学生思维和培养语言运用能力。

同时，本课故事教学也有一些不足之处。首先对于四年级学生进行的中段故事教学，对学生落实笔头方面的指导较为薄弱，有待提高。另外，引导环节还应该给学生多一些思考与内化的时间，不要急于得到答案。“生活即教育”，联系生活中的情景或身临其境的语境，会令学生感到更亲切自然。如何自然的引导学生进入语境，在这一方面我们还要进一步钻研与学习。

二、教学内容简析

“What Happened to You?”一课其类型是语篇教学类。该故事讲述了 Daming 对 Lingling 和 Amy 讲述自己昨天和 Sam 参加骑游活动，因为一个西瓜而引发的摔破头的故事。课文情节环环相扣，逻辑性强。因此设计此课时我们借鉴了思维导图和语文的倒叙讲述手法。这样的方式打破了传统英语教学逐图讲解的模式,对于老师的教学和学生的能力都是一个挑战。

三、学情分析

在经历了三年的英语学习之后，四年级的学生中大部分学生在英语的听、说、读、写四个方面已经有所积累。一部分学生已经具备了一定了英语学习能力，这个阶段儿童思维发展开始从具体形象思维向抽象逻辑思维过渡，但是他们的抽象逻辑思维在很大程度上仍然是直接与感性经验相联系，仍有很大的不自觉性和具体形象性。因此四年级的学生还是存在注意不稳定、不持久，难于长时间地注意同一件事物，容易被一些新奇刺激的事物所吸引。所以他们对课件里的动画和能动发声的教具感兴趣。在小组合作时，他们乐于探究与讨论，并在讨论中会迸发出一些新奇的想法。在教学实践中，我们发现，本堂课例的推进有赖于小组探究学习，因为学生只有在真实情景中用语言才能真正做到有效交流。

四、教学目标

1. 知识与技能目标

（1）会在教师指导下听懂、看懂故事。
（2）会根据课文完成阅读习题
（3）会复述课文，进一步读懂课文。
（4）会自编故事，进一步巩固语言运用能力，激发学生思维。

2. 情感与态度目标

（1）会在小组学习中自学能力得到提升。
（2）会在阅读中体会到学习的快乐，保持对英语学习的持续兴趣。
（3）会在教师引导下拓展思维，积极参与课堂，体会成功。

3. 方法与过程目标

（1）通过倒推倒叙的方式逐图讲解故事，让学生在反推原因中通过猜测创设不同情景，达到以旧知带出新知目的。

（2）通过英语故事语篇教学，构建学生课堂，发挥学生主动能动性，积极参与课堂学习思维训练，达到会读懂课文，了解故事大意，并最终会复述故事。

（3）预设自编故事环节，以达到拓展学生思维和培养语言运用能力。

4. 教学重点、难点

1）教学重点

构建倒叙故事的探究模式，引导学生学会在探究中猜测故事，并通过操练会认读故事。理解故事大意。

2）教学难点

（1）本次教学尝试采用倒叙逐图讲解故事方法，目的在于引导学生会运用旧知，用“猜测”创设不同情景达到以旧带新。

（2）通过思维导图，倒叙引导学生逐步理解课文，最终会读懂故事，会复述故事。

五、一次实践

（一）教学过程课堂实录，重点分析思维导图，逐图倒叙部分

Step 1：谈论 Daming，旧知复习

头脑风暴：Daming is nice / helpful / hard working / clever...

Step 2 新课引入

1）PPT 直接引入

T：Yesterday he was sad. Why? Guess!

2）复习旧知

T（引导）：Maybe he saw a monster on the TV.（猜测铺垫）

S1：Maybe he didn't finish his homework. 学生猜测

S2：Maybe he was ill.

3）用倒推故事的方式逐图讲解课文，了解故事所发生原委

（板书并结合简笔画配合讲解课文，展示故事中关键词）

从课文图 4 开始倒推：

What happened to Daming?

引导学生看图，理解 fcll on .../fcll off...（手指游戏讲解两个短语细小区别）

PPT 展示图片 4，引导学生了解重点语句。（教师板书简笔画）

师生在 PPT 引导下复述图 4 内容：Sam fell off his bike.He fell on the watermelon.

<u>从图 4 到图 3</u>

T：Where was the watermelon before this?

T（引导）：Maybe it was in the bag

（四人小组讨论可能情况引导学生复习旧知）

S1：Maybe it was on the bike

PPT 展示图片 3，引出并分析图 3。（教师板书简笔画分析 Put...on...）

<u>从图 3 到图 2</u>

T：Where was the watermelon from?

T 引导：Maybe it was from the watermelon field.

（四人小组讨论可能情况引导学生复习旧知）

S1：Maybe it was from his Dad.

PPT 呈现图 2 内容，教师简笔画讲解 It was from the store.

T（追问）：Why did they buy it?

S1：Maybe they felt hot.

引导出并板书：They were hungry and thirsty.

从图 2 到图 1

T：Why did they feel hungry and thirsty?

（复习旧知）

T（引导）：Maybe they did long jump，and they were hot.

S1：Maybe they …

PPT 呈现图 1

教师简笔画讲解，了解“went for a bike ride”大意。

（二）教学效果

1. 从课例出发

本堂课所制定的三维目标明确、恰当、实际、具体。通过本堂课大部分学生能够认读课文故事，理解课文大意。一部分学生能够复述故事或利用倒叙手法创编新的故事。教学设计以教材作为教学内容，具有科学性、合理性、与实践性。教学过程中重视知识的形成过程巩固与深化应用。

2. 从学生出发

本堂课例为学生创设宽松、民主、平等、互动的教学环境能将教学目标转化为学生的学习，在教学推进的过程中始终以学生为主体重视学生自学探究、小组实践能力、逻辑思维能力培养。能面向全体学生及时反馈信息、调整教学节奏，使每个学生都有收获。本堂课中学生的参与度很高，学生在环节猜测中积极参与积极思考，在小组合作中主动探索、自由表达。在创编新故事中小组成员互相倾听接受他人意见、善于合作、发挥主观想象力，这堂课上完后学生们仍然兴趣浓厚，学生们在思维碰撞中产生了意想不到的火花，各个小组新编故事也非常精彩。

六、一次反思

1. 执教教师的思考

本堂课为故事教学课，设计思路是采用思维导图的形式呈现故事内容，和以往不同的是本堂课借助语文倒叙故事的方法，直接抛出问题“What happened to Daming?”并让学生通过讨论猜测，倒推故事的发展情节。让学生在探究中进行思想碰撞，获得答案。课前准备阶段先让学生描述 Daming 的人物特征，从而引入故事最末结局“Daming was sad.”从而逐步倒推故事情节。最终构建出整个故事脉络。

在本课故事教学中，有以下几点需要有所提高：一是在揭秘环节时听的输入还不够，应该放录音两次，以达到输入的有效性。二是在教师引导环节不应该急于求成，还应该多给学生一些思考与内化的时间，可以适当加入小组讨论机会，让学生放开交流。三是在新编故事环节，可以先准备一些单词供学生在编故事环节现学现用。

2. 小组评议

黄倩老师：本节课课堂气氛活跃，学生参与度高，充分体现出学生主体，老师作为主导的地位。让学生有充分的时间来练习巩固，达到了预期的教学目的。

李月老师：教学目标明确，教学环节清晰，层层推进，学生操练与交流的机会多，小组合作落到实处。

唐丹老师：教师教态自然，富有亲和力和感染力，有代入感。教学中能锻炼学生的听说读写能力、体现学生自主学习的能力，新编故事环节学生参与度高，作业分层布置合理。

七、二次实践

针对一次教学实践中出现的问题，在二次教学实践中，我在试听输入环节给了学生更多的消化时间，并将播放次数由一次增加为两次，学生产出故事的效果有明显提升。另外在四幅图逐图倒推故事情节的引导中，我非常注意如何自然地引导学生，用夸张的表情、动作与神态引导学生思考，在遇到难度较大的倒推环节，让学生分小组计时讨论，集思广益，在讨论中学生与学生，学生与老师之间都迸发出许多思维的火花。最后在新编故事环节，我用 PPT 大屏幕加入了许多他们可能会用上的新词，比如 finger hurts，head hurts，为学生故事新编做好铺垫。两次课例时间比较起来，第二次的课例中，学生思维更加积极主动，发言的同学更多，对课文的认读与新编也比第一次实践提高了不少。

八、指导教师点评

该课例研修利用情境教学的理念和倒叙的手法相结合，在情境创设方面有独到之处，小学英语课堂教学通常采用图画再现情境，试图把学生拉进预设好的情境中，这在一定程度上能帮助小学生在情境中体会故事情节，整体了解故事的脉络，但是在培养学生的思考能力方面有所欠缺。该课例突破惯常的方式，采用倒叙的手法，先表现结局，设置悬念，再重新推导和发现故事的起因，比较容易吸引读者的注意力。在课堂教学中加以应用，能够较好地抓住学生的注意力，使学生积极主动参与故事的编撰，积极思考，达到培养学生主动学习，活跃思维能力的目的，特别在后期帮助学生进行故事重构，起到良好的作用。

小学英语任务型教学法实施

——"I Like Bobby"课例分析

曲　萍

成都市解放北路第一小学

一、选题背景

1. 为什么选择该课例研修主题?

任务型教学（Task-Based Learning，简称TBL）是20世纪80年代外语研究和实践提出的一个具有重要影响的语言教学模式。该教学就是以具体真实的任务为学习动力或动机，以完成任务的过程为学习过程，以展示任务成果的方式来体现教学的成就，从而培养学生运用英语的能力。

任务型课堂模式把学生的注意力聚集在怎样利用英语作为交流的工具来完成任务，而不只是关心自己所说的句子是否正确，任务完成的结果为学习者提供自我评价的标准，并使其产生成就感这些目标是为课堂教学服务的，学生是直接的受益者。它体现了"以学生为主体，以任务为中心和以活动为方式"的思想，有助于学生自主学习，提高学生运用语言进行交际的能力，增强学生学习的兴趣和信心，是素质教育在英语教学中的具体体现。

2. 关于该研修主题，他人做了哪些研究?

任务型教学法是从20世纪80年代逐渐发展起来，是广为应用语言学家和外语教学实践者认可和接受的一种外语教学方法，也是教育部制定的中小学英语课程标准所推荐和提倡的外语教学法。国外不少第二语言学习的研究者如Long Williams等都系统地提出了任务型语言教学的主张，并从不同的角度对任务做了界定。Skehan在"Task-Based Instruction"中对任务做了如下描述："意义优先，任务完成为主，评估基于任务完成与否。任务型教学法以任务组织教学，在任务的履行过程中，以参与、体验、互动、交流、合作的学习方式，充分发挥学习者自身的认知能力，调动他们已有的目的语资源，在实践中感知、认识、应用目的语，在"干"中学，"用"中学，体现了较为先进的教学理念，是一种值得推广的有效的外语教学方法。

3. 本次课例研修希望在哪个方面有所改进和突破?

本研究让学生通过思考、调查、讨论，交流和合作等方式，学习和使用英语，完成学习任务。而不是单纯地传授语言知识。同时在组织任务学习活动时，教师更加注意了活动的"面"

把握好问题的难易度，做到全体参与，活而不乱，动静有序。

4. 教材和课例选择

北师大出版社（一年级起点）小学英语四年级上册 Unit 2 “I Like Bobby”。

二、教学内容简析

本节课是北师大出版社（一年级起点）小学英语四年级上册 Unit 2 “I like Bobby”第一课时——故事教学。故事讲述了 Ken 和 Ann 来到森林里，遇到了 Bobby，Bobby 给他们介绍自己的兔子朋友，这时狐狸出现了，Bobby 在关键时刻赶走狐狸，帮助了他的朋友。故事中出现了动物词汇 fox，rabbit，bear，学生已经学习过，同时出现了询问他人喜好的句型“Do you like…?”“Yes，I do.”“No，I don’t.”“I like…”“I don’t like…”以及句型“Do you know…?”故事的趣味点在于狡猾的狐狸想要吃兔子但被 Bobby 赶走，教师可以抓住这一趣味点，培养学生热爱小动物，帮助他人的好品质。在学习故事时，我把重点放在师生共同构建故事上，通过整体呈现，分情节讲解，师生交流，问题引领，观察图片，预测故事，利用 pair work 和 group work 等多种合作的方式，帮助学生理解故事大意。

三、学情分析

我所任教班级共有 45 人，其中 35% 的学生对已学的词汇和句型掌握较为扎实，具有一定的语言表达能力。50% 的学生能积极参与活动，但语言知识掌握的不是很牢固；还有 15% 学生由于基础知识较为薄弱，参与教学活动存在一定的困难。针对这部分学生，我在教学活动中尽量为他们搭设台阶，在合作学习中创设他们能承担的任务，并及时给予肯定和帮助，培养兴趣，激发自信心，给不同能力的学生提供机会，参与学习，达成本课的教学目标。

四、教学目标

1. 语言知识技能目标

（1）能够理解故事大意，学生能够朗读第 1、5、6、7、8 幅主要情节图片。

（2）能够在故事语境中正确理解单词 wearing，glasses，cute。

（3）在故事中进一步学习“Do you like …?/Yes，I do. (No，I don’t.)I like…/I don't like…”句型。

（4）能运用“Do you like…?/ Yes，I do. (No，I don’t) I like…/I don’t like…”句型表达对故事中人物的喜爱。

2. 情感目标

（1）通过故事学习，培养学生热爱动物的意识。

（2）培养学生帮助他人的良好品质。

3. 重点、难点

1）重　点

理解故事大意，正确朗读故事。

2）难　点

能够在生活中运用句型，表演故事。

五、第一次实践

（一）教学过程

Step 1：Warming-up

PPT 上呈现一些花、树，通过创设森林的情境，师生交流，导入故事。

T：Boys and girls，do you like flowers?

Ss：Yes，I do.

T：Do you like trees?

Ss：Yes，I do.

T：In this place there are many flowers and trees. Do you know this place?

Ss：Forest.

T：In the forest，there are also some animals，what animals do you know?

S1：elephants，deer...

S2：...

【设计意图】 根据学生已有的语言知识，师生互动交流，将学生带入到故事所发生的地点，既帮助学生忆起旧的知识，又直接进入故事发生的情景，为故事学习做铺垫。

Step 2：Presentation

1）整体感知故事

（1）呈现故事第一幅图片，学生预测故事。

T：Look，who are in the forest?

S1：Ann and Ken.

接着 CAI 上出现 Bobby bear，教师提问。

T：Do you know him?

Ss：Yes，I do. Bobby bear.

T：What other animals do they meet in the forest? Let's have a look.

（2）播放故事动画，整体感知故事大意，学生带着问题获取信息。

S1：Two rabbits.

S2：A fox.

【设计意图】 播放故事动画，整体呈现故事情节，通过贯穿故事情节的问题，培养学生听故事，独立准确获取关键信息的能力。

2）划分情节，具体理解故事

（1）情节一：Ken 和 Ann 在森林中遇到 Bobby（Pictures 1 ~ 4）。

T：Do you like Bobby bear?

Ss：Yes，I do.

T：Do Ken and Ann like Bobby bear? Let's listen to the story.

教师播放第 1 幅图片动画

T：Ken likes him a lot. Ken likes him very much.

（教师使用夸张的语气帮助学生理解 a lot 的意思。）

播放第 2—4 幅图的动画。

T：Bobby says "Who are you?" to Ken and Ann，he doesn't know them. Why?

S：…（学生说说原因。）

T：Oh，Bobby isn't wearing his glasses，so he can't see Ann and Ken.

教师利用实物借助动作解释 wearing the glasses 的意义。

【设计意图】 通过呈现具体图片，学生预测故事情节，培养学生根据图片预测故事的能力。通过观察图片，培养学生观察并获取信息的能力。

（2）情节二：Bobby 向 Ken 和 Ann 介绍自己的好朋友（Pictures 5 ~ 6）。

T：In the forest，Bobby has many friends. Who are they?

教师播放 5 ~ 6 幅图动画。

S：Rabbits are Bobby's friends.

T：Does Ann know the rabbits?

S2：No，she doesn't.

T：Does she like the rabbits?

S3：Yes，she does.

T：How do you know?

S：…

T：The rabbits are cute. "Cute" means "lovely."

教师在 PPT 上出现动物 rabbit，tiger，elephant，通过询问学生"Is … cute?"来了解学生是否理解 cute 的意思。

学生观察第 6 幅图。

T：What other animals can you see in this picture?

S3：A fox.

T：Where is the fox?

S：…

【设计意图】 通过提问，呈现重点句型"Do you like…?"在具体故事学习中，利用图片帮助学生理解 cute 一词的意义。

（3）情节三：Bobby 帮助朋友赶走狐狸（Picture 7 ~ 9）。

T：Does fox like the rabbits? What does the fox say? Let's have a look.

教师播放故事第 7 幅图片，学生小组讨论。

学生尝试读狐狸所说的话，体会狐狸的狡猾。

S：The fox likes the rabbits because …

教师引导学生观察图片上狐狸的表情，引出“The fox doesn’t like the rabbits，he wants to eat them.”

T：Oh，it’s very dangerous. Who helps the rabbits?

Ss：Bobby Bear.

学生尝试读 Bobby 的话，体会 Bobby 的勇敢。

T：Bobby drives the fox away. He is very brave.So we should learn from him.

T：How do Ken and Ann say? Let’s listen.

播放第 9 幅图片动画。

【设计意图】 在故事的结尾，通过教师夸张的语言和表情，学生模仿狐狸和 Bobby 所说的话来挖掘故事的趣味点，同时渗透情感教育，学生在感悟语言、理解故事的过程中，领悟到关心帮助他人的好品质。

3）观看故事动画，梳理故事

教师再次播放故事动画，学生梳理故事情节，进一步理解故事。

Step 3：Practice

1）跟读模仿

The teacher plays the CAI.

Students Point to the sentences and read after the video. Try to imitate Ken，Ann and Bobby Bear.

2）自读内化

学生自己读故事。

3）学生组内尝试分角色朗读故事

T：Let’s read the story in groups.

Ss：read stories in a group.

【设计意图】 通过听故事，跟读，学生模仿人物的语音语调；学生自读故事，加深对故事的理解，同时学生内化语言；分组朗读故事，培养合作精神。

Step 4：Extension

1）说一说在故事中你喜欢哪个人物

T：Who do you like in this story? Why?

Ss：…

教师在 PPT 上给出一些词汇支持，如 cute，strong，brave，beautiful，kind，good，bad 等，帮助学生说出喜欢这个人物的原因。

2）投票评选最喜欢的人物

T：Who like Bobby bear? Put up your hands.

学生举手表决，选出最受欢迎的人物。

预设：可能大多数学生喜欢 Bobby，因为他很勇敢。教师可以适当渗透情感教育。

【设计意图】 在学习故事之后，设计这一活动，目的在于学生通过交流自己喜欢的动物而练习“I like...”句型，通过学生的讨论，挖掘故事的深层含义，渗透情感教育。

Step 5：Homework

Read the story. Ret ell this story to your family.

（二）实践教学效果

这节课上完后，自己感觉：学生能主动回答教师提出的问题并积极参与小组活动，能与他人合作；遇到不清楚的问题能主动提问或自主解决问题；能自主正确认读主题故事并可以与同学合作表演主题故事。

六、第一次反思

1. 执教教师的思考

Unit 2“I like Bobby”第一课时注意到，这课的单词较多，学习的是有关动物名称的单词。因为有关动物的单词一、二年级已经学过很多了，但是时间较长，有的学生已经忘了。因此，这节课正是复习旧知识的好机会，正好学生学过“What are they？”“They are animals.”“Do you like ...？”等询问某人喜欢某物的句型，于是我利用以旧带新的教学方法引入今天的新知。复习了“他们是什么？”“他们是动物”。“你喜欢某某动物吗？”等的句型。并且把之前学过的有关动物的单词也复习了，效果较好。课上学生能积极回答问题，我尽量用英语组织教学，创设各种情景，鼓励学生大胆对话。有的学生还说出了喜欢某种动物的原因。当学生听得不太懂时，我配以夸张的动作、表情或适当的解释说明，使学生沉浸在浓厚的英语气氛之中，通过英语交流，提高了学生听说能力，也无形中发展了学生运用英语进行交际的能力，培养了他们灵活运用英语的习惯。当然，在实施任务型教学应注意的问题。

（1）教师要转变角色。在实施任务型教学过程中，教师要营造良好的课堂教学氛围和平等的师生关系。教师的角色应是学生的助学者、任务的设计者和组织者、完成任务的监督者，有时也是学生活动过程中的“伙伴”。

（2）为了能使学生更快、更有效地完成任务，教师首先要让学生明白任务的目的和要求，交待任务要清楚；其次要让学生明白完成任务的方法。

（3）任务要与学生现实生活相联系。这种联系应该是具体的且贴近学生生活、学习经历和社会实际，能引起学生的兴趣，激发学生积极参与的欲望。

（4）完成任务报告要兼顾绝大数学生。教师请学生报告完成任务的情况时不要偏向，不要只叫那些能说会道的学生发言，而忽视那些内向的学生，否则会降低他们参与讨论的热情。

2. 课题组成员讨论建议

紧扣故事情节的发生和发展，以问题引导，层层深入，理解故事内涵。利用观看故事动画，整体把握故事发生的时间、地点、人物，故事的起因、经过和结果。在与学生共同构建故事的过程中，教师引导学生仔细观察图片，大胆猜测故事中人物的语言，并通过人物的语言以及人物语言的对比，来体会故事中人物的性格和情感，从而引导学生有感情地朗读主题故事。与此同时，注重课文文本原音的模仿，让学生自主扮演故事中的人物角色，用小组合作的学习方式，相互配合、相互启发、相互帮助，使学生内化故事中人物的语言，进而培养学生的语音、语调，促进学生语言运用能力的提高。另外，任务型教学法与传统的英语教学法有很大的不同：① 任务型教学开始就呈现任务，以学生在任务的驱动下用语言做事。② 为了完成各项学习任务，学生的活动将以意义为中心，尽力调动各种语言资源进行意义构建，以达到解决某个交际问题。③ 任务型教学具有目的性、过程性、综合性和思维的挑战性等的特点，有效地培养学生语言综合能力。

七、第二次实践

经过反思和小组讨论，在以下两方面进行改动

（1）在 practice 的步骤那里增加一个单词游戏。具体操作：当老师拿出动词（如 wear）的卡片，学生就拍一下桌子，如果是名词（如 glasses）则拍两下桌子，最后将所有名词和动词读一遍。

（2）最后的环节 extension 添加歌曲视频“Do you like…?”（歌词为 Do you like candy? Yes，I do. Do you like kimchi? No，I don't.）较完美地结束本课教学。

八、指导教师点评

针对主题故事中的每一个人物角色，深入挖掘其人物特征，体会其人物语言，并将完整的故事情节划分成小的段落，逐段学习。在每一个小的段落后都会为学生提供巩固的机会，在巩固的同时为下一个小段落的学习打下良好的基础。同时，也是将长的段落划分成小而短的段落，方便学生的学习和掌握，也为班内的学困生提供自我展示的平台，帮助他们树立学好英语的自信心。任务型教学法是语言教学的有效途径，同时它是一种新型的教学方式，因此需要在教学中大胆实践，积极探索，使任务型教学模式能够在提高学生的英语实际运用能力上发挥出最大的效应。

小学英语课堂中的文化意识培养研究

——"Fancy Dress"课例研修

胡爱菊
四川师范大学附属附属实验学校

一、选题背景

1. 为什么选择该课例研修为主题？

《英语课程标准》指出："接触和了解英语国家的文化有益于对英语的理解和使用，有益于加深对本国文化的理解与认识，有益于培养世界意识。"美国语言学家 E.Sapir 说："语言的背后是有东西的，而且语言不能离开文化而存在。"。语言是文化的反映，是文化的载体，它含有丰富的文化内涵。学习英语知识，掌握英语技能，提高综合运用英语的能力和熟悉英语文化是密不可分的。英语学习中有许多跨文化交际的因素，这些因素在很大程度上影响对英语的学习和使用。因此，要在跨文化交际中做到准确、无误和得体的交流，必须了解基本的文化背景知识。

2. 关于该研修主题，他人做了那些研究？

小学英语不仅只是一门学科，更是一门交际的基础工具学科，它的教学任务是培养学生的学习兴趣，培养学生综合运用英语的能力，引导他们形成开放的、合理的跨文化认知与理解观念，使其能够"面向世界，面向现代化，面向未来"。为实现语言教学中的文化意识培养，国内外专家学者做了大量研究实践，其中成果有：Patrick R. Moran 的《文化教学：实践的观念》；邓炎昌，刘润清的《语言文化——英汉语言文化对比》；方保军的《英语教学中的跨文化教育素质》；胡文仲的《跨文化交际面面观》。

3. 本次课例研修希望在哪些方面有所改进和突破？

由于各个民族地理位置、生态环境、政治制度、历史背景、风俗习惯、价值观念、行为模式的不同，其文化特征也不一样。只有通过对比才能发现本国文化与目的语国家文化之间的异同，从而使学生获得一种跨文化交际的文化敏感性，加深对中外文化的理解，提高跨文化意识。本次研究我希望能在课堂学习中让孩子们通过语言的载体能了解背后的文化知识。通过让学生在活动中体验动不同的文化，让他们更喜欢说英语，用英语，并能很好的把课堂上所学的知识运用到生活中，实现真正的"学以致用"。

4. 教材和课例选择

中国青年出版社出版的《典范英语》1a（新版）一年级上册 Lesson 14 “Fancy Dress”.

二、教学内容简析

本课是中国青年出版社出版的《典范英语》1a（新版）一年级上册的内容，本节课的主要内容是学生能够读懂故事情节；惟妙惟肖地模仿录音；绘声绘色地独立朗读故事；能够看图说出各种装扮的名称(scarecrow, pirate, angel, chicken)及相应的表达方式(... was a/an ...)；掌握字母组合“pp”的拼读规律。

三、学情分析

该班是小学一年级的学生，学习此课时，他们进入一年级的学习已经有一段时间了，通过一段时间的《典范英语》学习，孩子的语音语调开始变得好听，大部分学生已形成了好的学习习惯和拥有了一定的基础。知道数字、动物、字母、形状、家庭成员、颜色、一些食物等的表达方式。对于刚进入一年级的的孩子来说他们活泼好动，喜爱游戏，模仿力强，好奇多问，对一切新事物都感到兴趣。但是相对的，注意力不能长时间集中，容易受外界影响，课堂管理相当重要。如何吸引学生注意教学内容并形成自己的英文思考方式，潜移默化中掌握不同文化内涵是教师所要思考的问题。

四、教学目标

（一）语言知识技能目标

（1）学生能够读懂故事情节；
（2）绘声绘色地独立朗读故事；
（3）学生能够看图说出各种装扮的名称（scarecrow，pirate，angel，chicken）及相应的表达方式（... was a/an ...）；掌握字母组合“pp”的拼读规律。

（二）情感目标

让学生感受一家人准备和参加化装派对的欢乐氛围；通过让学生用道具装扮人物图培养观察力；通过让学生尝试用简单道具给自己化装培养想象力和动手能力。

（三）重点、难点

1. 重　点

学生能够看图说出各种装扮的名称（scarecrow，pirate，angel，chicken）及相应的表达方式（... was a/an ...）。

2. 难　点

学生能掌握不同装扮的描述方法，用简单道具给自己化装并自我介绍。

五、第一次实践

（一）教学过程

1. 导入（Lead-in）

观看视频，了解 fancy，dress，party

通过观看视频短片 Fancy Dress Party，让学生了解何为 fancy dress party，为看图讲故事做好铺垫。

教师播放视频短片，并向学生简单介绍 fancy dress party.

T：Today we are going to watch a video clip. It's called Fancy Dress Party. In this video，everyone was dressed up and went to the party.

看完视频后，教师将视频暂停在最后一个画面上并提问。

T：Do you like the fancy dress party?

T：Which dress do you like best，the fairy princess，the dinosaur，the nurse，the witch，the pirate，the clown or the carrot?

学生回答后，教师自然过渡到讲故事环节。

T：Kipper's family loved fancy dress parties. One day，they went to a fancy dress party. How did they dress up? Let's learn the story.

2. 看图讲故事（Story-telling）

理解故事情节，观察一家人的装扮。

教师利用课件逐幅播放故事图片，并用丰富的表情、生动的英文和适当的肢体语言给学生绘声绘色地讲故事，让学生观察一家人分别化装成了什么，并通过故事感受 fancy dress party 的欢乐氛围。

（Picture 1）

Who is it?（BQ：Is it Mum?）（教师指向 Mum）

It's Mum.

Everyone helped Mum dress up.

"Here's a hat，" said Chip. "Here's a nose，" said Biff. "Here's some straw，" said Dad and Kipper.（教师分别指向道具）

What was Mum?

Mum was a scarecrow.（教师指向稻草人）

（Picture 2）Look at Biff and Chip!（教师分别指向 Biff 和 Chip）

What were they? Look at their hats.（BQ：Were they scarecrows?）

Biff was a pirate.

Chip was a pirate. "Look at my hook!" said Chip.（教师指向铁钩）

（Picture 3）What was Kipper?（BQ：Was Kipper a pirate? Was Kipper a scarecrow?）

Kipper was an angel. He had wings and a halo.（教师指向翅膀和头上的光圈）

Mum，Chip and Biff looked at him. Did they like this angel?

（Picture 4）Dad was dressed up. He had wings，too. Was he an angel?（教师指向 Dad）

No，Dad was a chicken.

Everyone laughed.（教师将一家人善意的嘲笑演示出来）

（Picture 5）The family went to the party. Everyone was dressed up.

Was Dad happy? Yes，he was happy.

Was Mum happy? Yes，she was happy.

Biff，Chip and Kipper were happy，too.

Everyone was happy. "Fancy dress party is fun!" said everyone.

教师要注意启发学生思考，每次提问之后稍作停顿，不要急于说出答案，先观察学生的反应，如学生仍回答困难，再进一步给出提示引导学生作答。

3. 听录音模仿（Listening and Imitating）

听录音模仿时，录音是什么音什么调，就让学生模仿成什么音什么调。尤其要注意"an"和"a"的读音区别，同时注意读每幅图时不同的语气和情感。

（1）放录音，让学生完整地听一遍故事，整体输入，不需停顿。

（2）放录音，全班学生齐声模仿跟读 2～3 遍。要求学生在理解故事内容的基础上，逐句跟录音指读。鼓励学生大胆开口，读出戏剧化效果，读出感情。

（3）放录音，请几个学生模仿故事。注意引导学生使用不同的语气表达出不同的情感：读到"Kipper was an angel."时语气很平和，读到"Dad was a chicken."时能够感受到一家人对爸爸善意的取笑，读"Everyone was happy."时语气中透着欢乐。

4. 朗读故事（Reading Dramatically）

通过多种形式的朗读，让学生能够绘声绘色地独立朗读故事，培养学生有感情朗读故事的习惯，练就语言基本功。

（1）全班集体朗读。教师组织全班同学齐声朗读 1～2 遍。

（2）朗读接龙。将学生分成男女两组，男生读一句，女生读一句，进行故事接龙。

（3）朗读比赛。请几个学生独立朗读故事，看谁语气读得贴切，音调读得标准。

教师根据学生的朗读表现给予表扬和鼓励，对朗读困难或有问题的学生给予指导和示范。

5. 检查理解（Story Comprehension）

回顾故事情节，让学生运用"… was a/an …"描述故事人物的装扮

（1）教师将提前准备好的单词卡贴在黑板一侧。

（2）教师用 PPT 展示最后一幅图并提问：Look at the family at the party. What was Mum? 学生回答后，教师从词卡中找出"Mum"，"was"和"a scarecrow"组成句子，最后加上句点。

（3）教师逐一提问，让学生回答并仿照教师示范完成组句，提醒学生在句末加上句点。

What was Dad?

What was Biff?

What was Chip?

What was Kipper?

6. 拼读练习（Practicing Phonics）

培养拼读意识，掌握字母组合“pp”的拼读规律。

1）找出含有字母“pp”的单词

教师在黑板上写出 “happy”一词，用彩笔突出字母组合“pp”。

请学生从本课找出含有字母组合“pp”的词：Kipper。

学生齐读，发现其拼读规律。

2）填词游戏，强化拼读规律

教师在黑板上粘贴苹果、Floppy、Kipper 和笑脸的图片。

图片右侧写上 a_ _le；Flo_ _y；Ki_ _er；ha_ _y。

请同学上台将单词填写完整，然后读一读。

7. 家庭作业（Homework）

（1）反复模仿录音，熟读故事。

（2）回家寻找或制作一些简单的道具给自己化装（可请父母帮忙）。条件允许的话，还可以拍成照片，在班内的黑板报上做展示，选出最富有创意的装扮。

（二）实践教学效果

通过观察课堂上学生的反应及与学生的简单访谈，发现学生对于 Fancy Dress Party 的了解还不够深入，对服装和道具的准备还不够了解。

六、第一次反思

1. 反　思

在本课的教学中，我有意识地在 lead-in 环节提前让学生了解什么是“fancy dress”，有了这个文化背景知识后再进行语言教学。通过教学实践，学生掌握了“fancy dress”的含义，文化导入环节的设计降低了教学难度，为语篇讲解提供了语境背景，整体语言教学效果不错。

通过思考，我认为文化意识的培养对融入到教学中能拉近师生之间的距离，消除隔阂。我们可以引入西方的价值观、人生观和生活方式，有选择地渗透到教学中，使学生增加对西方社会的了解，培养学生对英语国家文化及文化差异的敏感性和适应性，培养交际能力和跨文化意识。英语教学是进行国际理解教育的极佳途径，教师在教学过程中应当有敏锐的文化意识，让学生体会不同文化内容。文化教学与语言教学并不冲突，要处理好其中的主次关系，才能获得双赢局面。

2. 课题组成员讨论建议

在新颁布的《英语课程标准》中，将文化意识与语言技能、语言知识、情感态度、学习策略作为综合语言运用能力一个必不可少的组成部分作了具体描述。强调文化意识是得体运用语言的保证。这五个方面共同促进综合语言运用能力的形成。这充分肯定了文化学习在语言学习中的必要性和重要性。在英语学习的起始阶段，就应该重视文化教学，这其中包括两个方面的内容，一是文化知识的传授，一是跨文化意识的培养。

小学英语教学中“文化知识的教授”以及“有效的跨文化教学”有助于学生了解与熟悉英美文化，提高学习英语的兴趣，加深对英语语言的理解与掌握，增强他们自觉运用英语进行交际的积极性。但培养学生的跨文化意识时要注意使学生形成对待外来文化和本国文化的合理的跨文化心态，不仅要鼓励学生融入、体验异国文化，而且要肯定本国的优秀传统文化，不能盲目、全盘地接受异国文化中的价值观和行为标准，要使其学会取其精华去其糟粕；要注意树立学生的民族自尊心和自信心，让学生既不形成妄自尊大、闭关锁国的心态，也不形成崇洋媚外、妄自菲薄的心态。这样，学生在了解英语国家的风俗民情的同时也能增长见识、开阔视野，体会英语学习的趣味性，达到教学目的。

七、第二次实践

经过反思和小组讨论，重新设计第五部分 Presentation。

第 5 小部分结束后的教学方式，现修改如下：

教师给学生讲化装派对在英国称之为 fancy dress party，在美国称之为 costume party，最早可追溯到 18 世纪流行于欧洲上流社会的化装舞会。故事中 Kipper 一家人正在为派对准备服装和道具。

教师通过对比提问学生：“Do we have Fancy Dress Party?”学生：“No，we don't.”教师问：“Do you want to play at the Fancy Dress Party?”紧接着，教师带着同学们做一个游戏，在游戏中加深学生对 fancy dress 的认识。

通过化装游戏，加深学生对 fancy dress 的认识，培养学生的观察力和想象力。

1）装扮故事人物

教师把准备好的人物图和服装道具图打乱顺序贴在黑板上。

根据检查理解环节组好的句子，让学生找出人物图并选择合适的道具装扮人物图。

教师取走词卡，让学生说出相应的句子。（如有难度，教师可直接让学生读句子。）

2）自由发挥

教师把人物图和道具图重新打乱顺序。

请学生自选道具对人物图进行装扮，并用一句话进行描述。如：学生可以把妈妈装扮成天使，然后说出句子：Mum is an angel.

3）如时间允许，可让孩子参与用简单的道具给自己制作化装服，以培养他们的想象力和动手能力。

八、指导教师点评

教师在第一次授课中，除了教给学生运用语言目标知识，也让学生了解了“fancy dress”的文化背景，这一点做得非常好。美中不足的是孩子们没有自己亲身体验参与“fancy dress party”的快乐，不会有太深刻的记忆。教师在第二次实践中，意识到让学生参加“体验式”的活动的重要性，所以加上了一个学生参与的活动，教师准备好一些道具，让学生自己体验参加“fancy dress party”的快乐。通过“体验法”教学，学生的记忆和理解更加深刻。

情景教学法在小学英语课堂的应用

——“How Much？”课例分析

易　莎

成都市解放北路第一小学

一、选题背景

1. 为什么选择该课例研修主题？

情境教学法是指在教学过程中，教师有目的地引入或创设具有一定情绪色彩的、以形象为主体的生动具体的场景，以引起学生一定的态度体验，从而帮助学生理解教材，并使学生的心理机能能得到发展的教学方法。而教育心理学告诉我们：小学生的年龄特点是好奇心强，模仿性强，生性好动，有意注意持续时间相对较短。所以，著名教育家陶行知先生说过：教育艺术就是在与设法引起学生的兴味。在英语教学过程中，教师要充分创设情景，让学生学会探索，学会学习，学会运用语言。

2. 关于该研修主题，他人做了哪些研究？

情境教学法由英国应用语言学家在 1930 年代到 1960 年代发展形成。

1）国外的研究方向

美国著名教育家杜威在 1933 年发表的《我们怎样思维》中就已提出了教学情境的问题。他说：“形成反省思维的方法问题就在于建立必能引起的指导好奇心的各种情境。”提出教师要“研究种种情境”“对要处理的情境的性质，尽可能地有明白的和准确的认识。……不论这些情境是他直接感觉到的，还是记忆的，它们都是板上钉钉的事实。”“如果情境更为复杂，当然，思维就更加周密。”

乔纳森《学习环境的理论基础》一书中介绍：情境是利用一个熟悉的参考物，帮助一个学习者将要探讨的概念与熟悉的经验联系起来，引导他们利用这些经验来解释说明，形成自己的科学知识。

1989 年，布朗（J. S. Brown）等提出并界定了“情境性学习”的概念。布朗等人认为，传统教学暗含了这样一种假定，即概念表征成为教学的中心。而实际上，这种假设恰恰极大程度地限制了教学的有效性。情境性学习理论认为，在非概念水平上，活动和感知比概念具有更为重要的、认识论意义上的优越性，所以，人们应该把更多的注意力放在活动和感知上。布朗等人提出“情境通过活动来合成知识”，即知识是情境化的，并且在一定程度上是它应用于其中的活动、背景和文化的产物。而在通常，我们的传统教育则过于忽略了这些背景对于校内所学知识的影响。

2）国内的研究方向

福建师范大学教育科学与技术学院教授余文森，任教育部新课程教学专业支持工作项目组组长，他在《中国教育报》2006 年 12 月 15 日第 6 版发表的《教学情境，犹如美味而富有营养的汤》中说："传统教学也注重情境创设，新课程从以人为本、回归生活、注重发展的教育理念出发，大大丰富了情境的内涵，并对情境创设提出了新要求，情境创设因此成为了新课程改革在课堂教学领域内的一个热门话题。"

3. 本次课题研修希望在哪个方面有所改进和突破？

本研究努力为学生创建一个从生活场景中，通过听看模仿，让学生从已有的购物范例中创设学习情境，利用学生细致入微的观察力和模仿力来学习日常生活中的表达方法。

4. 教材和课例选择

北师大版第五册小学 3 年级上册 Unit 2 第一课时。

二、教学内容简析

北师大出版社（一年级起点）三年级上册 Unit 2。本课是北师大英语三年级上册二单元第一课时的内容，课文从主人公 Ann，Ken，Mocky 一起去购物开始，带领孩子进入购物的过程与场景。

三、学情分析

三年级的孩子已经学习了两年的英语，对单词，简单句型有基本的理解表达能力。

四、教学目标

（一）教学知识技能目标

（1）能在插图的帮助下理解故事的主要内容。
（2）能模仿录音，朗读人物对话。
（3）学生能学习读会新单词：thirty，sixty，ninety，how much。

（二）情感目标

培养孩子了解购物的整个过程和购物询问价格的方法，面对坏人应该立刻勇敢挺身而出

（三）教学重难点

1. 重　点

能在图片的帮助下，理解询问，说明玩具价格的表达法。

2. 难 点

通过学习故事中 Mocky 的行为，渗透机智勇敢品质的培养。

五、一次实践

（一）教学过程

Step 1 Warming-up

Step 2 Review（引出情境线索。）

（1）利用数字卡片 11 ~ 20，组织猜数词的游戏。遮住数字，只露出一小部分，让学生猜是哪个数字。

（2）呈现数字卡片，让学生指认，认读。

Step 3 Presentation（创设场景让学生开始感受购物的情景。）

（1）呈现故事第一幅图，让学生说一说 Ken，Ann 和 Mocky 在哪儿，并猜一猜他们想买什么玩具。

（2）让学生说一说货摊上都有什么玩具。

Step 4 New Lesson

使用学生用书第 14，15 页，让学生进入情景中发现线索。

1）Listen

（1）播放故事动画，让学生完整看一遍动画，说一说 Ken，Ann 和 Mocky 想买什么玩具。

（2）逐一呈现插图 2，3，4。

教师问：

（插图 2）T：What is it? S：It's a toy train.（讲解新单词 toy，拼读空书。）

（插图 4）T：What is it? S：It's a kite.

（插图 5）T：What is it? S：It's a robot.

板书单词 toy train，kite，robot。

（3）问学生是否记得故事中这些玩具的价格，播放动画，让学生完整的看一遍。（重温情境。）

（4）学生分别回答具体价格，老师呈现数字 50，30，60，教师板书英语单词 fifteen，thirty，sixty。

教师示范领读，并呈现出完整的 How much is the____? It's_______.

（5）最后 Ken，Ann 和 Mocky 选择了什么玩具，让学生自己再阅读一遍，说一说风筝和机器人是多少钱，呈现数字 90（ninety），教师领读，重点在 ty 的发音。从情境中发现新知识，从情境中感受新单词新句型。

（6）播放图 6、图 7 的动画，请学生两人小组表演，逐一付钱和找钱的英语表达。

通过自我再生情境，让学生在购物的情境下练习学习的新知识。

（7）看图 8，看看 Mocky 叫上穿的什么，猜一猜脚蹼的价格，引导学生看着戴帽子的人，猜一猜他是谁。

（8）播放图 9，图 10 的动画，让学生模仿 Mocky 怎么大声呼喊的。

（9）让学生根据黑板上的玩具和价格，回顾故事内容，最后用中文询问孩子，在这个故事里 Mocky 有什么值得学习的地方。

（整个新课的学习过程都是从故事情境中感知并得到新知）

2）Read

（1）给学生 2~3 分钟时间自读课文，将不会读的内容用铅笔圈出来。

（2）播放录音，让学生跟读。

（3）学生自己读课文。

（4）播放动画，给动画配音。

Step 5　Practice（整体大情境的创造并在情境中巩固知识）

（1）让学生拿出自己带的东西，4 人小组互相询问价格，并告诉老师自己喜欢的是什么，它多少钱

（2）学生展示。

（3）教学效果：学生基本能够通过学习掌握价格的询问与购物的流程，并且从情境入手情节入手，带着故事线索学习新知

Step 6　Homework

听读课文并且用 how much 来询问家里物品的价格。

（二）实践教学效果

通过课堂上观察孩子的表现，了解孩子对数字不太敏感，容易把十几和几十搞混。

六、第一次反思

1. 执教教师的思考

在本课中，重点是让孩子进入情境，让孩子理解故事大意，并且可以简单地回答“How much？”的一问一答。教学设计是先引入“how much”这个概念，让孩子对于价格有一个基本的感知，并且可以简单的说出自己手中的玩具是多少钱。但是上课后感觉学生的活动设计得还是不够灵活，可以减少机械操练，多增加一些有趣味性的游戏方式。进入教学后，根据新课标英语的要求，第一堂故事性教学应该在不破坏故事整体性的基础上，创设一个购物的情境，让孩子对课文大意产生理解。那么这一课，老师分层次提出人物会喜欢什么，他们喜欢的东西多少钱，带着问题，听两次进而理解故事大意。后半段的设计更偏向于情感目标的产出，将见义勇为和购物时的基本用语贯穿其中。本次课程可以做如下更改：一是引入过程中添加更活泼的游戏内容，二是读书的过程中再次强调语音语调，不能平淡泛味地反复读书。

2. 课题组成员讨论建议

第一，这节课大致流程还是比较清晰，达成度也很高，但是毕竟是中段课程，可以加入更多趣味性的内容，让孩子对英语学习感兴趣。

第二，课文中“altogether”虽然是一个情景词，但是在最后读书的环节中，孩子对这个单词的发音还是没有掌握，可以更多地在引入“How much are they？”中强调“altogether”这个概念。

第三，毕竟这个是第一课时，对于全班达成度上不能只关注上课表现，建议老师下课后对本节课没有发言的孩子再进行关注，或者设计难度各不相同的问题，让全员参与。

七、第二次实践

经过反思和小组讨论，重新设计了教学方法，现修改如下

1）Step 2　中复习数字时，直接引入价格的观念

（1）教师拿出一堆玩具，告诉孩子这些都是她自己的玩具，现在我们来看一看，他们多少钱，这样的方法来复习我们学习过的1—20的数字，或者可以采用孩子来猜一猜价格来复习数字

（2）注意产出句型：This，… is … yuan.

通过缓慢发出“teen”的重度让孩子形成意识——teen代表十几。

2）Step 4　presentation部分处理要突出情境教学的主旨

创设一个孩子的学习环境，给孩子营造语境，所以设计改动如下：

看完动画，老师给孩子描述这个场景：One day，Ken，Ann and Mocky go to the market. From the pictures，can you tell me what can you see in the market？What do you like？Do you have money？通过这样的方式带领孩子进入整个故事的场景。

八、指导教师点评

这堂课不仅仅是教导单词教导句型，更像是带着孩子走进一场集市，走进日常的生活，所以这种情境创设对孩子来说相当重要。也许他会忘记一个单词一个句子，但是他不会忘记在这场集市上买了各种东西的故事线索，因为人类的记忆是片状记忆，不是点状记忆，以知识点单独呈现的知识会随着时间的推移而遗忘，但是以一个情境下发生的故事线索，却让孩子能有更深刻的记忆和更真实更生动的感受。

小学低段情景教学设计
——"Food and Drink"课例分析

刘　梅
成都市沙湾小学

一、选题背景

1. 为什么选择该课例研修主题?

英语情境教学就是以情境教学基本理论为基础,通过铺设情境,实现达到语言交际的目标。英语情境教学法，就是指教师根据学生的年龄特点和心理特征，遵循反映论的认知规律，结合教学内容,充分利用形象,创设具体生动的情境,使抽象的语言形式变成生动具体的可视语言,创设尽可能多的英语语言环境，让学生更多地接触和感受英语、说英语、用英语进行思维、用英语的方式主导行为。在英语教学中，教师创设真实的语言环境或模拟情境，充分利用生动、形象、逼真的意境，使学生产生身临其境的感觉，利用情境中传递的信息和语言材料，激发学生用英语表达思想感情的欲望，从而培养学生运用英语理解和表达的能力，激起学生从整体上理解和运用语言，促进学生的语言能力及情感、意志、想象力、创造力等整体发展。该教学法的特点是：将言、行、情境融为一体，有较强的直观性、科学性和趣味性。

2. 关于该研修主题，他人做了哪些研究?

情境教学法自 20 世纪 70 年代形成以来，已逐渐发展成为一种语言教学中的基本思想和教学方向。情境教学法的语言理论基础是英国的结构主义语言理论。口语被认为是语言的基础，结构是说话能力的核心。与美国结构主义语言学不同的是，在这里语言被看作是与现实世界的目标和情境有关的有目的的活动。这些活动是有交际意义的。教学要为用语言进行有效实践创造条件，要把学习手段与其最终的为交际的目的紧密结合起来。英语教学的过程就是语言交际能力的习得过程，学生在交际中不断地掌握语言技能、语言知识和语言特点。

3. 本次课例研修希望在哪个方面有所改进和突破?

本研究努力为学生创设生动的的故事学习情境，有效利用学生好动，爱好游戏的特点，通过模拟情景学习的词汇和句型，并在情景中学习运用。

二、教学内容简析

本单元是北京师范大学出版社出版的《英语》一年级下册的第九单元 Unit 9 "Food and

Drink”，主要围绕食物和饮料，介绍了一些常见食品的名称以及询问对方或者表达自己喜欢的物品时的常用语“What do you like?”“I like...”本单元教学内容贴近学生的日常生活，有利于培养学生在真实情景中用英语进行交际的能力。本课时为第一课时，属于故事教学，旨在通过故事创设真实的情景，自然导入单元核心语料，并为本单元后面几个课时的教学作铺垫。

本课时的故事主要呈现了 Ken，Ann 和 Mocky 在游乐园的餐饮区就餐的情景。Ken 和 Ann 选好了各自喜欢的食物和饮料之后问 Mocky 喜欢什么，Mocky 指着汉堡包柜台高兴地说自己喜欢汉堡。就语言知识而言，主要涉及了食品和饮料的相关词汇 pizza，hamburger，chicken 和 juice，以及如何询问和表达自己的喜好 What do you like? I like...就情感态度价值观方面而言，要让学生初步了解中西方国家的饮食方面的文化差异。故事教学要突出“讲故事”，特别是要引导学生观察故事中的人、物、环境，通过师生互动共同来理解故事。

三、学情分析

一年级学生活泼好动，喜欢直观形象思维，对竞赛、游戏、画画非常感兴趣，一年级是英语学习的基础阶段，这一阶段的首要任务是培养学生的学习兴趣，因此，在课堂环节设计是在设计课堂教学活动时一定要根据学生的情况，采用灵活多样的教学方法来吸引学生的注意，努力营造玩中学、学中玩的教学情境。课堂上尽量以鼓励表扬为主，鼓励学生开口说英语、特别是给差生创造机会，让他们尝试成功的喜悦。卢梭说：“教育的艺术是使学生喜欢你所教的东西。”课堂教学中，只有学生乐于参与，主动参与，学生的思维才会处于活跃状况，吸收知识才会迅速，学习英语才不会让学生觉得是“苦差事”。一年级学生有着极强的求知欲和表现欲。根据学生的心理特点，在课堂上应多以表扬为主，注重对学生英语学习兴趣的培养，鼓励他们大胆说、积极做、努力唱，让学生们在玩、做、说、唱中学习英语。

四、教学日标

（一）语言知识技能目标

（1）听懂课文内容。

（2）学生能听懂会说本单元重点句型“What do you like? / Do you like ...？”及答语。用“Yes，I do./No，I don't .” 对别人的询问作出回答，了解中西的文化差异。

（3）学生能在情景中学习新单词：chicken，hamburger，pizza，juice。

（二）情感目标

通过多种形式的活动激发学生乐于参与英语学习活动的兴趣。

（三）教学重点、难点

1. 重 点

全体学生能在情境中理解并学习新句型表达自己的喜好。.

2. 难 点

全体学生能在情景中运用新句型和词汇交流。

五、第一次实践

（一）教学过程

1. 热身活动

（1）Greetings
（2）Sing a song and do the actions.

2. 故事前准备

老师出示 PPT，通过图片指导学生认识 chicken，hamburger，pizza，juice.
老师指图片教读单词。开火车认读。

3. 故事学习

1）导入故事
介绍故事中的任务，Mocky，Ken，Ann.
看视频，听故事
跟读故事两遍，师教读故事，小组分角色读故事。
2）生看书小组合作认读故事
3）师板书新句型，教读问答句
What do you like?I like …
4）小组活动
小组内互相问答了解同学的喜好。

4. 作 业

（1）听读故事；
（2）调查小朋友喜欢的食物。

（二）教学效果

本节课通过语言操练、小组活动，学生的语言能力得到了提升，学生在活动中积极参与，学习的欲望强烈，但是情景功能发挥不够好、学生语言交流有一定的障碍。

六、教学反思

1. 执教教师的思考

本课时主要学习了日常生活中常见的快餐食品，要求能够初步掌握如何表达自己的喜好和询问他人的喜好的句型。在本课中我以师生合作，互动式的教学方式和学生“主动参与，交流和合作”的学习方式进行。例如在单词教学时，讲到juice这个单词的时候，并不是让孩子们机械地进行操练，而是拿出真正地一瓶果汁，在孩子手中边传递边说，juice，juice，I like juice.通过这样直观的接触和体验，从而使学生们能够掌握这个单词，并能在情景中进行交流运用。在课文的理解中，先通过观察图片，来初步感知故事内容。在老师提出问题后，并没有第一时间就播放录音来找问题的答案，而是采用了让孩子们先对问题的答案进行大胆地猜测，然后再是听录音来找到课文中的答案，这样做更能充分地发挥孩子们丰富的想象能力。在教学的过程中，以低年级孩子的生活经验和兴趣为出发点，还原了较为真实的语言情景。例如在“Go to the KFC.”在这一活动中，教师扮成KFC的点餐员，请孩子们来点餐。这一活动能把我们这节课所学的句型，迁移到生活中，还原于生活中。本节课还运用了任务型教学，通过两人合作和小组合作的方式，完成不同的表格，这不仅能够检测学生们当时对新知的掌握情况，还能培养合作的意识。

2. 课题组成员讨论意见

新课标提倡培养学生的语言语用能力，强调让学生在真实的语境中学习和运用语言进行交流。改变以往的单词的机械性认读教学，还原于真实的语境中去学习，所以本节课的新单词学习中可以设计语境，让学生认识真实的食物并学习单词的发音；故事的学习中也没有创设语境，老师只是单纯的教学生认读句子，而没有帮助学生去理解并运用。

七、第二次实践

经过反思和小组讨论，重新设计故事教学的环节如下：

1. 故事前准备

1）活动1

T：This is a magic box. Can you guess what’s in the box?

老师拿出魔法盒子，里面装了以前同学们学过的香蕉、苹果以及这节课要学习的单词chicken，hamburger，pizza，juice。老师拿出依次拿出香蕉和苹果。

T：What’s this?学生通过游戏复习旧知。

老师拿出hamburger的实物，T范读hamburger（语音清晰语速慢）学生依次操练。

通过游戏猜测依次学习chicken，pizza，juice。

2）活动2

T拿出真实的chicken，hamburger，pizza，juice在学生中传递，引导学生说出英文名称。

在这个环节中将单词的学习放在真实的食物认知中，改变了以往传统的看单词认读，让学生在真实的体验中获得知识。

2. 故事学习

1）导入故事

T：I like hamburgers，but how about Mocky?

老师在黑板上贴出 Ken，Mocky 的头像。

T：Now，I' m Ken. Please，guess. What do I like?

老师带上 Ken 的头像，先请同学们根据图片上的内容，发挥想象力，来猜猜 Ken 会喜欢什么食物。

T：Now，please listen，what do I like?

老师播放录音，让同学们通过录音来找到 Ken 喜欢的食物是什么。

老师让学生对这句话进行模仿跟读。

T：Who wants to be Ken?

老师抽取一个小组或者个别同学对这句话进行展示，并且对表现的好的小组或者个人进行鼓励评价。

T：Listen please，what does Ken ask?

老师播放录音多遍，让同学们能够听清 Ken 是如何对 Mocky 进行提问的。

当同学们能够大概说清问句的时候，老师将这个问句板书在黑板上。

老师让学生进行问句的跟读。

T：Now，I'm Mocky. Please，guess. What do I like?

老师带上 Mocky 的头像，先请同学们根据图片上的内容，发挥想象力，来猜猜 Mocky 会喜欢什么食物。

T：Now，please listen，what do I like?

老师播放录音，让同学们通过录音来找到 Mocky 喜欢的食物是什么。

老师让学生对这句话进行模仿跟读。

T：Who wants to be Mocky?

老师抽取一个小组或者个别同学对这句话进行展示，并且对表现的好的小组或者个人进行鼓励评价。

2）跟读故事

老师播放课件，让全班进行集体跟读。

老师通过不同的角色扮演，让学生充分地对本课时的重难点句型进行适当地操练。

老师选择部分的小组或者个人进行展示，并进行适时的激励评价。

这个环节增加了角色扮演，让学生在真实的语境中学习，模仿并初步学习运用语言进行交流。

3）情景呈现、语言拓展

（Activity 1. KFC 餐厅，角色扮演）

S1：What do you like?

S2：I like chicken …

（Activity 2. Team work）

拿出表格，在小组内，依次询问旁边的同学“what do you like?”并通过表格反映出同学们的喜好。

T 集中收集各组内同学的喜好，并归纳出哪种食物是最受班上同学喜爱的。

在这个环节中老师通过创设情境，引导学生在真实的语境中进行交流。

八、指导教师点评

情景教学是是低段英语教学的基本教学模式。此次课题研究是低段情景化故事教学的一次有效的探索，大家通过研究加深了对情景教学的研究深度和广度。在实践中总结出了更多更好的教学技巧和模式，特别是情景的引入，语言实践，语言拓展都为老师们提供了可借鉴的方式。低段学生的语言积累少，学生活跃，课堂活动不易控制，但是老师始终将学生的学习兴趣的培养放在首位，根据学生的年龄特点准确设定教学目标，精心设计教学情景活动，使学生在轻松愉快的活动中去感受语言，理解语言和运用语言，以培养他们的兴趣、成就感，自信心和积极主动学习的能力，此次研究为大家提供了很好的低段情景教学的示范。

情景教学法在小学英语课堂中的应用

——"Fruit"课例分析

李锦亮
成都市全兴小学

一、选题背景

1. 为什么选择该课例研修为主题?

情景教学法是指在教学过程中，教师有目的地引入或创设具有一定情绪色彩的、以形象为主体的生动具体的场景，以引起学生一定的态度体验，从而帮助学生理解教材，并使学生的心理机能能得到发展的教学方法。情境教学法的核心在于激发学生的情感。情境教学，是在对社会和生活进一步提炼和加工后才影响于学生的。诸如榜样作用、生动形象的语言描绘、课内游戏、角色扮演、诗歌朗诵、绘画、体操、音乐欣赏、旅游观光等等，都是寓教学内容于具体形象的情境之中，其中也就必然存在着潜移默化的暗示作用。

2. 关于该研修主题，他人做了那些研究?

300多年前，捷克教育家夸美纽斯在《大教学论》中写道："一切知识都是从感官开始的。"这种论述反映了教学过程中学生认识规律的一个重要方面：直观可以使抽象的知识具体化、形象化，有助于学生感性知识的形成。情境教学法使学生身临其境或如临其境，就是通过给学生展示鲜明具体的形象（包括直接和间接形象），一则使学生从形象的感知达到抽象的理性的顿悟，二则激发学生的学习情绪和学习兴趣，使学习活动成为学生主动的、自觉的活动。

3. 本次课例研修希望在哪些方面有所改进和突破?

本次研究努力为学生创设生动的的词汇学习情境，有效利用一年级学生好动、爱好游戏的特点，让学生在活泼，自然和真实的情景中感知，模仿并习得语音。通过真实自然的语境，帮助学生感知，模仿并习得语言。

4. 教材和课例选择

人民教育出版社出版的《一年级起点》一年级上册 Unit 6 "Fruit"。

二、教学内容简析

本课是人教版《一年级起点》一年级上册的内容，本节课的主要内容是学习四种水果的英文名称：apple，orange，banana，pear 以及运用询问喜好的功能句“Do you like.....?”句型与他人进行交流，并能在恰当的情境中初步运用。

三、学情分析

该班是小学一年级学生，有部分学生已经在幼儿园接触过关于 fruit 的词汇，经过前面 5 个单元的学习，大部分学生基本能够听懂简短的课堂指令，能做到积极参与课堂上组织的各种活动，积极使用英语。但有少部分条件不足的学生，由于无法在课后练习英语，造成了他们在课堂中胆小，不敢发言，也不敢开口说英语。小学阶段的英语学习主要在与儿童对于语言的感知能力，所以，我在课堂上尽量为孩子们创设一个真实有趣的环境，克服学习英语的心理障碍，用更加接近儿童的交流方式，鼓励孩子们讲英语。

四、教学目标

（一）语言知识技能目标

（1）能够听懂，会说四种水果的英文名称：apple，orange，banana，pear。

（2）能够听懂，会说询问喜好的功能句“Do you lile...?”及答语“Yes，I do”“No. I don’t.”并能在恰当的情境中初步运用。

（二）情感目标

培养学生在各种活动中学会与他人合作，具有合作意识。

（三）重点、难点

1. 重 点

全体学生能用“Do you like ...?询问别人是否喜欢某种水果，用“Yes，I do.”“No，I don’t.”对别人的询问作出回答。

2. 难 点

在教学过程中为学生创设各种生动有趣的情境,在游戏活动中掌握本课词汇及功能句型。

五、第一次实践

（一）教学过程

Step 1：Greetings

师生相互问好

Step 2：Let's Chant

【设计意图】 通过说唱歌谣，调动学生情绪调节课堂气氛。同时复习“I like...”句型，为新课作准备。

Step 3：Presentation

这一环节分为两个部分，复习旧知，呈现新知。

1）复习旧知

师：Show me red. 学生根据指令拿出红色的物品。再让学生分组进行活动，一个学生说一种颜色，如 Show me yellow 另一个学生拿出一件黄色的东西，然后两个学生角色互换，依次说出学习过的颜色词汇。

2）呈现新知

T：Look at this picture . What can you see ?

鼓励学生扩充相应的果实单词。

教师指着图上的水果向学生介绍说：Look! So much fruit. Apples，bananas，pears... I like them. Do you like them? 教师可以用不同形式的简单语言重复 2 ~ 3 遍来介绍水果，让学生充分感受新语言。

教师通过演示描述如：It is round . It is red. It is sweet and juicy. Guess ! What is it ？由此神秘的导出道具：苹果。

Step 4：Learn the Text

情景呈现：教师播放录音，学生初次感知语言，在主线人物 Andy，Yaoyao，Binbin，Joy，Bill 和 Lily 的带领下，来到 fruit shop，选购水果。

再次播放录音，呈现功能句型“Do you like ...?”并教授新单词 pear，banana。

Step 5：Learn the New Words

播放歌谣，让学生再次感知“I like ...”句型，教师在播放过程中出示相应的水果实物，卡片或指图示意。

教师出示水果篮，实物教学四种水果词汇，这一环节充分利用了儿童的形象思维，避免枯燥的操练单词。

Step 6：Practice

1）听一听，做一做

教师说：Show me an apple，引导学生拿出苹果的卡片，当学生出示某种水果时，要求学生要重复此水果的英文表达。

2）小组活动

教师给每组设计一个水果篮子，每组篮子里放上四种水果，向两名学生同时发指令，谁先拿到水果模型谁就赢了。

Setp 7：Extension

把学生分成四个小组，让每个小组找到喜欢吃苹果的同学，每个组的队员在组内互相问：Do you like apples? 找到喜欢吃苹果的同伴，并把他的名字记录下来。用同样的方法练习

pears，bananas，oranges.

让四个学生带上水果头饰或者手里拿水果卡片，依次向其他学生问："I am an apple. Do you like apples?"其他学生分别回答："Yes，I do"或"No，I don't."带着水果头饰的小朋友听到后，就向前走一步，走步数越多的水果，越受欢迎。

Step 7：Homework

在全班做一个小调查，看看大家最喜欢什么水果。

（二）实践教学效果

通过观察学生在课堂中的反应，学生对于游戏环节的操练感到枯燥，游戏的效果不好。

六、教学反思

1. 执教教师的思考

小学阶段英语教学重在培养学生学习英语的兴趣，培养学生歇息英语的积极态度，使其树立学好英语的自信心，养成良好的学习习惯，培养学生初步运用英语进行日常交流的能力，并在交流中形成一定的语感和良好的语音，语调基础。在教学过程中过于枯燥的机械操练而忽视了为学生创设真实的情境，不利于学生对功能句型的掌握。通过思考，我认为情境教学法的运用的好处有如下几点：

（1）符合新课程标准的基本理念。

（2）符合以学生发展为中心，注重学生的主体地位。情境教学法是让学生扮演情境中的主角，学生在角色中要完成各种学习内容，以达到教师在课前为此预设的目标。它始终把学生主动、全面的发展放在中心位了，在注意发挥教师主导作用的同时，特别强调学生学习主体地位的体现。

（3）符合激发学生学习英语的兴趣，培养学生良好的学习习惯。情境教学法通过情境设计使学生产生优势兴奋中心，获取最佳注意力，再通过理解、尊重、参与的作用以提高学生的兴趣。

2. 课题组成员讨论建议

基础教育阶段的课程任务是激发学生学习英语的兴趣，培养学生学习英语的积极态度，养成良好的学习习惯。注重培养学生的观察，记忆，想象和创造能力。在单词的音形义之间建立联系，并使学生能用于日常交流，是英语教学的重难点。在应试教育的压力下，很多学生学了多 年英语仍然不会与人交流，如果在英语课堂只是单纯机械的操练句型，只会使学生逐渐丧失学习英语的兴趣，如何将这份学习英语的热情保持下去，教师应该尽力在课堂中为学生创设丰富多彩的情境，使他们学会使用英语，而不仅仅是一门考试的科目。

由于学校生源的特殊性，有三分之二的孩子的家庭由于父母的文化水平和家庭条件的限制，除了课堂上的几十分钟，平常能讲英语的机会很少，所以，不仅仅是在课堂，英语的学习也应该延伸到课外，情境不应局限于课堂，生活中也有很多学习英语的情境。

七、第二次实践

经过反思和小组讨论，重新设计小组活动的教学方式，现修改 Step 6：Practice 如下。

1. 用 chant 的方法帮助学习感受功能句型

（1）教师手拿四种水果，边教读边唱。

I like pears.

I like apples.

I like oranges.

I like bananas.

They are all good to eat.

（2）四人一小组，拿出准备好的水果拼盘，一边做动作，一边说英语，使学生在真实的情境中理解到歌谣的意思

2. 运用游戏环节使学生更进一步理解到功能句型“Do you like ...?”

1）游戏 1

每组设计一个水果篮子，教师说“Show me ...”，学生出示相应水果图片或实物，动作最快的这组首先得到一个水果，谁的水果篮子里的水果放的最多，谁就赢了。

2）游戏 2

让四个学生带上水果头饰或者手里拿水果卡片，依次向其他学生问：“I am an apple. Do you like apples?”其他学生分别回答：“Yes，I do”或“No，I don't.”带着水果头饰的小朋友听到后，就向前走一步，走步数越多的水果，越受欢迎。

八、指导教师点评

本节课教学的核心是使学生成为学习的主人，让他们主动参与到知识的形成过程中去，自主学习体验探究与成功的乐趣。本节课学生在初步感知了 Fruit 之后，还需要对 Fruit 的相关特征如颜色、味道以及触摸感觉等加以拓展。对于水果的味道与触摸感觉，学生通过亲口品尝、直接触摸得到相应的答案，以此激发学生参与的积极性。同时，展示学生的研究资料不仅给学生提供了一个思考与合作、交流与创新的空间，而且培养了学生的实践探究综合能力，使学生所学知识得到巩固与延伸，让他们体验到成功的快乐。

小学高段经典英语绘本教学实践

——“Cinderella”课例分析

刘　琳
成都外国语学校附属小学

一、选题背景

1. 为什么选择该课例研修为主题？

英语绘本兼具人文性和工具性，并能将其转化为稳定的学习动机。传统的英语教学枯燥无味，而绘本教育理念先进，图文并茂，形神兼备，使人印象深刻。

在中国大陆，部分小学语文专家与儿童文学专家已经认识到绘本阅读能够帮助儿童更好地成长，于是他们开始致力于推荐与推广绘本阅读，绘本开始走进校园，我们的孩子也机会接触到绘本。而在发达国家，绘本阅读已经有了上百年的历史。绘本对于儿童的意义不言而喻，让孩子阅读英语绘本或者进行英语绘本教学，感受语言的原味，不失为一个值得探索的课题。

2. 关于该研修主题，他人做了那些研究？

英语新课程标准强调：“英语课程的学习，既是学生通过英语学习和实践活动，逐步掌握英语知识和技能，提高语言实际运用能力的过程，又是他们磨砺意志，陶冶情操，拓展视野，丰富生活经历，开发思维能力，发展个性，提高人文素养的过程。”显然绘本具有丰富的故事内容，和强烈的情感陶冶功能，与英语教学的结合顺应了新课程改革发展的需要。

3. 本次课例研修希望在哪些方面有所改进和突破？

在本节英语绘本课上，主要是让学生在班级“阅读圈”共同阅读故事的基础上，通过表演分享自己对人物情感的理解；就某个情节让学生提问，请同学回答，让他们进一步了解故事，培养他们逻辑思考能力；设置有意思、又引起学生深思的问题，对故事展开丰富的联想，使他们的想象力无限扩大，同时，培养学生深人思考，对故事背后延伸内容合理的预测，推理能力；还通过辩论，让学生明白事物的两面性，学会从不同的角度思考问题。

4. 教材和课例选择

外语教学与研究出版社出版的萤火虫系列，世界经典童话双语绘本《灰姑娘》。

二、教学内容简析

《灰姑娘》这个故事经典完整，语言比较显浅易懂，其中呈现的故事情节和意境能够滋养学生的思想，其中人物所代表的善恶，能加深孩子对周遭环境和世界的了解。该绘本也给学生们提供了真实的生活情景，丰富的词汇，能协助学生发展语言的能力。《灰姑娘》绘本提供给老师和学生的思维空间很大，也给学生们提供了丰富的体验机会，尤其是大部分高段孩子对该绘本的中文故事已是耳熟能详了。

三、学情分析

本次执教的班级来自我校六年级，经过六年英语学习的积淀，他们的英语学习兴趣浓厚，有一定的词汇量，阅读理解能力较强，语音语调标准，口语表达比较流畅和灵活。针对他们的年龄特征和学习风格，教学目标如下。

四、教学目标

（一）语言知识技能目标

（1）通过在文学阅读圈里合作学习，培养学生自主阅读的能力，在文中收集生词，完成“Word box”，扩展词汇量。

（2）通过学习绘本，让学生感受到英语语言的原汁原味，感受语言的美。

（二）情感目标

（1）通过开展多种多样的课堂活动，给学生提供运用语言的实践机会，将他们阅读到的内容落到实处，比如表演片段等。

（2）通过自由开放的讨论方式，让学生提出问题，自由表达思想，在循序渐进中引导学生感受，思考，推理，领悟人生道理。

（三）重点、难点

1. 重　点

通过小组合作学习扫除语言障碍，理解故事情节，并积累语言知识。

2. 难　点

全体学生能根据教师一步一步的启发式提问，进一步感悟故事里人物的思想感情和性格，并能用批判的思维方式对传统的看法提出质疑，并在小组间进行辩论。

五、第一次实践

（一）教学过程

Step 1：Warming-up

师生互相问好。

Step 2：Presentation

这一环节分为两个部分。

（1）看绘本的封面，询问学生关于故事的主要内容，让学生说出关键的人物以及他们对人物的看法。

T：Look at the picture. Who is she？

学生回答后，老师继续问。

T：Was she a happy girl？Why？

教师引导学生正确回答后，告诉孩子们故事大意以及主要故事人物“Cinderella”“step mother”“step sisters”“fairy lady”“prince”。

（2）呈现故事的详细内容，以一幅图一幅图的方式呈现，为了让学生更好地理解故事，教师教读故事，教读完后教师对整个故事提问，并在黑板上拟清思维导图。

T：After Cinderella's mother died，how did she feel?

Ss：She was sad.

T：What did her stepmother and stepsisters do to her?

Ss：They were not kind to her.　They asked her to do all the house work.

T：Could Cinderella go to the ball?

Ss：No，she couldn't. Because she was so dirty

T：Who helped her?

Ss：The fairy lady. She gave her the beautiful clothes，the glass shoes and the carriage.

T：What is the end of the story?

Ss：They lived happily ever after.

Step 3：Practice

根据思维导图，分清故事发展的三个部分，并逐一带领学生深入学习。

第一部分：poor Cinderella 可怜的灰姑娘

第二部分：lucky Cinderella 幸运的灰姑娘

第三部分：happy Cinderella 快乐的灰姑娘

学生通过表演来展示第一部分，分小组进行准备，表演片段合符情景的将有 sticker 作为奖励。

（二）实践教学效果

由于在前面教读整个故事花了将近 15 分钟，因此教学步骤只进行到深入学习第一部分 poor Cinderella 就下课了，所以整个教学过程不完整，后面的讨论没有进行，教学效果可想而知。

六、教学反思

1. 执教教师的思考

小学阶段的英语学习文本是很重要的，所以在了解完故事大意后，让学生跟着教师通读一篇故事，进一步了解故事的细节，同时也扫清生词的障碍，为后面的问题回答，话题讨论打下基础，但是这样做使学生觉得英语学习索然无味，而且仅仅是朗读就花费了大量的时间，不利于整堂课时间的合理分配。

通过思考，我认为还是要重视绘本的文本，这是孩子们学习的基础。我准备采取另一种方式：给学生们准备导读稿，安排 Reading Circle，在阅读圈中分配不同的角色，要求学生在课前合作学习生词，共同朗读故事。这样，既培养了他们自主学习能力，也培养了他们的合作精神。

2. 课题组成员讨论建议

（1）绘本教学融入小学英语的教学中可改变学生的学习方式，让他们由原来被动地接受单词句型，转变为愉悦地文章阅读，整体感知作者的思想，既学习了知识，发展了语言能力，又获得了精神上的享受。所以，教师应该把该绘本教学分成两个课时，第一节课交给学生，在阅读圈中共读，教师适时指点，确保学生真正在组内能相互学习。

（2）英语绘本的教学可以改变教师传统的教学方法，变英语课堂的简单重复，模仿，记忆，操练为观察，想象，分析，判断，推理，批判，创造，让英语课堂从低级思维场所转变为高级思维能力培养场所。所以教师在课堂上要多给学生留思维的空间，留表达的时间。

七、第二次实践

经过反思和小组讨论，整个教学环节重新设计，改为授课第二课时。

以下为教学过程。

Step 1

看绘本的封面，询问学生关于故事的主要内容，让学生说出关键的人物以及他们对人物的看法。

学生在小组阅读圈内已经阅读了故事，扫除了阅读障碍，教师对整个故事提问，并在黑板上拟清思维导图。

Step 2

根据思维导图，分清故事发展的三个部分，并逐一带领学生深入学习。

第一部分：可怜的灰姑娘。（学生通过表演来展示）

Step 3

第二部分：幸运的灰姑娘。学生对这一部分的故事进行讨论，然后自由提问，最后教师总结，告诉孩子们，灰姑娘最后能够完成梦想，离不开朋友的帮助，所以真诚的朋友很重要。

学生提问，以采访的方式请其他同学回答。

S：Who helped Cinderella?

S：What did she give to her?

S：How did Cinderella look like?

S：What did the fairy point to have a carriage?

S：How did she have the horse?

教师总结：Cinderella didn't have beautiful clean clothes to go to the ball，but at last she was at the party. The friends helped her. So friends are important in our life.（灰姑娘没有干净漂亮的衣服去参加国王的舞会，但她最后还是光彩照人地出现在舞会上，因为她得到了朋友们的帮助。）

Step 4

第三部分：快乐的灰姑娘。这是学生们最喜欢的部分，是一个美好的结局，教师呈现一个问题让学生讨论，通过采访来想象，通过想象来表演。

T：If Cinderella couldn't catch the pumpkin carriage when the clock struck twelve，what would happen?（如果灰姑娘在钟声敲响 12 点时，没有及时赶上南瓜马车，事情会怎样？）

最后老师做总结，我们要守时，要不然就会有麻烦；我们在生活中还要爱整洁。

Step 5

（1）提问：如果你是灰姑娘的继母，你会阻止她参加国王举办的舞会吗？

If you were Cinderella's stepmother，would you stop her going to the party？（如果你是灰姑娘的后妈，你会阻止她去参加国王的舞会吗？）

（2）学生们提出有不同的想法。

（3）顺势提出问题：你们认为后妈是不是坏人？Is the stepmother an evil person?

两组有不同意见的小组进行辩论，在针锋相对中获得思辨的能力。

教师适时进行总结。

Stepmothers are not bad persons. They are good to their own children. Maybe they couldn't love the other children as deeply as her own children.（后妈其实不是坏人，她们对自己的孩子很好，也许她们还不能够像爱自己的孩子一样去爱其他孩子。）

But try to remember that we shouldn't hurt the others and we shouldn't be cruel to others.（但是，一定要记住，无论怎样，都要善良，都不能伤害别人。）

从学习整个故事得出重要的规则：

So we should be kind-hearted and be good to others.（心地善良）

We must be punctual，or we'll be in trouble.（守时）

We must be tidy and smart in our daily life.（爱整洁）

We need friends. Friends are very important （拥有朋友）

Step 6

改写故事的第三部分（可以是重要人物或者道具的变化等）

八、指导教师点评

传统的英语教育知识作为考试的工具，学生很难运用到具体生活中，因此，改变目前的英语教学现状是教育专家和知名学校正在探讨的问题。走在前列外语特色学校都在开始引入绘本教育。有专家预测：未来的少儿英语教育将是以绘本教育为主的教育。

经过思考和修正，本次实践，上课教师没有纠结于个别的单词或者句子，而是让学生以导学稿的形式，在阅读圈中先自学，让学生带着想象走进课堂，带着感情进行表演讲述，带着欣赏与同学分享阅读故事的心得，带着期待聆听老师对故事的讲解，对人物的剖析，带着思辨与同学讨论。学生在整个课堂中始终处于愤悱状态，学习主动积极；由于表达自己感兴趣的话题，语言显得十分流畅。学生在课堂上，展开了丰富的联想，进行了表演；自主提问，提高了逻辑思维能力；展开了辩论赛，明白了事物的两面性，学会从不同的角度思考问题。

总之，教师没有执着于单词或者句型的反复操练，让学生觉得无聊。而是，充分利用绘本故事的情感教育的特点，充分展示学生的个性，搭建学生表现的平台，感染学生积极向上，同时也进行了教学知识点的渗透，起到了事半功倍的效果，是很成功的一堂课。

在小学英语会话教学中有效创设情境的实践

——“My Favourite Colour”课例分析

董倩敏
成都市解放北路第一小学

一、选题背景

1. 为什么选择该课例研修为主题?

培养学生的综合语言运用能力是日常英语教学的一个重要目标。在学生学习语言的过程中，教师需要尽可能多的为学生创设真实语境，帮助学生在语境中感知、体会、理解新的语言，并能在一定的情境中恰当的运用语言。离开了语境的会话教学会加大学生理解、运用的难度，使学生感到学习的枯燥与困难，同时降低了语言学习的有效性；相反，会话教学中如果有了语境的支撑，并且这种语境的创设又符合学生的生活实际，学生就能在学习中得到愉快的学习体验，从而调动学习的积极性与主动性。因此，在会话教学中，情境的创设需要贯穿整个教学及学习过程。

2. 关于该研修主题，他人做了那些研究?

建构主义的核心思想是强调以学生为中心，学生是学习的主体，即主体借助自己的认知结构去主动建构知识，强调“情境”对意义建构的重要作用。

情绪心理学研究表明，个体的情感对认知活动至少有动力、强化、调节三方面的功能。动力功能是指情感对认知活动的增力或减力的效能，即健康的、积极的情感对认知活动起积极的发动和促进作用，消极的不健康的情绪对认知活动起阻碍和抑制作用。

捷克教育家夸美纽斯在《大教学论》中写道：“一切知识都是从感官开始的”。

情景教学法（SLT）源于 20 世纪 20 年代，它是帕尔默等人在外语教学法的科学化、系统化方面进行了大量的研究，在继承直接法传统的基础上形成的更加丰富完善的教学体系。

Richard，J. C. 和 Rodgers，T. S. 等学者对情景教学法的理论和实践有初步的探索，其后，在众多学者的研究中，以 Brumfit 在其著作“The Functional-Notional Approach ：From Theory to Practice”中对情景教学法有更深一步的分析最具代表。

3. 本次课例研修希望在哪些方面有所改进和突破?

在教师的常态课中，我发现教师们对进行情境创设的理解存在误区，课堂中充斥着场景过多、过复杂、无意义的情境。这样的情境造成了学生在学习过程中不停地在不同情境中转换，对他们的学习造成阻碍。我希望通过这次的课例研修探索课堂中有效创设情境的方法，提高学生学习的兴趣，降低学习的难度，最终达到提高语用能力的目的。

4. 教材和课例选择

川教版《新路径英语》(三年级起点)四年级上册 Unit 3 About Me，Lesson 3 “My Favourite Colour。”

二、教学内容简析

本课围绕谈论生日礼物、最喜欢的颜色等话题展开。本课的语言结构为核心句型“What's your favorite color?”及答语“My favorite color is ...”等。

三、学情分析

本次授课对象为三年级的学生。该班学生活泼可爱，对英语学习一直保持着浓厚的兴趣，喜欢英语学习，这为本课的学习奠定了良好的情感基础。该班学生通过两年多的英语学习，已初步具备一定的英语学习习惯及英语基础知识，能仔细倾听同学和教师说话，英语思维习惯正在养成中，但合作学习及自学的能力还有待提高。

四、教学目标

(一)语言知识技能目标

(1)能在情景中理解学习 present，favorite 等主要词汇。

(2)能在情景中理解学习“What's your favorite color?”及答语“My favorite color is ...”等语言结构。

(3)能够结合插图理解故事大意并能基本朗读故事。

(二)情感态度目标

(1)学习如何用英语对别人进行称赞。

(2)能积极与他人合作，运用所学语言进行交流，共同完成学习任务，帮助孩子树立自信心。

(三)教学重点、难点

1. 重　点

能听懂本课对话，并能用询问对方最喜欢什么颜色的表达法及相关答语进行交流

2. 难　点

单词 favorite 的发音；是否能理解并在情景中恰当的运用“What’s your favorite color? ”及答语“My favorite color is ...”两个核心句型

五、一次实践

（一）教学过程

Step 1：Warming-up

Greeting：Good morning. How are you?

【设计意图】　简单问候，在和谐愉快的气氛中开课，为热身活动做好准备。

Sing a song.

T：Do you know rainbow? Let’s sing a rainbow song.

【设计意图】　新课开始前带着学生演唱一首关于颜色的歌曲作为课前热身，在演唱歌曲的同时复习颜色单词，为后面开展颜色话题的学习做好铺垫。

Step 2：Lead-in

（1）教师学歌曲视频中的彩虹，说：“Please look at the rainbow. It’s colorful. What color can you see?”学生答看到的颜色。在学生说颜色的同时，教师将颜色卡贴在黑板上。

（2）T：Look at all the colors. I’ll tell you what’s my favorite color.

I like yellow. 说完贴

I like blue very much. 说完贴

I like red best. 说完贴

My favorite color is red. 说完贴句型卡，并再次强调这个句子。

（3）T：How about you? What’s your favorite color? You can stick the hearts on the blackboard. 教师提问，让学生考虑并选出自己喜欢的颜色后，将心形卡贴在最喜欢的颜色旁边。

贴完后，师带着该生说一遍“My favorite color is ...”

（4）重复这个环节三次。

【设计意图】　教师充分利用开课时演唱的 rainbow song 中彩虹的颜色作为引子，引导学生描述看到的颜色，接着教师通过描述自己对这些颜色的喜好，在创设的情景中自然的呈现了本课核心词汇 favorite 与核心句型“My favorite color is...”，让学生初步感受本课的核心内容，也为后面的文本学习扫清部分障碍，降低难度。

（5）T：I have three boxes. They have different colors. What color is it? It’s my favorite color. Choose your favorite box. What’s your favorite color?（让一个学生来选自己喜欢的盒子。）

（6）T：Guess，what’s in the box? Is it a pencil box?（让 3—5 名学生猜。）

教师揭晓答案，拿出盒子中的帽子，说：“It’s a hat. The hat is in the box. What color is it? It’s my favorite color. It’s a birthday present.”教读“present”。

【设计意图】 教师设置情景：由喜欢的颜色过渡到喜欢的盒子，并引导学生猜测盒子中的物品，最后教师给出 present 这个词汇。在这个情景中帮助学生理解 present，为即将学习的文本做好铺垫。

Step 3：Presentation

1）Learn the story

（1）T：Do you remember our friend Gee and Tingting? 教师拿出人物头像。

T：Please say hello to them. 学生向本课两位人物打招呼。

（2）T：I'll tell you a story about them. Gee also got a present from her parents. It's a birthday present. It's a dress. On day, Gee wears this dress. She wants to play with Tingting. They meet in the forest. Now, listen to the story. Tell me what color can you hear? 让学生听故事，并回答听到的颜色。

【设计意图】 教师引出故事主要人物，介绍故事发生的背景后让学生第一遍整体听录音，感知故事内容。教师要求学生听音后回答听到的颜色，检测学生是否专注于听，同时培养听的习惯和策略。

（3）T：Look! Tingting is looking at Gee's dress. Is Gee's dress beautiful? 让学生看图自由表达对 Gee 所穿裙子的看法。教师引导出：Your dress is very beautiful. You look great.带着生读这两个句子 3～4 次。

（4）T：Tingting says，You look great. Your dress is very beautiful. What will Gee say? 让学生自由表达 Gee 的答语。教师引出“Thank you!”

【设计意图】 教师引导学生在特定的语境下猜测人物的语言，有意识地鼓励学生大胆进行猜测，调动语言储备。

（5）师扮演 Gee，模仿 Gee 的语气说：Thank you！ It's my birthday present. Do you like this color? Do you like purple?

T：DoesTingting like purple? Listen and answer me. 学生听 Gee 与 Tingting 的这段对话，并回答教师的提问。

（6）师带着学生读 Gee 与 Tingting 的这段对话。

（7）T：Tingting likes purple. What about Gee? What's Gee's favorite color? Listen and tell me. 让生听第二段对话，根据教师的提问找到答案。

【设计意图】 第一遍听音让学生整体感知文本内容。第二遍听音分两部分听，在这一遍的听音中，教师提出问题，学生带着问题有目的的听。通过仔细听音，寻找问题的答案。

（8）T：Gee likes pink and blue. Her favorite color are pink and blue.师配合动作讲解，帮助生理解。

（10）T：What's your favorite color? 用颜色盘提问学生，并引导生用句型“My favorite color is...”回答。

T：What yours? 多问几个学生。

（11）教读句型 My favorite color is...

（12）教师找到一名学生：Do you know his favorite color? What's his favorite color? Let's ask What'syour favorite color? 教教师引导生提问，并教读句型 What's your favorite color?

（13）教师找 3—5 名学生跟全班做对话，全班问，单个学生答。

（14）全班与师做问答、大组间做问答、两人一组做问答操练核心句型。

【设计意图】 在教师创设的情景中重点处理本课核心词汇与句型，通过语言、动作先帮助学生理解核心句型和词汇，再通过有步骤的操练巩固核心词汇及句型。

2）Read the story

（1）全班跟录音读课文。

（2）分角色跟录音读课文。

（3）自读课文。

（4）两人一组跟角色自读课文。

（5）展示。

【设计意图】 跟读课文、让学生模仿录音发音，并通过听读建立声音与文字、语音语调之间的联系，加深理解、固化核心语言结构。

Step 4：Practice

（1）T 拿出帽子，戴上帽子扮演 Gee 与全班示范对话。

（2）用 cap、skirt 做替换，全班操练对话。

【设计意图】 教师用其他物品替代文本中的 dress 与全班同学做对话，在创设的情景中帮助学生拓展文本内容，巩固本课所学内容，提高语言运用能力。

Step 5：Homework

对你的好朋友进行采访，了解他们喜欢的颜色。

【设计意图】 在真实的情景下，让学生根据自己的喜欢做真实表达。

（二）教学效果

整个教学过程都围绕颜色话题开展，通过演唱歌曲创设有关颜色的情境，将学生带入到话题中。接着通过表达自己对颜色的喜好，带出核心词汇及单词，再到核心句型在真实情境下的运用。所有的教学活动都是基于情境来开展，在教师创设的情境中，学生感知、体会、理解了整个会话的内容，特别是对 favorite 这个词汇的理解，学生是通过教师创设的情境来帮助加深词汇的理解。总的说来，学生对新语言的学习基本达到了这节课的教学目标。

六、教学反思

1. 执教教师的思考

这节课基本达到了我设定的教学目标：能理解文本大意并能基本会朗读；在情景中学习核心词汇及句型并使用核心句型做表达。在课堂中鼓励学生猜想、推测、讨论，激活已经学过的语言，并与他人合作用所学语言进行真实交流。

为了达成教学目标，本节课我设计了四个板块来完成文本的学习，将教学重难点分散处理，从而达到教学目标。Lead-in 环节，我采用了情景导入，在理解 favorite 这个词汇时，设计了通过展示我个人对颜色的喜爱程度，配合语言的描述，帮助学生理解 favorite 及初步感知“My favorite color is...”这个句型的情景，为后续解读文本扫清了部分难点。第二个板块，整体呈现文本，感知会话内容。英语教学提倡“词不离句，句不离景”，在引入会话文本时，对生词和句型如果安排处理时间太多，会导致对话的学习迟迟展开又马上又匆匆结束。这样就把对话课上成了学习词汇和句型为主的语言知识课，而忽视了学生整体把握和感知对话的重要性。因此，我在进入文本学习时，用自己的语言丰富了文本的背景介绍，然后通过提问，引导学生借助背景介绍、听录音来整体把握文本的大意。接着用问题带领学生，依照对话的发展猜想、推测、讨论文本在这个情景下可能出现的内容，调动学生的思维与已有的知识储备，分段、分部分地梳理文本，在这个过程中不忘花大力气解决学生对核心词汇、句型听、说及运用的能力。最后的板块是初步简单地引导学生运用文本内容，走出会话文本，进行比较真实的交流。

但在这节课中为了帮助学生理解核心词汇和句型，我设计了太多的情境，显得复杂，学生在不同的场景中不停的转换，而没有扎实的在一个情境中学习核心词汇。

2. 课题组成员讨论建议

本节课教师从语用的角度出发，为学生学习新的语言创设了恰当的情境，并且情境简单、符合学生的生活实际，因此便于学生迅速的投入情境。有效的情境创设能消除学生对新语言的紧张、不安的情绪，能营造课堂中融洽的气氛，对发挥学生的主观能动性有极大的促进作用。

教师利用情境，让学生在情境中猜测会话中即将呈现的语言，这样的教学方式对培养学生的思维起到了促进作用，能加深学生对学习内容的印象，又能增强交际中语言的丰富性。但整节课中情境显得复杂和过多，应该用一个情境来贯穿整节课。

七、第二次实践

经过反思和小组讨论，我重新设计了最后一个语言的拓展练习环节，现修改 Step 2：lead-in 如下。

教师拿出数个礼品盒，内装有不同颜色的礼物。但学生事先不知道礼品盒里的物品。

T：I had a birthday party. I got many presents from my father，mother and friends. 教读单词 present。

T：Do you know what's in the box? Guess. 让学生猜盒子里的物品。学生做 3—5 次猜测，接下来，师打开其中一个盒子揭晓盒子里的礼物。

T：Look! It's a hat. What color is it?

S：It's ...

教师继续揭晓第二个、第三个盒子里的礼物。

教师把三个礼物放在一起，解释核心词汇 favorite。

T：Look at all the colors. I'll tell you what's my favorite color.

I like yellow. 说完贴

I like blue very much. 说完贴

I like red best. 说完贴

My favorite color is red. 说完贴句型卡，并再次强调这个句子。

T：How about you? What’s your favorite color? You can stick the hearts on the present. 教师提问，让学生考虑并选出自己喜欢的颜色后，将心形卡贴在最喜欢的颜色旁边。

贴完后，师带着该生说一遍“My favorite color is ....”

修改后的环节解决了情境过多的问题，用一个简单、易懂的有关礼物，礼物颜色的情境帮助学生理解了重难点词汇 favorite 和句型 My favorite color is …这样的修改比之前的步骤精炼了不少，学生在这样贯穿整个环节的情境中显得更容易融入情境，学习效率更高。

八、指导教师点评

《义务教育英语课程标准》(2011 年版）中指出：英语课程提倡采用既强调语言学习过程又有利于提高学生学习成就的语言教学途径和方法，尽可能多地为学生创造在真实语境中运用语言的机会。因此，在会话教学中教师应多为学生创设符合学生生活经验的情境，并关注情境创设的整体性、真实性，这才能突出情境创设的有效性。

本课中，教师设计的教学活动都是基于学生的认知水平及已有的语言基础，有意识地将学生已经习得的语言知识与新的语言知识相结合。通过丰富的看、听、猜测、模仿等形式不同的活动引导学生主动探索，激发了学生的学习兴趣。

会话教学的学习目标其中很重要的一点是要体现会话的交际性，教师通过自己的语言与课文的示范，帮助学生建构起自己可以使用的语言，将自身已经积累的语言带入到新的会话中来，体现了交际性，真正体现了以生为本，学以致用的目的。

通过字母教学培养学生的英语学习兴趣

张大海
苍溪县陵江镇镇水小学校

一、选题背景

1. 为什么选择该课例研修为主题？

在党的十八大上通过了我国教育发展的中长期发展规划，国家实行了新的英语课程标准。高考招生考试方式的变化，以及小学英语教材的不断变化。农村留守儿童情况的千差万别，都要求英语教师必须采取更加有效的教学手段，不断提高教学效果，从而提高学生成绩，而学生成绩的提高，除了老师的有效教学，学生的主动学习也有着十分重要的作用。学生的英语学习兴趣将影响学习的全过程。因此，教师在教学过程中应不断变化教学手段，激发学生的学习兴趣。

2. 关于该研修主题，他人做了那些研究？

兴趣作为一种教学手段，不仅能使学生积极地、自觉地从事学习，而且能起着开发学生潜能的作用。孔子曰：知之者不如好之者，好之者不如乐之者。德国教育学家第斯多惠也说过："教学的艺术不在于传授的本领，而在于激励、唤醒、鼓舞。"如果教师能运用情感、意志等非智力因素，以多种方法或手段、激起学生浓厚的学习兴趣，那么学生学习就会热情高涨、积极主动。爱因斯坦说："兴趣是最好的教师。"杨振宁博士也说过："成功的真正秘诀是兴趣。以前也有英语老师们对兴趣与学生学习的关系做了许多的研究，他们的研究成果主要表现在以下几点。

宋清时，杨炳华、陈龙安、何蕾等在研究中强调：第一，利用多种活动方式激发学生学习英语的兴趣。第二，在布置学生完成交际性任务之前，安排两生进行情景对话示范，引导学生自创情景组织对话。第三，创设较真实的语言情境，让学生充分感知语言，运用语言。第四，运用多媒体手段，激发学生学习兴趣。第五，让学生体验成功，养成自主学习的习惯。

3. 本次课例研修希望在哪些方面有所改进和突破？

我们希望，通过本次课例的研究让农村留守儿童在学习英语时，更轻松，更快乐，同时能解决学生学习中的一些问题。本文希望通过字母学习情景的创立，有效利用小孩子好动、好游戏的特点，从而找一种激发学生学习兴趣，提高学生学习成绩的有效方法。

4. 教材和课例选择

外语教学与研究出版社《三年级起点》三年级上册。

二、教学内容简析

英语字母的学习是英语学习的基础，使学生学会英语的前提和保证，每个学生都必须准确掌握英语字母的读音和正确的书写，掌握字母大小写形式在四线格上的位置，并了解一些常用的英语字母缩写所表示的意义。让学生知道英语单词是由字母构成的，字母的学习对今后英语的学习有十分重要的作用。

三、学情分析

教学对象是小学三年级的学生，他们在本学年度中学习了一些日常用语，如问候、名字的表达方式，大部分学生在口头能说一些英语单词或简单的英语句子。他们没有学习英语字母和英语单词，但他们也有一定的探究的能力，在观察能力、思维能力、语言表达能力方面都较一二年级的学生有所提高，有着强烈的好奇心与动手操作的能力。然而，该班学生的学习方式单一，没有自己的学习方法，缺乏合作学习的习惯，不喜欢大声讲话和发言，也不爱举手。

四、教学目标

（一）语言知识技能目标

学生能听、说、读、写英语字母 Ee，Ff，Gg，Hh 及字母缩写意义。

（二）情感目标

通过各种小游戏活动来丰富学生的想象力，激发学生的学习兴趣，培养学生的学习自信心和自主学习能力，培养学生同别人交往的理念。

（三）教学重点、难点

1. 重　点

英语字母的正确读音和书写。

2. 难　点

英语大小字母的笔画顺序和它们在四线格上的位置。

五、第一次教学实践

（一）教学过程

Step 1：Warming-up

师生互相问好。

Step 2：Presentation

这一环节分为两个部分：复习已学知识、学习新的英语字母。

1）复　习

师：上节课我们学习了英语字母 Aa，Bb，Cc，Dd。今天，老师请一个同学来说出这几个英语字母。其他的同学注意听，注意他读得准不准。李明，你来说一说。（老师检查正确与否。）

师：老师让两个同学到黑板前面来，在四线格上写这几个字母，王晓，张东请到前面来，其他的同学写在你的本子上，看谁写得又快又好。

师：老师让学生分组找出以这几个字母开头的英语单词，如 apple，boy，cat，dog 等。找得最多的一组为胜。

2）新课教学

（1）师：今天我们继续学习英语字母，同学们我们在课间营养餐除了喝牛奶外，还要吃什么？

生：吃鸡蛋。

师：你们知道鸡蛋用英语怎么说吗？

生：不知道。

师：鸡蛋用英语应该说 egg，它的第一个字母就是我们今天要学的字母 Ee.先听老师读一遍，然后跟老师说。（给学生练习的时间。）

师：现在看老师怎样写这个字母。（笔顺分解，并读音）看清楚后，就在自己的本子上仿写三个。（老师指自己的头和耳朵，提示学生，英语单词 eye，ear 等都是字母 Ee 开头的，并让学生重复模仿几遍。）

（2）师：同学们我们有两只眼睛，而我们的一只手上有几个指头？

生：五个。

师：五用英语怎么说？

生：Five.

师：大家看，它的第一个字母就是我们要学习的第二个字母 Ff。（F 的笔顺分解，并读音）并让学生在本子上仿写三个，同学们，我们还学习过那些以字母 Ff 开头的单词？（老师可以告诉学生说出下列单词。如 father，fish，fat，foot 等。并引导学生模仿学习这些英语单词。）

（3）师：同学们，我们班上除了男孩外，还有什么人？

生：女孩。

师：现在我请一个同学来说女孩用英语怎么说？

生：Girl.

师：大家看，它的第一个字母就是我们要学习的第三个字母 Gg，现在跟老师说。并跟老师写这个字母。（讲解字母 Gg 的笔顺，并读音，告诉学生一些以字母 g 开头的单词，如 good，green，grape 等。并引导学生模仿学习这些英语单词。）

（4）师：What's this? It's my head .（老师指着自己的头说。并让同学们跟着说。）

师：同学们，head 这个单词的第一个字母就是我们要学习的第四个字母 Hh，现在我们就学习这个字母。（老师带领学生学习这个字母，然后讲解这个字母的笔顺和读音，让学生模仿学习一些以字母 Hh 开头的单词，如 hair，head，hot，horse 等。）

（5）老师在黑板上用简笔画画一块冰淇淋，然后指着说：ice cream .I like it very much.

师：大家看 ice cream 这个单词的第一个字母就是我们要学习的最后一个字母 Ii.（老师让学生模仿老师的读音。老师然后讲解这个字母的笔顺和读音，让学生在四线格上仿写几个，让学生学习以字母 Ii 开头单词，如 I，ice 等。

Step 3：Practice

（1）复习今天所学的几个英语字母，并让学生练习读几次，总结这几个英语字母的大小形式在四线格上的位置和特点。

（2）通过游戏来巩固所学的字母。让学生站成一圈，然后让学生依次按字母表的顺序说出英语字母，每一个学生只说一个已学的字母。要求学生在说时中间不能停顿，不能出错，否则就要给大家表演一个小节目。第二次要求学生每间隔一个或几个人来表演，其余要求同前面一样。

（3）让学生模仿录音学唱英语字母歌

Step 4：Homework

让学生在本子上将已学字母的大小写形式正确书写五遍。

（二）实践教学效果

通过观察课堂上学生的反应及与学生的简单访谈，发现学生开始反应比较积极，学习兴趣比较高，但在上课进行一段时间后，学生的学习积极性明显下降了。

六、教学反思

1. 执教教师的思考

小学阶段的英语学习字母是很重要的，只有会读字母，才能学会课文中的新单词，学生们才会将词连成句，从而正确的读出英语句子，但是本堂课使学生觉得英语学习索然无味，而且老师讲课就花费了大量的时间，不利于整堂课时间的合理分配。

通过思考，我认为游戏活动对字母教学有非常多的好处：首先是入门简单，对孩子们来说比较容易掌握。其次是非常有吸引力。对小学生认读字母、拼写字母、今后学习单词和提高阅读能力，及从小掌握正确发音方面具有巨大的积极意义。

2. 课题组教师的建议

小学英语的教学主要以培养学生对英语学习的兴趣为主，教学课堂应当围绕如何激发学生的学习兴趣来进行，以增强英语课堂的吸引力为首要手段，在教学中教学手段单一或按比较固定的模式进行教学，时间一长孩子就会感到枯操，就会降低学习英语的兴趣，在英语课堂上要多给孩子们一些听和说英语的机会，老师应尽量多的讲英语，在复习环节可以采用一些更有吸引力的活动来教学。如做一些幻灯片，教学 PPT 等。让学生在充满乐趣的环境来学习英语。

七、第二次教学实践

经过反思和小组讨论，重新设计的教学方式，现修改如下。

（1）用放 PPT 的方法来复习已学习过的字母和熟悉本节要学的英语字母的读音。

Ss：Read the letters.

（2）教师出示字母卡片。

T：What's this in English?　It's Ee.

Ss：（Learn）Ee.

T：（板书）big letter “Ee”.（请学生仔细看书写示范。）

Ss：Ee（在书上描摹字母，一边写一边读。）

（2）Listen to the tape.（学生跟读。）

（3）同样学习 Ff，Gg，Hh Ii

Step 3　Practice

（1）象形字母：教师出示一些与字母相像的图案或实物，学生通过想象去认，看看像什么字母。

教师准备：与字母相像的图案或实物。

学生准备：将与字母相像的图案或物品带到学校，同学们相互看。

（2）不同材料的字母：让学生用绳子，珠子，石子或铁丝等物品组成各种字母。

教师和学生准备：绳子，珠子，石子或铁丝等材料。

（3）字母抽象化：看图，找出所呈现的大小写字母，还可以让学生用大小写字母自创一副图，与同桌找字母。

（4）游戏字母：学生们用自已的身体来组成字母。例如：表演“A”字母的是两个全班最胖的男孩，两个一左一右隔着在约半米的距离并排站好，慢慢地左右倾斜头紧紧贴在一起，一左一右两只小手拉在一起，这样就组成了字母“A”。

这样的教学同学们觉得非常有趣，课后，常常有学生自已玩这种游戏。这不仅激发了学生学习英语的兴趣，同时也培养了学生积极动脑，主动思考问题的能力。在字母学习和复习环节中，同学们的学习积极性大增，学生的注意力都能集中到课堂上了，学习的效果明显提高，孩子们的小舌头也变得更灵活了，字母的读音也更准确了。听课的老师都认为教学效果较好。本次教案设计较上次教案设计更能吸引学生的注意力，学生的学习效果较上次更好。在本次教学中学生对字母的读音和书写都更加准确和规范了，同时学生对英语学习也更加有兴趣了，取得了一举两得的教学效果。通过本堂字母教学课的研修，让我们组的老师们感到有趣的教学游戏活动对中低段学生的重要性，让我们认识到兴趣是最好的老师，是学生学习的动力来源。我们的一切教学手段和方式都应以培养学生的学习兴趣为出发点。

八、指导教师点评

农村小学英语教学，由于多方面因素的影响，字母的认读和书写成为英语学习中的拦路虎，第一次授课，采用了传统的字母教读方式，没有把字母放在单词和语句中，也没有教学生了解字母的拼读规律，使学生学习成为一件苦差事经过思考和修正，本次实践，上课教师改进了教学方法，通过一系列的有趣活动吸引了学生学习兴趣，激发了学生的学习积极性，使课堂充满了活力，收到较好的教学效果。

自然拼读法在小学英语课堂的应用

——“He’s a Doctor”课例分析

朱晓玲
苍溪县田菜小学

一、选题背景

1. 为什么选择该课例研修为主题?

自然拼读法，又称“Phonics”，是以英语为母语的小朋友阅读时普遍使用的一种学习方法。这种学习方法比较先进，它是通过直接学习26个字母及字母组合在单词中的发音规则，先让学生感受到字母及字母组合与发音的关系，通过系统的训练，再让学生能够做到“看词读音”、“听音拼词”，从而快速记忆单词并进行阅读理解的拼读方法。采取自然拼读的优点很多。但是，在我们农村的小学英语课堂，自然拼读的运用还很少，这样不利于学生对单词的拼读的记忆。

2. 关于该研修主题，他人做了那些研究?

建构主义理论认为：教学不能无视学习者的已有知识经验，简单强硬地从外部对学习者实施知识的“填灌”，而是应当把学习者原有的知识经验作为新知识的生长点，引导学习者从原有的知识经验中，生长新的知识经验。这一思想与维果斯基的“最近发展区”的思想相一致。教学不是知识的传递，而是知识的处理和转换。

3. 本次课例研修希望在哪些方面有所改进和突破?

本次研究我努力让学生在日常学习中学会用自然拼读法学习课文中的单词，让他们逐步能够做到“看词读音”、“听音拼词”。不再使用以往死记硬背的单调的方法记忆单词。让学生从死记硬背中解放出来。

4. 教材和课例选择

外语教学与研究出版社《新标准英语》(三年级起点)三年级上册 Module 9，Unit 2“He’s a Doctor”。

二、教学内容简析

本课是外研版三年级起点新标准英语三年级上册的内容，本节课的主要内容是用“he is … She is ...”句型与他人进行交际活动。

三、学情分析

该班是小学三年级的学生，尽管以前可能学过一些英语，但是在学校才是学习英语的第一学期。学生在学习过程中，有着强烈的好奇心与动手操作的能力。我班学生的学习方式单一，没有自己的学习方法，缺乏合作学习的习惯，不喜欢大声讲话和发言，也不爱举手。希望能用我的一些新的理念去改变学生的现状。

四、教学目标

（一）语言知识技能目标

（1）听懂课文内容。

（2）学生能听懂会说本单元重点句型“He’ s a doctor. She is...”。

（3）学生能根据自然拼读法读本节课新单词：teacher，farmer，diver，doctor，nurse policeman。

（二）情感目标

培养学生自学、尊重他人、关心他人的良好品质。

（三）重点、难点

1. 重　点

全体学生能用“He’ s a doctor…”句型，并能认出别人的职业。

2. 难　点

全体学生能根据自然拼读法听懂、会读本节课新单词，以增加词汇量。

五、第一次实践

（一）教学过程

Step 1：Warming-up

师生互相问好。

Step 2：Presentation

（1）师：在走进课文之前，我们先来认识一些新的朋友。请看下面的这些单词，teacher farmer，diver，doctor，nurse，policeman。现在我们都不认识对方，那么通过这节课的学习，让我们成为好朋友好吗？拿以上单词的卡片 teacher，farmer，diver，doctor，nurse，policeman 教读单词，学生跟读。老师抽学生起来读这些单词。

（2）师：请同学们记一记这些单词的写法，试着把它们认出来。（学生记忆。）

Step 3：Practice

（1）听课文录音。学习句型：He’s a doctor. 再听录音，看图片读句子。

（2）游戏：把学生分为六组，让他们用刚才所学句型以开火车的形式一个接一个的看图片读句子，快速反应，不能停顿，最后给获胜的小组奖励。

Step 4：Extension

（1）出示课件内容：teacher，farmer，diver，doctor，nurse，policeman。让学生以吹气球的方式快速读出，如果读错了的，给他一个“炸弹”。

（2）设计陷阱：老师出示图片并且说出内容，如果出示图片和说的内容一致，请学生重复出来，如果不一致则闭上嘴巴。

Step 5 Homework

运用所学句型“He’s a doctor...”调查家庭成员的职业，并将表格填好。

（二）实践教学效果

通过观察课堂上学生的反应及与学生的简单访谈，发现学生对于记忆单词环节感到很枯燥，记忆单词的效果也不好。

六、第一次反思

1. 执教教师的思考

小学阶段的英语学习单词是很重要的，只要会读课文中的新单词，学生们就会将词连成句，从而正确的读出英语句子，但是这样做使学生觉得英语学习索然无味，而且仅仅是单词方面就花费了大量的时间，不利于整堂课时间的合理分配。

通过思考，我认为学习自然拼读法的运用有非常多的好处：首先，入门简单，对孩子们来说比较容易掌握。其次，最有效的记忆单词拼写的方法。最后，有效利用汉语拼音的正迁移作用，避免学习国际音标带来的干扰。自然拼读法对于帮助小学生认读单词、拼写单词、提高阅读能力，及从小掌握正确发音方面具有巨大的积极意义，在此基础上逐步增加学生的阅读量和提高其阅读难度。在这一阶段还要让学生总结积累拼读规则，使其能更准确地拼写出单词，提高学习英语的能力。

2. 课题组成员讨论建议

基础教育阶段英语课程的任务是：激发和培养学生学习英语的兴趣，使学生树立自信心，养成良好的学习习惯和形成有效的学习策略。教师应该多注意对学生学习兴趣和学习能力的培养。单词的认读和记忆是英语学习中的难点，教师单调、呆板的教学方法会让学生失去学习英语的兴趣，况且单词的记忆和拼读是英语学好的关键。所以掌握好单词的学习方法是至关重要的。在小学英语中可以采用自然拼读法，让学生能根据简单的发音规律和积累做到“看词读音”“听音拼词”，从而快速记忆单词并进行阅读理解。同时注重听力在词汇学习中的作用。

自然拼读法是简单和行之有效的语音和单词学习方法。但是，在农村的小学英语课堂，自然拼读的运用还很少，在我们的课堂上可以慢慢的渗透自然拼读法，让学生轻松认、读、记单词。

七、第二次实践

经过反思和小组讨论，重新设计词汇部分的教学方式，现修改 Step 2：Presentation 如下。

1. 用吹气球的方法帮助学习感受所需要学习的单词的发音

（1）教师手拿农民的图片，教学生说：

farmer farmer farmer

（一声比一声大）

（2）教师手拿司机的图片，教学生说：

driver driver driver

自然拼读法通过给学生提供大量的材料感受相同的字母有共同的发音规律，帮助学生逐渐发现规律，学习字母或字母组合的发音。很多单词中含有很多发音相同的字母，可以起到这样的作用。这些单词中使学生能够感受字母 r 的发音。

2. 老师抽学生起来读这些单词

（1）听录音然后学生模仿。

（2）教师手拿司机图片向学生询问：Is he a driver? 如果学生回答 Yes，he is.则让学生想象用什么动作来表示 driver。然后拿起另外的图片问学生。如果学生回答 No，he isn't. 则继续问：Is he a driver?"

该环节的设计希望帮助学生在语境中了解 teacher，farmer，diver，doctor，nurse，policeman 等词的含义。

3. 新单词认读

（1）考考谁的反应快。抽两组学生起立，老师出示卡片，最先回答正确的就可以坐下去。

（2）复习 26 个英语字母的发音。

该环节的设计意图是通过学过的 26 个字母，尤其是字母 r 的发音，帮助学生认读 teacher，farmer，diver，doctor，nurse，policeman 等新单词。最后达到音、意、形相结合的目的。

八、指导教师点评

农村小学英语教学，由于多方面因素的影响，单词的认读和记忆成为英语学习中的拦路虎，第一次授课，采用了传统的单词教读方式，没有把单词放在篇章中，也没有教学生了解字母的拼读规律，使学生记忆单词成为一件苦差事。

经过思考和修正，本次实践，上课教师没有将新单词首先提出来教读，而是用吹气球使学生感受单词的音，鼓励了学生张嘴大声地说英语。之后将新单词融入本课目标语当中，让学生在句子语境中学习新单词，让学生能更好的理解单词的意思。然后又借助字母 r 的发音学会新单词 teacher，farmer，diver，doctor，nurse，policeman 的形。这里采用自然拼读法达到了帮助学生发现字母读音规律的目的，这不仅使学生更加牢固地记住了这些单词，也培养了他们自学的能力。

初步培养学生自然拼读法学习单词的能力

——"My New Teachers"课例分析

赵 爽

广元龙山小学

一、选题背景

1. 为什么选择该课例研修主题？

"自然拼读教学法"（It is a method of teaching reading and spelling to beginning students, emphasizing the sound values of individual letters and syllables, and the relationship between pronunciation and spelling, contrasted to whole language method and sentence method. ）已被全世界公认为学习英语最快、最简单、最有效的方法，该方法也唯一被美国联邦政府认可为全球最佳英语教学法。自然拼读法的基本原理是要求学生掌握代表英语 44 个基本音的字母和字母组合（即这些字母和字母组合在单词中的发音，而不是它们的名称音，如在自然拼读法中，辅音字母 b 代表[b]，而不是读[biː]；元音字母组合 ai、ay 等代表[ei]），以及一些英语拼写和读音关系的基本规律，让学生看到一个英语单词，就能读出来；或者，想到一个单词，就能按照规律拼写出来，即做到见其形，知其音；听其音，知其形。学生学会了此法，掌握了发音与拼写之间的对应关系，就可以自己进行阅读，学习和记忆单词就会事半功倍。正如自然拼读法教学专家 Blevins（1996）认为的那样，自然拼读法包含了字母音和形之间的关系，是向学生讲授英语中最普遍的音形关系，使之能够解读或拼读单词。这种解读单词的能力是阅读成功的关键因素。主要研究英语字母及字母组合与其发音的对应关系，培养学习者对字母或字母组合的直觉音感，从而做到见字读音，听音写字。

2. 关于该研修主题，他人做了哪些研究？

关于自然拼读法进行语言教学，欧美国家已经针对本国儿童做过大量的理论研究和实践，事实证明，该方法对于英语国家的儿童有非常好的效果，对于英语为非母语国家的儿童也有较大的帮助，但是需要解决词汇量不能够完全跟得上的问题。国内学者也做了非常广泛的研究，例如：高敏所著的《"自然拼读法"在小学英语教学中的应用》，邱建华所著的《语音意识和阅读能力相关性试验研究》，何花的《自然拼读法教学策略研究》。

3. 本次课例研修希望在哪个方面有所改进和突破？

本研究努力为学生培养一定的自然拼读单词的能力，有效利用学生好动，爱好游戏的特点，通过闯关游戏学习和掌握新单词。

4. 教材和课例选择

新纪元版 3AChapter2- A“My new teachers”部分第一课时

二、教学内容简析

这部分教材是通学习本课内容来进一步掌握单词，通过刚刚学过的字母名称进一步学习掌握更多的新单词，培养学生学习英语的兴趣和掌握一定的自然拼读单词的学习方法。

三、学情分析

授课班级人数较多六十多人，学生刚刚接触英语学科，多数学生充满浓厚的学习兴趣，对于英语学科既充满了好奇，虽然活泼好学的孩子并不是多数，但他们的学习兴趣和好奇心有利于他们的学习英语。应该考虑本班在人数多有可能影响课堂秩序的情况下开展有效的学习活动。

四、教学目标

（一）知识技能目标

（1）单词：old，short，thin，tall，strong，young，funny，kind 等。

（2）要求学生能读说单词，听懂句型，并结合这些句子表达的情境，学会恰当地替换句中的单词。

（3）逐步学会听、说、读、写单词 old，short，thin，tall，strong。

（二）教学重难点

1. 重　点

单词：old，short，thin，tall，strong，young，funny，kind 等。

2. 难　点

（1）如何利用所提供的对话和情景，以旧引新，让学生进入学习状态。

（2）会读说本课新单词，并帮助学生熟悉教材内容的变化。

五、课前准备

（1）教师准备教学过程中所需要的图片、声音、课件，以及本课时的八张单词卡。

（2）准备一些教师的照片或图片。

（3）教师准备录音机及录音带。

六、初次实践

（一）教学过程

1. Warming-up（热身）

（1）教师播放 Let's start 下面歌谣的录音，让学生听歌谣猜单元话题，激发学生对新学期第一单元英语学习的兴趣。还可以使用四年级上册第三单元学过的句型"I have a new friend. He's tall. He's strong，too."并结合相关人物的图片，引导学生复习 strong，tall，short，thin 等词，为本课时听、说、读、写这些单词做好准备。

（2）日常口语练习。

T：Hello，everyone! Welcome back to school! Nice to see you!

S：Nice to meet you!

（3）问学生几个问题，引出本课重点内容。

T：Hi，everyone！ Nice to see you again.　What grade are you in now?

S：We're in Grade 5.

T：Do you like your new English books（new classroom，new teacher）?

S：Yes!

T：What are we going to talk about in Unit 1？ Guess！ What's the topic of Unit 1?

2. Presentation（新课呈现）

（1）教师出示 Let's start 部分图片，介绍说："Rabbit has many new teachers in her school. Do you have new teachers?"引导学生根据情景图的提示描述新教师。然后教师说："今天我们将学习怎样描述新教师。Sally 将为大家介绍几位新教师，大家在先看一看有哪些是新教师？

（2）出示 Let's learn 部分的图片，向学生介绍说："They are Sally's teachers. Describe these teachers."引导学生结合预习部分回答出 strong，tall，short，thin 等旧词，然后结合图卡向学生呈现新词 young，kind，old，funny。教师可利用简笔画、单词卡片或实物图片等教授新词，使学生正确理解、认读。

（3）教师可播放单词的声音，让学生在听过一遍后跟读单词，逐步掌握正确的读音。

（4）单词操练游戏：学生自选单词卡片并蹲下，教师发令："Short，stand up! Tall，stand up!..."相对应的学生做站立动作，最先胜出者可以做下轮游戏发指令人。

教师根据以下信息请学生判断会话中描述的教师是 Let's learn 配图中的哪一位："Mr Hu is the art teacher. What's he like？ He's short and thin."完成前面铺垫的学习任务，让学生猜出哪位是 Sally 的新教师。教师再引导学生利用 Let's learn 部分所提供的替换句型，描述 Sally 的其他两位新教师，练习巩固所学新词。

（4）试着写单词。

教师范写四会单词，让学生跟写或在单词卡片背面仿写，达到听、说、读、写 四会掌握新词的目的。

3. Let's Play（趣味操练）

（1）Let's find out（找一找）。

教师指导学生用所学新词和句型描述 Let's find out 部分几位教师的体貌特征，然后找出正确的图片。完成这项活动后，教师引导学生充分利用八张单词卡片继续进行结对或小组活动，如："My new Chinese teacher is tall and strong. Who is he?"让其他学生选出正确的图片。

（2）Let's sing（唱一唱）。

教师放歌曲"My new teacher"的录音，学生跟唱，进一步在音乐节奏中感知新词。

4. Extension（拓展）

（1）让学生做本单元 A Let's learn 部分的活动手册配套练习。

（2）让学生模仿 Let's find out 部分的录音，读给朋友或家长听。展示不同教师的图片，让学生猜出是教哪个科目的教师，然后用所学新词描述这些教师的外貌特征。

（3）让学生参照 Let's find out 部分设计一些谜语让大家猜一猜。可以参考以下语言：She is tall. She's beautiful. She's very young. We all like her. Who's she?

（4）让学生把新学的歌曲唱给家长或朋友听。

（二）教学效果

本课单词：old，short thin，tall，strong，young，funny，kind.大部分学生能准确读出单词，并简单的运用到句子中去，但因为基础不一样，个别学生没有及时掌握如何拼读单词。

七、第一次反思

本节课的教学目标是 B 部分的 8 个单词，为了激发孩子们的学习兴趣，我在 PPT 里插入孩子们喜欢的可爱图片，有了图片和声音学生的注意力一下子就被吸引了。在学生学习新单词的时候，我引导学生一定要大胆的读出来，练习发音。难的单词给学生多练习的机会，通过形式多样的活动来巩固，chant，guessing game，listen and choose 等活动激发了学生的兴趣，学习效果较好。但因学生学习基础差异大，个别学生仍然掌握不好，对字母发音不准确，需要教师自身对教学方法的探究和改进。

八、指导教师点评

整个教学设计的呈现采用的是传统的先单词后句型的方式，建议做些调整。课堂教学应采用听说领先，读写跟上的方法，进行整体教学，先听课文，然后结合课文内容教单词。在进行单词教学时，积极应用自然拼读法，帮助学生发现相同字母或字母组合的发音规律，例如本课可以选择这些词中的 thin 和 kind，然后提供其他的含有 i 的单词，帮助学生了解 i 的发音规律，从而帮助学生过后能够拓展，在看到含有 i 的单词时，能够根据发音规律进行拼读，同时在听到发/ai/后者/i/的音时，能够大胆推测单词中含有字母 i。

运用自然拼读法提高小学生学习和记忆单词的效率

——《字母 u 和 i 的发音规律 》课例分析

张建凤
龙山镇柏杨小学校

一、选题背景

1. 为什么选择该课例研修主题?

小学生刚学英语时的确是兴趣浓厚的，但随着难度的增加，渐渐失去了刚开始的那股新鲜劲。特别是在五、六年级出现了大量需要记忆的单词之后，学生们更是觉得枯燥乏味。由于小学生不会音标，加之缺少一定的语言环境，记住一个单词需要花很多的时间和精力，有时好不容易记住了一个单词，可过几天又忘了。如何帮助学生记住英语单词，排除学习障碍?

《义务教育英语课程标准（2011 年版)》在语音项目表中指出:“语音教学是语言教学的重要内容之一。自然规范的语音、语调将为有效的口语交际打下良好的基础。语音教学应注重语义与语境、语调与语流相结合，不要单纯追求单音的准确性。在英语教学起始阶段，语音教学主要应通过模仿来进行，教师应提供大量听音、反复模仿和实践的机会，帮助学生养成良好的发音习惯”。课标始终把语音教学作为小学英语教学的重要问题之一，这是因为语音教学直接关系和影响到小学生英语学习的质量效能、兴趣保持及小学英语教学目标的实现，也直接关系到字母、词汇、句型和课文的学习，更是英语听力培养和发展的基础。语音教学对学生的可持续发展非常有帮助。因此，一套行之有效的语音教学法将有利于帮助学生更好更快地掌握单词。

英语自然拼读法，通过直接学习 26 个字母及字母组合在单词中的发音规则，建立字母及字母组合与发音的感知，结合教育学、心理学、儿童认知学等学科的最新研究成果，配合妙趣横生的卡通形象，向广大儿童展示了一种崭新的学习方式：跨越音标，更无需死记硬背；在玩中学，在学中玩。小朋友通过直接认识字母及字母组合与其所代表的发音，当再次看到该字母或字母组合时，就能够自然地反应出如何发音，听到发音也能够直觉地反应出如何拼写。自然拼读法避开了让孩子学习音标的烦恼，从语音入手，直接学习字母及字母组合在单词中的发音规则，潜移默化地培养学生举一反三的思考能力。从而达到看到单词就会读，听到单词就会拼的学习目的。

自然拼读法是以英语为母语的所有国家都使用并全力推广的一种单词拼读法之一。据研究表明 85% 的英语单词能够通过字母音形对应的规则来拼写。自然拼读法是用 26 个字母的发音，5 个元音字母与前一个辅音字母相拼进行操练的拼读法。“自然拼读法”可以大大提高单词拼读的准确率，为学生以后学习英语、牢记单词打下良好的基础。

语音教学不是孤立的，它可以结合与其相应的字母、单词或句子教学，由点到面，循序渐进，培养学生简单拼读语音的英语能力以及训练学生正确的语音、语调、情感，让语音教学的目的更加突出。更重要的是培养学生运用语音的拼读方法来学习英语的能力，最后形成正确的语音、语调。拼读是一个熟能生巧的过程，只有反复多拼，才能达到熟练。字母、发音、单词、句子“四结合”。

在过去的教学中，我们在语音教学部分过于忽略拼读规律，因此学生们对单词的拼读规律掌握不好，这常常会影响孩子们记单词的方法。同时，直接影响了学生的单词量，间接影响学生学习英语的积极性与乐趣。因此，在以后的语音教学中要让学生特别重视拼读规律。如何将本次所学习的知识运用到实际的教学中，如何从根本上帮助学生学习和记忆单词，从根本上激发学生学习英语的兴趣，这才是我们教学的最终目的。

2. 关于该研修主题，他人做了哪些研究?

（1）自然拼读法在美国、加拿大等英语国家已有上百年的历史，在我国港台地区也很流行。网络上相关资源十分丰富，只要利用网上的搜索引擎，键入“phonics 教学”“How to teach phonics”或“自然拼读法”“字母拼读法”等关键词，就可以查到海量与之相关的内容。

（2）2000 年，我国香港和台湾地区率先将此方法引入，并进入大规模推广和普及阶段。

杨秋芝、李莉、郭有吉、崔昆、顾秋菊等人通过实证研究等方法对自然拼读法的应用进行了较深入的研究，他们纷纷在《哈尔滨学院学报》《读写算：教育教学研究》《小学教学研究：理论版》《新疆职业大学学报》《课程教育研究：新教师教学》等学术刊物上发表文章，介绍或推广自然拼读法在语音教学应用中的优点，同时也指出其中的问题及解决方法。

（3）英语自然拼读学习的六阶学习法。

第一阶：建立字母与字母自然发音之间的直接联系。

第二阶：能够成功拼读元音 + 辅音（辅音 + 元音），如：c-a ca a-t at。

第三阶：能够成功拼读辅音 + 元音 + 辅音，如 d-o-g dog。

第四阶：能够成功拼读双音节或多音节单词，如 sw-ea-t-er sweater。

第五阶：能够听音辨字，即听到单词读音就能拼出该单词。

第六阶：单词量大量扩充，能够阅读英语文章。

3. 本次课例研修希望在哪个反方面有所改进和突破?

通过运用自然拼读法，帮助学生学习字母 u 和 i 的发音，对自然拼读法教学有更深刻和丰富的认识，进一步提高自身在英语语音方面的素养。

4. 教材和课例选择

外研社五年级上册 Module 5 Unit 2 第四课时。

二、教学内容简析

（1）复习 26 个字母。

（2）复习单词 a，is，it’s，the，on，and，this。

（3）会发和会读含有短元音 u 和 i 的单词（词尾字母组合-ug，-un，-it，-ig 的读音）。

（4）会表演本课的 chant。

三、学情分析

本节课是在复习旧知的基础上的一节单纯的语音课型。授课对象是小学五年级学生。这些孩子全部来自农村，而且 95% 的孩子是留守儿童，大多数的爷爷奶奶根本就不重视孩子的学习。孩子在校学习兴趣不高，部分学生甚至有厌恶感，许多学生还是为学习而学习。孩子们在英语语音方面普遍存在很大的问题。

三年级、四年级已经学习了 26 个字母及例词，学生们初步了解其中的 21 个辅音字母在单词中的读音，并没有系统地掌握和记忆。本节课的重点是启发学生在经过近两年多的英语学习，有了简单的英语基础知识（常用词汇和句型）和听说读写的能力的基础上通过仔细读单词，掌握元音字母 u 和 i 在单词中的发音规则，通过小组合作与探究，总结出元音字母 u 和 i 的发音规律，让学生获得成功感，进而提升自主学习的能力。

此次教学中我运用了自然拼读法来降低学习难度，提高学生学习和记忆单词的效率，从而提高孩子的学习兴趣。

四、教学目标

（一）知识技能目标

（1）能够准确地听懂，认读字母组合的发音-ug（bug，hug），-un（fun，sun），-it（hit，sit），-ig（big，dig）。

（2）通过学习含有相同字母组合的单词，总结，积累字母 u 和 i 发音规则，拓展更多的单词。

（二）情感态度

引导学生积极参加小组活动，运用英语进行表达和交流。

（三）教学重点和难点

1. 重　点

（1）会发和会读含有短元音 u 和 i 的单词（词尾字母组合-ug，-un，-it，-ig 的读音）。

（2）能与同伴表演本课的 chant。

2. 难　点

通过学习含有相同字母组合的单词，总结，积累字母 u 和 i 发音规则，拓展更多的单词。

五、一次实践

（一）教学过程

Step 1：Greeting

Ask a good student to give a report，such as some common greetings among students.

【设计意图】 拉进师生之间的距离，让一个学生作 report 可以调动整个班级的积极性，让学生作课堂的主人。

Step 2：Reviewing

（1）Sing ABC song.

【设计意图】 轻松的歌曲可以减缓学生课前的紧张情绪，营造和谐的英语学习氛围。同时为新课教学做铺垫。

（2）Show some letters and read them. U u，G g，T t，N n，I i，Bb，Pp，Ss。让学生了解字母王国里的关系，字母和单词的关系，从而导入新课：语音教学。

Step 3：Lead in

课件出示学习目标，即学习本课的八个语音词，做到：

（1）图词正确配对。

（2）准确读出这八个语音词。

（3）正确理解这八个语音词的含义。

（4）能与同伴精彩的表演本课的 chant。

Step 4：Presentation

1）听字母组合 un，ug，it 和 ig 的录音，模仿它们的发音

（1）出示课件。

（2）认读字母组合：un，ug，it，ig。

（3）听录音。

① 学生看大屏幕，听录音，整体感知语言与节奏。

② 听录音模仿跟读，教师指导。

【设计意图】 让学生感知、体验元音字母 u 和 i 在单词中的发音。

2）学习单词

（1）学生说出他们知道的含有 u 和 i 发音的单词。

（2）分段呈现录音，认读图片，学习单词，学生拼读，教师板书。

-ug　bug　hug　-un　fun　sun

-it　hit　sit　-ig　big　dig

3）认读相关短句

（1）课件展示短句，给学生一分钟时间自己大声读。

I　am　a　bug.

A big hug.

Hit the ball.

The big bug is hit.

I dig and it's fun.

I sit in the sun and it's fun.

（2）分别请学生认读。

【设计意图】 通过让学生感知、体验，自己总结出元音字母 u 和 i 在以上童谣中的发音规律，培养学生的观察能力和总结能力。

4）单词巩固

（1）有节奏地认读板书中的字母组合和单词。

（2）分发图片和单词卡片，让学生把图片和以下相应的单词配对。

-ug bug——（虫子） hug——（拥抱）

-un fun——（有趣） sun——（太阳）

-it hit——（击打） sit——（坐下）

-ig big——（大的） dig——（挖）

【设计意图】 在教授单词时候，采用自然拼读法，先打乱具有相同发音的单词的卡片，让学生把具有相同发音的字母或单词集中在一起，有利于帮助学生找出字母组合的规律，帮助学生记忆。

5）学唱童谣（小片段）

（1）学生看大屏幕，听录音，整体感知童谣语言与节奏。

（2）集体听录音模仿跟读，教师指导。

（3）单个学生听录音模仿跟读，教师指导。

（4）教师和学生示范表演童谣中的大虫子和小虫子。

（5）学生分组活动表演，三分钟后请学生上台表演，师生评价。

6）拓展学习

（1）课件显示：你会读吗？请试试吧！

A. -un fun sun run bun

B. -ug bug hug mug dug

C. -it hit sit bit pit

D. -ig big dig fig pig

（2）学生读了之后一起总结含有相同字母组合发音的单词。

【设计意图】 通过模仿跟读表演不仅可以使知识变得简单、生动、印象深刻，而且通过这样的训练，帮助学生学习总结 u 和 i 的发音规律。

7）学习反馈

再次复现学习目标，询问学生的学习情况，并在书上作出自我评价。

【设计意图】 通过对知识的小结，帮助学生将本课的信息进行加工、储存，从而明确教学目标、重点和难点。

Step 5：Homework

（1）听录音，跟读课文三遍，同桌配合表演 B 部分对话。

（2）小组比赛找含有相同字母组合发音如-un，-ug，it，ig 等的单词。

（二）教学效果

学生能比较顺利地发现总结出元音字母 U 和 I 在单词里的基本发音规则，准确读出例词。游戏的方式符合小学生的生理和心理特点，通过游戏活动激发了他们学习英语的兴趣，教学效果较好。

六、教学反思

1. 执教教师的反思

本次教学希望运用自然拼读法帮助学生学习字母 un，ug 等的发音规律，教学过程循序渐进，从热身活动到巩固练习环节，每个教学环节都是根据学生的知识水平、接受能力而设计。在发展学生运用能力的同时，注意培养学生观察、思考、分析和总结的能力。

通过课堂教学实践，我积累了一些经验感受，也产生了几点困惑：

（1）因为自然拼读法只是给学生提供的方便读写的手段，所以不能只是关注学生对声音和字母之间联系的掌握程度，更重要的是要培养学生语音意识，有效地提高学生学习和记忆单词的效率。我们的最终目标是能够帮助学生“见词能读，听音能写”，但是怎样才能更好地培养学生的语音意识还有待于进一步探索。

（2）在国外，教育者认为幼儿园阶段开始就可以进行自然拼读法的教学。而我国的小学生一般三年级开始学习英语，一年级学习拼音时易和英语搞混。那怎样确定中国孩子接受自然拼读法的最佳时机呢？这个问题需要我们搞清楚。

（3）学生利用这个方法拼读单词时，会出现一些“合理”的错误，如 fonics 代替了 phonics。这是因为英语发音中也有很多同音异形的现象。这种错误该如何避免和纠正，是否可以借鉴语文中区别同音异形字的教学方法。

2. 小组评议

一开始时，大家对自然拼读法的概念不够清楚，具体运用更是以为难以操作，经过讨论对该方法有所认识。针对本课的教学片段，建议加大 u 和 i 发音的练习。

七、指导教师点评

该课例研究如何运用自然拼读法提高学生记忆单词的能力，在农村小学英语教学中有重要的现实意义。教学的思路和整体构想比较好，建议：原先 Step 4 的 Presentation 的第一个环节安排学生听字母组合 un，ug，it 和 ig 的录音，模仿它们的发音，建议改成听与以上字母相关的单词的发音，特别是已经学过的单词的发音，通过已有的旧知引入将学习的内容，学生接受起来更容易。

自然拼读法在小学英语课堂的应用

——"Do You Want Some Rice?"课例分析

唐 曼
苍溪县烟峰小学

一、选题背景

1. 为什么选择该课例研修为主题?

自然拼读法，又称"Phonics"，是以英语为母语的小朋友阅读时普遍使用的一种学习方法。这种学习方法比较先进，它是通过直接学习 26 个字母及字母组合在单词中的发音规则，先让学生感受到字母及字母组合与发音的关系，通过系统的训练，再让学生能够做到"看词读音""听音拼词"，从而快速记忆单词并进行阅读理解的拼读方法。采取自然拼读的优点很多。但是，在我们农村的小学英语课堂，自然拼读的运用还很少，这样不利于学生对单词的拼读的记忆。

2. 关于该研修主题，他人做了那些研究?

建构主义理论认为：教学不能无视学习者的已有知识经验，简单强硬地从外部对学习者实施知识的"填灌"，而是应当把学习者原有的知识经验作为新知识的生长点，引导学习者从原有的知识经验中，生长新的知识经验。这一思想与维果斯基的"最近发展区"的思想相一致。教学不是知识的传递，而是知识的处理和转换。

3. 本次课例研修希望在哪些方面有所改进和突破?

本次研究我努力让学生在日常学习中学会用自然拼读法学习课文中的单词，让他们逐步能够做到"看词读音""听音拼词"。不再使用以往死记硬背的单调的方法记忆单词。让学生从死记硬背中解放出来。

4. 教材和课例选择

外语教学与研究出版社(三年级起点)四年级上册 Module 4, Unit 1 "Do You Want Some Rice?"。

二、教学内容简析

本节课的主要内容是用"Do you want …?"句型与他人进行交际活动。

三、学情分析

该班是小学四年级的学生，他们在三年级学习了一些食物如香蕉、苹果的表达方式，大部分学生还记得相关词汇，但是也有少部分学生基本忘记了所学的内容。和低年级学生相比具有比较强的自行探究的能力，学生在观察能力、思维能力、语言表达能力方面都有了些提高，有着强烈的好奇心与动手操作的能力。我班学生的学习方式单一，没有自己的学习方法，缺乏合作学习的习惯，不喜欢大声讲话和发言，也不爱举手。希望能用我的一些新的理念去改变学生的现状。

四、教学目标

（一）语言知识技能目标

（1）听懂课文内容。

（2）学生能听懂会说本单元重点句型“Do you want some…？”及答语。用“Yes，please./No，thank you.”对别人的询问作出回答，了解中西方的文化差异。

（3）学生能根据自然拼读法读本节课新单词：rice，juice，ice，tomato，potato，chopsticks。

（二）情感目标

培养学生自学、尊重他人、关心他人的良好品质及与他人交流合作的能力 。

（三）重点、难点

1 重 点

全体学生能用“Do you want …?”询问别人是否喜欢某种食物，用“Yes，please./No，thank you .”对别人的询问作出回答。

2. 难 点

全体学生能根据自然拼读法听懂、会读本节课新单词，以增加词汇量。

五、第一次实践

（一）教学过程

Step 1：Warming-up

师生互相问好。

Step 2：Presentation

这一环节分为两个部分：教读单词、拼写单词。

（1）师：在走进课文之前，我们先来认识一些新的朋友，请看下面的这些单词，juice，

ice，rice，tomato，potato，chopsticks，noodles。现在我们都不认识对方，那么通过这节课的学习，让我们成为好朋友好吗？拿以上单词的卡片 rice，ice，juice，chopsticks，tomato，potato，noodles 教读单词，学生跟读。

（2）老师抽学生起来读这些单词。

（3）师：请同学们记一记这些单词的写法，试着把它们默写出来。（学生记忆。）

（4）Amy 和 Daming 去公园玩，他们在公园里看见了什么？又说了些什么呢？先让同桌之间模仿相互对话，然后教师手拿面条的图片向单个学生询问："Do you want some noodles?"如果学生回答"Yes，please."则把图片给他，然后让他手持图片问下一位同学，如果学生回答"No，thank you."则继续问其他同学直到有同学回答"Yes，please."才把图片给他，继续传递。

Step 3：Practice

（1）听课文录音，指出 Amy 和 Daming 看到的东西。学习句型"Do you want some rice?"再听录音，懂得用"Yes，please. / No，thank you."回答。用同样的方法反复操练句型"Do you want some fish /milk/chocolate/noodles."

（2）Game：把学生分为六组，让他们用刚才所学句型以开火车的形式一个接一个的问答，给获胜的小组奖励。

Step 4：Extension

（1）出示课件内容：Do you want?Do you want? Do you want some rice，some rice? Yes，please. Yes，please. Do you want some rice? 让学生读句子，然后用《新年好》的曲调试唱这首歌曲，然后让将 rice 替换成，noodles，等练唱。

（2）让学生一起唱所有的句子，评选出唱得好的同学，奖励贴画。

Step 5：Homework

运用所学句型"Do you want some ...?""Yes，please.""No，thank you."调查家庭成员或朋友想吃和不想吃的食物，并将表格填好。

（二）实践教学效果

通过观察课堂上学生的反应及与学生的简单访谈，发现学生对于记忆单词环节感到很枯燥，记忆单词的效果也不好。

六、第一次反思

1. 执教教师的思考

小学阶段的英语学习单词是很重要的，只要会读课文中的新单词，学生们就会将词连成句，从而正确的读出英语句子，但是这样做使学生觉得英语学习索然无味，而且仅仅是单词方面就花费了大量的时间，不利于整堂课时间的合理分配。

通过思考，我认为学习自然拼读法的运用有非常多的好处：首先是入门简单，对孩子们来说比较容易掌握。其次，最有效的记忆单词拼写的方法。最后，有效利用汉语拼音的正迁移作用，避免学习国际音标带来的干扰。自然拼读法对于帮助小学生认读单词、拼写单词、提高阅读能力，及从小掌握正确发音方面具有巨大的积极意义，在此基础上逐步增加学生的阅读量和提高其阅读难度。在这一阶段还要让学生总结积累拼读规则，使其能更准确地拼写出单词，提高学习英语的能力。

2. 课题组成员讨论建议

基础教育阶段英语课程的任务是：激发和培养学生学习英语的兴趣，使学生树立自信心，养成良好的学习习惯和形成有效的学习策略，应该多注意对学生学习兴趣和学习能力的培养。单词的认读和记忆是英语学习中的难点，教师单调、呆板的教学方法会让学生失去学习英语的兴趣，况且单词的记忆和拼读是英语学好的关键。所以掌握好单词的学习方法是至关重要的。在小学英语中可以采用自然拼读法，让学生能根据简单的发音规律和积累做到"看词读音"、"听音拼词"，从而快速记忆单词并进行阅读理解。同时注重听力在词汇学习中的作用。

自然拼读法是简单和行之有效的语音和单词学习方法。但是，在我们农村的小学英语课堂，自然拼读的运用还很少，在我们的课堂上可以慢慢的渗透自然拼读法，让学生轻松认、读、记单词。

七、第二次实践

经过反思和小组讨论，重新设计词汇部分的教学方式，现修改 Step 2：Presentation 如下。

1）用 chant 的方法帮助学习感受所需要学习的单词的发音

（1）教师手拿米饭和面条图片，教学生说 chant：

Noodles and rice，are very very nice

Mmm，mmm，mmm，very very nice…

（2）教师手拿饮料和冰块的图片，教学生说：

Juice and ice，are very very nice

Mmm，mmm，mmm，very very nice…

（3）教师手拿土豆和蕃茄的图片，教学生说：

Potato and tomato are in Toronto

Oh，oh，oh，in Toronto

（4）教师手拿筷子的图片，教学生说：

Chopstick and chopstick are very very good friends.

They are difficult difficult to part.

自然拼读法通过给学生提供大量的材料感受相同的字母有共同的发音规律，帮助学生逐渐发现规律，学习字母或字母组合的发音，chant 中含有很多发音相同的单词，可以起到这样的作用。我根据所要学习的词汇特点，编写了这首简短的 chant，重点突出 rice，ice，juice 和 chopsticks 等新学词汇的发音规律，使学生能够感受字母 i 的发音。

2）创造语境了解 rice，ice，juice 和 chopsticks noodles 等词的含义

Amy 和 Daming 去公园玩，他们在公园里看见了什么？又说了些什么呢？

（1）听录音然后同桌之间模仿相互对话。

（2）教师手拿面条图片向单个学生询问："Do you want some noodles?" 如果学生回答 "Yes, please." 把图片给他，然后让他手持图片问下一位同学，如果学生回答 "No, thank you." 则继续问其他同学直到有同学回答 "Yes, please." 把图片给他，继续传递。以同样的方式把 rice，ice，juice 和 chopsticks 带入句型 Do you want some ....中进行练习。

该环节的设计希望帮助学生在语境中了解单调 nice ice 等的含义。

3）新单词认读

（1）圈出文中不认识的单词 rice，ice，juice 和 chopsticks，tomato，potato 和 noodles。

（2）复习 26 个英语字母的"发音"。

（3）鼓励学生尝试自己拼读这些新单词，然后请学生朗读。

（4）为学生分组展示更多的含有字母 i 的单词和含有字母 a 的单词：

bike，kite，Mike

chick，basic

cake，bake，game，lake

（5）鼓励学生观察以上单词并总结字母 i 在 rice，ice 单词中的发音规律和在 juice，chopsticks 中的发音规律，以及字母 a 在 tomato 和 potato 中的发音规律。

【设计意图】 通过学过的 26 个字母，尤其是字母 a 和 i 的发音，由旧知带入新知，同时通过自然拼读法的教学原则，拓展了更多具有同样发音的新词帮助学生发现字母 a 和字母 i 的发音规律，帮助学生认读 rice，ice，juice，chopsticks，tomato，potato 新单词。最后达到音、意、形相结合的目的。

八、指导教师点评

农村小学英语教学，由于多方面因素的影响，单词的认读和记忆成为英语学习中的拦路虎，第一次授课，采用了传统的单词教读方式，没有把单词放在篇章中，也没有教学生了解字母的拼读规律，使学生记忆单词成为一件苦差事。

经过思考和修正，本次实践，上课教师没有将新单词首先提出来教读，而是首先用 chant 使学生感受单词的音，特别值得称赞的是该教师自己创造性地把这些单词编写成了含有字母 a 和 i 韵律的 chant，"Noodles and rice，are very very nice，Juice and ice，are very very nice" 引入本课需要学习的词汇。之后将新单词融入本课目标语当中，让学生在句子语境中学习新单词，让学生能更好的理解单词的意思。然后又借助字母 a 和 i 的发音学会新单词 rice，ice，chopsticks，juice 及 tomato 和 potato 的形，同时拓展了更多含有同类发音规律的词。这里采用自然拼读法达到了帮助学生发现字母读音规律的目的，这不仅使学生更加牢固地记住这些单词，也培养了他们自学的能力。

巧借语篇有效达成语音教学的目的

——《字母 a 发短音》的课例分析

杨　丽

苍溪县东青小学

一、选题背景

1. 为什么选择该课例研修主题？

新课程标准指出："英语教学目的是培养学生运用语言进行交际的能力。教英语是为教会学生用英语，而不是教有关英语的知识。"现代外语教育注重语言学习的过程，强调语言学习的实践性，主张学生在语境中接触、体验和理解真实语言，并在此基础上学习和运用语言。因此，笔者认为语音教学不仅仅是字母教学和音标教学，不能脱离语境，学生可以在语言运用和实践中掌握语音知识，提高语音能力。笔者希望通过在教学中的不断实践，在实践中的不断反思，切实体会并真正感受到语篇对于达成小学英语语音教学目标的促进作用。

2. 关于该研修主题，他人做了哪些研究？

19 世纪 30 年代，伦敦语言学派奠基人 J.R.Firth 对语境中言语意义进行了研究。

李吉林，儿童教育家，全国著名的语文教育专家，情境教学的首创者。代表作有《李吉林情境教学——情境教育》《情境教学理论与实践》等，对于语文教学产生了巨大的影响力，英语教学也广泛借鉴该教学理论，这对英语教学有极大的促进作用。

3. 本次课例研修希望在哪个方面有所改进和突破？

我们在平时教学中，只有在每单元学到字母发音时，才带同学们认一认，读一读，也不加以铺垫或精心设计。单纯的音素认读、记忆和反复拼读练习是非常乏味的，如五年级刚学习元音发音时，教师一味地让学生集体读，指名读。教学机械化，缺乏生动性，学生的学习积极性得不到提高，随着时间的推移，音素量的增多，加之教师没有科学有趣的教学设计，学生对音标的音、形都很难掌握，就更谈不上熟练运用了，所以他们就很容易遗忘掉。从而，教学效果不明显，教学目标很难达成。所以笔者希望通过打破原有传统的教学模式，巧妙利用语篇教学来提高学生对语音学习的兴趣，并有效掌握语音知识，达到学习致用的目的。

4. 教材和课例选择

《新标准英语》（三年级起点）第五册 Module1 Unit 2 第 1 课时。

二、教学内容简析

该部分教学内容是 a apple，cat，主要是让学生了解并掌握 a 的其中一个发音[æ]。我在处理这个部分的时候，对这个部分做了一些知识上的衍生。

三、学情分析

这个班共有 52 人，其中男生 25 人，女生 27 人。对于五年级的学生来说，在经过三四年级的英语学习后，已具有了一定的英语基础，储备了 apple，cat，dad，map 等同类单词。但是我班的生源全部是农村学生，特点是优生少，差生多；主动学习的少，被动、应付学习的多；家长关心学生的少，督促学习的更少，加上英语学科的特殊性，缺少语言环境，需要读背的多，而且对于语音学习这块，之前在课本中从未提及到，老师也没有系统地教学，所以对于学生来讲，这是一个全新的模块，学习起来有一定的难度。因此学生对语音的学习存在一定的畏难情绪。

四、教学目标

1. 教学三维目标

知识与技能&过程与方法：让学生通过模仿、操练、表演等活动，在体验中感知和了解字母 a 的发音规律。

情感态度与价值观：初步培养学生的拼读能力

2. 教学重点

字母 a 的短音发音：[æ]

3. 教学难点

如何让学生在以前所学的单词中找到并区分 a 字母的发音 [æ]

五、第一次实践

（一）教学过程

以下教学整体上运用了自然拼读法的原则进行教学，通过引入、猫吃鱼的游戏和童谣，一步一步地向学生展示字母 a 的发音，同时扩展到更多的含有短音 a 的单词，如 cat，fat，apple。

Step1：Warming-up

Sing a song Old MacDonald had a farm.

T：Children，would you like to sing a song with me?

S：Yes!

T：OK. Old MacDonald had a farm…

全班一起边唱边做动作。

Step 2：Lead in

课件展示动物的照片，让学生用英语说出该动物的名称（鸭子：duck），然后叫个别学生来模仿鸭子的声音。

T：Children，now we are on the farm.Look!I have a good friend.Do you want to know him?（showing PPT “The duck’s picture”）It’s a duck! Say hello to Mr Duck.

Ss：Hello，Mr Duck!

Mr Duck：Hello，children!（教师模仿鸭先生的声音）

T：Do you know，how does the duck bray? Who can tell me?（Ask some pupils to tell me their own opinion）Sam，can you have a try?（Ask him to imitate）

用课件播放鸭子的叫声，让学生听并且带着动作来模仿其声音（quack）。然后，学生以小组的形式评价自己的表现：黄笑脸——较好，红笑脸——最好。

T：OK，now let’s listen how the duck bray. （play the PPT ）Everybody，let’s act as a duck. First，show me your hands. Second, look at me and do it like this. Then，say quack，quack. Let me see which group does the best.学生以小组的形式评价别的小组同学的表现：黄笑脸——较好，红笑脸——最好。

Step 3：Presentation

（1）播放 MP3 给学生听，并让学生说出所听到的内容（鸭子 quack，quack 的叫声），接着就让学生说出这与鸭子叫声有何关系（a 是鸭子叫声 quack 中的第二个音，）最后引出该字母 a，并让学生跟着录音朗读。

T：Now，children，let’s listen to the mp3.Then you should tell me what you have heard. Linda，can you have a try?（Linda：a）OK，good job! The group leader, please give him a sticker. 我们现在听到的音与刚才的鸭子叫声有何关系呢？

Ss：a 是 quack 中的第二个音。

【设计意图】 通过鸭子有趣的叫声引出字母 a 的发音。

（2）让学生举例说出更多发此元音的单词。

T：Can you tell me more other words to pronounce this sound?

Ss：cat，fat.apple，etc.

（此处是让学生举一反三。）

（3）Game：Cat eats fish.

T：Now children，look at the blackboard. What’s this?

S：It’s a cat.

T：Yes, it’s a cat，and the cat is very hungry. He wants to eat some fish. Look, there are lots of fish in this big fishbowl. But he doesn’t like every fish. For example, he likes this one (hat), [æ] hat. So he eats it. He doesn’t like this one（ father), [a:] father，so he drops it into the river and sets it free.

（此处是帮助和引导学生在以前所学的词汇中去寻找那些单词中的 a 发短音。）

将两张准备好的单词卡贴在黑板上，并示范出单词中含有 a 的部分。然后发给每小组一

份练习纸，让学生找出发此音的单词。（小组比赛）

T：OK，children，let’s have a match game. Look，I have so many word cards. Can you find out the words which pronounce[æ]?For example，I think “a” in “cat” pronounces this sound，so I make a line between “cat” and “a”，understand? Now，I give each group a piece of paper. Make lines as I do on this paper，and then stick your paper on the board. OK?

（4）展示课件，播放一首含有字母 a 发音的小诗，然后让学生跟读，接着全班一起带着动作来朗诵，最后分组表演。（小诗内容：I can see，I can see，I can see a duck，bray quack，quack. I can see，I can see，I can see a cat，in a big hat.）

（The pupils practice by themselves。）

通过童谣帮助学生巩固和复习学过含有短音 a 的词，如 I can see，a cat in a big hat。

【设计意图】 通过童谣的诵读，更进一步加深对字母 a 发音的感受。

Step 5：Homework

师：请同学们回想一下，在我们以前学过的单词中，有哪些单词中含有字母 a 并发[æ]音，请把它们写在作业本上，你可以画出它们，然后在图片的旁边标注好单词。另外，你们能不能试着用这些单词来编一首小诗呢？Just have a try，I’m looking forward to it!

（二）教学效果

该教学设计比较充分地运用了自然拼读法的教学方法进行教学，同时创造性地使用了 Cat eats fish 的游戏，学生的积极性较高，学习效果比较好，学生基本掌握了字母 a 发短音的规律。这个环节 Game 的引入确实能帮助学生们初步感知 a 在不同单词中发音也各不相同，并从中去发现和找到发短音 a 的单词。但是在游戏开始之初，由于学生不很清楚游戏的规则，一开始有些不知所措。后来在多次的试误过程中，才明白如何去完成这个游戏，气氛也才逐渐热烈起来。

六、第一次反思

1. 执教教师的思考

北京外国语大学的著名教授吴冰曾说过，“语言是有声的，因此，一开始就要把语音的基础打好。只有发音正确，别人才能听懂你的话，同时也便于你自己通过‘听’来学习新的知识。”《英语新课程标准》中也明确指出了语音是语言存在的物质基础。英语语音教学是整个英语教学发展的起点，语音关是教学的第一关。

通过此次的教学实践，首先，我意识到语音教学对于英语学习的重要性。在 Step 3：Presentation 的游戏结束后，还应该引导学生总结他们给猫喂的鱼（各个单词）中含有字母 a 的发音规律，帮助学生认识到字母 a 发短音的规律。

其次，在实践的过程中，我也渐渐体会到语音教学不能只是字母教学和音标教学，它更不能脱离语言环境。所以语篇的引用对于达到语音教学的目的有着重要的意义，因为语篇对于整合语音知识，强化语音语调的美感等方面都起着重要的作用。

2. 小组评议

这是一堂较为成功的语音教学尝试。从教师的教案设计来看，多处体现了小学英语课改中的新理念。如在教学第一环节歌曲的引入，很好地激发学生参与学习的兴趣，让学生在优美的旋律、和谐的氛围中走入英语知识的殿堂，并且引入字母 a 的发音，接着教师在第二个环节，教师设计了一个充满童趣的小游戏 Cats eat fish，有效地调动孩子们学习的积极性。最后，教师在作业布置设计也体现了层次性，体现了因材施教的教育理念。

通过观察很多单个的单词发现某个字母的发音规律固然是不错的教学方式，但是如果能把该类单词串联起来，为学生提供含有同样发音的生动活泼的语境，对于学生学好字母 a 的发音效果会更好。

七、第二次实践

故几经讨论和思考，对游戏环节进行如下修改。

增加故事内容：

教师播放 PPT，呈现四幅故事图片，引入故事。（Dad has a lad. Dad’s lad is a little fat but he likes playing football. Today, Dad’s lad is bad.Because his neighbor’s glass is broken by his football. Dad is mad. Dad spanks Dad’s lad heavily. And Dad’s lad is sad.）

在这些单词中哪些包含了字母 a，请从黑板上单词中把它们挑选出来，并放在大鱼缸中。同时帮助学生总结字母 a 在单词中的发音规律。

（1）写出五个或者五个以上单词，并附有图片或绘画。

（2）写出单词，并把所写单词创编成故事、chant 或歌谣。

八、指导教师点评

该堂课的教学设计比较巧妙，教师通过农场上的鸭子入手，让学生找出鸭子叫声 quack 的发音，为下面的教学做好铺垫，之后通过游戏帮助学生发现含有字母 a 的单词有同样的发音规律，生动有趣，并且很容易达到教学效果。经过小组和指导教师建议后，对教学进行了修改，任课教师自行编排了含有所教字母的故事，把语音教学植入情境中，为学生更好地掌握该字母的发音提供了非常好的语境，学生读来琅琅上口，很容易记住。

小学英语课堂中的词汇教学策略

——"Go Straight on"课例分析

李玉梅
苍溪县中土小学校

一、选题背景

语言的组成是由语音、词汇以及语法三个密不可分的部分组成的，其中词汇是最基本的组成单位，它可比作是语言大楼的根基。学好英语，关键在于词汇的积累及运用。英国语言学家威尔金斯曾说过："没有语法，人们表达的事物寥寥无几；而没有词汇，人们则无法表达任何事物。"词汇是英语学习的重点之一，也是难点所在。由此可见，在小学英语词汇教学中，对词汇教学的定义、背景、特点、步骤方法的了解显得尤为重要。在教学实践中，我发现通过语境学习词汇、激发兴趣、加深理解、增强记忆，是帮助学生掌握词汇并很好地运用词汇的有效方法。

二、教学内容分析

本课时教学内容选自外研社《新标准英语》（三年级起点）第三册 Module 1 Unit 1 "Go Straight on"第一课。本课主要情境为"问路，指路"。教授学生学习和掌握如何用英语进行问路和指路，明白几个简单的表示方位的方位介词，并用英语表达出来，为他人指路，是本课的主要学习内容。本课采用"任务型"教学，使学生通过合作学习体验荣誉感，发展自主学习的能力，形成初步用英语进行简单日常交际的能力。并通过本课的学习，培养学生乐于助人的好习惯。

三、学情分析

授课对象为四年级学生，全班共 44 人，男生 23 人，女生 21 人，留守学生居多。班级整体水平参差不齐，大多未养成良好学习习惯，主要表现为字体书写不规范、注意力不能长时间集中；缺乏浓厚的学习风气，主要表现为上进心不强，缺乏学习主动性，学习兴趣不浓，大多把学习当作一种负担，有一种想要放弃但父母与老师盯着又不敢放手的状态；作业质量太差，主要表现为作业态度欠端正、书写潦草、错误较多、读写能力较差，家庭作业大多存在拖拉现象。同时班级缺少学习"领头羊"，没有表率引领作用；个别单亲家庭学生比较调皮，自由散漫，纪律约束非常困难，学习上存在较大差异。

四、教学目标

情感目标：培养学生乐于助人的品质。

知识目标：学习句型“Where’s West Lake Road，please?”“Go straight on.”“Turn left.”“Turn right.”“Where are you going?”

能力目标：培养学生问路、指路的能力。

五、教学重点

（1）学习句型：“Where’s ..., please?”“Go straight on.”“Turn left.”“Turn right.”“Where are you going?”

（2）掌握单词及词组：house/go straight on/turn left/turn right/excuse me/next to/supermarket

六、教学难点

掌握表示地点和方位的词。

七、教具准备

挂图、录音机、磁带、图片、课文 VCD。

八、教学方法

任务型教学，TPR 教学法。

九、教学过程

1）Warming up

T：Hello! Boys and Girls! Nice to see you.

Ss：Hello! Ms Li! Nice to see you，too!

T：I am happy! Are you happy?

Ss：Yes!

2）Revision

教师出示一些表示地点的图片如 park/zoo/shop/school 等，请学生抢答出单词。（通过复习地点单词为练习本课的句型 Where’s...，please?做好铺垫。）

3）Presentation

（1）教师拿出公园的图片对学生说：“I’m going to go to the park this weekend. Where are you going this weekend?”学生说出自己的出行计划”I’m going to...”（为课文教学创设情景）

（2）教师说：“Sam is going to go to Daming’s house. Where is Daming’s house? Is it in West

Lake Road or East Lake Road? Let's watch the VCD."

（3）学生观看课文 VCD，找出答案并回答。

（4）教师提问："Sam asks the way to the policeman. How does he ask?" 学生听课文录音，大屏幕上出示 Sam 的问话。教师指导学生读句子。

（5）所有学生来扮演 Sam，教师来扮演 policeman，同时在大屏幕上演示出课文中的路线图，教师边指图边讲解。教授词组 go straight on/turn left/ turn right。

（6）学生打开书，跟录音朗读课文。

（7）分角色朗读课文。

4）Practice

活动：问路。

让学生自己画一幅地图，上面有三条路，分别标有 school/ zoo/ supermarket/ my house. 在地图的某处标有 "You're here" 的指示语。教师请学生用自己的地图进行两人小组练习，一人问路："Where's the zoo，please?"，另一人指路："Go straight on and then turn left."

（此活动目的在于巩固练习问路及指路的语句，培养学生观察和动手能力。）

5）Summary

教师说："Today we have learned how to ask and show the way with Where's...please? Go straight on. Turn left. Turn right." We use them in the daily life.

6）Homework

请学生画出从家到学校的路线图并英语标注。

十、教学反思及建议

这节课的教学目标是掌握并学会使用句子 "Excuse me，where's ...? " 进行问路，并且懂得用这些句子向别人指路 "Go straight on." "Turn right." "Turn left." "It's next to ..."。通过本节课的学习，部分学生对 "Go straight on." "Turn right." "Turn left." "It's next to ..." 的掌握不够好，能够流利地朗读但是不能在情境中灵活的运用。我建议复习本课单词采用 TPR 活动形式，让学生边说边做，复习短语 go straight on，turn left，turn right，next to 等，这样直观的操练方式，不仅可以达到学生操练的目的，而且也活跃了课堂气氛。然后，以小组合作的形式操练。此外利用媒体手段，增强兴趣。小学生年龄小，活泼好动，反应灵敏，模仿性强。生动具体形象的事物，容易引起学生的兴趣。充分利用挂图、图片等学生喜闻乐见的形式开展教学活动，能巩固兴趣。

十一、改进后的教学过程

1）Warming-up

TPR 活动。教师边说边做："Right hand up. Right hand down." 学生跟着教师边做边说。

2）Revision

教师出示一些表示地点的图片如 park，zoo，shop，school 等，请学生抢答出单词。（通过复习地点单词为练习本课的句型 Where's...，please? 做好铺垫。）

3）Presentation

（1）教师拿出公园的图片对学生说："I'm going to go to the park this weekend. Where are you going this weekend?" 学生说出自己的出行计划" I'm going to ..."（为课文教学创设情景。）

（2）教师说："Sam is going to go to Daming's house. Where is Daming's house? Is it in West Lake Road or East Lake Road? Let's watch the VCD."

（3）学生观看课文 VCD，找出答案并回答。

（4）教师提问："Sam asks the way to the policeman. How does he ask?" 学生听课文录音，大屏幕上出示 Sam 的问话。教师指导学生读句子。

（5）所有学生来扮演 Sam，教师来扮演 policeman，同时在大屏幕上演示出课文中的路线图，教师边指图边讲解。教授词组 go straight on/turn left/ turn right。

（6）教师在大屏幕上出示几种路线图让学生说出路线（通过练习及时操练重点词组）如：

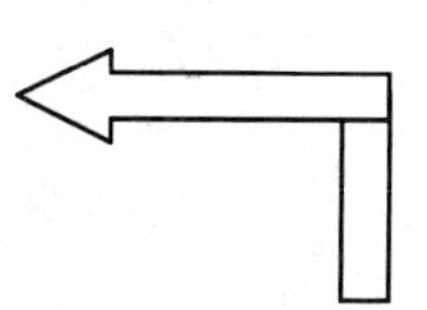

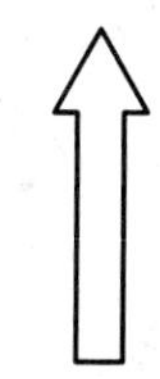

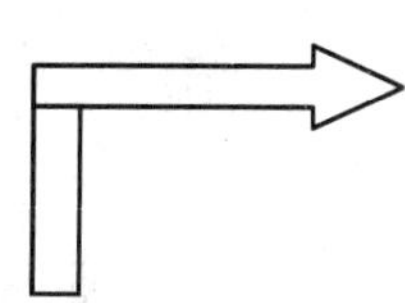

【活动】

- 教师拿出路线图卡片，教师说口令学生做动作。
- 学生两人或四人一组，一人拿路线图卡片说口令其余同学做出相应的动作。
- 每组选一名同学上台，听教师口令，做左转，右转，直走。做错的同学淘汰下去，最后一名站在台上的同学就是胜利者，可为自己小组加 10 分。

（7）学生打开书，跟录音朗读课文。

（8）分角色朗读课文。

4）Practice

（1）活动：问路。

让学生自己画一幅地图，上面有三条路，分别标有 school，zoo，supermarket，my house. 在地图的某处标有 "You're here." 的标识教师请学生用自己的地图进行两人小组练习，一人问路："Where's the zoo，please?"，另一人指路："Go straight on and then turn left"。（此活动目的在于巩固练习问路及指路的语句，培养学生观察和动手能力。）

（2）活动：我迷路了。

教师准备一些路线图和要找的目的地单词卡。教师将单词卡片发给一些学生，再将路线图发给另一部分学生，拿单词卡片的学生作为迷路者来问路，如："I'm lost. Where's the park?" 拿着路线图的学生帮助他们来指路。

（学生在活动中操练了问路和指路。）

5）Summary

师："Today we have learned how to ask and show the way with Where's ... please? Go straight on. Turn left. Turn right." We use them in the daily life.

6）Homework

请学生画出从家到学校的路线图并用英语标注。

十二、指导教师评语

本课的教师重点关注中小学英语词汇教学中的单词巩固，能及时地从教学中捕捉不足，并加以反思和提高。反思后的实践为重点句型做了铺垫，并且注意到了逐层深入的递进关系。反思后的实践为学生练习预先提供了可供模仿的对象，这样学生的练习就会变得高效很多。本课例的关注点单词巩固可以在反思中得到更为有效的体现。

小学英语单词呈现教学

——“She Is Reading a Book”课例分析

毛冬梅
苍溪县石门小学

一、选题背景

词汇教学在语言教学中占有重要地位，是贯穿整个英语教学的始终，是英语教学中一项繁重而艰巨的任务。英语词汇教学直接关系到学生是能否真正理解和掌握英语、能否切实有效地运用英语进行交际。

小学生的词汇学习主要有以下几方面的困难。

1. 机械背单词，记忆不得法

小学生主要是通过听音模仿和机械记忆来学习英语单词的，如果词汇学习不得法，那么课后虽然花了大量时间背单词，效果也未必理想。对于英语词汇，学生可能一时全部记住了，但如果不及时巩固，过半个月、一个月就可能忘了许多。而英语与汉语在语言、文化等方面的差异性又增加了学生学习的难度，如果不掌握学习单词的策略和方法，当然就不容易记牢。

2. 记忆词汇的方法单一

学生记忆词汇要寻求最适合的方法。达尔文有一句格言是“最有价值的知识是关于方法的知识”。在词汇教学中，教师如果能有意识地渗透拼读规则，教给学生记忆单词的方法，就能减轻学生的负担，提高教学效率。记忆单词的方法有很多，如利用构词法记忆，利用卡片记忆，建立单词间的联系来记忆等。在课堂中，教师如果能引导学生掌握规律，对他们今后的学习是有很大帮助的。教师必须明确教学目标，知道自己在教什么，怎样教和为什么这样教，充分调动学生的学习兴趣，使其能自主、主动地去学好和运用。

由此可见，小学英语词汇教学并没有我们以往想象的那么简单，实际教学中的诸多困难和问题还有待解决。作为英语教师，我们应该认真地研究和学习科学的教学理论并结合实际去付诸实施，最大限度地提高教学效率。

二、教学内容分析

外语教育与研究出版社版新标准英语（三年级起点）四年级上第二单元。本节课是新授课，围绕新单词：read，running，these，picture，take 展开；让学生复习和学习动词短语：

play basketball，read a book，take picture，watch TV；此题材非常生活化，通过本模块的学习让学生学会对正在发生的事情的讨论，这一题材贴近学生的生活实际，是学生感兴趣的话题之一。

三、学情分析

（1）我们所面对的孩子几乎都是留守儿童，孩子们除了在课堂能学习单词外，课后是没有机会再接触单词的。所以这就要求老师要给孩子们在课堂上创设孩子所喜欢的方式，让他们对单词学习产生兴趣。只有他们对单词的学习有了兴趣，才会对整个英语的学习产生兴趣。

（2）经过三年级的学习，学生已经知道了一些英语单词学习的方法，并产生了一些学习兴趣；本节课应该在学生已知方法的前提下，加上一些能提高孩子们学习兴趣、加深记忆的方式，给孩子们进行语言输入。

（3）本节课应该在传授单词的前提下，进一步培养学生单词的学习和记忆能力。

四、教学目标

1. 情感目标

（1）培养学生热爱生活，热爱自己，相信自己的良好品德。

（2）培养学生善于与他人友好合作，逐步形成与人沟通学习的能力。

2. 知识目标

（1）学会单词：read，running，these，picture，take。

（2）识记单词：read，running，these，picture，take。

（3）认读句子：基本能听懂、会说 I like playing....She is reading a book. She is watching TV. He is taking picture 等语句。

3. 能力目标

发音准确，能听懂录音。记住所学单词，会用所学单词说简单的句子。

五、教学重难点

1. 重　点

学会 read，running，these，picture，take 五个单词和能运用 take pictures，play football，read a book，watch TV 等短语。

2. 难　点

让学生能记住所学单词，能会运用自己所学的词汇说出自己的简单的句子。

六、教法和学法

情境教学、TPR 活动、游戏法。

七、教具准备

单词卡片、图片、课件。

八、初次实践

Step 1：Warming-up

T：Good morning，boys and girls.

Ss：Good morning，Miss Xian.

T：How are you ?

Ss：I'm fine.Thank you .

【设计说明】 每日对话拉近了老师和学生关系，同时也把学生领引到了英语课堂。

Step 2：Lead-in

老师带领学唱“walking song”。揭示课题，板书：Module 2　Unit 1 She is reading a book.

【设计说明】 通过这首歌让学生接触与本课有关的一些动词。

Step 3：Teach the Words

教师创设情：老师手拿卡片在教室前读，然后问学生老师在干什么，然后引出 read 这个单词；然后老师用动作或者出示图片引出其他的几个单词。

Step 4　Practice

自己大声朗读记忆。

T 读一遍，Ss 学生读三遍。

T 大声读，Ss 小声读，T 小声读，Ss 小声读。

【设计说明】 通过这种读法让学生读会单词，让他们在轻松愉快的氛围中学习单词。

Step 5：Chant

出示 PPT，学生拍手，有韵律地读。

【设计说明】 通过这种读法让学生进一步掌握单词。

Step 6：Teach the Text

（1）Listen to the tape.（听录音指图片。）

（2）Listen and read to tapes.

（3）Read by themselves.

（4）Read with their partner.

（5）Practice（老师读句子，学生做读书、拍照、游泳、拍照的动作。接着让一个人学生做动作，其他学生说句子，然后同伴练习。）

Step 7：Further Practices

（1）老师让全班同学做，再以小组的形式练习，最后以同桌之间练习。

（2）以 chant 的形式练习。

（3）强化巩固：（Listen to the teacher and do the actions.）

- 教师说出指令，所有学生做出相应的动作。
- 老师请个别同学上前当小老师，带领全班练习。

（4）同桌互相练习，再请表演。

九、教学效果及反思

我在四年级上了这堂公开课。课后我进行了总结和思考，大致归纳如下。

1. 本课的教学目标

学生熟练掌握 read，take，running 等单词，明白并能正确地朗读和运用“She is doing...”这种简单的句式。

2. 教学过程

第一步：复习前面学过的知识，包括“play footbal, watch TV”等短语的表述和“I like ...”等句型。第二步：学习新单词：“read，running，these，picture，take”。第三步：教给学生记忆单词的方式。第四步：情景创设，合作学习。第五步：反馈练习。

在进行教学的过程中，我运用的教学用具为图片和 PPT，以活动为主线。学生通过动作来进行操练，在轻松愉悦的环境中学习。教学结束后，学生对本课的主要单词掌握比较理想。

3. 课题组成员讨论建议

（1）对于单词的呈现教学太传统化，而且单词的呈现脱离了语境。这样让学生学起来觉得枯燥无味，让学生觉得英语学起来没有乐趣，这样会使学生丧失学习英语的兴趣。

（2）进一步提高操练过程的有效性。这堂课的操练形式以全体、小组活动形式为主，让所有学生都有开口的机会，让练习过程充满趣味性。但是很少落实到个体，对学生个别的没落到实处。

十、第二次实践

（一）创设情境

老师出示 PPT 孩子们正在一片美丽的沙滩上玩要，有的在读书，有的在踢球，有的在拍照，接着老师出示句子“I like reading book.”“He is running.”“She is taking pictures.”等句式。这些句子都放在图片的上方，每个图片的下方用醒目地写上新单词。

（二）单词呈现

老师出示正在教的那个单词的英标卡片，告诉他们单词中每个字母或是字母组合应该发的音。然后老师放录音，先让学生听，在让学生跟读。在学生能读准这个单词之后，给学生一分钟时间让他们记忆这个单词。接下来老师检测，对能记住的小组或是学生发给奖励。

本节单词呈现教学运用如下教学方式。

1. 游戏法

【游戏 1】　四人小组开火车法（每个组员一个一个的读单词，读的最好的那一组得到一颗星。）

【游戏 2】　单词拼凑法（全班学生手上拿上一个英文字母卡片，一个学生读出一个单词，拿着字母的学生按单词的拼写在教室前站好一排。）

【游戏 3】　动作表演法（一个学生在教室前做动作，其他每组的学生说出这个动作相应的单词。答对较多的小组得到一颗星。）

【游戏 4】　小组活动法（每小组的学生依次朗读，选出最好的那个，这个学生得到一颗星。

2. chant 的形式练习法

Read read read. I like reading .

Runing running running. He is running.

Picture picture picture. This is a picture.

Take take take. She is taking a picture.

3. 歌曲练习法

I like reading, I like reading; she is running, she is running; He is taking picture, he is taking picture; I like these, I like these.

4. 卡片制作法

以小组为单位让学生把这节课所学的单词制作成卡片，然后放入他们自己的卡片库中。

十一、第二次教学效果及反思

通过这次单词呈现教学，学生对本节课所学的单词掌握情况比较理想。每个学生都会读这些单词，并且百分之九十的学生记住了这些单词而且能够简单的运用这些单词。通过这次教学尝试让我明白了只要教师能给学生创设一个适合他们的、宽松的、有趣的学习环境他们就能发挥最大的潜力。

这次教学尝试也让我明白了一个道理：一个适合的宽松的学习环境也能给老师带来意想不到的乐趣。让你在为你的学生感到高兴的同时，自己也获得了快乐。

单词教学是小学英语教学的主要内容之一，也是小学英语教学一个必不可少的重要环节。如果一个单词第一次没给学生留下深刻的印象，学生复习记忆的时候会觉得很困难，更不说熟练应用了。这样的话会对我们学生今后的英语学习造成很大的困惑。同时我们对英语单词的呈现教学也不能简单的理解为只是要求学生学习几个单词而已，这样会使学生觉得学习很枯燥。我们在呈现单词的时候不仅要用不同的而且学生觉得有趣的方法教会这个单词。同时我们也要为学生今后能自己学习奠定基础。这就要求教师要利用多样化的教学手段，充分调动学生的学习积极性，让单词呈现教学与娱乐融为一体，让单词的学习过程充满生机与乐趣。

十二、指导教师评语

词汇教学一直以来在英语语言教学中就占据了重要的位置，而单词呈现一直以来都是小学老师们颇为重视而且深感头疼，且费尽心思想去完善的重中之重，这在西部，尤其是那些因为各种各样的原因，孩子们的英语语言输入途径较为单一，除了学校教育外就几乎没有其他任何额外输入帮助的不太发达的西部农村中小学尤为突出。在理论指导下的这种实践探究对农村中小学英语教育事业的发展有实际的指导和实际意义，是个不错的选题。课例中反应出的问题也是一线教师切切实实的困扰。看得出老师很用心在做，在反思，在运用国培及跟岗期间的理论和实践收获在不断地提高自己。也善于听取他人的意见及时地在再次实践的过程中积极地完善自己的教学。

小学英语词汇教学策略

——“Talk about Fruit”课例分析

张碧华
苍溪县月山小学

一、选题背景

21 世纪是一个社会生活信息化和经济体系全球化的新时代，英语在社会生活和国际交往中成为不可缺少的重要工具。掌握英语这门语言的关键在于英语词汇的学习。在小学英语词汇教学中，词汇教学既是一个重点，也是一个难点。因此，让学生掌握一定数量的词汇，是小学英语词汇教学的重要任务之一。英国的著名语言学家 D. A. Wilkins 曾说：“没有语法，人们不能表达很多东西，而没有词汇，人们则无法表达任何东西！”英语教学离开了高效率的词汇学习，语言知识的掌握便无从谈起，交际能力的培养也必将成为无源之水源。由此可见，词汇教学对于英语教学来说是举足轻重的，这正是本课题研究的缘起。同时研究农村小学英语词汇教学的有效性、趣味性，具有重要的意义，首先有助于激发和培养学生词汇学习的兴趣，培养学生英语词汇学习的积极态度与良好习惯；其次，学生词汇量的积累，有助于其初步建立学习英语的自信心，为进一步学习打下基础；再次，研究农村小学英语词汇教学的有效性，有助于教师在教学中根据实际，开发多种词汇教学的手段和方法，帮助学生找到快速、有效的词汇学习方法，使学生始终保持学习英语的兴趣，轻松地学习英语词汇。因此，研究农村小学英语词汇教学的有效性在整个英语教学中具有重要的现实意义。因此，我以英语中的水果单词教学为例，谈谈如何让单词教学更有效、更有趣，课堂更加高效。

二、教学内容分析

人教版小学英语三年级上“Talk about Fruit”第一课时。

学生对水果很熟悉，但对水果的英语名称就茫然了，因此本课时的目标是用有效的方法让学生学会它们。由于中英文语言的差异，复数一直以来都是中国学生比较难掌握的知识点，本单元水果类单词的复数形式，涉及到词形和读音的变化，教师应在上一单元的基础上对复数的词形和读音进行进一步的归纳。教材是教师的教和学生的学两方面活动的重要媒体，但在实际教学中，教师还应根据学生的实际情况，对教材进行合理安排。本课涉及的水果类单词，除了 apple，orange，pear，banana，peach 以外，为了让学生运用中能有更真实的生活体验，考虑增加常见水果 grape watermelon mango 等。

三、学情分析

该年级的学生有着极强的求知欲强和表现欲。根据学生的心理特点，课上多以表扬为主，注重对学生英语学习兴趣的培养，鼓励他们大胆说、积极做、努力唱。让学生们在玩玩、做做、说说、唱唱中学习英语。但这个年级的学生毕竟接触正规英语教材的时间不是很长，在学习方法和学习策略上还有很大差距，尤其在答题技巧和技能方面还缺少锻炼。三年级个别学生还存在顽劣和懒惰倾向，上课爱搞小动作、课下作业完成不及时的坏毛病，学习效率也较差。针对这种情况，采取趣味教学的模式课上应多为学生创设学习语言的环境，尽最大努力吸引学生的注意力以便更有交地激发他们的学习兴趣。可从以下策略入手。

1. 培养孩子们的兴趣

每堂英语课前，陪着学生一块儿唱英语歌，并且陪着他们一块儿做动作。这样学生们可以在很轻松的氛围中学习英语。

2. 提高他们的积极性

每堂英语课上，教师可拿着自己亲手做好的单词卡片去上课，并告诉学生们，卡片是老师亲手做的，如果谁会读上面的单词，老师就会把那一张奖给他，到学期末统计时，谁得到的卡片最多，谁就是班上“小小单词王”。结果，学生们的确十分感兴趣，对卡片上的单词记忆得特别牢。另外，还可用奖励他们小贴画的方式来鼓励他们上台来用英语进行对话和表演。

3. 教孩子们巧记单词

在教孩子们学习单词的过程中，有意识地渗透一些字母以及字母组合的常规发音方法，这样对他们记忆单词有不少帮助。有时还可把一些单词串起来，编成儿歌来教他们，效果比这样干巴巴地教学好多了。

四、教学目标

1. 能力目标

能简单介绍自己喜欢吃的水果，能用 there be 句子练习。

2. 知识目标

掌握单词 apple，orange，pear，banana，peach，并能用单词造句；掌握复数的一般构成。

3. 情感目标

（1）激发学生的英语学习兴趣：爱听英语、说英语；爱说歌谣、唱歌曲；爱讲故事、做游戏。

（2）增强学生的参与意识：乐于模仿，敢于开口，积极参与。

4. 德育目标

（1）通过本节课的学习，引导学生明白："An apple a day keeps a doctor away."多吃水果有益身体健康。

（2）通过合作学习，形成一定的团队精神和协作能力。

五、教学重点和难点

（1）掌握单词：apple，orange，pear，banana，peach，能用单词造句；掌握复数的一般构成。

（2）能简单介绍自己喜欢吃的水果，能用 there be 句子练习。

六、教学过程

"Talk about Fruit"第一课时。

（一）复　习

（1）师生站着共唱"Ten little paper rabbits"。
（2）老师提问，在问句"How many...?"中复习数字和简单的名词单复数表达。

（二）新授课

（1）多媒体分别出现图片 apple 和 apples，学生机械跟读，一遍又一遍。
（2）全班齐读。
（3）分角色男女生朗读。
（4）抽部分学生单独读。
（5）教师用"How many...?"句型操练巩固。
T：How many apples are there in the box?
Ss：There are ten apples.
（6）出现第二种水果 orange，教法和 apple 相同。
（7）拓展常见水果 banana，watermelon 等。
（8）在机械跟读和操练后，出示一首 chant 让学生读。
Banana，bananas，one and two. Banana，bananas，I see you.
（9）接着出现水果 pear 和 peach 的教学，过程大同小异。

（三）巩　固

（1）学生跟读所有新单词三次。
（2）做"What is missing?"的游戏。
（3）词图配对游戏，要求学生抢答。

（4）出示有不同数量，不同水果的图片，让学生进行“How many…?”问句的小组活动。

（四）小　结

总结本节课所学的知识。

七、课例研修反思

在教学中，我遵循以学生为中心，以兴趣为支点，以交际为目的的原则，开展教学活动，整个活动，让学生在情感中感知，在活动中训练，在实际中交际，在任务中运用。学生始终处于积极参与的状态之中。在教学中，我注意引导学生丰富多彩的活动中主动学习，创造性地学习，并且面向全体学生，实现了在玩中学，学中玩的教学理念，并且利用图片、实物等多种形式营造学英语的氛围，调动学生多种感官，在情境中感知，在兴趣中运用所学知识和学习新知识。在教学中通过设计多样的教学活动，不但激发了学生的学习兴趣，培养了学生积极的态度，而且还培养了学生一定的语感，使他们形成了用英语进行交流的能力。学生们通过表演很好的发展了学生的表演能力为学生非智力因素的培养打下了坚实的基础。但在整堂教学中，部分后进生表现不够积极；环节的过渡语言组织也不够到位，给人的感觉跳跃性很大。针对本节课的问题，我经反复琢磨怎样有效教学英语单词，我从以下五个方面去修改教案，再为学生上这堂课。

第一，单词教学媒体化。创设语言情境，激发兴趣与求知欲。新课标特别强调要激发和培养学生学习英语的兴趣。多媒体教学的最大优势是它的直观形象性。在课堂教学中，充分利用多媒体计算机，化静为动，把语言运用的情境展现在学生面前，让学生目观其形，耳闻其声，使文字、声音、图像有机融合，整体表现。这种具体场景的创设能激起学生良好的情绪反应，能最大限度地激发学生的学习兴趣，使他们由厌学、苦学变为喜学、乐学，加速认知活动，提高学习效率。如教授 pear 时，用 magic pear 的变形及发音，让语言化静为动，把学生牢牢吸引住。

第二，单词教学猜谜化。游戏是低年级学生最喜欢的一种形式，当学生注意力分散时，游戏能使他们集中注意力，当学生兴趣下降时，游戏能使他们兴趣盎然。在本课教学单词时，我准备较多的运用了猜测类游戏，因为它简便有效，主要有以下几种：

（1）根据提示，猜水果、猜数量。利用多媒体 magic box 猜 apples or oranges?再猜数量。

（2）实物品尝，猜水果。我把梨切成薄片，分别让不同的学生品尝，问：“apple?”“banana?”从而引出单词“pear”的教学。

（3）“What is missing?”游戏，猜消失的单词卡片、图片卡片、单词和图片一起消失的卡片。

第三，单词教学歌谣化。Chant，词句简单、内容生动、琅琅上口、便于记忆、韵律优美，所以深受学生的喜爱，促使学生对学习活动产生一种积极的心理倾向，主动地参与到学习中来。单词教学是英语教学的基本内容之一，但通常的机械操练单一、枯燥，一旦掌握不好将会影响下一阶段的语言学习。而 chant 恰巧解决了这一难题，不仅激发了学生的学习兴趣，而且培养了学生各方面的语言能力。下节课中，我运用以下几种 chant。

（1）总结知识规律。如：Banana，bananas，one and two. Banana，bananas，I see you.通过本课中其他水果单复数 chant 的吟唱，由慢到快地打着节奏，从而起到加深记忆的作用。

（2）增加教学趣味。如：Big pear，small pear，I can see. Big pear，small pear，for you and me.这样一首 chant 并配上手势，生动形象的学习方式去让学生感兴趣，也可以无意中增加语言量的输入。

（3）培养学生运用语言的能力。这是在英语课堂教学中操练新单词常用的方法。利用新学单词的图片、实物替换 chant 中的内容，或让学生自己用所学单词改编 chant。如：Peaches，peaches，I can draw. Peaches，peaches，yummy，yummy，yummy.这首儿歌中的名词替换后还可以操练巩固其他的水果单词。

第四，单词朗读游戏化。单词教学时一遍又一遍的跟读往往使学生乏味，但大量的诵读，对学生记忆单词，形成语感，对将来进一步学习语言都是非常重要的。怎样解决这一矛盾呢，下节课，我设计多种朗读游戏，既化解机械跟读的枯燥，又起到巩固单词的作用，还激发学生的学习兴趣。如：朗读 apple 时的小火车开起来；朗读 orange 时的师生高低声对比读；朗读 banana 时跟着老师上下左右边动边读；朗读 pear 时随着 pear 变形变声读；朗读 peaches 时的循声找图片游戏读……都让学生乐此不疲、兴趣大增，学习效果一定很好。

第五，单词教学动作化。小学生活泼好动，这种方法适应小学生的心理及生理特点，让学生通过动作等身体反应来学习英语，既吸引儿童的注意力，又充满乐趣，教师在教学设计中多采用些竞争性强、趣味性高的游戏，吸引学生主动学习。我把自己设计的各种趣味活动和练习穿插在教学中。如：读读单词，动动身体；拍拍手，读儿歌；舌头尝一尝，猜猜是什么；找一找，图片在哪里；听一听，选一选……活动筋骨，休闲又提神。学生们边做动作，边学单词，身心放松，寓学于乐，教者轻松，学者愉悦，达到事半功倍之效。

八、反思教案

“Talk about Fruit”第一课时。

（一）复　习

歌曲“Ten little paper rabbits”后，师生齐数小白兔，学生个别、随机数小兔。接着是 Quick response，在多媒体的闪动中，学生快速反应数字。然后，利用 How many...?句型复习几个简单名词的单复数形式。

修改后的复习部分，环节自然流畅多了，学生也更能进入学习状态了。

（二）新授课

1. 由上面的复习引入单词 apple 的教学

T：Apple.

Ss：Apple.

T：Little little train.

Ss：Wu wu .

小火车开起来，学生高高举起小手，要求朗读。

2. 多媒体中的 apple 变成 orange

T：Orange.

Ss：Orange.

T：High，high，high.

Ss：Low，low，low.

老师大声读单词，学生则小声读单词，反之，则亦然。这个朗读游戏让学生在跟教师的对比声中读准发音、读出趣味，学生个个笑逐颜开。

【小巩固】 apple 和 orange。多媒体出现一个 magic box. Guess：What's in the box？出现答案后，再问：How many apples?

学生对这个猜的游戏饶有兴趣，还有奖品 banana 可得，开心得不得了。

3. 由上面游戏的奖品引出 banana

T：Banana.

Ss：Banana.

T：Follow me.

Ss：OK.

学生跟着老师站着读，坐着读，左右侧着身体读。已经坐了段时间的学生趁机边读边活动身体，读得兴趣盎然，意犹未尽。

引出 banana 复数后，出示一首 chant：Banana，bananas，one and two. Banana，bananas，I see you.

拍着手，打着节奏，学生读得有模有样，还纷纷举手要求个别表演。

4. 通过学生品尝实物引出 pear

T：Pear

Ss：Pear

多媒体出现 magic pear，变大变大再变大，伴随着的是由轻渐响的单词发音。学生们跃跃欲试，在手形变化的带动下，声音由轻渐响变化明显，一个比一个说得好，在不知不觉中，pear 的读音得到了巩固。随后出现的 chant，也水到渠成：Big pear，small pear，I can see. Big pear，small pear，For you and me.

5. 出现梨的图片并在 pear 和 peach 中作单词选择

这个巩固练习，既起到了辨析单词字形的作用，又为引出 peach 作了服务。

T：Peach.

Ss：Peach.

T：I like peaches. Yummy yummy yummy. Sun WuKong likes peaches.

多媒体飞出悟空及仙桃，学生精神一震，兴奋起来，正好学习教学中的难点 peaches 这个词，peaches 的读音较难掌握，随后的游戏“找仙桃”使其得以操练。一个学生出来寻找仙桃，其余学生用声音的轻重来指引他寻找，越靠近目标，声音越响，反之，则轻，终于到达所藏之地时，学生们已是兴奋得大叫了。而后的 chant，学生更是读得津津有味：Peaches，peaches，I can draw. Peaches，peaches，yummy yummy yummy.

（三）巩　固

在一系列的单词跟读，单词巩固游戏，如：“What is missing?”词图配对后，进行对学生的听力练习：听句子，选图片。最后的高潮部分是 Talk about the fruit.学生可以用所有学过的句子和对话来谈论所学水果，语言知识大练兵，新旧语言知识的重新整合运用，达到学以致用的目的。

九、指导教师评语

充分意识到词汇教学在小学英语教学中的重要性，并在实践中反思和提高，对今后的实践有借鉴意义。教师能对自己的环节过渡等教学环节的不足进行反思，并主动寻求提高的办法；能在教学反思中主动找寻学生的兴趣点，并针对学生的具体情况对自己的教学方法作出适当的调适，还可以充分借鉴假期中国培的理论知识学习收获在理论上进一步提高自己，充分实现理论对实践的指导作用。

图片在词汇教学中的运用

张 艳
苍溪县歧坪小学

一、选题背景

1. 教学内容

义务教育课程标准实验教科书，三年级上册（三年级起点）《新标准英语》Module 3 Unit 2 “It’s a Black Dog”第一课时。

2. 背景分析

小学英语是学生英语学习的启蒙阶段，对学生的终身学习起着重要的作用，掌握一定数量的词汇是学好英语的基础。词汇是英语这门语言中的三要素（语音、词汇、语法）之一，是听、说、读和写四项技能形成和发展的基础。语言能力的形成离不开词汇的积累与运用，没有词汇，任何形式的交流都无从谈起。然而，在现实小学词汇教学中，却存在着一些不容忽视的问题。如何改进小学英语词汇教学，帮助学生科学地记忆词汇、最大限度地扩大词汇量，一直是摆在广大英语教师们面前的一个重大问题。我试图通过在课堂教学中运用图示教学法对学生词汇学习方法进行指导，提高课堂词汇教学的有效性。

二、教学设计

1. 教材分析

“It Is a Black Dog”一课出自《新标准英语》小学三年级起点的 Book 1，Module 3，Unit 2。其主要教学内容是用句型 “It’s a...”来描述有颜色的动物或物品，在 Unit 1 中，学生已经学会了几种颜色的单词。

2. 学情分析

三年级的学刚刚初步接触英语，对英语还有点朦胧，或者说还没有感兴趣，抑或是不知英语有何用处，本节课不紧要让学生学会 dog，cat，cap 三个单词的准确读音和含义以及“It’s a...”这一句型的学习和应用，还要让学生英语与生活息息相关，并让学生对颜色有初步的认识，同时激发学生学习英语的兴趣。但是学生现在的认知基础有限，要灵活运用“It’s a...”句型，描述身边物品的颜色，如何在实际生活中灵活运用，是一个重点，也是一个难点。

3. 教学目标

（1）语言知识目标：能听、说、读、写 dog，cat，cap 等单词，及掌握句型“It’s a ...”

（2）语言技能目标：能通过课文对话练习提高在生活中的交际，语言表达和描述能力。

（3）情感态度目标：通过图片来激发学生的学习兴趣，调动学生学习的积极性。

（4）学习策略目标：认识了解应该怎么样描述一种东西的颜色，并能运用所学知识进行英语表达和交流。

4. 教学重难点

1）教学重点

学会 dog、cat、cap 的读音和含义以及“It’s a...”句型的学习和应用。

2）教学难点

灵活运用“It’s a...”句型，描述身边物品的颜色，在实际生活中运用。

5. 教学准备

颜色卡（red，blue，yellow，green，black…），动物图片（dog，cat，cap…），教学挂图。

三、教学过程实录

1. Warming-up

1）师出示几张颜色卡图片（red，blue，yellow）

T：What color?

Ss：It’s red/ blue/yellow.

2）利用教室内学生穿着的衣服的颜色，用“What color is this？”句型进行提问，请学生用“It’s red/blue/yellow”句型来回答。复习学过的颜色的单词。老师走到学生中间，用手指学生衣裳进行提问。

T：What color is it?

S：It’s red/ blue ...

（通过唱、做动作感染学生，调动学生的情绪，让学生进入英语氛围。既复习了旧知识，又能为新课学习作铺垫，自然导入新课。）

2. Leading in and presentation

1）师出示颜色卡图片（green，black）教学本节课新词汇

T：What color?

Ss：It’s green/black.

2）师出示一张彩虹的图片

T：What’s this?

S：...

T：It’s a rainbow.（学生跟读几遍）

T：There are many colors. Can you tell you me its colors?

Ss：It's yellow.

S：It's red.

S：It's pink

T：Very good. It's red and yellow and pink and green …

（告诉学生如果有很多种颜色可以用“and”把颜色连起来）

3）游戏：“simon Says”

老师读句子“It's + adj”。当读到“Simon says，It's black.”穿黑色衣服的学生必须站起来，说：“It's black.”读到“Simon says，it's red.”的时候，穿红色衣服的学生必须站起来，说：“It's red.”做错的学生得上讲台继续老师的角色。

（通过游戏来激发学生的兴趣，让他们能在游戏中习得语言）

4）学猫叫

T：Listen，what is that?

Ss：…

（学生可能会用汉语来回答）老师借机引入 cat 这个单词，教读 cat.（大声读，小声读）。老师边教边板书在黑板上。

出示红色小猫的图片。

T：What color is it?

Ss：It's red.

接着教“It's a red cat.”并将图片粘在黑板上。

出示蓝色、绿色、黑色小猫的图片。

T：What color is it?

Ss：It's blue/green/black.

接着教“It's a blue/green/black cat.”并将图片粘在黑板上。

5）师指黑板上的图片

T：What's this?

Ss：It's a red/blue/green/ black cat.

6）教师说“A red cat.”叫学生上前来指出对应的图版

学生说，学生指。

3. Presentation，listen and say

1）师出示小狗的图片并挡住了大部分

T：What is this ?

Ss：…

（学生可能会用汉语来回答）老师借机引入 dog 这个单词，教读 dog.（大声读，小声读）。老师边教边板书在黑板上。

再出示一只黑色的小狗图片。

T：What color is it ?

Ss：It's black.

T：Yes. Good! It's black. It's a black dog . 并将图片粘在黑板上。

然后老师示范读 It's a black dog .

学生跟读；学生全体读；再个别读。

2）用蓝色小狗的图片同样地教学句型 It's a blue dog

在跟读过程中能在老师的可理解性语言输入下模范操练语言，为学生的语言输出做铺垫。然后，用红色猫，绿色猫，黄色帽子，红色帽子的图片 教 cat 和 cap。

让学生接受并掌握句型，并能运用。

3）放磁带，学生跟读

4. 巩固练习

T：It's a black dog.

生用手指书本上的图。

T：It's a red cat.

生用手指书本上的图。

将课文中活动③改成一个游戏

Game Who is faster? （看谁反应快）

T：It's a blue dog. 让两学生上黑板指，看谁反应快。

（通过游戏调动学生的学生积极性，进一步活跃课堂气氛。）

5. Sing a song

1）先出示 rainbow 的图片

T：What's this?

Ss：It's a rainbow.

教师指着某个种颜色

T：What color is it ?

Ss：It's …

2）告诉学生今天学习新的歌曲 “Rainbow”

【板书设计】

It's a（本节课的动物图片）	black dog. blue dog. red cat. green cat. yellow cap. red cap.

四、教学反思

通过本节课教学，经过多种形式的操练，让学生掌握新的单词，培养了学生的学习兴趣，学生在课堂上想说想练，敢说敢练。全班大多数学生能够灵活掌握所学词汇，因为本课词汇量不大。通过游戏形式，在课堂中渗透课堂评价，学生的竞争意识得到了发展，学生的表达能力也得到了不同程度的提高。但是在教学中，由于教师没有很好地去引导学生运用已学句型“It’s a...”，在教学 It’s a ____ dog，It’s a ____ cat，It’s a ____ cap 时，感觉环节比较繁琐，比较传统，没有新意。因为学生没有主动参与，会导致至少部分学生后半部分会走神，不认真听讲。因此，老师在设计时，一定随时都要让每个学生都参与到每个教学环节来。教师没有示范，学生不知道怎么做，怎么说，和同伴交流造成困难。因此在具体的语言情景中运用语言做得不够。所有的游戏环节仅仅为单词操练而操练，没有让学生在句中学词，在句中用词。没有达到词汇教学的有效性，在词汇教学中，让学生多听，输入足够的语言，让学生先听再模仿，再听，强化语音语调；另外，词汇教学的最终亩的是为了运用而不是储存，因此教学中赢遵循“词不离句”的原则，在可同教学中应坚持词汇教学与句型教学相结合，坚持以句为单位，由旧句型引出新单词，旧单词引出新句型，应该让学生在学单词时，同时学会运用单词，这次是真正的词汇教学的有效。

五、反思后的再实践

1. Warming-up

1）师出示几张颜色卡图片（red，blue，yellow）

T：What color?

Ss：It’s red/ blue/yellow.

2）利用教室内学生穿着的衣服的颜色，用 What color is this? 进行提问

请学生用 It’s red/blue/yellow 的句式来回答，复习学过的颜色的单词。老师走到学生中间，用手指学生衣裳进行提问。

T：What color is it?

S：It’s red/blue ...;

（通过唱、做动作感染学生，调动学生的情绪，让学生进入英语氛围。既复习了旧知识，又能为新课学习作铺垫，自然导入新课。）

2. Leading in and presentation

1）师出示颜色卡图片（green，black）教学本节课新词汇

T：What color?

Ss：It’s green/black.

2）师出示一张彩虹的图片

T：What’s this?

S：...

T：It’s a rainbow.（学生跟读几遍）

T：There are many colors. Can you tell you me what colors?

Ss：It’s yellow.

S：It’s red.

S：It’s pink.

T：Very good. It’s red and yellow and pink and green …

（告诉学生如果有很多种颜色可以用“and”把颜色连起来）

3）游戏：“Simon Says”

老师读句子“It’s + adj”，当读到“simon says，It’s black.”穿黑色衣服的学生必须站起来，说：It’s black. 读到“simon says，it’s red.”的时候，穿红色衣服的学生必须站起来，说：It’s red.做错的学生得上讲台继续老师的角色。

（通过游戏来激发学生的兴趣，让他们能在游戏中习得语言）

4）老师学猫叫

T：Listen，what is that?

Ss：…

（学生可能会用汉语来回答）老师借机引入 cat 这个单词，出示图片 cat.（大声读，小声读）。老师边教边板书在黑板上。

5）多次操练

教师根据这种方法，利用图片依次教会学生新单词：dog，cap. 并且利用图片多次操练。教师利用学生前一单元已学会的句型，学会说“It’s a cat. It’s a dog. It’s a cap.

【设计意图】

教师要引导学生注重旧知识到新知识的迁移，这样学生学习新知识就有一个从易到难的过程，学生就不会感到很困难，因为学生感到“跳一跳”就会有成功，所以会很有兴趣，就会积极主动地参与到课堂教学中，既体现了新课标的精神，教学效果也会很不错。

6）过渡（到活动 2 句型）

（1）课件出示一幅无色的小狗图片，让一名学生从旁边的颜色框里任意取一个颜色填到小狗身上，并用 It’s ____ dog 来叙述这个图片。

（2）接下来用这种方法依次学会说 it’s a ____ cat. It’s a ____ cap.

（3）最后，把学生说出的话编成一首儿歌，学生边拍手边说：

Cat，cat，it’s a red cat;

Cat，cat，it’s a green cat;

Dog，dog，it’s blue dog;

Dog，dog，it’s a black dog;

Cap，cap，it’s a yellow cap;

Cap，cap，it’s a red cap.

…

【设计意图】

这样每一个环节都是学生亲自参与的，体现了学生在课堂上的主体地位，学生的兴趣自然就很高，表现欲也强烈，教学效果自然就更好。

（4）放磁带，学生跟读。

3. 巩固练习

T：It’s a black dog.

生用手指书本上的图。

T：It's a red cat.

生用手指书本上的图。

将课文中活动③改成一个游戏

Game Who is faster? （看谁反应快）

T：It's a blue dog. 让两学生上黑板指，看谁反应快。

（通过游戏调动学生的学生积极性，进一步活跃课堂气氛。）

4. Sing a song

1）先出示 rainbow 的图片

T：What's this?

Ss：It's a rainbow.

师指着某个种颜色 T：What color is it ?

Ss：It's ...

2）告诉学生今天学习新的歌曲“Rainbow”

【板书设计】

It's a	black dog. blue dog. red cat. green cat. yellow cap. red cap.

六、指导教师评语

本课教学准备充分，且善于利用教学活动环境中现有的材料进行真实的交流，创设了真实的语言环境，真正使得英语达到了学以致用的目的。善于发现教学中存在的问题，并能客观地分析造成这种困扰的原因，如教师缺少示范、过渡以及游戏环节中为了操练单词而操练等并能进行有针对性的修正。反思中如果能够就重点关注的图片在词汇教学中的作用的设计和实际效果之间的差异，并就此进行更多的反思和提高会更多。

小学英语课堂中的词汇教学策略

——“Point to the Door”课例分析

刘　丽
苍溪县元坝镇中心小学校

一、选题背景

词汇是语音的基本建筑材料，英语词汇教学是英语课堂教学的重要一环。小学英语词汇教学虽不如会话教学那么重要，要求四会的单词非常少，但也是必须掌握的知识；同时，词汇教学的确比较乏味，因此如何有效地教授小学英语词汇，继而激发和保持学生学习英语的兴趣，是每位英语教师必须研究的重要课题。随着时代的发展、教学的深入，词汇教学当然也要因地因时、因人而异，其教法需要不断地改进或发展。我在英语单词教学过程中总结出如下问题。

1. 孤立教词，讲得过多

孤立地教词、孤立地讲解，占用了我过多的课堂教学时间，而且还要让学生记忆一堆互不联系的词义和用法例句。

2. 学生与词汇接触少、吸收少

我们经常在教授完新单词后，让学生进行机械练习，死记硬背单词，不少词在初学时虽被记住，但以后则被渐渐地忘却。因此不少小学生由于害怕记单词而讨厌学英语。

3. 不同词汇的教学主次不分，平均用力，负担过重

在教学中经常不分主次而一律要求学生将所有词汇的音、形、义、用法全掌握，听、说、读、写都会用。结果是该达到的要求没达到，教师和学生双方都未在词汇的教和学上抓住主要矛盾，因而效果不佳。

由此可见，小学英语词汇教学并没有我们以往想象的那么简单，实际教学中的诸多困难和问题还有待解决。作为英语教师，我们应该认真地研究和学习科学的教学理论并结合实际去付诸实施，最大限度地提高教学效率。

二、教学内容分析

外研社新标准英语(三年级起点)第三模块第一单元。本节课是新授课，围绕新单词 door，window，blackboard，the，bird，please 展开；让学生学习指令词 Point to，Stand up，Sit down;

使学生会发出指令和执行指令。学生听懂并执行指令对教师日后顺利用全英语教学有着非常重要的作用。此题材非常生活化，贴近学生的生活实际，是学生感兴趣的话题之一。

三、学情分析

由于是农村小学，我执教的学校三年级才开设英语课程，家庭条件好的学生在这之前学过一些简单的英语单词和日常用语，条件差一些的学生特别是留守儿童，从未接触过英语，英语对于他们来说是一种新鲜事物，他们对英语这门课程以及英语老师都充满了好奇之心。因此，我们从一开始就应该让他们喜欢上英语，不能用枯燥机械的训练挫伤他们学英语的积极性，要让他们感受到学习英语的快乐。

经过前面两个单元 Greetings 和 Introduction 的学习，学生对英语有了初步的语言认识，并产生了较高的学习兴趣；本节课应该在复习旧知上增加学生的自信心，并激发学生用英语说出身边的物品，从而进行语言输入。在前两个模块的学习中学生“说”的能力很强，但是测验结果表明学生的“认读”能力较差，本节课应加强认读能力训练。

四、教学目标

1. 情感目标

（1）培养学生热爱大自然，爱护动物的高尚道德情操，鼓励学生要主动进入大自然，仔细观察身边发生变化的任何事情，从而开拓他们的眼界，不断增长知识，培养学生敏锐的观察力，形成良好的思想道德品质和学习习惯。

（2）乐于并善于与他人友好地交往，逐步形成与人沟通的能力。

2. 知识目标

（1）认读句子：基本能听懂、会说、会读，并运用“sit down!”“stand up!”“point to...”等语句。

（2）识记单词：door，window，blackboard，bird。

3. 能力目标

发音准确，能听懂录音。会用本课词汇模仿录音语调。

五、教学重难点

1. 重　点

学习 bird，door，blackboard，window 四个单词和“stand up”“sit down”和“Point to...”三个指令性短语。

2. 难　点

使学生能够透彻理解“stand up”“sit down”和“point to...”三个指令性短语的意思，并在老师的帮助下灵活运用，指认身边的实物及图片。

六、教法和学法

情境教学、TPR 活动、游戏法。

七、教具准备

单词卡片、图片、课件。

八、教学实践

（一）教学步骤

Step 1：Warming-up

Greetings.

T：Good morning，boys and girls.

S：Good morning，Miss Liu.

T：How are you？

S：I'm fine. Thank you .

（Sing a song“Good morning，Sam”）

T：Let's sing the song with the tape.

【设计说明】 通过每日对话激发学生的学习兴趣，引起注意，拉近师生距离；通过简单的手势让学生在唱起来的同时动起来，演起来，乐起来，在音乐的衬托下，歌曲营造了轻松的学习氛围。）

Step 2：Lead-in

教师指着窗户、门、黑板，用英语提问："Where are they?"（因为是新句子，学生之前没有接触过，所以要用中文重复问题。引导学生说出"在教室里"。

师：对了，所以我们今天要学习的是和教室有关的内容，这些东西在教室都可以找到。

揭示课题，板书：Module 3　Unit 1"Point to the door"。

【设计说明】 借用学生身边熟悉的实物很自然引入新课，给学生一种身临其境的感觉积极投入到学习活动中去。

Step 3：New Words

（1）教师创设情境：让我们一起来看看我们的教室里都有哪些东西，展开对单词的学习。教师做动作指向门，出示单词卡片，领读单词 door，以同样的方法学习单词 window，blackboard，出示课件学习单词 bird。

（2）然后对学生说"Point to the door"，让学生跟着做，和同学热情打招呼，然后对学生说"Point to the door"，多次反复的练习。以同样的方法学习"Point to the window""point to the blackboard"等。

（3）老师让全班同学做，再以小组的形式练习，最后以同桌之间练习。指名到电脑上操作进行练习。

（4）以 chant 的形式练习。

Door door door，point to the door .

Window window window，point to the window.

Blackboard blackboard blackboard，point to the blackboard.

Bird bird bird，point to the bird.

【设计说明】

利用 Work in threes，in pairs，in row，in group 等多种不同方式操练，使学生处于积极思维的状态之中，全方位、多角度培养学生运用英语的能力；以 chant 的形式进行练习，避免了学习单词的枯燥乏味，使学生轻松掌握新的语言知识。体现了学习的主体和以人为本的教育观。

Step 4：Teach the Text

（1）听录音指图片。

（2）你从插图里看到了什么？

（3）跟读课文。

（4）强化巩固。

① 教师说出指令，所有学生做出相应的动作。

② 教师说出指令，个别学生做出相应的动作。

③ 老师请个别同学上前当小老师，带领全班练习"Sit down! Stand up !"请全班学生跟着小老师重复句子的同时执行相应的指令。在学生练习的过程中，我可以通过双臂上抬或者下压的动作强化学生对这两个指令的理解。

（5）再听录音，请全班同学边听边模仿，向学生说明：课文最后，教室飞进了一只小鸟，小朋友好奇地询问它的名字，小鸟"TWEET，TWEET"地叫起来，结果孩子们把"TWEET，TWEET"当作小鸟的名字。

（6）同桌互相练习，再请表演。

【设计说明】

通过实物、图片、手式等直观教学手段对学生思维器官进行刺激，变抽象语言为有形图像，使学生轻松掌握新的语言知识。）

Step 5：Practice

（1）游戏与说话。

告诉学生师将向他们发出指令，他们必须按指令完成。如果谁出了错误，就必须出局。出局的学生自己发出一个指令做两遍。

（2）Sing a song "Please stand up"边唱边做动作。

【设计说明】

学生通过游戏，边做边练习，寓教于乐，极大地激发学生学习兴趣，同时巩固了学生所学的知识。

Step 6：Sum up

（以提问方式作总结）今天我们都学习了什么？

【设计说明】

这一环节的设计加强了对本课内容的理解和运用。

Step 7：Homework

画一画自己的教室或房间，然后与同伴交换标出各部分的名称。

【设计说明】

达到巩固强化知识的目的，同时通过合作，共同绘画，培养学生的动手动脑能力和团队精神。

Step 8：Further Exercise

（1）老师让全班同学做，再以小组的形式练习，最后以同桌之间练习。指名到电脑上操作进行练习。

（2）以 chant 的形式练习。

Door door door，point to the door .

Window window window，point to the window.

Blackboard blackboard blackboard，point to the blackboard.

Bird bird bird，point to the bird.

（3）强化巩固。

① 教师说出指令，所有学生做出相应的动作。

② 教师说出指令，个别学生做出相应的动作。

③ 老师请个别同学上前当小老师，带领全班练习。

（4）同桌互相练习，再请表演。

（5）游戏与说话。

告诉学生师将向他们发出指令，他们必须按指令完成。如果谁出了错误，就必须出局。出局的学生自己发出一个指令做两遍。

（6）Sing a song “Please stand up”边唱边做动作。

九、教学效果及反思

今天上午我在三年级上了这堂公开课。课后我进行了总结和思考，大致归纳如下。

本课的教学目标：让学生明白并能正确地朗读和运用“Point to...”这个句型，熟练掌握 window，door，blackboard，bird 这四个新单词。教学过程如下：第一步，复习前面学过的知识，包括“Good morning”等一系列问候的表述和囊括知识点的儿歌“Good morning，Sam”；第二步，学习新单词：“window，door，blackboard，bird”；第三步，学习由本课主要句型和单词组成的 chant：“Point to the window，point to the door，point to the blackboard，point to the bird.”第四步，课文教学，进行情景表演；第五步，反馈练习进行听口令游戏和唱歌。

在进行教学的过程中，我运用的教学用具有图片和实物。以活动为主线，体现学生的好动性和以动求学的语言观。学生通过动作来进行操练，让他们在玩中学，在学中玩，使他们多感官参与教学，以提高学习效率，变有意识地学习语言为无意识地习得语言。同时设置了集体问答练习、分组问答练习、个体问答练习和听口令游戏等形式。教学结束后，学生对本课的主要句型和单词掌握比较理想。

小学生短时间记得快，忘得也快。因此在学习完单词后，要及时复习巩固。而单词的记忆、巩固是非常枯燥无味的，即使利用卡片、实物、投影片等现代化教学手段，久而久之，学生也会产生厌倦心理，因此教师要采取多样化的、有趣的巩固方式。

英语课程标准指出：小学英语教学的任务之一是“激发和培养学生学习英语的兴趣，使学生树立自信心，掌握一定的英语基础知识和听、说、读、写技能”。我们教学的最终目的就是要让学生听、说、读、写的能力有所提高。“教学有法，但无定法，贵在得法。”英语单词巩固教学方法有很多，我们在教学过程中要灵活选择适合自己学生的教学方法，让学生学得轻松，记得容易，并能熟练运用。

十、课题组成员讨论建议

从知识的拓展性上来讲,老师不能只想着完成本节课的任务而不照顾到学生的学习需求。如在教学“point to...”句型的对象时除了 window，door，blackboard，bird 这些实物外，学生自己提到了课桌、椅子等，此时老师应该灵活的引出 desk，chair 单词的教学，这比放在下一节课教给他们的效果好。与此同时给这节课的小朋友们提供更加广阔的语言运用空间，充分调动学生的学习热情。

进一步提高操练过程的有效性。这堂课的操练形式以全体、小集体形式为主，收到了较好的练习效果，听口令游戏，让所有学生都有开口的机会，让练习过程充满趣味性。但是，有个别学生的发音尚未得到比较充分的训练。因此，应该注意及时纠正每个小朋友的误音。

十一、指导教师评语

能关注自己教学中问题，并带着问题在国培的理论培训和跟岗实践中同伙伴们一起去寻求帮助，积极反思，并能将反思付诸实践，这是一个不错的开端。在教学实践前能够有意识地带着目的，根据学生的生理、心理发展情况并结合他们的学习情况去精心设计诸多教学步骤，在具体的实践中能够注重前后单元之间的联系，并且能够在教学中善加利用。小组的老师实践经验丰富，关注点较为全面，关注到了后进的同学，注意到了教师的关注应在不同教学阶段有不同的关注点。注意把握分组练习时教师能够提供的指导作用。课例中英语教学很多认知都来自教学中的直接经验，这方面可充分借鉴国培期间的理论学习内容来实现理论对实践的指导作用。本课例的关注点是单词巩固，在反思和第二次实践中可以更进一步地得到体现，不要试图广而大地分析，要力图做到从具体的细节着手，最后达到整体上的提高。

营造识单词的生动教学情境

——“What Colour Is It?”课例分析

伍彩霞
成都市五块石小学

一、选题背景

1. 为什么选择该课例研修主题？

情境教学法，是指教师根据学生的年龄特点和心理特征，遵循反映论的认知规律，结合教学内容，充分利用形象，创设具体生动的场景，使抽象的语言形式变成生动具体的可视语言，创设尽可能多的英语语言环境，让学生更多地接触感受英语（feel English）、说英语（speak English）、用英语进行思维（think in English）、用英语的方式主导行为（behave in English）。该教学法的特点是：将言、行、情境融为一体，有较强的直观性、科学性和趣味性，学生仿佛置身其境。情景教学可以激发学生学习激情，培养学生浓厚的学习兴趣，促成学生智力因素和非智力因素的发展，从而从整体上正确理解和运用语言，即整体语言教学法（Whole Language）。

2. 关于该研修主题，他人做了哪些研究？

情境教学法的核心在于激发学生的学习兴趣。有人把情景教学法等同于演示教学法，其实他们是有区别的。应该指明的是，情景教学法的一个本质特征是激发学生的情感，以此推动学生认知活动的进行。而演示教学法则只限于把实物、教具呈示给学生，或者教师简单地做示范实验，虽然也有直观的作用，但仅有实物直观的效果，只能导致学生冷冰冰的智力操作，而不能引起学生的火热之情，不能发挥情感的作用。由此也可以看出“情景”是“情”与“景”的统一，二者缺一不可。

3. 本次课例研修希望在哪个方面有所改进和突破？

本次研究我努力通过创设小学英语课堂中的情境，让学生理解词汇的意义，学会用整句语言来描述事物；并在游戏中建立起实际语言交流的平台，使学生在体验生活中获得用英语进行交际的语言能力，促使学生综合运用语言能力的逐步形成。

4. 教材和课例选择

人教版第一册小学 1 年级上 Unit 5 Colours 第 1 课时“What Colour Is It?”

二、教学内容简析

本节课的授课内容是人教版英语（一年级起点）一年级上册 Unit 5 Colours Lesson 1. 本课围绕谈论事物的颜色展开。本课的语言结构为核心句型“What colour is it?”以及答语“It’s ...”等。

三、学情分析

本节课授课对象是刚入学两个多月的一年级学生，孩子年龄相对小，缺乏常规学习习惯、学习知识和经验，抽象思维不够发达，但形象思维占优势，因此在教学中教师根据教材要求运用多样化的教学手段及贯穿始终的教学评价，激发学生学习英语的兴趣，培养他们积极学习英语的态度，使他们建立初步的学习英语的学习习惯；通过反复听录音教师范读培养学生一定的语感和良好的语音、语调。

四、教学目标

（一）语言知识技能目标

（1）能够在情境中理解学习 colour，能听懂并说出与颜色相关的五个词汇：red，black，yellow，blue，green.

（2）能够结合插图以及动画理解学唱歌谣，能够听懂教师指令，如“Show me red.”并做出相应的反应；

（3）通过体验、猜测、推测、讨论形成自主、合作、探究的学习模式。

（二）情感目标

培养学生乐于观察、大胆模仿说唱歌谣；能够在各种活动中学会与他人合作，具有合作意识。

（三）重点、难点

1. 重　点

在情境教学中，理解有关颜色的词汇并简单运用。

2. 难　点

单词 red，black 和 green 的发音还有是否能够理解并在情景中恰当的运用各种颜色。

五、第一次实践

（一）教学过程

Step 1：Preparation

师生互相问好。学生以三单元歌谣热身，之后观察教师模仿小动物的动作并说出：It’s a ...

Step 2：Lead-in

PPT 演示一只小鸟并观察小鸟飞到哪里去了？引出本单元故事场景，并引导学生仔细观察。

T：What animals can you see?

S：A bird./A dog.

Step 3：Presentation

学单词 yellow 出示黄色纸鸟自问自答“What colour is it?”“It’s yellow.”板书句子：“黄鸟飞到 1、2 和 3、4 组”，学生分别说出 It’s yellow.

学习单词 black。出示黑色纸狗自问自答“What colour is it?”“It’s black.”板书句子：“黑狗跑到 1、2 和 3、4 组”，分别说出 It’s black.

看故事，跟读，角色扮演。

PPT 演示三只小鸟带领学生用望远镜分别观察学习“It’s red/green/blue”；

游戏 Show colours：教师带着学生拿出五只分别为红黄蓝绿黑的水彩笔，根据指令举起相应颜色的水彩笔。

学习歌谣：第一遍欣赏歌谣；第二遍拍手小声跟唱；第三遍请十位愿意上前表演的同学上前带领全班同学一起拍手唱。

Step 4：Practice

游戏：What colour is it?

拿出自制教具彩色筛子，根据所掷筛子展示的那一面，描述其颜色，为小组赢得彩色气球。可邀请小老师来发指令。

游戏：What colour?

PPT 演示空白动物形状请学生来猜。

Step 5：Homework

将所学 Chant 演唱给家人听。

（二）实践教学效果

通过观察课堂上学生的反应及与学生的简单访谈，发现学生对于呈现单词的形式相对单一，不是很感兴趣。游戏与真实情境的结合以及层次感没有体现出来。

六、教学反思

1. 执教教师的思考

英语课程标准指出：“要让学生在真实的情境中体验和学习语言。”我以为，英语教学更应该在“真实”二字上下工夫，这样才能使学生真正学会和运用语言。只有当所创设的情境与学生的生活经验相符合时，才能激起学生的生活体验，使他们从各自的生活背景出发，迅速投入到所创设的情境中，准确地体验和理解语言。课文中创设的情境很吸引学生，但是为了衍生出重多单词却违背了真实的意愿。呈现出的鸟颜色是有了，但不真实美观。反而让学生失去了新意。

通过思考我认为情境的创设不仅仅是为了课文而创设，更是要让学生在真实有意义的情境中去认识、学习词汇，另外低段游戏较多，也要用心的为学生创设一个生动有趣的情境，激励学生快乐、高效地学习。组上教师指出了我的不足之处：我对学生的把控和调动上还不能收放自如；由于教学经验的欠缺，在临场问题的处理上不够灵活，过于注重教案而非学生学习的过程。这都是我在日后教学以及学习中应该多多努力的方向。具体通过在每一课堂实践中做到预备情境并在课堂中把握好时间，自然过渡；多看优秀教师的课例，尤其是专家的评课。

2. 课题组成员讨论建议

基础教育阶段英语课程的任务是：激发和培养学生学习英语的兴趣，使学生树立自信心，养成良好的学习习惯和形成有效的学习策略，应该多注意对学生学习兴趣和学习能力的培养。实施直观教具，创设教学情景，如在展示新语言点时，我们可以展示生活中所特有这种颜色的动物，既是颜色的教授也是动物特性的感受，而且还能从小朋友们身上所穿的衣物，文具着手，能够描述身边熟悉的事物能激发学习兴趣，提高学习热情，强化求知欲望。

七、第二次实践

经过反思和小组讨论，重新设计词汇的呈现方式以及游戏，现修改 Step 3：Presentation 如下。

1）观察

观察主情景图和小伙伴们打招呼并猜测他们在干什么？观看故事视频检验之前的推测并回答：“What animal can you see?”教师将学生说到的动物（bird/dog）卡片贴在黑板上。

教师指着黄色的鸟问：“What colour is it?”个别学生能说出 yellow，教师立刻给予肯定并请学生一起仔细听录音再跟读：“It’s yellow.”教师将黄色纸鸟取下分别飞到各组教其描述：“It’s yellow.”并出示单词 yellow 让学生认识 yellow 的样子，最后将单词与相应颜色贴于黑板并板书“It’s yellow.”接着指着黑狗用一样的方法教授 black。然后通过 PPT 邀请学生和教师一起来到郊外用望远镜分别观察红色金鱼，询问“What colour is it?”学习“It’s red”；观察绿色青蛙，询问“What colour is it?”学习“It’s green”观察蓝色海豚，询问“What colour is it？”学习“It’s blue”。

2）游戏

Show me colours：从之前的只准备五只彩色笔，变为从一整盒中挑出听到的颜色，这个操作过程学生虽容易出错，但在生活中却更加真实使用。

Step 4：Practice

1）游戏一：What’s missing?

PPT 演示所学的五种颜色及单词，找出消失的那一个，难度逐个加大。从有颜色有单词，过渡到有颜色的单词，再到黑白颜色的单词。引导学生不仅注重单词的“音、义”，还要关注“形”。

2）游戏二：Show me colours

请学生拿出水彩笔盒，根据教师发出的指令，取出相应颜色的水彩笔。可邀请小老师来发指令。真实还原了一年级小朋友在取放水彩笔时可能遇到的困难和不好的习惯，在接收英语指令的同时培养学生对色彩的敏感度以及保管习惯也很重要。

3）游戏三：Magic clours

教师化身魔术师将一瓶瓶清水变出鲜艳的颜色，并授之咒语："What colour? What colour?"提前感知第二课时所学对话，最后邀请咒语说得好的同学来当小魔术师，将蓝黄混合变出 green；将红黄混合得出 orange；引发学生对颜色的好奇，增加对美术的兴趣。

八、指导教师评语

小学英语教学中，情境教学可以运用于课堂教学中的各个环节，只要运用得当，创设得法，学生就能在贴近生活实际的语言情境中，在熟悉的学习经历情境中，在人际交往活动中，体验到学习英语的乐趣，体验到学习英语的成功，感悟到学习英语的现实意义，这样一来进一步激发学生的学习兴趣和热情，促使他们积极参与到英语教学的各个环节中来，从而提高课堂教学质量和学习效率，也为进一步培养学生的英语运用能力奠定良好的基础。

词汇教学作为第一课时它并不是单独脱离出来的，而是在整个单元情境背景下展开的，对于单词的呈现也不再是直接生硬的个体，而是自然的随着要表达的句子整体出现。要学生在学习过后能够脱口而出的是有意义的句子而非零散的单词。这节课执教教师设定的教学目标明确，就是让学生在情境中学习 colours 的音、义、形，并在教学中扎扎实实的落实了教学重难点；教学环节的设计遵循了学生学习的规律：音的输入、义的理解、形的认识，层层递进，成功的将情境教学运用到各个环节。

以听力提升促有效教学

——“It’s at the Station”课例分析

胡玉兰
苍溪县陵江镇第四小学校

一、选题背景

1. 为什么选择该课例研修为主题？并希望在哪个方面有所改进和突破？

在任何交际活动中，应具备最基本的能力就是听懂别人说的话。因而学习英语，“听”才是最重要的，是“读、说、写”的前提。而我校地处农村，师资薄弱，教学任务重，教学设备不全，开课不足，长期受应试教育及地震后四川英语不再考听力的政策的影响，对于小学英语听力教学，很多老师认为它是英语语言教学的一个难点，在教学过程中感到困难、棘手，希望借助大家的力量有所改进。

2. 关于该研修主题，他人做了哪些研究？

经查阅，近五年内有近百人对小学英语听力方面和小学英语有效教学方面做过许多研究，例如：小学英语听力教学的有效实施策略，小学英语有效教学策略的探究与实践，小学英语听力教学初探等，均在某些期刊上发表或是硕士论文等，但对农村小学英语听力的研究比较少。

3. 教材和课例选择

外语教学与研究出版社《新标准英语》（三年级起点）第三册 Module 1 Unit 2 “It’s at the Station”第一课时。

二、教学内容分析

本课主要情境为“问路、指路”，教授学生学习和掌握如何用英语进行问路和指路，明白几个简单的表示方位的方位介词，并把介词和建筑物串成一句话，用英语表达出来，为他人指路，同时，对 Unit 1 “Go Straight on” 进行巩固掌握，是本课的主要学习内容。因此，本课利用听、说、唱多样化的教学手段，激发学生学习英语的兴趣，使学生通过合作学习体验荣誉感和成就感从而树立自信心，发展自主学习的能力，形成初步用英语进行简单日常交际的能力。并通过学习本课的知识，培养学生礼貌、热心、乐于助人的好习惯。

三、学情分析

本课的教学对象是四年级的学生，该年级的学生已经学习一年的英语，有一定的英语学习基础，但课堂纪律太差，课堂气氛不活跃，不爱积极主动发言、回答问题，接手能力比较弱，因此，在新语言知识点的学习过程中，老师应就学生感兴趣的旅游话题展开讨论，通过简笔画给学生创设相关的语言情境，让学生在情境中自然习得、自然运用，大胆实践，形成积极的学习观和自主学习的能力。新标准英语（三年级起点）第二册已经学过一部分介词，所以本课教学内容需要把旧知和新知相结合，达到知识的融会贯通，使学生掌握起来比较容易。

四、教学目标

（一）三维目标

1. 知识目标

能够听、说、读课本涉及四个方位介词 up，down，near，at 及单词 train，house，hill，station。

2. 能力目标

会用"Where's the...?"来问路及运用"It's up\down\near\at..."描述简单的位置关系，来为别人指路。

3. 情感目标

通过学习本课的知识，培养学生礼貌、热心、乐于助人的好习惯。

（二）教学重、难点

1. 重　点

使用方位介词 up，down，near，at 描述简单的位置关系。

2. 难　点

单词 train、station、house、hill 的读音，用介词描述位置。

五、初次实践

（一）教学过程

Step 1：Warming-up and Organization

（1）Chant：left and right.（边唱边做动作）

（2）老师出示一幅地图，问学生：Where is the supermarket? Where is the school? Where is the...？引导学生用上节课学过的知识回答：go straight on，turn right，turn left...

【设计意图】 通过一定情境、简短的情景小会话既复习和巩固了上节课所学的问路和指路的关键词和句，又锻炼了口语表达能力。

Step 2：Presentation and Drills

（1）Play a game：listen and guess.

师：今天我们要一起认识一个新“朋友”，它会发声，能装很多很多的小朋友呢，让我们猜猜它是谁呢？（播放火车的声音）让学生猜：“What's this?”引新单词 train.（使用单词卡，教读、领读）通过 PPT 演示火车图片，学习单词 train。分大小声读，男女声读。

（2）师：谁坐过火车呢？那么我们坐火车旅游时可能看到什么呢？学生回答汉语，老师用简笔画画在黑板上，在相应简笔画处写上新单词 hill，house，station。可找学生随意读，小队读，特别强调 house 中 ou 的发音。

【设计意图】 通过旅途所见用简笔画板书在黑板上，让学生在身临其境的气氛中学会新单词。）

（3）师：既然旅途中可以看到这么多美丽的景色，那我们还等什么？一起去看看吧！

学习新单词（跟老师读，小组读，大小声读，英汉互译抢答等。）

up—stand up，get up.

down—sit down

near—ear

老师边教单词时边做动作，示意学生明白 up，down，near 的具体含义，尤其强调 up 和 down 不要弄反了。

听完找学生逐个问题回答，老师把四辆火车的图片贴在黑板上简笔画的相应处，并领读新句子：“It's up the hill.”“It's down the hill.”“It's near the houses.”“It's at the station.”

Listen after the teacher，point and say.

Listen after the tape，point and say.

Read the text toyether.

Listen to the recording and read after it. Then practice the dialogue with your partner.

Step 3：Practice

（1）看课件，出示图片，老师先问：Where's the ...?让学生们集体回答，进行两组后由全班集体提问，找一个学生起来回答。

（2）将本课所学问路、指路用语综合应用，编写对话，先小组内，再全班表演。

（3）“猜猜看”游戏：全班分为两组 Train 1 and Train 2.课件出示两张图片，如 book 和 chair，让全班同学自由猜 book 的位置，猜对者给该小队发一节火车车厢（图片），游戏结束后数车厢多的为冠军。

【设计意图】 通过孩子们喜欢的“猜猜看”的游戏，更大程度地调动了他们的竞争意识，充分巩固了本节课的知识点，而获胜的车厢，最后组成的恰是这节课的话题 train。

（4）完成课本活动 3。

（5）完成课本活动 4。（老师播放 PPT，学生跟着唱读）

Step 4：Summary

这节课我们学习了怎样描述简单的位置关系，齐读板书。

Step 5：Homework

画一幅你家到学校的地图，用英语来向朋友介绍如何行走。

（二）教学效果及反思

本堂课虽然按照常规的教学模式完成了教学目标，可是对小学生的听力训练仅仅停留在老师教会词汇后播放磁带，学生听，然后模仿跟读或校对试题答案。

六、教学反思

1. 执教教师的思考

小学生活泼好学，听觉敏捷，模仿力和记忆力强，小学阶段无疑是培养学生听力的最佳时期。这样盲目的听读训练方式只会让学生觉得听力就是模仿发音或做听力题。同样，在学生缺乏必要语音和语调感受，不完全了解篇章内容的情况下去模仿磁带，会影响他们对句子和语篇的理解，影响口头表达的效果。

2. 课题组成员讨论建议

首先，在听、说、读、写四大技能中，“听”是对输入信息的“加工”，“说”是表达，是“输出”，没有输入就没有输出。在听懂的基础上说，在说的同时增强听的能力，使两者有机结合，相互促进。小学阶段主要是锻炼学生带着问题听录音，并能用英语进行简单的回答，因此，本堂课的听力培养要进行大量的“听说优先，读写跟上”的训练。

其次，在课堂上要营造良好的听力氛围。老师在英语课堂上尽可能用英语组织教学，力求自身语言表达准确、流利，为学生提供一个很好的听的环境。只要每一位学生注意老师的英语说话特点，比如语音语调、表情、手势等，就很自然理解老师讲的是什么意思。学生听得投入，才会学得有趣，才有兴趣尽量模仿语言进行交流，体会学习英语的成就感和快乐。

七、二次实践

经过反思和小组讨论，重新设计教学方式，重点改变第一次实践从听后单词教学入手的方式，修改了教学目标，变过去的听懂方位词，对单词的侧重，改成首先能够听懂本课会话，在此基础上理解课文，学习方位词，使学生初步会用“Where's the...?”来问路及运用“It's up\down\near\at...”描述简单的位置关系，来为别人指路。

（一）教学目标

1. 知识能力目标

（1）使学生能够听懂本课会话。

（2）明白方位介词所表示的方位位置。能够听、说、读课本涉及四个方位介词 up，down，near，at 及单词 train，house，hill，station。

（3）学习歌谣

（4）反复操练课文内容，使学生会用“Where’s the...?”来问路及运用“It’s up\down\near\at...”描述简单的位置关系，来为别人指路。

2. 情感目标

通过学习本课的知识，培养学生礼貌、热心、乐于助人的好习惯。

（二）课堂实录（教学过程）

1）Activity One We can do

T：Hello，boys and girls！Nice to meet you.

S：Hello，Ms Hu. Nice to meet you，too.

T：Now，Let’s do warming-up exercises together. Left，left，right，right，Left，left，right，right，left，right，，left，right，，left，right...

Ss：listen，speak and do.

【设计意图】 师生问候，放松学生紧张的心情，拉近师生间的距离，为下一步的英语教学创设轻松和谐的学习氛围。

2）Activity Two We can talk

T：Ok，you are very good. Last class，we learned how to ask the way and how to answer. Now，look at the picture.

T：Great! Where is the supermarket?

S2：Wonderful! Turn right，go straight on.

T：Where is the school/supermarket...?

S3—S4：Turn right ...

T：OK，now，look at the picture，Where is Sam?（让学生看 CD-ROM，找一找）

Ss:（Listen，look and speak）He is behind the door. （问三四人即可，不宜时间太长，并要适当给出表扬）

【设计意图】 通过一定情境、简短的情景小会话既复习和巩固了上节课所学的问路和指路的关键词和句，又锻炼了口语表达能力，同时还完成了书上 part 1。

3）Activity Three We can guess

T：Today，we will meet a new friend，it can sing，now let’s guess what it is.（出示图片）：What’s this?

S：火车（train）

T：train （使用单词卡，教读、领读）出示火车图片，学习单词 train。分大小声读，男女声读，并在黑板上板书 train。

T：Great! Today we talk about train.

【设计意图】 通过“我会猜”的活动，让学生迅速精力集中，进入文本内容。

4）Activity Four　We can watch and listen

T：Now let's listen to the dialogue，then tell us who are in the dialogue?（播放对话内容，不出现字幕）

Ss：(listen to the dialogue and look at the picture)

T：Who is in the dialogue?

S：Sam/Lingling.

T：Sam and Lingling are in the dialogue. What are they talking about? You can remember one word，two words or a sentence. Let's listen to the dialogue.（play the CD-ROM）

Ss：(Listen to the dialogue again).

T：What did you hear? Tell me something you heard. Words are OK. Sentences are better.（由听词逐步过渡到听句子，循序渐进地训练学生的听力技能。）

S：…

T：You heard so much. As we know，they are talking about train.

【设计意图】 基于整体建构的主体教学理论，完整地呈现故事，让学生初步感知对话内容。不出现文字，重点训练学生在图片的帮助下理解对话内容；看对话前，呈现 1 个简单问题，让学生带着任务看和听课文。

5）Activity Five　We can find

T：Now，Look at the picture. Where is the train?（老师在黑板中间板书 Where is the train?）Listen and find ：How many positions are they talking about?（play the CD-ROM）

Ss：Four.

S：Listen again and find the positions of train. When you hear the position of train，please stand up and say it loudly.（老师有意的示意或引导一下，在播放录音的时候可以在方位词后刻意的暂停，示意学生大声跟读）

Ss：…（通过站起来的人数判断学生听懂的情况，若情况不是很理想可以反复播两次录音。）

【设计意图】 让学生在图片的帮助下完成 Listen and find…的听力任务，从语音上关注方位介词，要求迅速做出反应——起立并重复介词词组，并以比赛的形式增强活动的趣味性。

6）Activity Six　We can memorize

T：We know the train is at four positions，where are they ? Who can tell me? You can say words or sentences.

S1：hill （up/down the hill）

T：Wonderful!（老师把相应的图片画在黑板上或有图片贴在黑板上，图和画要围绕在"Where is the train?"的四周）

S2：Near the house.

T：Very good，what else?

S3：At the station

T：Great.

【设计意图】 让学生充分感知 4 个方位词的具体含义及用法，对课文的再次认识。

7）Activity Seven　We can read

T:（当然，肯定还有很多同学不会读上面的方位介词词组，现在就根据黑板上的图片教读，大小声读，分组读，男女生读…）

Ss/S1—S6/Team1—Team4：up/down the hill，at the station，near the house.（老师做手势或反复用图片强调描述火车的具体位置，让学生明白这四个短语的意思，或者直接告诉学生汉语意思）

【设计意图】 强调本课的新词及其他们的音、形、义，让学生充分明白本课的重点词汇。

8）Activity Eight　We can repeat

T：Play the tape（CD-ROM）.

Ss：Repeat the text.

【设计意图】 跟读对话全文，再次强化语音、语调、语速、语流，提升语言面貌，同时也助于学生整体建构对话故事。

9）Activity Nine　We can dub

（1）T：Now let's dub pictures. Who want to be Sam and Lingling? Team1 and 2，you are Lingling; Team3 and 4，you are Sam. Let's have a try.

（2）Pair work

（3）Performing with their own books.

T：Who will try?

Ss：…

【设计意图】 表演是学生喜爱的课堂活动。让学生带书表演故事，关注学生表达时的语气、语调，促进学生进一步理解故事内容及运用的情境，提高学生学习英语的积极性，体现合作学习的教育理念。

10）Activity Ten　We can match and choose

（1）Finish the part 3 of page 6.

（2）Exercise 4（CD-ROM）

【设计意图】 强化本课重点词汇的用法。

11）Activity Eleven　We can sing

T：Play the CD-ROM first.

Ss：Look and listen.

T：Play the CD-ROM second.

Ss：Look and sing after it in a low voice.

T：Play the CD-ROM third.

Ss：Sing after it louder.

【设计意图】 该环节内容主要是围绕该课目标内的几个方位词展开的一个 chant，让学生再次直观的感受他们的含义，另外，在巩固他们发音的同时通过唱 chant 的形式提高学生学习英语的兴趣。

12）Activity Twelve　We can sum up

T：What have you learntd from the dialogue? Words，sentences，or the main ideas?

S1：I met many new words — train，hill，station，down，near，house

S2：I know the train is up the hill.

S3：The train is down the hill，it is near the house.

S4—S5：…

T：Good job!

【设计意图】 因为了解学生的掌握情况是很重要的，该环节可以让学生自己自查学习情况，以便课后复习巩固，也让教师瞬间知道学生的掌握情况，为下节课做铺垫。

13）Activity Thirteen We can do

T：This class，you are very good. Now let's look at your homework.. There are 3 jobs，you may choose to finish one of them. But if you choose No. 1，you'll get 1 star，No. 2，2 stars，No. 3，3 stars.

（1）模仿人物，跟读课文，读出语气、语调。☆

（2）完成任务 1 的基础上，表演课文。☆ ☆

（3）完成任务 1 的基础上，用英语跟家长或朋友谈论物品的具体位置。☆ ☆ ☆

T：It's time to say goodbye. Thank you for your wonderful actions this class. Goodbye，children!

Ss：Goodbye，Henry!

【设计意图】 尊重学生个体差异，分层设计家庭作业。重点关注家庭作业的实效性和可检测性。拓展英语学习的时空，鼓励学生在生活中用英语。

八、指导教师点评

该课改变了听后教单词，让学生进行机械模仿的的方法，在"听说领先"的理念指导下前进了一步，更注重在全盘了解课文内容的基础上，进行操练，之后通过游戏和歌谣进行巩固。在操作方式上层层递进，达到预定的教学目标：首先是播放对话内容，不出现字幕，之后由听词逐步过渡到听句子，循序渐进地训练学生的听力技能，在此基础上通过"Where is the train？"活动，帮助学生学习方位介词，效果较好。

寓听力教学于生动的情境教学之中

——“What’s Your Hobby”课例分析

李江林
苍溪县登高小学

一、选题背景

1. 为什么选择该课例研修主题

小学英语教育是整个英语教育的启蒙阶段。如何更好地培养学生听、说、读、写四项基本技能是每个教师必须面对的挑战。在这四项技能中，听力训练既是学习英语的开始也是学习中的难点。提高听力不仅有利于说、读、写这三项技能的发展，而且为开展日常交际打下坚实的基础。但对学生特别是对农村孩子而言，听力往往又是难度最大的。传统的小学英语教学长期重视读写训练，而忽视听说的培养，学生的文化基础、心理状态、特别是语言环境的缺失都使得学生听力能力相对薄弱。要提高学生的听力水平，教师就一定要坚持以课堂为教学主阵地，重视常规教学，重视创设生动的教学情境，采用丰富多彩的课堂教学方法。

情境教学法又称视听法，由南斯拉夫大学语音研究所主任古希里纳于 1954 年提出。情境教学法主张先听后说，听说结合，强调语言情景的作用，重视整体结构的对话教学，强调用英语教英语，以培养英语语感。其主要特点是激发学生学习兴趣，发挥自主性，体验情感，实践性贯穿全程，注重发展性。情境教学法符合语言发展和儿童心理发展规律，有助于教育目标，能激发学生学习英语的兴趣，提高学习效率。而小学英语教学法的根本出发点是通过引入或创设各种社会情境理解和掌握语言所含的意义，从而达到在交际中使用语言的目的。采用“情境教学”，一般说来，可以采用以下方法：模拟表演，创设语境；把游戏引入课堂；改善外语学习环境；采用多媒体现代化的教学手段等。采用情境教学法要注重以下几点：利用教材内容激活情境；利用体态语言引导情境；运用多媒体手段拓展情境；开展趣味性游戏丰富情境；用积极的鼓励评价活跃情境。

因此，我以“寓听力教学于生动的情境教学之中”为主题开展本次课题研修。

2. 关于该研修主题，他人做了哪些研究

情境教学法自 20 世纪 70 年代形成以来，已逐渐发展成为一种语言教学中的基本思想和教学方向。情境教学法的语言理论基础是英国的结构主义语言理论。新《英语课程标准》（以下简称新课标）明确提出：英语课程改革的重点是要改变英语课程过分重视语法和词汇知识

的讲解与传授，忽视对学生实际语言运用能力的培养的倾向，强调课程从学生的学习兴趣、生活经验和认知水平出发，倡导体验、实践、参与、合作与交流的学习方式和任务型的教学途径，发展学生的综合语言运用能力，使语言学习的过程成为学生形成积极的情感态度、主动思维和大胆实践，提高跨文化意识和形成自主学习能力的过程。

3. 本次课例研修希望在哪个方面有所改进和突破

希望通过尽力创设真实的听力情境教学，充分调动学生的学习积极性，安排竞赛性的学习模式，充分利用小学生好玩、好胜的天性，激发学生的学习动力，过好听力关，为后面的读说写训练打下基础。

4. 教材和课例选择

外研社版六年级上册 Module 3 Unit 2 第 2 课时。

二、教学内容简析

外研社（三年级起点）小学英语六年级上册 Module 3 Unit 2 第 2 课时“What’s Your Hobby?”这则对话的内容是观看课文插图，教师提问：“What’s your hobby，Sue/Jack/Tao tao/Xiao xue?”教师了解 Sue/Jack/Tao tao/Xiao xue 的爱好，着重能就“What’s your hobby?”这一句型进行问答。

三、学情分析

六年级英语在小学英语教学中起着承上启下的作用，既是五年级的衍生又是初中一年级的铺垫。学生虽然已有三年的英语学习经验，但还有以下一些问题需要解决。存在的问题主要包括：一是学习兴趣不是很高，部分学生甚至有厌恶感，同时，许多学生还是为学习而学习，谈不上兴趣问题；二是部分学生学习的目的性不是很强，导致学习习惯不好，学习无明确的计划，有作业就写，无作业就玩。老师布置的作业不能按时完成。

四、教学目标

（一）语言知识技能目标

（1）听懂课文内容。
（2）学生能听懂会说本单元重点句型“What’s your hobby…?”及答语。
（3）学生能借助教师设计的场景很好地理解和运用所学词汇和句型。

（二）情感目标

自由地谈论自己的爱好或询问他人的爱好，并学会包容别人不一样的爱好和兴趣。

（三）重点、难点

1. 重　点

Have you got any…

Yes，I have/No，I haven’t.

2. 难　点

What’s your hobby?

五、一次实践

（一）教学过程

（1）老师拿出一本集邮册，问学生：What’s this ? It’s a stamp album. 引导学生通过实物理解 stamp，album 的意思。

（2）把学生的注意力引向课文。向学生说明：今天学习的课文中，Daming 和 Simon 谈论起了 Simon 的一项兴趣爱好。Simon 会向 Daming 和我们介绍自己的爱好，听过他的介绍后，大家也要试着介绍自己的爱好。

（3）将本课的挂图贴在黑板上，播放录音呈现第二单元活动 1。让学生看图仔细听对话，听完之后，师提问：What’s your hobby，Sue/Jack/Tao tao/Xiao xue? 让学生说一说，对话中的学生在做什么？他们都提到了哪些兴趣爱好？

Sue：I collect dolls .

Teacher：Oh，Have you got any dolls from Japan?

Sue：No，I haven’t . but I’ve got some dolls from China.

Teacher：Oh，they’re beautiful .

Jack：Reading is my hobby. I’ve got lots of story books.

Teacher：Have you got any picture books.

Jack：No，I haven’t.

Tao tao：Flying kites is my hobby. Look. I have got some Chinese kites.

Teacher：Have you got any dragon kites?

Tao tao：Yes，this is a dragon kite.

Xiao xue：I like riding my bicycle. That’s my hobby.

Teacher：Have you got any photos of your bike ?

Xiao xue：Yes，these are some photos of my new bike .

（4）老师教授新单词。

（5）讲解对话内容。重点练习句型：…is my hobby .

让学生说出他们学习过的与爱好有关的单词或词组，引导学生用这些单词或词组进行替换练习。

例如：fishing，skiing，skating，shopping，reading books，dancing，singing，swimming，riding bikes /horses，drawing，flying kites，playing basketball /the guitar / the piano.

（6）巩固新知。

① 活动一。

学生回答自己的爱好后，根据学生的爱好，老师向学生提问。

S：My hobby is playing football.

T：Have you got a football?

S：My hobby is collecting books.

T：Have you got any books?

老师将学生回答的爱好及拥有的开展此爱好的物品写在黑板上。供以后开展编对话活动用。

② 活动二。

出示幻灯片，提出编写对话的要求。

对话内容举例：

A：What's your hobby?

B：My hobby is …

A：Have you got a / any … ?

B：Yes，I have. / No，I haven't.

A：Do you … ?

B：Yes，I do. / No，I don't like it.

③ 活动三。

学生四人为一组，两人编写对话并书写在卡纸上，两人上台演示他们自己编写的对话。（注意纪律的控制）展示学生的成果，并给予评价。

（7）作业布置。

（8）小结：自由谈论自己的爱好或询问他人的爱好。

（9）板书设计。

Unit 2　I've got a hobby .

Collecting stamping is my hobby .

Have you got any stamps from China ? Yes，I have. /No，I haven't.

There is /are Is /Are there ?

（二）实践教学效果

执教教师认为，听力教学是说、读、写的基础，听力关过好了，后面的教学才能顺利开展。本次教学中，教师采用的方式是让全班学生听，抽个别学生回答问题，检查学生对对话的理解程度，并让学生在此基础上创编对话。从实际教学效果看，由于情境创设不到位，教学效果不理想。部分学生对听力掌握较好，能基本理解对话内容，正确回答老师的提问；部分学生听力掌握较差，对对话理解不到位，对后面的听、说、读、写的教学造成困难；还有部分学生茫然。

六、教学反思

1. 执教教师的思考

第一次实践教学效果不尽人意，通过反思，课题组讨论建议，执教教师在听力训练时，教师应千方百计、想方设法尽力创设真实的教学情境，“寓情于景，寓教于乐”，采用多种手段安排多项活动，为学生提供大量、正确的可理解的语言信息，再帮助学生进行有效的模仿、整理、反馈，然后形成学生的思维、表述。为了开展趣味性游戏丰富情境，激发学生的学习动力，可把全班分为几个小组，讲清要求，听力训练之后抢答教师的提问。能正确回答老师问题的同学该小组得到一面小旗，回答问题正确、口语流利、标准、有动作、有表情的同学该小组得两面小旗，听力训练后得小旗多的小组为优胜组。同时，教师在整个课堂活动中，尽量用积极的鼓励性评价活跃情境，如教师在课堂上和蔼可亲、体态自然，对学生多鼓励，对个别同学还可暗示、提示，教师尽可能多说“Good”“OK”等话语。

首先，师向学生展示课文插图，让学生认真观察，向学生提供一个实实在在的情境，向学生介绍 Sue，Jack，Tao tao，Xiao xue，向学生说明我们今天要学的是一组对话课，在学生听完对话后要抽学生能提问“What’s your hobby，Sue/Jack/Tao tao/Xiao xue?”并回答之后，教师用英语描述对话内容两次，第一次让学生对对话内容有个大致的理解，在第二次描述时，教师尽可能多地利用体态语言，如手势、表情、动作尽力创设情境，帮助学生理解对话，让学生对所学内容有进一步的理解。在教师描述对话之后，让学生观看 PPT，PPT 以动画形式呈现，学生喜闻乐见，易于接受，PPT 展现的画面直观、形象，语言地道、标准，情景生动，能提高学生的注意力，激发学生的学习兴趣，提高学生的听说能力，让学生对所学内容有更深刻的理解。

听力教学是本节课的基础，但在实际教学中，由于学生天性好玩，注意力难以长久集中，学习积极性不太高，学习效果不理想，所以执教教师在第二次实践时，尽可能多地设置情境，利用教材内容激活情境，利用体态语言引导情境；运用多媒体手段拓展情境；开展趣味性游戏丰富情境；用积极的鼓励评价活跃情境。通过这些教学活动，激发学生的学习兴趣，增加学生的学习积极性，安排竞赛性的学习模式，让学生在充满乐趣的竞争氛围中保持极佳的学习状态，充分利用学生好奇、好胜的心理，充分挖掘他们探索知识的内在动力，努力过好听力关，为后面的说读写的学习打下坚实的基础。

2. 指导老师评议

本次关于情境创设在听力课的尝试算是有意义的，针对农村小学英语教学中填鸭式满堂灌的现象，能够把情境教学引入课堂是个很必要的尝试和挑战。为什么说是挑战呢？农村小学英语教师跨科教英语、课时多让他们负担重压力大；但情境教学对教师的课前准备有较高要求，为了让情境创设更有意义，更满足小学生心理，更满足学情、校情，教师需投入的精力和时间是相当多的。

小学英语课堂中听力训练的方式与技巧

——“My Toys”课例分析

廖海斌
苍溪县南阳小学

一、选题背景

1. 为什么选择该课例研修为主题？

传统的英语听力教学模式教学方式陈旧单调可以概括为一盒磁带一台录音机。一本教材一支笔，听了一遍又一遍，听完以后对答案。在整个教学过程中，学生始终是默默地、被动地听，而教师纯粹是个按键人。学生的困难得不到应有的及时的解决，而这些困难就成为影响学生听力提高的障碍。障碍不扫除，听力水平就难以提高，这样反过来又压抑和挫伤了学生听的积极性，如此恶性循环，就使教与学成了矛盾。

2. 关于该研修主题，他人做了那些研究？

在学生英语听力有效高效与提升方面，研究人员做了相关方面的探索，摸索出根据农村小学生个性心理和年龄特点实施教学，探索出培养小学生英语听力的多种方法和途径，促使学生对英语听力教学产生浓厚的兴趣，从而促使他们主动听，经常听，形成有效的听的学习策略。

3. 本次课例研修希望在哪些方面有所改进和突破？

教师要从“听”入手，注重培养学生良好的听的习惯，创设丰富多彩、形式活泼的语言的情境，提高学生的素质和学习英语的兴趣、改革课堂教学模式和教学方法。教师每节课都要尽可能地为学生创造良好的语言环境，要尽量帮助学生先听好，多听多练，充分发挥小学生的听觉敏锐、辨音能力强的特点，集中精力训练听，让学生在充足的“听”的语言量中学习英语。

4. 教材和课例选择

小学新纪元英语四川人民出版社 3B Unit 3 My favourite things“My Toys”。

二、教学内容简析

小学新纪元英语四川人民出版社 3B Unit 3 My favourite things“My Toys”，本节课的主要内容是在创设语言环境中进行听说，学生并能相互合作进行听说。

三、学情分析

本班学生大多数由于基础过差挫伤了学习英语的兴趣，加上小学高年级本身英语难度就加大了很多，许多学困生学习难度加大，一些学生无法跟上班级的学习水平，两极分化的情况在班级很严重。部分学生的学习成绩参差不齐，学习目的不够明确，思想懈怠、还有一些课堂上经常搞小动作，扰乱课堂纪律；学生缺少学习的主动性，积极性。许多同学学习方法不得当；不会英语发音；听力弱且不积极主动的学习，勤奋度很低，作业完成效果不高。

四、教学目标

（一）语言知识技能目标

（1）听懂课文相应内容。
（2）学生能听懂会说本单元重点词汇。
（3）能重复听说相关内容。

（二）情感目标

培养学生自学、尊重他人、关心他人的良好品质及与他人交流合作的能力。

（三）重点、难点

1. 重　点

全体学生能识图，认识本单元词汇。

2. 难　点

全体学生能在适施的语言环境中听懂、会读本节课新单词，以增加词汇量。

五、第一次实践

（一）教学过程

Step 1：Warming-up

Greetings.
T：Good morning，boys and girls. How are you today?
S：I am fine，thank you.
T：I am glad to hear that.
S：...

【设计意图】

上课开始与学生亲切自然的相互问候，可以使学生快速的融入英语学习的课堂氛围中，同时为下一步教学作铺垫。

Sing a song of toys.

T：Oh，let's sing a song of toys.

【设计意图】

欢快愉悦的歌曲旋律让每个学生的情绪高昂，整个课堂都活跃起来，也为后面教学内容做了充分的准备。

Dialogues.

T：What are there in our classroom，students?

S：There are so many pictures of animals today.

T：Yes，do you like them?

【设计意图】

因为教室里布置了许多新的关于玩具的图幅，而且有许多是学生感兴趣的图幅，当学生看到这些感兴趣的图画时就能放松心情，尽情地融入课堂中去，大胆的与之交流。

让小学生跟老师或跟录音机后朗读单词 toy，spaceship，truck 等，再通过实物或图片让小学生明白每个单词的含义，最后让小学生再练习。

【设计意图】

这样做就能达到学生对单词懂又说得出的教学目的。长期坚持听说训练，不仅培养小学生的能力，同时还能锻炼小学生的胆量，也是一个自然过渡过程。

Free talk

（1）教师与学生指认图画。

T：Boys and girls，look at these pictures，do you know what they are?（指着教室里这些图片）

S1：That is a robot.（指着一张图片）

S2：This is a yo-yo.（指着另一副图）

（2）学生相互交换指认图画。

S1：录音放出“一架宇宙飞船”的单词； S2 通过听力，正确指出宇宙飞船的图幅。

S2：录音放出“一个机器人”的单词 ；S2 通过听力，正确指出机器人的图幅。

【设计意图】

把 Let's start 的内容放到 free talk 里，既给学生提供一个自由交流的机会，也为下一步教学先热身。

Step 2：Listenning

（1）听力：学生看图，把听到的内容与图匹配。

T：Puzzle.

S1：拼图玩具。（学生听出结果）

T：Yo-yo.

S2：溜溜球。（学生听出结果）

T：Robot.

S3：…（学生听出结果）

【设计意图】

通过简单的单词听力练习，看学生是否掌握了这些单词和汉语意义，能否听懂。

（2）听力：汉英匹配练习。

T：宇宙飞船。

S1：Spaceship.

T：计算机。

S2：…

T：toy truck

S3：…

【设计意图】

让学生熟练掌握，弥补不足之处，通过汉英相互匹配，能进一步加深听力训练。

Step 3：Free-task

（1）学生之间相互听力循环训练。

S1：Cupboard

S2：壁橱。

S3：Yo-yo.

S4：溜溜球。

（S1—S3，S4—S2，S2—S3）

【设计意图】

通过听力循环练习，让学生更熟练掌握单词及汉语意义，为下一步练习做铺垫。

（2）听力词组训练。

T：A yo-yo.

S1：一个溜溜球。

T：A robot.

S2：一个机器人。

T：一辆玩具卡车。

S3：A toy truck.

【设计意图】

让学生在词组转化练习中，能明白的听出数量词及名词，把上一步与这一步有机结合，同时为听句子练习打基础。

六、教学反思

1. 执教教师的思考

课堂教学要让学生积极参与课堂，活跃课堂氛围，要让学生始终保持着浓厚的英语学习兴趣。

通过本课的学习，让学生能掌握相关的英语单词及句子，并能听出相关的内容，且完整的陈述出来，达到本节课的预期目标。在本节课的教学中，要始终坚持一条大原则，“教师主导，学生主体”。在教学过程中，教师要始终扮演好组织者指导者这个角色，让学生积极主动的参与到课堂中来，真正成为自我学习的主人。在教学过程中，我采用听音看图匹配，师生合作，生生合作，团队合作等方法，这样有利于发展学生的自主能力，团队协作能力。课堂中我还设计了游戏教学，这有助于激发学生学习的兴趣，发展学生的智力，多角度多思维的方式去启迪和开发学生的潜能。但课堂方面自我还有欠缺，这我会在今后的教学中努力改进，自我提升和加强。

2. 课题组成员讨论建议

小学生英语听力能力的培养是一个由量变到质变的过程，需要做到循序渐进、持之以恒。在训练的过程中要为小学生营造宽松和谐的听力氛围，以调动小学生听的兴趣为主导，以培养小学生的听的技能和综合语言能力的水平为目标，尊重小学生的差异性，始终保持学生浓厚的兴趣，活跃课堂氛围，当量的积累达到了一定的程度，小学生的听力水平必定会有一个质的飞跃。

七、第二次实践

经过反思和小组讨论，重新设计与整合教学方式，优化教学环节，具体教学过程如下。

Step 1：Warming-up

（1）学生熟悉课本句子 P26。

【设计意图】

学生熟悉教材句子，掌握句子使用形式，为完整的听出单词，句子做铺垫。

（2）T：I have a spaceship.

S1：spaceship　（？单词意义）

2（　？　）（　这句子汉语意义）

T：I have two teddy bears.

S2：1teddy bears　（　？单词意义）

2（　？　）（这句子汉语意义）

【设计意图】

把单词与句子结合练习，有利于加深学生在听力过程中能更好的听懂，有利于加深学生对句子的理解。

（3）单词，词组，句子在听力中交叉训练

T：Robot

S1：（　？单词意义）

T：A robot

S2：（　？单词意义）

T：I have a robot.

S3：（　？单词意义）

【设计意图】

把单词词组句子结合训练，意在于对学生进行听力巩固，听清楚听明白。

Step 2：Practice

（1）学生分小组为单位，共同合作讨论各小组的学习任务。

【设计意图】

通过老师指导，生生之间互相填补信息差，共享资源，从而解决问题，同时培养学生学会讨论问题，提高学生良性竞争意识，学会合作的能力。同时加深对所学知识的巩固。

（2）各小组的代表进行听力演示训练，教师做裁判，评出有胜组。

T：Truck

G1：卡车。

T：That is my truck.

G2：那是我的卡车。

T：那是一台电脑。

G3：That is a computer.

【设计意图】

（1）让学生听录音，培养他们的听力能力，合作能力。

（2）学生团队结合，教师巡视并指导。

（3）检查小组学生的听力情况，并给出听力指导。

Step 3：Games

（1）Play games.

① Listen and stick.

游戏规则：

三至四人参与游戏，当一位同学说“shelf”时，其余同学马上找出单词，把“shelf”贴在黑板上，或者两人贴画，一人指出听到的图画“shelf”；读出英文句子，学生根据听到的内容找出汉语意义并贴在黑板上，贴得又快又对者胜出。

【设计意图】

此游戏不仅可以激发学生的兴趣，而且还能帮助学生有效的巩固知识，让学生在玩练中更有效的进行听力练习。

② 补充字母词等听力训练。

a sh__lf. r__bot.

a ______ a______

I have ______ ______.

I have a ____________.

【设计意图】

学生自由结合，自由命题，分小组比赛，每个小组派一个代表，其余的同学一起口头批改，全对的小组可获得表彰。

③ 再竞赛使学生加深其印象。

（2）听力大比拼。

学生听录音，完整的听出字母，单词，句子，并称述出来，答对最多者获胜。

【设计意图】

考察学生对本节知识的熟练掌握程度，以免课后加以巩固。

（3）放录音听故事。

根据本节课的听力内容，把其编排成一个故事，通过录音形式让学生听，并一起回顾这节课的内容。

【设计意图】

学生听听力，温习和回顾本节课所学的内容，同时巩固听力训练。

八、指导教师点评

农村小学英语教学，由于多方面因素的影响，特别是欠缺的语言环境，造成学生单词的认读和词句听记都处于停滞状态，成为“哑巴英语”，难开口，难听记。授课方式和教法都局限于简单化，而对这样的授课，采用传统的听记方式，没有进行教法等系统化整合，致使学生学习有难度。通过第一次的实践，要改变相应的教学方式与方法，重新优化与重新设计课堂环节，发展学生的自主能力，团队协作能力，发展学生的智力，多角度多思维的方式去启迪和开发学生的潜能，为学生创设良好的语言学习环境。

浅谈小学英语课堂导入的有效性
——“I've Got a New Book”课例分析

郭映君
苍溪县唤马镇小学

一、选题背景

（1）本课在全册教材中地位重要，在英语学习中起到了铺垫的作用。

（2）“I've got a new book”所涉及的教学内容与学生日常生活息息相关。

（3）本课是笔者上学期参加片区英语赛课时所选的一节公开课，经过反复的磨课后较为成功的一节课。磨课是一个同伴互助和自我反思提高的过程，其中导入环节看似简单却是笔者思考最多的地方，值得对此节课的导入环节进行分析和总结，以达到积累小学英语教学经验的目的。

二、教学内容解析

教学内容为外研版《新标准英语》第二册第九模块第一单元第一课时。

围绕“possessions”这一主题展开，以书中的老朋友 Lingling，Amy，Daming 对他们拥有的物品展开的谈论为话题，呈现了本课的学习内容：学习生活中熟悉的衣服类单词，学习运用句型来表达自己拥有的物品和询问他人是否拥有某种物品，并能回答他人的询问。

三、学情分析

学生基本情况：三年级一班，42 人，平均分 90 分，优秀率 85%，及格率 95%。

笔者所在学校是三年级开始接触英语，也就是说上这节课之前学生只有三个月的英语基础，三年级学生的年龄在九到十岁左右，生性活泼好动，喜欢直观形象思维，对游戏、竞赛、画画特别感兴趣。观察发现该班学生有着极强的求知欲和表现欲，所以，课堂上笔者主要以表扬为主，注重培养学习英语的兴趣，鼓励他们大胆说、积极做、努力唱。

现在班级后进生还没有抓好，个别学生还存在顽劣和懒惰倾向，上课爱搞小动作、课下作业完成不及时的坏毛病，对于基本的基础知识掌握的也不很好，重点句子就更不用说了。知识都是有连贯性的，他们的听力更加不好。因此这部分学生学习效率也较差。

四、教学目标

（一）语言知识技能目标

（1）会认读四个单词和一个短语 dress coat sweater T-shirt have got。
（2）会用 I have got a /an…来描述自己拥有的物品的句子。

（二）能力目标

能运用句型 I have got a /an…进行扩展性的情景对话。

（三）情感目标

通过学习培养学生学习英语的兴趣，使学生使用英语交流，敢于开口说英语。

（四）重点、难点

1. 重　点

学习“I have got a /an…”。

2. 难　点

在日常生活中能熟练这些语句并作出回答。

五、初次实践

（一）教学过程

Step 1：Warming-up

Greetings.

T：Hello boys and girls，I am your new teacher of this class，my name is Zhoujing，you can call me Miss Zhou. Nice to meet you.

Ss：…

Step 2：Lead-in

1）歌曲

Rain, Rain, Go Away.

2）新课导入

（1）课件出示 bike 图片。

T：What’s this?

Ss：It’s a bike.

Chant：bike，bike，I have a bike.

同法展示：doll，orange，table，tennis，pen，pencil，bag。

（2）引出单词和句型。

T：I have a new bag. Do you know what I have in my bag?（教师拿出一本书）I have a book. And also I can say I've got a book.

Step 3：Presentation

T：Today，we will learn a new lesson，"I've got a new book."（板书课题）

T：Look at the screen，what's this?

幻灯片出示 dress，a dress.

同样的方法出示　coat，a coat；sweater，a sweater；T-shirt，a T-shirt.

注：每教读一个单词抽大量同学读。

Step 4：Practice

（1）自己大声朗读记忆。

（2）教师读一遍，学生读三遍。

（3）教师大声读，学生小声读，教师小声读，学生小声读。

（4）教师说英语，学生说汉语，教师说汉语，学生说英语。（看学生掌握情况备用）

Step 5：Chant

出示 PPT，学生拍手，有韵律的读。

Step 6：Presentation

（1）T 拿实物引导学生说 I have got a/an…（板书）

（2）教读短语　have got…

（3）出示 PPT 引导该句型。

Step 7：Practice

（1）学生分小组拿实物或者卡片自由练习。

教师随意抽几名学生展示。

（2）每组请一名同学到讲台上挑选自己喜欢的实物，并引领本组组员说出句型 I have got a/an…。

Step 8：Game

开火车。

学生随意拿自己有的实物或者卡片开火车练习句型 I have got a/an…。（评选优胜组）

Step 9：Chant

出示 PPT，学生拍手有节奏的朗读。

Step 10：Summary

Ok，now，please look at the blackboard. Let's recall what we have learned this class…

Step 11：Homework

用所学的句型介绍自己拥有的物品。

（二）本课例导入环节

1）歌曲

Rain，Rain，Go，Away.

2）新课导入

（1）课件出示 bike 图片。

T：What's this?

Ss：It's a bike.

Chant：bike，bike，I have a bike.

同法展示：doll，orange，table，tennis，pen，pencil，bag。

（2）引出单词和句型。

T：I have a new bag. Do you know what I have in my bag?教师拿出一本书，I have a book. And also I can say I've got a book.

（三）教学效果及思考

进行词汇教学时，笔者能运用实物、图片、动作等直观法教学单词；教读时，利用游戏、儿歌等多种方法，采用全身反应法，让学生动起来，融入动脑、动口、动手的英语学习中。之后，还设计了游戏，用于巩固单词。但课堂进行到游戏环节时，一看时间：只剩下七分钟了！虽然按照教案走完了所有的程序，后面的所有环节却显得匆忙而狼狈。这样草草收场的结局只有一个，那就是班上只有三分之一的平时成绩好点的学生能用“have got”进行描述和自如问答。反思这节课，笔者做了充分的准备，但是在时间分配上却是头重脚轻。而所有的问题正好出在导入环节，主要有以下几个问题。

（1）花时过多，喧宾夺主。花费了整整十五分钟，占了一堂课的三分之一，而目的只为了引出课题。

（2）导入无新意，不能激起学生的兴趣。

（3）违背了“导入必须为课堂的主体部分服务”原则，导入环节的歌曲和展示 bike 图片跟本课的教学内容无太大的关系，可以去掉。

总之，这样的导入浪费了时间不说还没有起到导入应有的效果。

（四）教研组成员讨论建议

（1）设计有效的导入环节。

（2）导入环节时间控制在四分钟以内。

从学生反应的情况来看，这确实不是一节成功的课，而最大的问题出在了时间分配不合理，导入环节没设置好上。

六、第二次实践

在同组教师的帮助下，笔者查阅了有关小学英语课堂导入等资料，对教案的导入环节进行以下几次不同的尝试。

（一）情境导入法

（1）课前，将学生合理分配成 4 人一个组，组员分别穿上 dress，coat，sweater，T-shirt。

（2）T：wow! You look so beautiful, because you put on your beautiful clothes. Now I want a beautiful boy or a girl to be my model. Who want to have a try?

Ss：Let me try…

（找出一位穿毛衣的女孩梅梅）

T：Hello! Meimei. You look very nice in this sweater.（顺便将写有 sweater 的卡片贴到梅梅的毛衣上）

M：Thank you! Miss Guo.

T：Boys and girls，do you have a sweatero?

Ss：Yes，I do!/No，I don't.

T：Meimei，have you got a sweater ?

M：Yes，I have .

以同样的方法叫出穿其他衣服的 model。

【实践效果】

情境导入法是指利用创设情境导入的方法，让语言这个抽象的符号概念与生活实际联系起来，便于小学生理解和掌握。比如上本课中，我有意让学生穿上毛衣、外套、裙子和体恤并由此展开课文中的对话练习。小学生也有了一定的心里认知准备，并且让学生有身临其境的感觉。在小学生有真实体会的前提下，在课堂中创设一个虚拟的教学情境，激发了小学生的兴趣，烘托出课堂的气氛。也使学生的学习更贴近生活实际，为今后的日常英语交际作下良好的铺垫。

此导入环节其实是融入了新知的传授环节，安排合理，不存在浪费时间的问题，课堂导入效果佳。

（二）直接导入法

课件出示一本新书。

T：Look，I've got a new book.领读，理解句意，让学生知道 I've got =I have got

【实践效果】

这是一种开门见山的导入方法，就是说教师直接将所学内容展示给学生。直接式导入设计得当的话，可以帮助学生建构其头脑中的知识体系，也可以为后面的教学环节做铺垫。比如说用幻灯片，图片，卡片直接展示或者自编的 chant 直接导入新课。运用在本课中，学生们已有的知识是使用“I have a new book.”表达“拥有……东西”但本课的句型却是“I've got a new book。”如果要从语法的角度分析这两个句子的话，学生很难理解，不如直接说“I've got a new book”来替代“I have a new book”，直接明了地引出文本重点，避免过分浪费时间。笔者认为本节课是整册书中最适合运用直接导入法的一课。但缺点是上公开课的话不免单调了一些。

此导入法用时一分钟，简单直接，学生能接受，导入有效。

（三）游戏导入法

教师将 dress，coat，sweater，T-shirt 四件衣服放在一个口袋里，让学生猜出来。

T：Now，let's play a game. There are some clothes in my bag，please guess what they are .

S1：Is it a sweater ?

T：Yes ! How clever you are ! I'll give you a star .Yeah, I have a sweater. I can say I've got a sweater .

让学生猜出其他的几样东西。

【实践效果】 小学生都希望在课堂上教师能不断的带给他们惊喜，而单调的，平淡无奇的导入方式，会吸引不住学生。针对小学生年龄阶段的心理特点，先组织学生做游戏，再导入对新授知识的学习易于让小学生接受。本课中就是抓住小学生对游戏的喜爱和对新事物的好奇这些特点所设置的课堂导入，能第一时间抓住学生的注意力，让所有孩子都参与进来并不知不觉的在游戏中学习新知。

次导入法用时四分钟，且最受学生喜爱，效果良好。

七、反 思

小学英语课堂导入是一门学问，弄不好就会走入误区，因此我们每一位教师都要研究导入方法、导入时间。我通过查阅大量资料和结合自己四次不同的导入尝试，我谈三点对小学英语课堂有效导入的建议。首先，小学英语课堂教学导入的时间分配上一般不宜过长，以 3 至 5 分钟为宜。但我们不难发现，在导入中，一部分教师将大量的时间花在单词的呈现、句型的讲解及巩固上，临近下课时才匆忙切入语篇，此时的语篇教学也只能是“蜻蜓点水”，草草收场了。这种只见树木，不见森林的做法破坏了语篇教学的整体性，更忽略了语篇培养学生听说技能、提高会话的功能特点，教学目标没能有效达成。其次，导入方式的选择要合理。在进行导入教学时，教师要考虑所教年级小学生的特点，要有启发性和趣味性。从学生实际出发，选择形式活泼，手段灵活的方式来导入。最后，导入时要充分利用教师的肢体语言。教师的肢体语言能在课堂导入中起着重大的作用，但不能运用过多，切不可矫揉造作，会影响课堂教学。

总之，小学英语的课堂导入是一个不容忽视的部分，这一环节设计的好，可以优化课堂教学，提高教学效率，培养学生的兴趣，启发学生思维。但教师一定要注意导语的科学性、时间性，一定要精炼、灵活，要紧扣课堂教学中心。不要哗众取宠，更不能喧宾夺主，只有设计得当，接下来的教学环节才能得以顺利实施，达到最佳教学效果。

八、指导老师点评

导入是课堂教学的第一个重要的环节，科学的导入会激发学生的思维，引起学生对新知识的热烈探究，推动课堂教学的顺利进行。作者通过本课例对有效的导入进行了很好的探索。

不同的导入方法在小学英语教学中的应用

——“Can You Run Fast?”课例分析

罗　岚
苍溪县五龙小学校

一、选题背景

1. 为什么选择该课例研修为主题?

课堂导入是一堂课之前，教师有意识、有目的地引导学生进入学习状态的教学行为。它是新课的开端，也是课堂教学过程中的重要环节。

怎样将导入法巧妙地运用于小学英语课堂，直接关系到整堂英语课的质量。

2. 关于该研修主题，他人做了那些研究?

湖南师大附中博才实验中学的老师写了直观导入法；威武市第二中学的老师浅谈了课堂导入在中学课堂的运用；广东外语职业技术学院的方晓国写了有新概念英语的课堂导入法。

3. 本次课例研修希望在哪个方面有所改进和突破?

本研修努力将同课异构的理念融入到课堂教学，尝试一节课采用多种导入法来教学，在不同程度上满足不同层次的学生。

4. 教材和课例选择

外研版《新标准英语》第三册第五模块第一单元第一课时。

二、教学内容简析

本课教学内容是《英语》(新标准)第三册 Module 5 Unit 1“Can You Run Fast?”本模块主要围绕 Abilities 展开，Unit1 主要通过“Can you … ?”“Yes，I can.”“No，I can’t.”句型学习如何询问他人能力。

三、学情分析

本课为四年级第一学期的教学内容，教学对象是四年的学生。四年级学生经过了一年英语的学习，已具备了一定的语言基础，能够进行较简单的日常英文会话。他们对英语世界充满好奇，有着浓厚的兴趣。根据他们活泼好动的特点，以提高他们学习英语的热情为出发点设计活动，使他们在活动中享受英语的乐趣，收获知识的同时又增强了自信心。

四、教学目标

1. 知识目标

掌握单词 can 的运用；学会听、读、说 run，jump，ride，fast，high，far；掌握句型“Can you ...?”“Yes，I can.”“No，I can’t.”

2. 能力目标

能运用句型“Can you ... ?”“Yes，I can.”“No，I can’t.”询问他人在某一方面的能力。培养学生的综合实践能力，能使用英语做事情，能够将所学的知识在相似的生活中进行运用。

3. 情感态度目标

采用多种活动途径，培养学生学习英语的兴趣，培养学生积极地参与和主动学习，让学生爱上英语。

五、教学重点

掌握词汇 run，fast，jump high，jump far，ride fast 和句型“Can you...?”“Yes，I can.”“No，I can’t.”

六、教学难点

根据实际情况运用句型“Can you ... ?”“Yes，I can. ”“No，I can’t.”进行交流。

七、初次实践

（一）教学流程

Step 1：Warming-up

（1）Greetings.

（2）Sing a song“I’m listening to music”.

【设计意图】 通过交流、唱歌等活动，为学生们营造欢乐的学习气氛，调动学生的积极性，使他们很快进入学习英语的状态，复习旧知识为学习新知识埋下伏笔。

Step 2：Lead-in

（1）A game （Sam says：Listen and do the actions）.

① Play football

② Do morning exercises.

③ Skip.

④ Swim.

⑤ Row a boat.

⑥ Play basketball.

⑦ play table tennis.

（2）出示课件图片引出新单词：can，run，fast，jump，high，far。

（3）老师反复教读。

Step 3：Presentation

T：Today，we are going to learn a new lesson，"Can you run fast?"（板书课题）

T：I can run fast. Can you?

S：Yes，I can .

教师教读句型：

Yes，I can. （板书，贴笑脸）

No，I can't. （板书，贴哭脸）

教师用句型"Can you…?"提问，肯定回答的学生上来进行跑步比赛。

对胜利的同学说："You're the winner."

用以上的方法教学单词 jump high/ far.

【设计意图】 《课程标准》提出注重语言实践，培养学生的语言运用能力，英语教学的最终目的是在生活中进行口语交流，在此环节中，本人通过设置真实的教学环境，让学生不知不觉的进入到教师所创设的情境中，准确地体验和理解语言。

3）情景教学单词：ride

T：Look，what is this?（推出学生的自行车）

教师骑上自行车，边骑边教读单词：ride.

T：I can ride a bike. And I can ride fast.

Can you ride fast?

Ss：Yes，I can./ No，I can't.

教师请学生上台骑自行车，并提问：Can you ride fast?

Step 4：Practice

1）举一反三

巩固新单词，大小声的方式教读，边读边做动作。

2）Listen and say，then chant

T：Please have a rest.

Let's Say a Chant，OK？（用电脑出示歌词）

Ss：OK!

（播放伴奏，教师先唱一遍，并做动作。）

Run，run. Run，run.

Can you run fast?

Yes，I can. Yes，I can. I can run fast.

Jump，jump. Jump，jump.

Can you jump high?

No，I can't. No，I can't. I can't jump high.

【设计意图】 经过紧张的新课学习，在此阶段最容易让学生疲劳。这时首要考虑的应该是舒缓教学节奏，消除学生疲劳的方法，英语歌谣节奏感强，轻松有趣，迎合小学生的心理特点，容易让学生在无意识中接受。

Step 5：Consolidation

T：Today，Daming，Sam，Amy and Lingling go to the park. Now，open your book，Let's look at MODULE 5 Unit 1 "Can you run fast?" Listen to the dialogue，and then answer the questions.（课件出示问题）Listen and then read after the tape. Then let's do role play

【设计意图】 听录音、跟读给学生学习、模仿正确的发音，进一步感受句型。让学生分角色表演对话，可以让学生进一步感受、理解课文。

Step 6：Extension

课堂调查。

T：Please ask your friends what they can do then fill in the blank. When you ask，try to speak as much English as you can. For example，you can say：hello，how are you? How old are you，and so on.

1）教师示范

T：Hello! What's your name?

S1：My name is …

T：How are you?

S1：I'm fine，thank you.

T：Glad to meet you.

S1：Nice to meet you.

T：Can you swim?

S1：Yes，I can.

T：Can you ride fast?

S1：No，I can't.

…

2）学生练习（学生在练习时可以走动，询问班中的任何一位同学的喜好）

3）学生汇报调查结果（引导学生使用句型 XXX can/can't….）

【设计意图】 课堂调查不但给学生提供了使用英语、展示所学知识的平台，给学生提供了自由发展的时间和空间而且提高他们综合运用语言的能力，让学生体验到用所学知识解决问题成功后的愉悦，知道学英语就能用，并且培养学生的综合实践能力。

Step 7：Summery and Assessment

1）总结本节课的知识点

A：Run fast，jump high，jump far，ride fast.

B：Can you run fast？Yes，I can./ No，I can't.

2）评价各小组的课堂表现情况及知识掌握情况

Step 8：Homework

自制一张调查表，调查家人或朋友做某件事情的能力。

【设计意图】 课后作业把课堂学习延伸到课后，让学生有更多练习的空间，学有所用，给予学生学习策略的引导，并通过询问他人的喜好学会关心和了解他人。

（二）本课例导入环节

Step 2：Lead-in

1）Games（Sam says：Listen and do the actions）

① Play football. ② Do morning exercises.

③ Skip. ④ Swim.

⑤ Row a boat. ⑥ Play basketball.

⑦ play table tennis.

2）出示课件图片引出新单词 can，run，fast，jump，high，far

3）老师反复教读新单词

（三）教学效果及反思

本节课最开始我就用做游戏唱歌的形式将学生带入到一个轻松愉悦的氛围，为后面学习做了很好的铺垫。课堂中也运用了情景教学法活跃课堂氛围，但最终未能达到教学目标，学生掌握情况并不理想。反思我这节课，我做了充分的准备，但学生积极性始终不是太高，效果自然不是太好，而出现问题的关键环节就在于导入部分，主要存在以下问题：

（1）时间过长。

（2）枯燥乏味，毫无新意。

（3）没有起到指引性和针对性。

（四）课题组成员讨论建议

（1）导入应具有有效性和针对性。

（2）导入时间不宜太长。

（3）导入应以激发学生兴趣为出发点，达到为课堂主体部分服好务的效果。

八、第二次实践

（一）复习导入法

（1）Sing a song："Row，row，row your boat."

（2）I do you say：Play football，fly a kite，play basketball，make a cake.（老师做动作，学生说词组）

（3）I say I do：run，run fast，jump，jump high，jump far.（老师边说词组边做动作，让学生感知并且模仿，从而引出新知识）

【实践效果】 复习导入法是让学生在复习旧知的基础上，自然而然地接受新知识的一种方法。本次导入首先采用唱歌的形式，目的是为了激发学生的兴趣，让学生的思维跟上老师的思维，为后面的教学的有效应服务；其次运用“我做你说”的环节也是为了让学生参与到课堂活动中来从而也复习了以前学过的内容；最后运用好“我说我做”的活动是为了引出新的知识，让学生在感知的基础上理解新的知识。本次效果良好。

（二）视觉导入法

Talk about sports and do some actions.（play football/basketball/table tennis/swim）

T：I can play basketball/play chess/swim. And you?

S1：I can...

S2：I can...

通过课件动态图片引导学习 run/fast/jump/high/far/can’t.

（The teacher teaches the new words several times. Ss read them together.）

T：Sam，Amy，Daming，Lingling like sports. Watch the cartoon and answer question——What can they do ?

S1：Sam can run fast.

（S2，S3，S4）

Can you run/jump/ride a bike?（run fast，ride fast，jump high，jump far）

Yes，I can./No，I can’t.

【实践效果】 本次直观导入法是采用做动作、看图片、看动画的形式让学生从视觉上感知新知识，从而认识理解新的知识，使新知识的呈现不脱节，循序渐进，老师教起来轻松，学生学起来简单。同时抓住了小学四年级学生活泼好动，喜欢有颜色、有动作的事物的心理特征，能第一时间吸引孩子们的眼球，为后面学习做好了充分准备，效果优良。

（三）游戏导入法

上课前老师分别画三幅“跑步”“跳高”“跳远”的简笔画在黑板上。

T：Before the class，we are going to play a competition game. Firstly，you must do after I do; Secondly, I will choose one student in every group to take part in the competition.

T：Are you clear?

Ss：Yes.

T：Are you ready?

Ss：Yes.

老师边做动作边说出词组，由慢到快，学生跟着做。

① Run. Run fast. I can run fast. Can you run fast?

② Jump. Jump high . I can jump high. Can you jump high?

③ Jump. Jump far. I can jump far. Can you jump far?

每个组选一名学生到黑板前面比赛三个项目，下面同学大声说出词组，获胜的同学大声说出“I can...Can you...?”下面学生回答“Yes，I can.”没有获胜的同学回答“No，I can't.”比赛获胜的那组可以获得一颗小星星。

【实践效果】 小学生都喜欢做游戏，那么本次导入就抓住学生的这个心理，在课堂开始的导入环节就巧妙运用游戏，让孩子全身心投入到这个游戏中来，也就全神贯注的投入到了本节课中，使孩子们在轻松愉悦的游戏中感知并了解本课要学习的内容。充分体现了在“做中学”的教学原则，做到了“快乐学习，学习快乐”。导入用时恰当，效果佳。

九、教学反思

著名教育家叶澜说过：“一个教师写一辈子教案不一定成为名师，如果一个教师写三年教学反思可能成为名师。”这句话非常实在，其用意在于教育我们要重视反思。通过对导入法在小学英语教学中的应用的课例研修，我收获了很多，也思考了很多，下面是我的反思。

（1）导入时间不宜过长，且形式不宜过于复杂，应注意以激发学生的兴趣为宗旨。

（2）如果一节课中涉及的新知识点较多，应根据教学内容，采取相应的导入方法，做到有序合理安排，巧妙组合，分布呈现，且不可一概而论。

（3）在进行导入教学时，教师要充分考虑所教年级小学生的特点，尽量多采用形式活泼，手段灵活的方式来导入教学内容，同时要变化，避免使孩子们产生疲倦的情绪，甚至分散注意力，影响课堂教学质量。

教无定法，贵在得法。高效的导入像一首优美的序曲，起到引人入胜，铺垫主题的作用。作为新时代的英语教师，时而变换一下导入的方式，就可以收到意想不到的教学效果，何乐而不为呢？小学英语教学的导入方法多种多样，没有固定的模式，在具体运用时往往是相互交叉，相互渗透的，教师可以根据教材内容的特点和类型，结合学生的实际，选择不同的导入方式，灵活设计导入语，兼顾趣味性和启发性，就一定能在新课伊始时即使激发学生的主动性和积极性，拨动学生思维的弦，使课堂教学的序曲优美起来，把学生从“不知”引到“知之”，从“知之”引到“好之”，在从“好之”引到“乐之”，使学生学的更有活力，更有自信，更有朝气。

十、指导老师点评

在教学实践中，我们发现很多老师一边抱怨教学时间不足，一边肆意地浪费着课堂教学时间。有效性包含“有效果”和“有效率”两个方面的意义，不仅限于将学生分散的注意集中起来，比如对于语言教学来说，情景是一个不容忽视的导入手段。好的开端是成功的一半，这一课题值得更深入的研究。

“导入”顾名思义就是“引导”“进入”的意思。有效的课堂导入犹如乐师弹琴，第一音符就悦耳动听，能起到先声夺人的效果，才能引起学生学习的兴趣，促使学生主动探究而获得英语学习的体验，让学生最终形成积极的学习情感。就会使老师教得轻松，学生学得惬意，教学效率就会大大提高。

浅谈小学英语课堂导入的有效性

——“Happy Birthday”课例分析

田　芹
苍溪县五龙小学校

一、选题背景

本节课是外研版三年级上册小学英语第六模块的第一单元，课题名为“Happy Birthday”。选择本课是因为它与我们的生活息息相关，孩子们对与实际生活相关的话题很有兴趣，学习的积极性很高，兴趣很浓，最后所能达到的效果很理想。

二、教学内容分析

本模块的教学内容是赠送礼物，询问年龄并作答。第一单元的课文情境是Sam过生日时Daming等朋友给他送礼物。需要提醒学生注意：接收礼物时要表示感谢。西方人的习惯是接受礼物时当场打开礼物，并表达对礼物的喜爱之情。庆祝生日时使用的物品包括生日蛋糕、生日蜡烛、彩旗、气球等。有些父母会在孩子生日时要求孩子改正一些不好的生活习惯，养成更好的生活习惯，所以生日庆祝活动也有告诫孩子，帮助孩子进步的作用。

三、学情分析

（1）三年级的学生活泼主动，精力旺盛，反应迅速，热情直率，在语言学习中善于模仿，敢于表达，开口积极，发音响亮，喜欢与人交往；喜欢多变的环境和丰富多彩的教学手段。但三年级学生同时也具有注意力不集中，意志力不强等弱点。

（2）学生已能听，说，认读一些动物、水果和文具的单词。如：cat，rabbit，monkey，apple，orange等。并已掌握一些日常交际用语。如：“What do you like?”“I like… What's this?”“It's a/an…　How many…can you see?”“I can see…?”

（3）学生初步形成与同伴合作完成学习任务的习惯。

四、教学目标

1. 语言知识目标

祝福他人生日快乐并赠送礼物，询问年龄与作答，全体学生能运用：“Happy birthday!”“Here’s...”“How old are you?”“I’m....”；全体学生能理解：happy，birthday，present，this，pencil，pen，cake，old，how old；全体学生能初步运用：happy，birthday，how old；全体学生能感知感叹句的语调：“Happy birthday!”“Thank you!”

2. 语言技能目标

全体学生能听懂：“Happy birthday!”“Here’s...How old are you?”“I’m...”全体学生能说：“Happy birthday!”“Here’s...How old are you?”“I’m...”全体学生能整体感知：“Happy birthday!”“how old”；全体学生能视觉感知：“Happy birthday!”“how old”全体学生能运用“Happy birthday!”表达生日祝福，用“Here’s...”赠送礼物，用“How old are you? I’m...”询问年龄并作答。

3. 学习策略

进一步培养探索课文中有趣情景的兴趣；向同学表达生日祝福，以此培养和增进友谊。

4. 文化意识

了解西方生日文化中赠送与接受礼物的礼节与习惯，了解西方生日文化中年龄牌等物品的作用。

五、教学重点

词汇 happy，birthday，cake 以及“Here’s your....”“Thank you”的语言结构。

六、教学难点

词汇 present 的发音。

七、教学过程

Step 1：Warming-up

T：Good morning，children.

S：Good morning，Miss Tian .

T：How are you ?

S：I’m fine，thank you ! And you ?

T ：I’m fine，too，thank you!

Step 2：Lead-in（歌曲导入）

T：Can you sing this song？

S：Yes，I can.

T：OK，Let's sing together！（教师出示 Flash 动画，和学生一起唱这首生日歌。）

Step 3：New Class

教师可将本单元较难记住的新单词加入到游戏当中，让学生回答，表扬会说的学生，给大家进行简单的教读。教师问："猜一猜今天的礼物是干什么用的呢？"（学生的回答可多样），这时教师放歌曲"Happy birthday"，再说"今天是 Sam 的生日，让我们去看看他是怎么过生日的"播放课文录音，请学生看挂图或书中图片。

Step 4：Drilling and Counselling

（1）第一遍看挂图听音讨论自己听到的信息，如：他们吃什么，干了什么？西方人庆祝生日和中国的生日聚会有什么不同？教师再对西方人的生日聚会特点进行简单介绍。（注：此处可将 Happy birthday，cake 进行简单的教读）

（2）再次打开书并听录音，请学生们核实刚才讨论的内容是否正确，并由学生猜测文中"I'm…"的意思，听音跟读模仿，教师不断发现和表扬读的好的学生，增强学生的学习动力。

（4）教师对比较难掌握的词汇以及语言结构进行强调。

（5）教师请学生以四人小组为单位相互帮助朗读课文。

（6）全班齐读课文。

（7）教师将全班分成不同的组，分角色对课文内容进行朗读。

（8）鼓励学生的表现，请个体学生扮演课文中不同的角色朗读课文给大家听，并评出最佳配音奖。

Step 5：Using the Task

问一问学生，最近有谁过生日，并且请他们到讲台前来，大家一起为他们唱生日歌，由于仓促没能给他们准备礼物，建议大家用手中的获奖卡片当作礼物送给他们，在进行此活动时，教师鼓励学生多运用今天新学的语言结构——Happy birthday，here's your present. Thank you.

Step 6：Revision and Consolidation

完成活动用书的活动 1、2、4。教师对学生活动情况进行检查和评估。

Step 7：Review and Summary

（1）再次复习本课词汇和句式。

（2）听音跟读，发现和纠正自己或伙伴的发音错误。

Step 8：Homework

（1）请学生学做生日礼物生日帽（为下节课做准备。）

（2）给爸爸妈妈讲讲西方国家过生日的方式。让自己的家人更好地、更全面地了解外国人的风俗习惯。

八、教学效果及思考

众所周知，小学英语学习也是一门语言学习，特别是在我们说汉语的国家里与英语截然不同的语境中来学习英语是不容易的，而且任何一门语言学习都离不开多讲、多说、多练、多用，包括在课内和课外。所以我们要想办法尽量创造机会让学生大胆开口说英语。我们要告诉学生在自己同学朋友或家长老师等生日时记住使用本节内容。如果能说出 1 ~ 2 句子本节课学习为合格，说出 3 ~ 4 个句子本节课学习为良好，说出 4 ~ 5 个句子本节课学习为优秀。但是在导入环节依然存在着一些问题：

（1）时间的分配太过草率，学生还没有完全进入状态。

（2）导入方式不够新颖，不能激发学生的兴趣！

（3）课前准备要充分，提前可以询问学生的生日时间。通过这样过渡到本堂课。

教研组成员讨论建议：通过（传话游戏）对本堂课进行新的导入。

九、第二次实践

1. 游戏一（传话）

把歌曲“What’s this?”再以韵句的形式朗读出来，这时，教师手持学过单词卡片（如：pen，book，pencil，dog，cat 等越多越好）让学生通过传递玩具进行传话游戏。全班问“What’s this?”，持玩具的学生按节奏说出教师手中的卡片，如：“It’s a pen”。回答对的同学可以成为这张卡片的拥有者，教师奖励卡片时说：“Here’s your ...”并引导学生说“Thank you.”

【实践效果】 游戏是儿童的天性。游戏活动能使抽象语言内容变成一种具体、形象的情景，具有直观性、趣味性和竞争性等特点。游戏能引发学生的无意注意，变枯燥的导入为丰富多彩的游戏活动，能使学生在玩中学、学中玩，达到寓教于乐的教学效果。通过游戏的导入，是学生从一开始就产生了兴趣。学生很快就进入了状态，使得教师在教授新课时，变得轻松，学生学得也很轻松。本次导入效果良好。

2. 创设环境，情景导入

让学生回想自己是如何过生日的，并且说明天是 Sam 的生日，全班给他开一个生日宴会，请同学们做好准备。在导入新课时，干脆把教室布置一下，请同学们把带来的礼物 present 送给 Sam，跟老师说：“Here’s your present.”老师拿出准备好的生日蛋糕 cake，师生一起点生日蜡烛 candle，分吃蛋糕，共唱生日快乐歌“happy birthday to you!”

3. 实践效果

情景导入法是指利用创设情景导入的方法，让语言这个抽象的符号与生活实际联系起来，便于小学生理解和掌握。把日常生活情景搬进课堂，让学生在实际交往中表情达意，极大地激发了学生的好奇心与求知欲，从而激发起学生们学习英语的热情。

十、教学反思

导入是教师在新的教学内容和活动开始之前引导学生进入学习的教学行为方式。导入是为新课的呈现铺平道路，为新知识的学习和新技能的训练所作的心理和知识准备。课堂导入是一种富有魅力的教学艺术。小学英语课堂导入既要符合小学生的心理特征，又要遵循新奇、多样、热闹和参与的原则。

1. 追求针对性和目的性，切忌漫无目标

教学导入要针对教材内容和学生实际，设计出具体、简捷、有趣，体现学生自主学习的导入方式。如果导入与教学内容脱节，盲目地为了导入而导入，甚至于离题万丈，这都是违背教学目的和教学宗旨。

2. 体现直观性和启发性，切忌导而不入

导入要尽量以生活、学习中具体的实物和事例为基础，引入新知识。同时要讲究启发性，要让学生从浅显易懂的事例中发现问题，进而从问题着手，引起学生认知冲突，激发其积极思维和产生寻求解决问题的强烈愿望。

3. 强调参与性和全体性原则，切忌演独角戏

课程标准十分强调每一位学生的全面发展，导入设计的目标和内容都要面向全体学生。教师应根据学生的认知水平，确定导入的目标和内容，导入的形式要有利于全体学生的参与和实践，让学生对接下来的新知学习充满信心。

4. 具备简洁性和灵活性，切忌拖沓冗长

导语要短小精练、简洁，尽量能在最短的时间内完成导入，最大限度地提高课堂教学效率。课堂导入要精心设计，要画龙点睛，巧妙地将学生吸引到课堂上，让学生在最短的时间进入到课堂教学的最佳状态中去，创造和谐、愉悦的课堂气氛。

5. 富有趣味性和艺术性，切忌平淡无奇

教师在设计导入时应紧紧抓住学生好奇心强、爱听爱看有趣的故事的心理，从与教材有关的、学生感兴趣的导入新课，从而使学生对所学内容产生浓厚的兴趣。导入的语言要准确、精炼，既要朴实自然，通俗易懂，又要生动活泼，饶有兴趣，给人以幽默感。

十一、指导教师点评

有效性包括“效果”和“效率”两个层面的意义。导入是一堂课的开始，是课堂教学效果重要的一个环节。本课例的探索当中，对引起学生的有意注意做得不错，在启发学生的思维方面还需要改进。

浅谈小学英语课堂的有效导入

——"It's on Your Desk"课例分析

赵　敏
苍溪县陵江镇第二小学校

一、选题背景

高尔基在谈创作体会时说:"开头第一句是最难的,好像音乐定调一样,往往要费好长时间才能找到它。"教学也是如此,小学英语课堂主要是为了激发学生的学习兴趣。一节课的导入恰如其分,就会直接吸引学生,能使课堂气氛变得轻松活泼、趣味横生,同时激发学生的学习热情和求知欲望,促使学生深入思考,很快进入学习状态,课堂教学的其他环节也能够顺理成章地进行。因此,良好的导课是上好一节课的基石,"课伊始趣已生",要使学生对所教的课感兴趣,课堂的导入是十分重要的。为此我希望通过本课题的研究寻求有效的课堂导入法,以此丰富自己的英语教学经验。

二、教学内容简析

外研版《新标准英语》三年级起点第二册第八模块第一单元第一课时"It's on Your Desk"。

本模块的教学主题是描述位置关系。本课为第一课时 Module 8 Unit 1 It's on Your Desk。课文内容是发生在 Daming 的家中。Daming 在桌上发现了一封信,然后他根据这封信的不同位置出现的线索提示,来到卧室,发现朋友们正拿着生日蛋糕等着为他祝贺生日。

三、学情分析

学生基本情况:三年级二班,48 人,平均分 95 分,优生率 90%,及格率 100%。

使用的教材是外研社版三年级起点,学生们在三年级上册已经接触过方位词"in""on"的用法,对本模块的学习满有兴趣,他们大多数只有九、十岁,活泼好动乐于表达自己,渴望得到同学和老师的赞许,但部分学生在获取、归纳知识时可能还存在一定的困难。

四、教学目标与重难点

（一）教学目标

1. 语言知识目标

1）词汇

（1）全体学生能理解 toy，under，for，behind，并能初步运用 toy，under，behind。

（2）部分学生能初步运用：for，box，bedroom。

2）语法

（1）全体学生能初步运用："It's in/on/under/behind…"

（2）部分学生能初步运用："Where is…?"

3）语音

感知陈述句的语音语调。

2. 语言技能目标

（1）全体学生能听懂："It's in/ on/ under/ behind..." "Where is... ?" 并能说："It's in/ on/ under/ behind..."

（2）全体学生能整体感知：toy，in，on，under，behind。

3. 情感目标

（1）激发并保持学生对英语的兴趣。

（2）培养学生的方位感和准确描述事物具体位置的能力。

（3）教育学生不乱丢东西，学会整理好自己的物品。

（二）教学重点

能掌握、运用介词 in，on，under。

能掌握功能句来描述物品的位置：It's in the box. It's on your desk. It's under the chair.

（三）教学难点

在实际生活能熟练运用所学单词和语句表达物品的位置。

五、教学实践

（一）教学流程

Step 1：Warming-up

1）Greetings

2）Sing a song "Please Stand Up"

3）Revision

（1）Words：pencil，pen，panda，hat，monkey，cake，football，bag，chair，book.

（2）Sentences：Where is the pen? It’s on the desk.

【设计意图】 通过指唱，复习与本课有关的旧知，同时让学生动起来，在轻松愉快的氛围下进入学习状态。

Step 2：Presentation

1）Lead in by a present

Learn：“box”.

2）Guess “What’s in the box?”

3）Present the topic

Read the title：It’s on your desk.

Learn “on”

【设计意图】 通过创设课文类似的前置情境，让学生自然而然地融入情境中，更好地理解课文。

Step 3：Learn the lesson

1）Present the lesson

Watch the CD-ROM and answer two questions.

2）Present the task

3）Listen and underline the sentences with “in，on，under”

4）Learn the lesson

Learn the words：under，bedroom.

5）Repeat the lesson

【设计意图】 在学生初步感知课文之前，提出简单的问题，让学生带着问题有目的地观看，初识课文。接着通过呈现教学任务，让学生明白本课学习的重点和目标。要求学生听课文，划出课文的重点句子。这样抓住重点、词句结合，有助于学生更好地学习课文。

Step 4：Practice

Game：我猜我猜我猜猜猜

【设计意图】 利用多媒体课件的演示，变变变，让学生猜测某一物品的位置，以达到语言练习与巩固的目的。同时，分层要求，大部分学生要求其运用简单句型 It’ in/on/under...来猜测，而学习能力较强的学生则要求学会用完整的句型来猜测，如 The panda is in/on/under the hat。

Step 5：Production

1）快乐寻“礼”

【设计意图】 让学生找一找老师为大明准备的礼物在哪？将所学句型应用到实际生活中。

2）帮大明整理房间的礼物

【设计意图】 同桌运用目标句型讨论房间里的物品该如何摆放，帮大明整理房间的礼物。教育学生不乱丢东西，学会整理好自己的物品。

Step 6：Homework

（二）本课例导入环节

1）歌曲："Please Stand Up"
2）复习旧知
（1）出示实物或者图片。
T：What's this?
Ss：It's a pencil/pen/hat/cake//bag/chair/book.
（2）引出本单元的重点句型。
T：Where is the pen?
Ss：It's on the desk.

（三）教学效果及思考

本节课在导入的过程中，我使用了复习旧知引入法，同时在复习的过程中，我还使用了图片和实物来进行直观教学，我很清楚复习在小学英语课堂教学中占有极其重要的位置。因为课堂教学不是孤立的，而是循序渐进、环环相扣，是旧知识的拓展与深化。苏霍姆林斯基曾说过："教学生能借助已有知识去获取知识，这是最高的教学技巧之所在。"因此在每节课前，复习是必不可少的，复习作为一种新课导入的方法在小学英语课堂中也自然而然被充分利用起来，特别在教学新单词时，往往是从复习旧单词入手来学习新知的。但是从上课的效果来看，同学们在导入环节之后，渐渐失去了学习的兴趣，一部分学生甚至开始走神。这样一来，我也慌了神。反思我这节课，我做了充分的准备，但是导入到新授之间的衔接是有问题的，并且导入课无新意，不能很好的激发学生的学习兴趣。通过分析，我决定重新梳理一下导入环节。在查阅了有关小学英语课堂导入等相关资料和一些前辈的帮助下，我分别对小学英语课堂的导入环节进行了以下几次不同的尝试。

六、第二次尝试

（一）直观导入法

教师在进入新课的时候，直接将铅笔或者书放在一个盒子里，然后提出问题"Where is the pen?"引导学生说出"It's in the box"，接着放在门后，学生不会说 behind，然后用同样的方法教授 under 等。

【教学效果】 直观导入法能让学生对语言学习有直接和清晰的感受，增强教学的直观性，从而降低辨认难度，在整个导入中，教师就直接将所学内容展示给学生。在本课的教学导入中，直接明了的引出文本重点，避免了过分的浪费时间。但这样的直接式导入是单调的，平淡无奇的。这样的方式对小学生而言，毫无吸引力。从而很容易让学生失去学习兴趣。

（二）情境导入法

（1）课前，老师先准备五封信，分别写上表示方位的句子，然后藏好一个蛋糕模型。

（2）T：Today is Daming's birthday!Sam and Amy will give him a present. Can you guess what is it? Let's find it.

【教学效果】 情境导入法是模拟真实的情景，创设接近生活的真实语言情境，有利于学生理解和巩固所学内容，同时也调动了他们学习英语的兴趣。在这次的情境导入中，我扮演了 Daming 过生日，根据五封信的提示在房间的不同位置寻找礼物。在寻找礼物的过程中学习表示位置的单词。学生们在这样的情景导入中，学习积极性明显地提高，学习兴趣也被有效地激发了出来。这种情景导入，在情景中学习新知，不会有太多花样，也不会浪费时间，唯一不足的是部分学困生在情景学习中，对新单词的掌握还存在一定问题。

（三）多媒体导入法

（1）PPT 首先呈现一幅画面：Sam 抱着一个蛋糕。教师然后指着蛋糕，提问："What's this?""It's a cake."然后告知学生 Daming 要过生日了，我们一起唱首歌祝他生日快乐！全班一起唱"Happy birthday!"

（2）PPT 出示第二个画面：蛋糕放在了一个盒子上，然后指着盒子问："What's this?""It's a..."学生不会说"box"，然后指着盒子教授。接着问"Where is the cake？""It's in the box."以同样的方式学习其他单词。

（3）用 PPT 展示课文内容，然后学生自主的学习课文。

【教学效果】 在经过两次的实验后，这次我决定使用多媒体导入，多媒体可以把图片与声音融为一体，将所学的内容生动地展现在学生的面前，让他们更容易理解与记忆，很好的集中了学生的注意力，激发学生的学习兴趣。在使用这一导入法时加入了必要的教学技能，在图片与声音的感染下学生在心理上不仅容易接受新知识，而且直观生动亲切，调动了学生的多种感官共同参与到学习中，如同在真实环境中学习，学生的学习能力与想象力都有所提高。多媒体导入法是我尝试的一种最好的导入法。

七、教学反思

通过对本课堂导入法的几次实践和研究，我做出了以下三方面的课堂导入总结，并决定在今后的教学中从这三方面提高。

1. 时　间

课堂导入的时间不宜过长，否则就会喧宾夺主，使导入本身显得冗长，而且会影响整节课的教学进程。

2. 灵　活

对于不同的教学内容以及不同的班级要采用不同的导入方法，并且导入方法必须灵活、多样，能吸引学生的注意力，如果经常、反复地运用会引起学生的反感，降低导入效果。

3. 实　效

无论采取哪种导入方法，最终的目的都要为语言学习服务，提高学生的语言运用能力，而不是单纯为了调动学生的积极性而设计导入环节，忽略了教学目标。

以上是我的几点教学实践反思，当然小学英语课堂教学的导入目的只有一个，就是不断地激发学生的学习兴趣，活跃课堂气氛，最终完成教学目标，使学生轻松学到新知。

八、指导教师点评

良好的开端是成功的一半，课堂导入在整个课堂教学环节中起着重要作用，它犹如一场说书的“开讲”，聊聊数语，掷地有声；又如一首乐曲的前奏，未成曲调，而先有情。“转轴拨弦三两声，未成曲调先有情。”英语教学的导入方法多种多样、不拘一格，值得我们去研究探索，它是课堂上要走好的关键的一步，是气氛的调和剂，是整堂课情绪渲染的开始。但无论设计何种形式的导入，都要以学生为主，因时而变，因势而改，因文而生，把课堂导入变成展示学生多方面才艺的舞台，这样就能真正体现英语新课程标准的精神理念：让学生真正成为课堂的主人。

全身反应法在小学英语课堂的应用

——“This Is His Head”课例分析

冉小川
苍溪县张王小学

一、选题背景

1. 为什么选择该课例研修为主题?

全身反应法，又称“TPR”，中国的英语教育界已借鉴了国外多种教法，如传统的语法翻译法，听说法，交际法等。但是，笔者认为上述方法主要适合成年学习者或具有较高的认知发展水平的学习者。对于儿童，则应该采取一种适合其心理生理特征的方法，有利于儿童的身心健康。本文在儿童英语教学中受其启发并借鉴了这一方法，通过理论和实践的改进，探讨其在中国儿童英语（外语）教学中的应用，希望能找到一种适合中国儿童英语（外语）教学的合理的科学的有效的途径。通过在一所以英语为特色的幼儿园的教学实践，该文旨在证明这一中国化的全身反应法教学适合中国的儿童英语（外语）课堂教学。希望通过该研究能够促进更多的应用语言的探讨，丰富中国外语教学理论，探索出一条提高儿童英语（外语）教学质量的有效途径。外语要像幼儿学母语那样，轻松愉快，无拘无束，通过动作理解学习语言。

2. 关于该研修主题，他人做了那些研究?

全身反应法（Total Physical Response，简称 TPR），在西方外语教学法史上，美国心理学家阿歇儿（Asher）创造了全身反应法（Total Physical Response），这种方法倡导把语言和行为联系在一起，通过身体动作教授外语。全身反应法他主要是根据大脑两半球的不同的功能，右脑主要是形象思维，左脑主要是逻辑思维，强调要在形象思维的基础上进行抽象思维的发展。因此它强调要在真正的情景里面来进行教学。根据学语言本身的规律，从小孩学语言的角度来看，首先是要学习听的能力，然后在这个基础上，逐步发展成说的能力，再发展成读和写的能力。全身反应法就强调首先培养学生听的能力，要大量听一段时间以后，听到一定的基础了，到小孩子愿意说了，就水到渠成地开始说了。这样学生说的不紧张，说得很自然，是要在熟了的基础上再来输出（production）。

除此之外，本世纪的派梅尔（Palmer：English through action，）皮亚杰（Piajet：action schema）都是通过动作学习的倡导者。

3. 本次课例研修希望在哪些方面有所改进和突破?

本次研究我努力让学生在日常学习中学会用全身反应法学习课文中比较深的单词和句

子；没有好的课堂教学管理模式，再好的教学方法，再丰富的教学活动，也难以取得预期的效果。所以，我的突破点在运用全身反应法时课堂管理模式上和教较深单词的教法上。

4. 教材和课例选择

外语教学与研究出版社（三年级起点）三年级上册 Module 10, Unit 1 “This Is His Head”.

二、教学内容简析

本课是外研版三年级起点新标准英语三年级上册的内容，本节课的主要内容是用“This is ...”句型与他人进行交际活动。

三、学情分析

该班是小学三年级的学生，他们已经学习了一些物体如桌子、椅子的表达方式，大部分学生还记得相关词汇，但是也有少部分学生基本忘记了所学的内容。不过，他们还是三年级的学生，基础较差，所以教学主要培养学生对英语的学习兴趣。在教学中，应该采用灵活多变的教学手段和教学方法吸引孩子们。

四、教学目标

（一）语言知识技能目标

（1）能听说、认读 head，arm，hand，leg，foot 这些关于身体部位的单词，并能用“This is my/her/his...”这样的句型介绍自己或他人身体的这几个部位。

（2）初步了解表示接触的指示用语，能听懂，并按指令能做出相应的动作。

（3）激发学生的学习兴趣，培养听说习惯和能力。

（二）情感目标

培养学生热爱大熊猫，和自己一样有手，手臂，头，等等……

（三）教学重、难点

1. 重　点

关于身体各部分的单词：head，arm，hand，leg，foot 的学习。

2. 难　点

head，hand 这两个单词容易混淆，教师在教发音时，一定要到位，并提醒学生注意它们的区别。

五、第一次实践

（一）教学过程

Step 1：Warming-up

出示课件，doctor，diver，policeman，nurse，farmer，teacher 的图片，使用游戏“simon say”练习指令“point to”复习上节课所学的单词。

Step 2：Presentation

（1）播放本科动画视频，并让学生观看动物园的大熊猫并跟读，并板书本课的句型和单词。

（2）教师告诉学生：“我们的洋娃娃还有其他内容要告诉大家，请你们认真听。”教师用手 point，洋娃娃自己介绍：this is my head. this is my arm...引出我们要学的单词 head，arm，hand，leg，foot。让学生初步了解单词。

（3）教师指着自己说：Good morning，boys and girls，I'm miss Ran。指着自己的头说“this is my head”用同样的方法介绍：arm，hand，leg，foot，学生进一步学习单词。

（4）出示课件，教师点击鼠标，单词和图片 head，arm，hand，leg，foot 逐一显示，教师教读，学生跟读。

注意：head 和 hand 的区别。

（5）认读 head，arm，hand，leg，foot 的单词卡片和图片。

Step 3：Consolidation

1）游戏 Simon says

教师发出指令，学生执行指令。如教师说：“Simon says，touch your head.”学生摸摸头，如果老师说：“touch my head。”学生不做任何动作。

在这次活动中，学生巩固 touch，your，my 三个单词。

2）趣味操练

（1）小组活动：教师让学生小组练习 head，arm，hand，leg，foot。一个学生发出指令，其他学生指出相应部分。

（2）全班活动：listen and draw

学生按老师的指令画图。如教师说：draw a head 学生画一个头，直到完成一幅画（可以请两个学生到黑板上画，起引导作用。）

（3）教师指着黑板的画，指着不同部位，要求学生说出单词。

（4）学生听录音，边听边完成“let's do”部分中的活动。

（二）实践教学效果

通过观察课堂上学生的反应及与学生的简单访谈，发现学生一开心就手舞足蹈，对于记忆单词环节感到很枯燥，记忆单词的效果也不好。

六、第一次反思

1. 执教教师的思考

当我们在说句子时，学生不能理解 my 和 your 的意思。再进行游戏时，学生一篇混乱，过分活跃。

2. 课题组成员讨论建议

在农村小学，外语学习确实是一件很困难的事，在初学阶段，教学方法过于单一和缺乏动态的课堂，会使孩子索然失去学习英语的兴趣。在课堂上，老师必须要把握好严厉和活跃的度，否则，孩子只知道一个劲的动或者一味的沉默，称为学习英语的一大阻碍。初学阶段，我们必须认真引领孩子，在他们活跃的时候，仍然不断关注单词和句子的音，形，义，并区分之中的变化。

七、第二次实践

1. 修改 Step 2

经过反思和小组讨论，重新设计词汇部分的教学方式，现修改 Step 2：Presentation 如下。

（1）教师讲单词的时候，全身跟着反应，并让学生也跟着反应。

教师在此借助动作和表情，比如：点点头、踢踢腿、伸伸手、摸摸臂、跺跺脚、并让学生也跟着做动作。

（2）教学生理解 your 和 my 的意思时，学生容易搞混淆。可以设计一个游戏，如下。

教师发出指令，学生执行指令。如教师说：Simon says，touch your head。学生摸摸头，如果老师说：touch my head。学生不做任何动作。

在这次活动中，学生巩固 touch，your，my 三个单词。

2. 游戏规则

由于用全身反应法做活动时，学生一片混乱，甚至一些同学在里面不动，现修改 Step 3：Consolation 中的游戏规则。

1）规　则

游戏规则为三局两胜，并把全班同学分成两组，红队和黑队，全对的一组可以得到一颗红心，不全对的那组就不能得到。

2）趣味操练

（1）小组活动：教师让学生小组练习 head，arm，hand，leg，foot。一个学生发出指令，其他学生指出相应部分。

（2）全班活动：listen and draw。

学生按老师的指令画图。如教师说：draw a head。学生画一个头，直到完成一幅画（可以请两个学生到黑板上画，起引导作用。）

（3）教师指着黑板的画，指着不同部位，要求学生说出单词。

（4）学生听录音，边听边完成“let’s do”部分中的活动。

全身反应法它能够一下子就抓住学生的注意力，吸引学生参加活动，让他们在身临其境的实验体验中学习英语。教学的重点在于帮助学生理解英语、用英语交流，不在于纠正学生在学习过程中所犯的错误。这样做有利于帮助学生消除紧张心理，让学生在一个不用害怕挫败的环境中学习。

八、指导教师点评

听是英语教学中重要的一步，但是小学生不愿意静静地坐下来听，他们的心理特点是好动不好静。在教学中运用 Asher 提出的全身反应法，把学生感官都调动起来，老师清楚地发出动作指令，并以动作辅之说明，学生静听并理解其义，为反应做好准备，称之为静听。教师发出指令，让学生做动作反应，汲取语言知识，把语言和动作联系起来，称之为模仿动听。让部分学生发出指令，另一部分学生做动作，指导学生边说边比划。学会对听的内容不断潜意识吸收，内化，并形成语感，自然开口说话，并以动作反馈，强化，做出全身反应。全身反应法的优点很多，做法就更多了。只要在英语课堂中，教师能准确，适当，自然的运用全身反应法，一定能帮助组织教学，激发学生学习情绪，突出教学的重难点，提高教学效果。

儿歌辅助小学英语课堂教学课例研究

——英语儿歌课例分析

贺小丽
苍溪县龙山镇金斗中心小学校

一、选题背景

1. 为什么选择该课例研修主题？（以儿歌教学为例）

儿歌是孩子的亲密伙伴，有孩子的地方总能听见那欢乐、柔嫩、清脆的天真童声。孩子从呀呀学语起就喜欢有韵律的语言，喜欢听儿歌、唱儿歌，儿歌里有着童趣，既好听又简单易懂，深受孩子们的喜爱。英语是一门语言学科，在小学阶段开设英语课主要是培养学生学习英语的兴趣，让学生具有一定的英语语感和基本的听、说、读、写能力，其中，听、说是关键。然而，经常唱英语儿歌，不仅能激发学生学习英语的兴趣，还能使小学生对英语的重音、节奏有一个初步的认识，久而久之，语感也就慢慢形成了。同时，儿童在学习儿歌的过程中，最先学会的是词，也就是说，儿童在唱的同时，无形中词汇量、艺术性语言就能有所增加。另外，唱英语儿歌可促进听和说英语的能力，因为磁带的反复播放，教师的不断示范，连续地给学生听觉的输入，对他们的听力有极大的提高。在听的同时，正确的发音在他们脑中形成，这对培养学生正确的语音起了作用。此外，唱英语儿歌还是课堂上的一种“调和剂”。小学生的注意力特别差，不能长时间地集中，而且容易疲劳。在这个时候，可以用儿歌来调和气氛，使学生的精神为之一振。因此，我认为在小学英语课堂上恰当使用儿歌，一定会给英语课堂教学增色添彩。

英语儿歌的形式多种多样，节奏优美，旋律和谐，而且简单生动，很受学生喜爱。并且运用唱儿歌的形式辅助于小学英语教学，确实能激起学生学习英语的兴趣，使他们的学习具有活泼性和主动性。因此，在教学中，我们应该充分、恰当地运用英语儿歌的可唱性、知识性、趣味性、简易性等特征来组织教学，以歌促学，寓教于乐。

2. 关于该研修主题，他人做了哪些研究？

《全日制义务教育英语课程标准》明确提出了小学英语教学阶段歌曲和歌谣的教学目标和要求：一级（三、四年级）要求学生能唱简单的英语歌曲 15 ~ 20 首；二级（五、六年级）要求学生能表演英语歌谣或简单的英语诗歌 30 ~ 40 首（含一级要求）。由此可见，歌曲与歌谣已成为我国小学英语教学的一项重要教学内容、教师必须完成的教学任务。目前，部分英语教学由于过分追求考试成绩，在教学过程中显得有点急功近利，往往教法老套、呆板，是为考试而教。“老师上课是为了分数，学生听课也是为了分数。”以读、背、默为主的课堂教学使学生学英语的积极性大打折扣。这可能会影响到学生今后更漫长的终身学学习和发展。它的教学目的主要是为了加强学生语音、语调训练，培养良好的语感，提高学生的语言能力，增强英语学习的兴趣。

3. 英语儿歌的分类

1）游戏性的英语儿歌

学生配合着游戏活动学说儿歌，学生们的兴趣和快乐被极大的激发了出来，学习的效率将会大大提高。英语儿歌虽受学生欢迎，但唱多了，学生也开始腻了。因此，在唱歌时，要设计一些有新意又有趣的游戏，学生又唱又玩，全情投入，热情高涨，很快就能学会歌词中的单词和句子。例如，在教学 PEP 小学三年级上册 Unit 4 的动物时，可以设计这样一首儿歌来让学生一边游戏一边诵唱：

Tiger，tiger. This is a tiger.
Panda，panda. That is a panda.
Rabbit，rabbit. It is a rabbit.
Bear，bear. That is a bear.
Monkey，monkey. This is a monkey.
We are very lovely.

2）表演性的英文儿歌

要求既有节奏，又能够适合表演。强调用肢体动作来表现儿歌的内容，它充分运用了少儿活泼好动的特点，让学生在肢体伸展的同时，自然地开口说唱，快乐地接受英语。

3）节奏性的英语儿歌

节奏性的英文儿歌突出节奏，通过儿歌的节奏变化和拍手、踏脚等来表现声音的强弱，体现儿歌的美感。英语是拼音文字，为培养学生的语感，可利用儿歌进行有节奏的朗读和韵律训练。如在学习 PEP 小学英语五年级下册的现在进行式时，可以用下面的儿歌：

What，what. What are you doing? Walking，walking. I am walking.
What，what. What is he doing? Running，running. He is running.
What，what. What is she doing? Singing，singing. She is singing.
What，what. What is John doing? Swimming，swimming. He is swimming.
What，what. What is Amy doing? Drawing，drawing. She is drawing.
What，what. What are they doing? Reading，reading. They are reading.

4. 英语儿歌的选择

1）内容有趣并为小学生所理解

小学生在小学虽说有了一定的母语基础，完成了母语的掌握过程，但对英文还处于低幼儿阶段。用英文理解事物的能力在低年级几乎没有，到中高年级也还不高。因此，英文童谣或歌曲使用的单词应生动形象，歌词在语言上不宜太深，最好浅显易懂，要能听得清楚，为小学生所理解。否则他们只会机械地发出声音，并不知其含意，也就难以引起相应的心理活动。

2）内容健康并能用动作表现

童谣和歌曲都有一定的韵律和节奏，适合一边唱一边用动作表现出歌词的含意。这种边唱边动作有助于他们记忆歌词，促进动作的协调，增强节奏感，培养他们表演交际的能力。

3）歌词为第一人称的儿歌

第一人称的童谣、歌曲多半是以自己为主体来讲述某些内容，小学生对这样的词曲会感同身受、身临其境，就好像是自己在讲些或做些什么事，感情表达上也显得自然、真实。

4）歌词要有重复和发展的余地

歌词适当的重复，会使小学生感到熟悉，也便于记忆，能起到强化记忆的效果。这样的歌，不仅有重复，有发展的余地，教师可启发学生自己想出要增添的新词，这样既激发了学生的积极性，又能培养他们的创造性。

5. 英语儿歌教学的实施

1）运用儿歌，自然导入课题

导课无定法，自然与否是关键。教师应有目的地选择儿歌，或恰当改动、设计儿歌使之与当节课题相契合，儿歌便不仅是一种很好的情绪铺垫手段，还能延续为自然的导课方法。

2）运用儿歌，扎实学习新知

学生对新知的学习不可能是一蹴而就的，期间教师往往需要采用各种训练形式鼓励他们多说勤用。儿歌，凭借其浓郁的趣味性，更能充分激发学生说的欲望和用的热情，从而使他们学得扎实有效。

3）运用儿歌，有效突破难点

在教学过程中，难点的突破总是颇费教师心思的一个方面。根据教与学的实际情况，教师用以突破难点的方法可谓丰富多彩，恰当运用儿歌突破难点能收到令人满意的效果。

4）运用儿歌，逐步发展能力

新课程倡导教师采用“任务型”的教学途径来发展学生综合运用语言的能力。儿歌，作为小学生喜闻乐用的一种语言形式，可以成为该目标实现的上好载体之一。教师可以在学生语言学习的不同阶段，逐层递升地设定不同的儿歌学与用的目标，来逐步发展学生的语言能力。

5）运用儿歌，恰当渗透德育

课程改革后，新课程标准三维目标中不可或缺的一个组成部分——情感态度和价值观，正日益受到教师的关注，学科教学应渗透德育教育、体现人文素养培养的理念已，成为教师的共识。小学英语的学科特点和小学生的心理特点决定了教师在课堂上渗透德育不宜过于就事论事或大张旗鼓，而应采取潜移默化、润物细无声的方式进行。因此，节奏明快、好学易说、意味丰富的儿歌往往能成为整堂课的点睛之笔，恰倒好处地提升英语课的人文品位。

6. 小学低年级英语儿歌教学有效运用之评价研究

1）教师评价

（1）使用激励性的评价语言：在每堂英语课上教师都要热情、真诚、而且伴有动作地多使用激励性语言，对表现特殊的同学，有时可以多表扬几句。教师的真诚、充满感情的评语不仅是对学生的学习肯定，也是对学生的激励和鞭策。

（2）个人发展的评价记录：在日常的形成性评价中，教师应对学生的语音、吐字、乐感、节奏等技能，进行定期的评比。允许学生根据自己的特长或优势选择适合自己的评价方式。可以定期多次评价学生的英语儿歌学习，如果学生对自己某次测试成绩不满意，可以与教师协商，允许学生多次测试，学生通过更充分的准备之后，再次参加评价，以最好的成绩为测试评价成绩。

（3）表演活动记录：教师安排学生表演。学生可以围绕学习的儿歌自定表演内容，表演时间由学生自定。教师对学生的表演进行评定以鼓励学生积极参加大型文艺节目。

（4）课堂儿歌学习展示：主要是教师对小学生课堂学习儿歌效果展示的评价记录，如在儿歌表演等比赛中获得星星、小旗等。可以用星或旗的颜色来表示活动的质量，如用蓝色表示积极参与，用红色表示表现出色。这些星或旗可分单元粘贴在学生的学习档案上。这样，学生可以对自己学这首儿歌与上一首儿歌的课堂表现进行对比，督促自己不断进步。教师还要根据学习档案上的星或旗的数量，每周评出一名英语小歌星，评出结果后还要象征性地举行奖品授予仪式。

2）自我评价

主要是学生对自己的学习英语儿歌的策略、努力程度和学习效果等以及它们之间的关系的评价和认识，使学生们意识到他们自己的学习状况，并学会不断改进自己参与活动的能力和水平。自我评价能力是小学生学习能力的最能动因素，小学生的自我评价能力发展得越早，小学生的学习能力也就越有效，小学生的终生学习能力也就越强。

3）小组成员互评

主要是合作小组成员之间指出别人在参与英语儿歌活动时所表现出来的优缺点，以及将来改正提高的办法。

4）师生共同评价

主要用于评价学生的学习英语儿歌的兴趣与态度。如教师可以设计表格，首先通过学生自评的方式调查学生学习英语儿歌的兴趣，然后教师在给予激励性评语，激发学生的学习英语儿歌的兴趣。

研究特色创新之处：我尝试研究的英语儿歌教学，注重于儿歌在课堂教学中的过程作用。不是把儿歌当作课堂上的一种形式和点缀，而是扎扎实实地作用于学生感悟语言—学习语言—运用语言这一认知过程的全部或特定环节，使英语儿歌真正意义上成为了一种有效的教学手段。

7. 本次课例研修希望在哪个反方面有所改进和突破？

力求获得更多、更高级别专家的理论指导；需要进一步提高自身在英语、音乐、舞蹈等发面的素养。

8. 教材和课例选择

人教版小学三年级英语上册 Unit 1 “Hello” 第一课时，Part A。

二、过程与方法

1. 研究组成员介绍及人员分工

成员：贺小丽负责案例研修的写作。

指导教师：钟炳芳，负责案例研修的修改。

2. 操作步骤

实践—反思。

三、教学内容简析

1. Let's talk

本部分主要是会话学习，通过见面打招呼，自我介绍以及道别等情景，让学生在模仿、学习、表演的基础上逐步达到自然交流与真实运用的目的。

2. Let's play

本部分让学生在游戏活动中熟练动用所学问候语及自我介绍用语。

四、教学目标

1. 教学三维目标

1）知识与技能

能听懂，会说 Hello / Hi. Goodbye / Bye-bye. I'm… What's your name? My name's … 并能够在实际情景中进行运用。

能够听说，从读 crayon，pencil，pen，eraser，ruler，pencil-case，book，sharpener，bag，school，并能用英语介绍文具。

能听懂所接触的指示语，并能按照指令做出相应的动作。

2）过程与方法

采用任务型教学方法，以任务贯穿整个课堂，使学生有事可做。同时采用自学互帮导学法，及培养学生自学能力，又培养学生的合作交流能力。

3）情感态度价值观

希望通过本课时的学习学生能在日常生活中能用英语跟人打招呼以及自我介绍。

2. 教学重点

能听懂，会读 Hello / Hi. Goodbye / Bye-bye. I'm… What's your name? My name's …

3. 教学难点

能听懂所接触的指示语，并能按照指令做出相应的动作。并能够在实际情景中进行运用 Hello./ Hi. Goodbye./ Bye-bye. I'm… What's your name? My name's … 等单词与句型。

五、学情分析

本学期我承担三年级的英语教学任务。班里的孩子全部来自农村，而且大部分孩子的父母外出务工，无暇辅导孩子，大多数的孩子由爷爷奶奶照顾。老人大多根本就不重视孩子的学习，这给我们的教学带来很大的难度。因为孩子的教育不仅仅是学校的教育，家庭的教育也是非常重要的。

面对这样的现状，我心里非常地担心：如何才能让我们的孩子学好英语呢？我认为可以在教学中多运用英语儿歌，来降低学习难度，提高孩子的学习兴趣。

六、一次实践

Step 1：Organize the Class

T：Good morning，boys and girls.

Ss：Good morning，teacher.

T：Ok，sit down，please.

Ss：Thank you.

Step 2：Lead-in

不妨请学生说说他们在现实生活中已经了解的英语词汇或日常用语。同时可利用教科书开头的蝴蝶页 Welcome to English 彩图中呈现的生活中学生已经会说或较熟知的词汇如 TV，CD，VCD，DVD，OK，Hi，Yeah，Bye，Cool，Wow，E-mail，cartoon 等来激发学生想学英语的兴趣和愿望。

注：设计这部分的主要意图是让学生从熟知的词汇开始，克服畏难情绪。毕竟农村地区的孩子们才开始接触英语，如果第一堂课就让学生感觉很难摸不着头脑的话，会给他们留下英语很难学的阴影。

Step 3：Presentation

在正式授新课前教师播放本课的歌曲“Hello”的录音，自然引出师生之间的打招呼。

注：通过此儿歌活跃课堂气氛，增强学生学习的兴趣，为后面学习单词的学习和 PartA 的学习做下铺垫。

T：Hello，boys and girls.同时有意图的引导学生说 Hello，Miss/ Mr.…

（1）通过教师的自我介绍自然引出 Hello，I'm… /Hi，I'm…，让学生能初步领会这句话的意思。紧接着教师应走下讲台去与更多的学生说 Hello，I'm… /Hi，I'm…，并且与学生握手，使学生在真实情境中进一步理解 Hello，I'm… /Hi，I'm…的意思

（2）教师可戴上 Sarah 的头饰介绍 Hello! I'm Sarah. 并用同样方式介绍其他人物。

（3）让三名学生到讲台上来表演，分别戴上 Sarah，Chen Jie，Mike 的头饰说：Hello! I'm…

（4）教师戴上 Wu Yifan 的头饰说 Hi! I'm Wu Yifan. 并与戴 Sarah 头饰的学生相互问好，并有意在分手时说 Goodbye，并用同样方式与其他 2 人相互问候及道别，道别时可以换一个词 Bye-bye。（换词的主要目的是让学生在同一语境下理解不同单词的相同意义。）

（5）听录音来展示 Let's talk 部分的教学内容。

本部分要求学生听三次录音，第一次听录音勾出不认识的单词，第二、第三次跟读。希望学生通过模仿达到会读的效果。学生自由朗读，不懂得请伙伴帮忙，或者举手问老师。老师讲解重难点，强调需要注意的地方。4 人一组练习 PartA 部分。

Step 4：Practice

（1）玩听音辨人的小游戏：请四位同学上台来分别扮演 Wu Yifan，Chen Jie，Sarah，Mike。

四人均带上相应的头饰，另选一同学用眼罩蒙住眼睛，让 Sarah 等四位同学中的一个说 hello/hi（到底说 hello，还是 hi，请学生看黑板，根据老师的指示来读），让蒙住眼睛的同学猜谁在说话。如果猜中，要说 Yes，I'm…如果猜错，要说 No，I'm… 猜对就给这位同学所在的组加一分。

（2）表演 A 部分对话，教师应指导学生注意语音语调，特别是 I'm 的发音，应为/aim/不能读成/em/。凡是表演了的同学就给他们所在的组加一分。

（3）玩 Let's play 中的游戏“击鼓传花”。

这三部分都会采用形成性评价，增强课堂的趣味性，提高学生的积极性，最后得分最高的一组就为本堂课的胜出组。

Step 5：Assessment

（1）做活动手册第一单元的第 1 部分练习。

（2）做完作业后全班一起唱“Hello Song”，本堂课以歌声开头并以歌声结束，使得前后呼应。

Step 6：Homework

（1）听录音，仿读会话，并在实际情景中运用所学内容。

（2）遇到老师、同学和家长时要用 Hello!/Hi!打招呼；分手时要用 Goodbye/Bye-bye 道别。

七、教学反思

（1）歌曲可以陶冶学生的心灵，把学生带入各种情感境界。学唱英文歌谣对于学习英语的孩子们来说是多方受益的学习辅助手段。它可融入英语语言学习活动过程中。学生至始至终保持着高度的热情和表现出浓厚的兴趣，全员参与，气氛热烈。

（2）歌曲有利于激发并保持学生的学习兴趣，也是他们熟悉并喜欢的形式。兴趣是一种情绪，一旦人对某一事物产生兴趣，他就会积极地寻找能满足他兴趣的事物。那么如果孩子们能对学习英语产生浓厚的兴趣，就是学习和记忆英语的最积极、最有效、最持久的方法了。如果在教学过程中，掺上点“调味剂”——歌谣，让学生在学中乐、乐中学，学生就会轻轻松松地掌握知识。

（3）密切了学生与生活的联系，推进学生对社会和自我之内在联系的整体认识与体验，解放学生的大脑、双手、眼睛、嘴巴，解放学生的时间与空间，使学生有更多的时间去自主学习、自主活动，在活动中发展学生的创新能力、实践能力及良好的个性品质。

（4）演唱歌曲是一种很强的激发情感的手段，是一种快乐轻松的活动，有助于活跃课堂的学习气氛，给学生带来快乐与自信。

（5）听，学，唱英文歌曲，让美妙的音乐唤起学生求知的欲望，使他们精神饱满，轻松愉快地去学习，真正实现在轻松，优美的旋律中，使英语课堂成为“寓教于乐”的学习乐园。因而，在英语教学中巧妙地运用英语歌曲，可以使课堂教学变得有滋有味，充满活力，提高学生的兴趣，调动学生的积极性，从而达到教学的目的。

八、指导教师点评

理论部分更加清晰，案例部分更加具体，本次反思和实践比较成功。

利用儿歌进行课堂知识的巩固记忆

——“Colors We See”（Part A）课例分析

罗　颖
东溪镇中心小学

一、课例研修选题背景

由于我校所处地区学生的家庭条件限制，学生学习英语主要依靠学校老师，而英语课程在小学阶段每周只设置了 2 节课，学生接触英语的时间十分有限，使得学生学习英语特别困难，于是造成学生畏惧英语，怕学英语，英语成绩提高难度较大。

英语学习时又不具备真实的语言环境，这使得英语学习的难度加大。为符合素质教育的要求，强调要注重每个学生终身发展的需要，倡导学生主动参与，乐于探究，培养能力，同时将“激发和培养学生的英语学习兴趣，使学生树立自信心，养成良好的学习方法”贯穿教学中。

儿歌注重结合小学生的心里特点和生理特点，利用有意或无意注意的规律，化难为易，永久记忆单词和句子，减轻学生负担。因此而设立本课例研修。

二、学情分析

学生的基本情况：三年级二班，78 人。由于他们普遍年龄是 9 ~ 10 岁，都特别好动，具有很强的好奇心、表现欲和超强的模仿力。因此，在课堂上，教师要经常表扬他们，注重对他们的学习兴趣的培养。

三、教材分析

本课时是《新纪元英语》三年级起点第六单元第一课时的词汇教学。本教材设计适合三年级孩子的年龄特征，也适合他们的认知特点，图文并茂，由浅入深为学生创造了真实的语境。每一单元 AB 部分都是对单词和句型的教学，而 C 部分是对 AB 部分知识的巩固复习和拓展学习，D 部分是对前面几个部分重点知识的深化和巩固。最终达到灵活运用语言的目的。本课时主要掌握表示颜色的几个单词和运用句子表达物体是什么颜色。

四、教学目标

1. 知识目标

让学生初步掌握表示颜色的单词。

2. 能力目标

正确理解句型并能依照句型正确描述物体的颜色；掌握英语里可数名词的单数和复数并会区分和正确使用 is/are。

3. 情感目标

在有趣的课堂活动中进一步培养学生的学习兴趣，通过本科的学习让学生感受丰富多彩的颜色世界，拓展视野，热爱生活。

四、要　点

学生初步掌握表示颜色的单词；能运用句型正确描述物体的颜色；英语中可数名词的单复数与 BE 动词的搭配。

五、教学准备

图片、多媒体、彩色笔。

六、教学流程

Step 1：Warming-up

（1）The students sing the song.（ABC song）

（2）Greetings.

T：Good morning everyone.

S：Good morning.

T：Sit down，please.

S：Thank you.

（3）Revise （What is this/that?）

T：OK，every one，what's this/that？（The teacher point to the things in the picture）

S：It's an apple .

S：It is ...

在这一过程中，教师特别设计一些图片，一张绘上颜色，另一些不绘色，其中包括孩子们熟悉的东西（如苹果、香蕉、云朵等）以复习和巩固以前学习的单词和句型，同时为后期的活动做铺垫。

Step 2：Lead-in

T：hello，everyone，there are two pictures in my hand，which one do you like ?

S：The painted one.

T：Good，but who can tell me why ?

S：Because ...

T：Because it was painted with colors. What colors are they?（板书课题，强调单词 colors 是“颜色”的意思）

S：红色、绿色、蓝色。

T：Yes，many kinds colors. So，this picture is very beautiful.

T：look at the red things in the picture.（教授新单词“red”，利用 PPT 展示更多红色的图片，让学生感知红色，着重借用图片教授单词和句型。当多媒体展示单数物体时教授句型“The ...is...”“The apple is red.”当展示复数物体时教授句型“The...are...”“The apples are red.”

在这一过程中，教师主要利用多媒体课件展示各种颜色的图片，用视觉感知来加强孩子们学习的兴趣。

Step 3：Practice and Consolidation

（1）为了加强孩子们对本课时所学的内容的掌握，教师反复地教单词，以及运用英汉互译的方式考察孩子的掌握情况。

（2）Play a game（I point，you say）：拿出准备好的彩色笔或者是利用教室里实物来进行这一活动。当教师拿出彩色笔或指着教室里的实物时，孩子们快速地说出该物的颜色的英语单词，同时为孩子们做个示范，为小组活动做准备。

（3）Pair work：两个人拿着准备好的彩色笔，一个指一个说。然后互换。（这一活动是为了扩大学生的参与面。）

（4）Do it as the rules：Paint the picture. Hand out the unpainted picture to the student.（red sun/green grass/blue sky/white clouds/yellow banana/ pink peaches/brown bear/eggplant purple），

（5）Talk the things in the picture with the partner in the sentence strucure.

Ss：The sun is red. The clouds are white.

（6）自由展示（用句型描述图片当中事物的颜色）

教学效果思考：以上的六个操练环节，宗旨就是巩固孩子们对本堂课所学的单词和句子的一个记忆和巩固的环节，前两环节都是由老师来带领完成。后四环节是由学生自己操练完成。利用学生自己动手来完成有要求的图片，不但能够激发学生的动手能力，更能加强学生对单词的记忆，通过句型描述事物的颜色，不但能够让学生获得成功感，也能够监测到孩子们存在的具体问题。但在这一操作环节中，我发现几个问题。

① 反复教练单词，课堂无生气，学生易疲倦。

② 反复运用彩色笔操练单词，无新意。

③ 小组活动时，大部分孩子描述图片事物颜色时，因为对自己所学内容不够自信，而在开“小会”。

七、教研组成员讨论建议

根据三年级孩子的生理和心理特点：应采用视觉和听觉相结合的方式，以童心教育激童趣、塑童心。让他们在愉快的环境中，运用有意或无意注意，快乐的、容易的记住当堂课的内容。而儿歌不但能提高课堂的教学情趣，也能够巩固所学知识。

八、第二次尝试（针对部分改进）

Step 3：Practice and Consolidation

（1）为了加强孩子们对本课时所学的内容的掌握，我运用闪示卡教读单词。但要变成欢快的节奏，并加上拍手的动作，如：红色，红色，red，red，red，red。

（2）Pair work（I point，you say）：学生拿出准备好的彩色笔或者是利用教室里实物来进行这一活动。一个指，一个说。在熟练的基础上进行下一个环节。

（3）Do it as the rules：paint the picture，hand out the painted picture to the student.（red sun / green grass /blue sky /white clouds/ yellow banana/ pink peaches/brown bear/eggplant purple）

（4）Talk the things in the picture with the partner in the sentence strucure.

Ss：The sun is red. The clouds are white.

（5）Make a song.

red（红色）The sun is red.

white（白色）The clouds are white.

blue（蓝色 The sky is blue.

green（绿色）The grass is green.

yellow（黄色）The banana is yellow.

pink（粉色）The peaches are pink.

brown（棕色）The bear is brown.

purple（紫色）The eggplant is purple.

（6）自由展示（用句型描述图片当中事物的颜色）。

【实践效果】 经过老师采用欢快的节拍教读单词之后，课堂氛围十分浓烈，琅琅上口的单词，以听觉刺激给学生留下很深的印象，加之学生经过亲自动手按要求绘画这一环节后，以视觉刺激加强记忆。最后经过学生描述图片事物颜色，将正确的搭配句式编成歌曲，借鉴“Ten Little Fingers”歌曲的旧调，以动感、听觉、视觉等方式对本课知识进行巩固记忆，由于该曲调本身就押韵，在加上动作的配合，易于接受，学生也牢记于心中。在最后的展示环节中，孩子们都能自信地、大声地进行描述，为孩子们在英语课程的学习中不但获得体验感，也获得成功感。从而为英语学习打下基础。

九、指导老师点评

小学生要在有限的时间里学习并掌握大量文化科学知识，离不开良好的记忆能力。特别是在小学英语教学中，低年级儿童因受语言环境、年龄及心理等因素的影响，上课时注意力很难集中，对所学知识也往往知其然而不知其所以然，甚至刚刚学过的单词有的很快就忘了，有的则要通过死记硬背才能掌握。针对这些情况，利用他们喜欢的儿歌帮助他们记忆，可以收到较好的效果。

歌谣在小学英语教学中的应用

——“How Are You?”教学设计

屠　娟
苍溪县龙洞乡中心小学

一、选题背景

1. 为什么选择该课例研修主题?

孩子们学习英语的最终目的是进行交流，而问候语是用英语交流的基础，并且歌曲能够很好的调动孩子们学习英语的兴趣。

2. 本次课例研修希望在那方面有所改进和突破?

本研究努力为学生创设愉快而轻松的学习环境，有效利用歌曲等方式提升学生学习英语的兴趣。

教材和课例选择：外研社版新起点英语小学三年级上册 Module 1 Unit 2 “How Are You?”第一课时。

二、过程与方法

1. 研究组成员

屠娟。

2. 操作步骤

实践 + 反思。

三、学情分析

这是第一模块第二单元，学生对本节课的内容比较陌生，但学生在上节课学过“Hi!”“Hello!”“I am…”等问候语的句型，可以在热身以后通过复习这个句型引入“Good morning!”“How are you?”“Iam fine，thank you.”在练习对话时采用多种方法以提高学生兴趣。

四、教学目标

1. 能力目标

能够运用“Good morning!”“Goodbye!”来打招呼和说再见，能够运用“How are you?”询问别人情况，也能运用“I am fine”“thank you.”进行回答。

2. 知识目标

（1）能够听懂、会说、会读：“Good morning!”“Goodbye!”“How are you?”“I am fine.”“Thank you.”的语言结构。

（2）能够听懂、会说、会读词汇：“How are you?”“I am fine.”“thank you.”

（3）使学生初步了解和感知词汇：how，you，thank.

3. 情感目标

培养学生主动去关心周围的人，并对别人的关心做出礼貌的回应，让学生养成尊重别人的习惯。

五、重、难点

1. 教学重点

学会并运用句型“Good morning!”“Goodbye!How are you?”“I’m fine，thank you.”

2. 教学难点

词汇 morning，fine，thank。

六、一次实践

1. 教学过程

Step 1：Warming-up

（1）教师用“Hello!”和“Hi!”向学生问好，并引导学生回应。

（2）请学生用英语向大家介绍自己。

Step 2：Lead-in

教师对学生说：学习了英语之后，我们要主动与他人用英语进行交流，今天，我们就来看看大明是在跟谁打招呼呢？他又会遇到什么事情呢？

Step 3：Presentation

（1）教师播放 SB Unit 2 活动 1 的录音，请学生看书。此时不要求学生跟读，只需要认真听。然后，教师请学生自己看图片内容，理解课文情景：大明向小狗打招呼，小狗向大明问好，而小鸟淘气，直接就向大明告别了。教师再次播放录音，请学生听 2 ~ 3 遍，然后请学生听录音并跟读。注意请学生尽可能模仿录音的语音语调。

（2）教师告诉学生：Daming 和小狗互相问候，他们已成了好朋友。那我们怎么问候朋友呢？今天我们就来向 Sam 学习，学习之后也来问候自己的朋友吧。

（3）教师播放 SB Unit 2 活动 2 的录音，请学生看图片，问学生 Sam 在做什么。在学生说出答案后，教师对学生说："Sam 刚刚起床，就有小鸟和小狗分别来向他问好了。让我们一起来看一看他们是怎样用英语向 Sam 问好的。学习之后，我们就能用更丰富的语言向我们的家人和朋友问好啦！

（4）播放录音，请学生自习听，再次播放若干遍，请学生跟读模仿。

（5）教师用不同的声音询问学生："How are you?"请学生重复回答"I am fine，thank you."先全班练习，然后小组练习，最后单个学生练习。鼓励全班学生都努力参与进来。

（6）请单个学生用不同的声音对全班同学说："How are you?"全班回答："I am fine，thank you."再将学生分组，一组同学询问："How are you?"另一组同学回答："I am fine，thank you."最后再将学生分成两人一组练习"How are you? I am fine，thank you."句型。

（7）完成 SB Unit 2 活动 3。请学生看图片，教师说明要求，然后播放录音，首先请学生完整的听两遍，再次播放录音，请学生选择，再次播放录音，全班核对答案，若学生正确率不高，教师可以再多次播放相关语句录音，直到学生全部理解。最后，请学生两人一组看着图片进行对话。

Step 4：Practice

（1）完成 SB Unit2 活动 2 的内容，请学生理解语境，一边听录音，一边模仿对话。

（2）让学生两人一组读对话，并交换角色。

（3）检查练习效果。

Step 5：Summary

将本节课的内容变成歌谣。

Hello，hello，how are you?

Hello，hello，how are you?

I am fine，I am fine.

Thank you，thank you.

How are you?

Step 6：Homework

（1）给家人演唱本单元所学歌曲。

（2）向家长展示自己跟读模仿课文录音情况.

（3）尝试用英语问候家人朋友或老师。

七、教学反思

本节课在教学过程中，面向全体学生，创设各种情景，鼓励学生大胆的说英语，注重学生听、说、读综合能力的培养，并在本节课的最后，将本课内容编写为歌曲，让学生在宽松而愉快的学习氛围中练习巩固本节课所学的内容。

八、指导老师点评

儿歌浅湿易懂，生动有趣，为低年级儿童所喜闻乐见。利用儿歌帮助教学，能激发学生兴趣，收到教师教得轻松，学生学得愉快的教学效果，是小学英语教学中重要的教学手段。

培养学习兴趣　创设寓教于乐新型课堂

——“Go Straight on”课例分析

吴浩川
苍溪县白山小学

一、选题背景

1. 为什么选择小学英语有效课堂与评价作为研修主题?

自爱因斯坦的相对论诞生后，课堂 40 分钟长短的定义就不可一日而语了。相对于一个学期的时间而言，课堂上的 40 分钟就太短暂了。而在这各方面都在飞速发展的今天，在各行各业都高效率高质量的背景下，就算短短的一节课时间，我们也要高质量、高效率的完成。孩子是祖国的花朵，想要在短时间里一刹那间开花结果，固然不现实，但一刹那间的灌溉却能令这些成长中的小苗更茁壮！灌溉是老师的工作，但不是我们辛劳地做好了灌溉工作，或是我们教得越多，孩子们就学得越多。而是我们的教学越有效，学生学到的就越多。那么，要怎么才算有效，这是一个困扰了大多数教育一线的老师。老师辛辛苦苦地教了，学生也认认真真地学了，可最终学生也没有得到最好的发展。这就可以看出问题了，问题是学生没有得到发展。这不难看出来，现在老师所关注的重点对象有所转变了，我们应该给学生更多的关注，而不能一味地追求教学设计的精彩，而更应该关注它是否适合学生的发展。20 世纪初教学有效性的研究更多的是将教师特征与教育结果机械相连，几乎忽视了课堂实际。而在近来的研究中，已不只是从教师人格特征来看问题，更加注意了对教师课堂教学行为与学生学习成就、学生自我发展之间的关系的研究。

2. 关于该研修主题，他人做了哪些研究?

维果茨基《维果茨基教育论著选》、2012 年安徽省刘亚芬《小学英语有效课堂教学》。

3. 本次课例研修希望在哪个方面有所改进和突破?

本研究努力为学生创设有效课堂和评价，有效利用学生好动，爱好游戏的特点，通过各种教学活动让学生掌握所学知识。

4. 教材和课例选择

本教材是外研版（三年级起）第三册第一模块第一单元，教学内容是与方向有关的句子和问路的礼貌用语。

二、过程与方法

（一）研究组成员介绍及人员分类

1. 小学英语课堂评价有效教学设计

指导教师：刘畅。

组员：文毅（苍溪白山小学校长）、李胜林（苍溪白山小学副校长）、赵珀玉（苍溪白山小学英语教研组组长）、吴元昌（苍溪白山英语教师）。

以上几位都是在教育战线上奋斗多年的有经验的老师，在此次课例研修中和我共同商讨教学设计，参与听评课，给出了中肯建议。

2. 操作步骤

实践—反思。

三、教学内容简析

本教案设计的是外语教学与研究出版社的三年级起点《新标准英语》第三册的 Module 2 Unit1 “Go straight on” 的内容，主要是学会运用句型 “Excuse me，where is the...?” 和词组 “go straight on，turn left，turn right，next to 进行问路指路。这部分内容在第二册已经涉及过，所以学生比较容易掌握。

四、学情分析

本课的教学对象是四年级学生。这些学生大多活泼好动，具有一定的会话能力，因此，教师要通过贴近实际的，直观的活动去吸引学生，激发他们的学习兴趣，在感知、体验和参与中获取知识，提升自己的能力。

五、教学目标

1. 知识目标

能听懂、会说单词：live，roat，suprmarket，left，next。

会用 “Go straight on.” “Turn left.” “Turn right.” 来问路。

2. 情感目标

培养学生讲礼貌的品质，请人帮忙要用 “Excuse me ...，please.” 礼貌用语，培养学生乐于助人的感情。

3. 教学重点和难点

会说、理解并掌握句子 “Turn left. Turn right. Go straight on.” 区分 left，right，straight。

六、一次实践

Step 1：Warming-up

Greeting.

Sing a song.

Step 2：Lead in

Show a picture of Mickey Mouse on the screen.

T：Boys and girls，today we will go to the zoo. We'll meet a new friend，Mickey. Do you like it?

Ss：Yes，I like it.

T：The Mickey Mouse says "Welcome to Mickey Mouse Club!"Do you know where the Club House is? Look at the marks. We'll learn directions.

Step 3：Presentation

The teacher show some direction marks on the blackboard，and teach new words.

T：Where is my bag? Can you tell me how to find?

Step 4：Practice

教师出示单词卡片，学生认读。

学生两人一组练习。

Play the tape and find out the answers.

A. How is the dog?

B. Where does the dog live?

C. Where is the No.2 West Lake Road?

D. Read after the tape.

Step 5：Play a game

讲台上的同学根据其他同学的指令找出物品，并获得奖励。

Step 6：Homework

（1）完成与本单元相关的配套练习。

（2）课后与同学用本单元学习的句子进行交谈。

（3）学生学习活动评价设计。

（4）将全班分成五个小组，在游戏表演中，在黑板上做得好的画苹果，比一比哪组苹果最多。

七、第一次反思

小学英语教学的根本目的就是在“说、唱、玩、演、看”等各种活动中完成教学任务，让学生在轻松的英语学习环境中认识英语、习得英语、运用英语，使他们通过小学初始阶段的学习，树立积极的英语学习观，培养学习英语的自信心和自主性，为今后的深入学习打下良好的情感基础。教师的课堂教学要以这个目的为基点。同时，在课堂中，运用新理念进行评价，促使课堂教学任务更有效地完成。课堂教学评价的运用应避免出现肤浅性、狭隘性、苛刻性、偏离性和不切实际的完美性。

《英语课程标准》要求教师要树立教学评价以“学生的综合语言运用能力发展为出发点”的观念，敢于在教学中创新，真正做到在课堂教学中既是组织者、指导者，又是参与者，达到师生之间的互动和融洽，课堂气氛活跃，学生在没有压力的情况下掌握知识点和知识技能。教师要真正用新课程标准理念指导自己的教学，对自己的教学思路和教学方法进行反思。我们小组经过讨论一致认我这堂英语课不尽如人意的是，教师的教法仍存在“穿新鞋走老路”的现象。不敢破教学常规，课堂活动仍只是承载着某个知识点，反反复复操练，活动形式简单、乏味，教师传授的内容单一，致使课堂中的评价也显得单一、乏力。教师对学生活动的评价，一定要简练、明确、到位，注重评价实效性，使评价起到画龙点睛作用。教师一方面要控制评价频率，避免使用过于烦琐的评价程序，占用过多的教学时间，延误课堂教学任务的完成；另一方面要防止评价的形式主义的现象产生。

八、第二次实践

这节课的教学目标是要求学生掌握并学会使用句子“Excuse me，where's …？”进行问路，以及使用 Go straight on. Turn right. Turn left. It's next to …这类语句进行指路，为了让学生有效掌握本节课的教学目标，我用了以下的教学设计。

（1）“Where is…?”的句型是孩子们以前就接触过的内容，而针对这一节课的 where 扩大了空间的范围，由小范围转变为大范围的问路，需要让学生有所转变。通过创设情景，再引出“Excuse me，where's …？”的重点句型，让学生在一个情景中体会、学习，直到熟练掌握句型。我把学生分成八人小组，在黑板上画好表格，按完成任务的等级来夺得不同数目的红苹果。

（2）复习本课单词时我采用了 TPR 活动形式，让学生当小战士听从老师发号的口令边说边做，复习短语 go straight on，turn left，turn right 等单词短语，运用歌曲《兔子舞》的前奏“Left，left. Right，right. Go! Turn around. Go，go，go!”作为 chant 进行激趣和导入，孩子们的学习积极性在瞬间被调动起来。这样直观的操练方式，不仅达到了学生操练的目的，而且也活跃了课堂气氛，整堂课下来学生的参与热情很高。谁的声音响亮，参与积极，我就摸摸他的小脑袋，有特别积极的我还冲从兜里拿出准备好的大白兔奶糖作为奖励。

（3）“玩”是孩子的天性。因此，我在整节课的后半部分设计了画路线图的游戏，为的是能让学生把所学的内容真实地运用起来。课堂上，我出示了一张简单的地图，从出发地到各个目的地“supermarket，zoo，park，school”要学生以小组讨论编对话。由于学习内容与自己的生活息息相关，又因为这个活动的难度并不是很大，孩子们参与的劲头很大。不一会儿，他们已经完成并能用英语表达出来。我采取语言鼓励和实物奖励交替的方式刺激学生的学习热情，认知兴趣、知识和能力在这时得到充分地激发和培养。让学生在玩中学、在学中玩，逐步领悟语言基础知识，掌握语言基本技能，提高实际运用语言的能力。这是现在的小学生最需要的，也是我们英语教师所追求的。

九、第二次反思

评价形式就是保证评价内容得以实施的方式。形成性评价形式多种多样，如课堂学习活动评价、学习效果评价、学习档案、问卷调查、访谈、家长对学生学习情况的反馈与评价、平时测验等。我们可将这些形式划分为教师评价、学生个体评价、小组群体评价三个方面。课堂教学评价可将教师、学生个体和小组群体评价三者结合起来使用。但评价的具体形式要根据每堂课的主要教学任务性质选用相适应的评价形式，教师无需将所有评价形式都在一堂课中体现。如，以口语训练为主的课，教师通过组织学生单个说句、二人对话、表演游戏等活动，着重采用个体评价和教师评价方式；以听力训练为主的课，可着重采用个体评价与同座互评相结合的方式；以读写为主的训练课，可着重采用教师、个体和小组相结合的评价方式。

经过我们小组的集体评议和总结，在第一次上课实践的基础上我对第二次实践做了很多修改。在有效课堂评价时效性上首先做了调整，让评价更加及时，更加恰当。让课堂评价在有效课堂的建设上起到积极作用，为学生更好地掌握英语知识铺设底垫。让教和学成为良好的共同体，良性循环，互为依靠！把学生狭隘的“要我学”消极情绪转化为“我要学”的积极主动学习态度。

美国学者波斯纳认为：“没有内反思的经验是狭隘的经验，至多只能成为肤浅的知识。如果教师仅满足于获得的经验而不对经验进行深入的思考，那么他的教学水平的发展将大受限制，甚至有所滑坡。”为此，波斯纳提出了一个教师成长的公式：教师成长 = 经验 + 反思。该公式体现了教师成长过程应该是一个总结经验、捕捉问题、反思研讨、把感性认识上升为理性思维的过程。有效的评价可以提高学习效率。有效的评价可以使学生认识自我，树立自信；可以激发学生的学习欲望，积极参与教学活动。本节课，我以小组比赛争夺红苹果的方式贯穿整节课，采用了师评生、生评生、生自评等评价方式，抓住了学生好胜的心理特点，学生学习的积极性得到最大限度的激发。

十、指导教师点评

课堂评价是有效、成功教学的一部分。通过对学生学习过程的评价，不仅能及时掌握学生的学习情况，激发学生的学习热情，促进学生综合运用英语的能力，同时也有助于教师获取英语教学的反馈信息，对教学行为进行反思和适当调整，从而促进教学水平的提高。在评价过程中，应充分考虑评价的艺术。该教师在第一次教学过程中，有意识地希望通过评价来激发学生的学习兴趣，提高教学效率。美中不足在于对评价的形式上比较单一，且没能很好地把握评价的时机，从而未能更加充分地发挥评价的积极作用。在第二次教学过程中，该教师有意识地进行修正，评价的形式不再局限于物质的奖励，例如引入了肢体语言等，使该情况得到改善。

利用游戏充分调动学生学习兴趣的教学情境

——"How Many?"课例分析

付兴梅
苍溪县黄猫小学

一、选题背景

1. 为什么选择该课例研修主题？

英语课堂游戏教学法是情景教学的一种，它以交际法为主要原则，并根据教学内容设置语言情景，引导学生参加语言交际，在游戏中学会使用语言知识点。它寓语言教学于娱乐与活动之中，可以让学生在轻松、愉快、自然的气氛中提高英语交际能力。游戏教学方法就是在教学中尽可能将枯燥的语言现象转变为学生乐于接受的、生动有趣的游戏形式，为学生创造丰富的语言交际情景，使学生在玩中学。我国《小学英语课程教学基本要求（试行）》中明确规定：根据小学生的生理和心理特点以及发展要求，小学阶段英语课程的目标首先是激发学生的兴趣，培养他们学习英语的积极态度，使他们建立起初步的学习英语的自信心。显然这种强调智力与非智力因素协调发展的思想，较之以往片面重视开发智力的做法，更符合儿童的身心发展规律，有利于小学生的英语学习。

2. 关于该研修主题，他人做了哪些研究？

李吉林的情境教学法、学中玩。教学是有目的的行为，是儿童求得发展的有意义的活动。教学的目的，只有通过学习者本身积极参与、内化、吸收才能实现。教学的这一本质属性决定了学生是教学活动的主体，其能否主动地投入，成为教学成败的关键。

德国教育家福禄培尔高度的评价了游戏的教育价值，把游戏作为幼儿教育的基础，认为游戏是儿童活动的特点，是童年生活中最快乐的活动，是表现和发展儿童自动性和创造性的最佳活动形式。

继福禄培尔之后，教育家蒙台梭利又对游戏教学理论做出了很大贡献，形成了自己特有的游戏教学理论，她通过自制教具对幼儿进行教学活动，认为游戏是幼儿自发冲动下的活动。

1949 年后，我国有一大批专家开始游戏教学进行研究。现已总结出的游戏教学活动有：情境教学、儿歌教学、模拟游戏教学、体育类游戏教学、游戏规则教学等。根据教学目标和教学内容的不同，可设计和选用不同的游戏教学形式。我国著名教育家陈鹤琴提出了"教学游戏化原则"。

3. 本次课例研修希望在哪个方面有所改进和突破？

本研究努力为学生创设生动的的词汇学习情境，有效利用学生好动，爱好游戏的特点，通过闯关游戏复习所学的词汇。

4. 教材和课例选择

外研社版第三册小学三年级上 Unit 3 第一课时。

二、过程与方法

1. 研究组成员介绍及人员分工

付兴梅及黄猫小学的全体英语教师。

2. 指导教师

成都大学谭英。

3. 操作步骤

实践—反思。

三、教学内容简析

三年级上册 Unit 3 “How Many?” 外研社《义务教育课程标准实验教科书英语》是以小学三年级为起点，本册第五模块第一单元（第一课时）内容 Unit 3 “How Many?” 主要是会话教学。通过见面打招呼、询问周围物体的个数情景，让学生在模仿、学习、表演的基础上逐步达到运用“How many...”及 1 至 8 这 8 个数字。达到能读准其音，认清其形。能用“How many？”进行询问，并回答，让学生在游戏活动中熟练运用所学交际用语，培养学生在生活中使用英语进行交际的能力和习惯。

四、学情分析

三年级的学生对英语有一些了解，但只是初步的认知，他们在一二年级时，每周会有一节的英语课，主要培养他们的兴趣，但每周一次的课堂让大多数学生对英语学科既好奇，又陌生。进入三年级，英语课时增加并有一定的学习任务和目标，本年级的学生，由于年龄小，又加上生性活泼好动，喜欢直观形象思维，对游戏、竞赛、画画特别感兴趣。三年级是小学生学习英语的基础阶段，这一阶段的重要任务在于激发并保持学生学习英语的兴趣。因此，在设计课堂教学活动时一定要根据学生的情况，采用灵活多样的教学方法来吸引学生的注意，努力营造玩中学、学中玩的教学情境。

五、教学目标

1. 教学三维目标

（1）知识：掌握“How many ...”“Can you see?”“I can see...”的句型，并复习数字的认读使用。

（2）能力：培养学生综合运用英语句型，“How many ...”“Can you see?”“I can see...”

（3）情感态度：培养学生良好的学习习惯、合作精神及学习积极性。

2. 教学重点句型：

How many ... can you see? I can see...

It’s beautiful. Let’s fly it!

3. 教学难点

名词复数的读音。

六、第一次实践

（一）教具准备

（1）课文对话中的人物头饰及一个风筝。

（2）教材相配套的教学课件、VCD 或录像等。

（3）教材相配套的教学录音带。

（4）有关动物、食物、玩具等实物或图片。

（二）教学过程

1. Warming-up/Revision

1）Listen and do（做第一册 Unit 6 A 部分 Let’s do）

Show me 1 and 2.

Show me 3 and 4.

Show me 7 and 8

Show me 9 and 10.

2）Guess（复习数字 1 ~ 10）

教师举起右手做出各种表示数字的手势，让学生看好后，教师立即把手放到身后，让学生说出来。（速度由慢到快）也可小组竞赛，看哪组正确率高，在黑板上记分。

3）让学生两人一组做这一练习

2. Presentation

（1）教师分别出示画有苹果、香蕉、橘子、桃和梨的图片给学生：I have many fruits here. Do you want to know how many they are? OK，Let’s count.

（2）数完后，教师问学生：How many apples/bananas/oranges/peaches/pears can you see?

让学生回答出：I can see eleven apples. I can see twelve bananas. I can see thirteen oranges. I can see fourteen peaches. I can see fifteen pears.（教师要注意及时纠正复数的错误读音。）

（3）教师把图片贴到黑板上，指着图片教学生正确读出数字 11 ~ 15。

（4）教师再出示其他有关动物、玩具、文具的实物或图片，让学生进行“How many...”“Can you see?”“I can see...”的问答练习。

（5）教师拿出一朵花儿：Look! It’s a beautiful flower. It’s beautiful. 教师拿起一个漂亮的铅笔盒问学生：Is it beautiful? 教师再给学生出示一张美丽的图片问学生：Is it beautiful? 让学生在回答“It’s beautiful”的同时理解这一词的含义。

（6）教师拿出一个风筝问学生：What can you see? 让学生回答：I can see a kite. 教师接着问：Is it beautiful? 让学生回答：Yes，it’s beautiful.教师问学生：Do you want to fly it? 学生回答后，教师说：Wu Yifan and Amy will fly the kite today. Let’s fly it together!

（7）通过录像展示 Let’s talk 部分的内容。

（8）让学生对课文内容进行回答。

How many kites can Amy see?

How many kites can Wu Yifan see?

What is the black one?

（9）播放动画，让学生跟读课文。

（10）学生进行角色扮演，表演课文。

在这次教学中，我分别运用”老师说学生做“show me 1 and 2”及猜单词的游戏，用于巩固学生对数字单词的掌握。除此之外，还运用了分角色表演的游戏加深学生对课文内容的冉次理解。

七、一次反思

1. 教学反思

小学英语课堂中要提高学生的学习效率，离不开好的教学方法，而游戏教学能有效的调动学生学习的积极性，激发学生学习的兴趣，对小学英语课堂教学有其特殊的意义。

游戏教学可以活跃课堂气氛，增强学生学习的兴趣；能排除学生学习语言的心理压力；能更好的帮助学生习得语言；能提高小学生的英语听说能力；能发掘学生多发面的潜力。

本课教学从激发学生的兴趣入手，引导学生由词到句，循序渐进地达到学习目标，整个教学体现全员参与，体现合作探究，体现生活实践，在活动中开始。在整堂英语课堂教学中都努力激发学生的学习兴趣，使小学生在一节课的时间里始终保持高昂的学习状态。产生事半功倍的效果。但在复习部分显然在调动学生全体参与这点还有些欠佳。

2. 小组评议

Warming-up/Revision 中复习数字部分设计为改为游戏，这样更能加深学生对数字的兴趣。

3. 改 进

Warming-up/Revision

（1）Listen and do.（做第一册 Unit 6 A 部分 Let’s do）

Show me 1 and 2.

Show me 3 and 4.

Show me 5 and 6.

Show me 7 and 8.

Show me 9 and 10.

（2）Game（复习数字 1 ~ 10）

教学内容为 1 ~ 10 数字，老师教读后，贴卡片在黑板上，请两位孩子上台。老师面对全体学生，展示阿拉伯数字或者展示手指，台下学生说出英语数字，台上的学生根据其他学生说的数字用充气锤敲击正确的卡片。

4. 效 果

学生参与状态分析：台下学生做到了 7（seven），11（eleven）形式的听、说。

台上学生能做到 seven，eleven 形式的认读。

八、指导教师点评

这节课堂整体目标设计合理，过程中也能体现灵活开放；在三年级的英语课堂上，教师注重了儿童的心理和生理特点，突出学生主体，采用游戏活动途径，倡导体验参与，基本完成了“激发学习兴趣，养成良好学习习惯，形成有效学习策略，掌握知识技能，培养学生思考、观察、记忆、想象能力和创新精神”的教育、教学任务。通过尽可能有效地学习活动，掌握尽可能多的语言技能，习得尽可能多的语言知识的教育教学目标。

游戏在词汇教学中的有效运用

——"This Is My Mother"课例分析

何　芳
苍溪县双河乡小学

一、选题背景

1．选择该课例研修背景及意义

《小学英语课程标准》指出，兴趣是学好语言的关键，激发学生对英语学习的兴趣是小学阶段英语教学的一项重要任务。英语教学要注意结合儿童的心理和生理特点，有利于引起学习兴趣，产生求知欲。要根据儿童好动善模仿、爱说、爱唱、爱表演的特点进行教学，教学方法要灵活、简便，通过对话、谜语、故事、绕口令、歌曲、游戏、短剧等内容及竞赛表演等课外活动，激发学生学习英语的兴趣。

众所周知，小学英语的教学目的是使儿童获得一些英语的感性知识，激发他们学习英语的兴趣和培养英语能力，使学生敢于大胆开口说英语。在英语教学中，我们有时不能有效地激发学生兴趣，使得英语教学陷入困境。在教学中，我感到必须探索一种符合小学生生理、心理的教学方法，才有利于小学英语教学健康的发展。小学英语是一门比较年轻的学科，还没有形成稳定的教学模式，应该探索建立一种新的教学模式，以促进小学英语的教学。

小学英语教学的对象一般是 9 ~ 12 岁的学生，这个时期的孩子好奇、好玩、好动、好强、喜欢表扬。我国著名的教育家陈鹤琴先生也说："小学生生来是好玩的，是以游戏为生命的。而在课堂教学中设计开展游戏活动的实质就是把枯燥的学习内容和机械操练变成了充满趣味性的各种活动，从而有效地达成教学目标。它把英语语言知识的学习与英语语言技能的训练有机地结合在娱乐活动中，既可以改变英语教学枯燥呆板的局面，又可以培养学生学习英语的兴趣，激发儿童求知欲，还可以发展学生的智力与非智力因素，起到"以趣激情、寓教于乐"的作用。

由上述可见，在英语教学中加入适当的游戏活动有利于培养学生的兴趣，符合乐学的原则。同时，游戏活动教学符合小学生的生理心理特点，帮助学生形成正确的学习方法和良好的学习习惯，化难为易，从而减轻学生负担，以符合素质教育的要求。

游戏活动教学就是在教学中尽可能地采用游戏活动的方式，将枯燥的语言现象转变为学生乐于接受的、生动有趣的活动形式，为学生创造丰富的语言交际情景，使学生在玩中学、学中玩，不仅学习了知识，更重要的是培养了兴趣。游戏活动教学吸收了国内外外语教学法的合理成分，并结合我校小学英语课堂教学实际，是可以广泛应用的小学英语课堂教学方法。

2．本次课例研修希望在哪个方面有所改进和突破？

通过本次研修，力求能在课堂教学实践中不断完善词汇教学，提高自己的教育教学能力，提高课堂实效性，使学生最终受益。再好的课堂教学也会有遗憾，老师们只有不断发现自己课堂上的不足、问题，并反思、研究，再改进，这样才能使问题越来越少，课堂效果越来越好。

3．教材和课例选择

外研社（三起点）小学英语三年级 Module 9 Unit 1“This Is My Mother”。

二、教材分析

本课是外研版新标准小学英语（供三年级起始用）第一册 Module 9 Family Unit1 “This Is My Mother”的教学内容。主要是对家庭成员的认识，向他人介绍自己的家庭成员和他们的职业。本课在整个教材中有承前启后的作用，是第六模块“This is my”句型的延续，是为本模块第二单元的学习做铺垫。

通过利用单词卡片、图片，游戏等对本单元的知识进行有效的学习。

三、学情分析

根据目前教学情况来看，班中绝大部分同学都能跟上现有的进度，上课发言积极，个别同学表现的还特别出色，但是也有个别同学的理解能力和接受能力不尽人意，学习成绩也不稳定。在这个班里学困生较多，再者家长们的工作也是以农民为主，并且有三分之二的孩子是留守孩子。在学习上，孩子们的基础也存在较大差异。

三年级的学生由于本期刚接触英语，对学习英语充满了好奇和兴趣，渴望获得更多的英语信息和知识。经过前几模块的学习，学生已经初步掌握了句型：This is....和 That is...学生已掌握的知识和心理状态为本节课的自主探究打下了基础。

四、过程与方法

1. 研究组成员介绍及人员分工成员

何芳负责案例研修的写作，双河乡小学英语教研组全体英语教师参与。

2. 指导教师

谭英。

3. 操作步骤

实践—反思。

五、教学目标

1. 教学三维目标

依据新课标要求，本课的内容和学生现有的认知水平我确定以下目标。

知识技能目标：能够听说读写本课 family，father，mother，grandpa，grandma，brother，sister，me 这几个生词。能运用“This is my...”等句子。

能力目标：能综合运用所学语言进行交流，将新学词汇运用于句型中，发展学生自主学习的能力。

情感目标：通过本课的学习学生能够听说英语，乐于模仿，积极参与，培养学生的合作精神。

2. 教学重点

本课的重点是掌握单词：family，father，mother，grandpa，grandma，brother，sister，me。做到能听、说、认、读。

3. 教学难点

本课的难点就是将新学词汇运用于“This is my...”句型中并联系生活，运用及交流。

注意 th 的发音。

4. 过程与方法

通过“导趣、导学、导练、导思、生活化”的课堂教学模式，让学生学会四会单词及句子，能够熟练运用“This is my...”来描述自己的家人。

5. 教学策略

本节课我采用“任务互动式”的教学法，穿插了游戏教学法和情景教学法、交际法。在整个教学的过程中，注重师生互动。在互动中让每个层次的学生学有所得。通过游戏教学法，让学生既能运用语言，又能活跃课堂气氛，更能激发学生开口说英语的热情。根据这一点，我制作了一个过程性的评价栏代表四个小组爬山夺红旗的形式积分。下课后，哪一小组最先达到山顶为胜利者。

六、实　践

（一）课前准备

（1）PPT 课件。

（2）部分单词卡片。

（二）教学步骤

Greeting.

T：Good morning，boys and girls!

Ss：Good morning，Ms Peng!

T：How are you today?

S1…S2…S3…

Step 1：Warming-up

T：Great! First，let's sing a song together，Ok!

Ss：Ok!

T：Are you ready?（Sing the song "Mummy，Daddy!"）

歌曲导入，激发学生学习的兴趣。教育家托尔斯泰说过："成功的教学所必须的不是强制，而是激发学生的兴趣，激发学生参与学习的兴趣，是新课导入的关键。精彩的课堂开头，不仅能使学生迅速地兴奋起来，而且还会使学生把学习当成一种需要，自然地进入学习新知的情景。因此，在热身的时候，首先让学生演唱歌曲，并做上相应的动作，这样的导入能很快吸引住学生，还渲染了学生学习英语的良好气氛。同时，歌曲中的称呼也可勾起学生们对已知称呼的回忆，并对本课将要学的称呼进行比较作好铺垫。

Step 2：Presentation

T：Good job! Now，boys and girls，Let's have a competition. I will divide you into 4 groups. Who climbs the mountain first?

【设计意图】 课上让学生分组比赛，激发学生兴趣，培养学生的竞争意识，让学生对自己有一个自我评价的过程，小组化让每一个学生参与活动，又培养了学生的参与意识。

T：Look，what's this?（PPT 展示 Sam 的全家福）

Ss：It's a picture/photo!

T：That's right! Who can tell me，who is he?（指着 Sam 问）

S1：He's Sam. / This is Sam.（答对加分，同时找出 Sam 的头像贴在黑板上，板书 Sam）

T：This is a photo of Sam's family. Now，listen，look and guess，who are they?（放音频，Father：Hello，boys and girls，I'm Sam's father.）

T：Oh，who is speaking?

S1：Father! / Sam's father!

T：Great! Can you find him? Ok，come here and find Sam's father.（加分）（让学生找到头像贴在黑板上，引导学生说 This is Sam's father.（老师在头像下板书 father，并带读单词，注意咬舌尖）。

依次用这个流程引出 mother，brother，sister，grandpa，grandma。

新授完单词后，开始互动游戏。

Step 3：Game time

1）"Stop!" Game

师手势领读单词，当手掌张开表示跟读，当手掌握成拳头，学生马上 "Stop!" 自己的声音，如果冒出声音就是犯规。

【设计意图】 此活动主要是让学生集中注意力去跟读单词，并能快速反应。培养学生良好的学习习惯，同时能改变课堂气氛，让学生轻松地去学习英语，因为当学生跟读时，不自觉地就会冒出声音来，同学们就会哄堂大笑。

2）“What’s flying?” Game

出示人物图片，让每张图片在学生面前快速飞走，让生做出反应用学过的句型“This is sam’s…/Is this sam’s…?”来猜。

每问两到三个孩子，再揭晓答案，给对的人加分并带读正确答案。每一位家庭成员都这样操练一遍。

【设计意图】 培养学生的单词记忆能力和句子的运用能力，同时又培养了学生的竞争意识。组织这类游戏的目的不是让学生猜不中，而是要让他们在猜一猜的学习活动中积极地运用所学的单词，发展听、说技能，同时在活动中享受成功的乐趣，这不仅使学生得到了极大的欢乐，也给教师减轻了教学负担。

英语教学要注重结合儿童的心理和生理特点，小学生活泼好动爱表演，很少害羞，乐于接受新奇、趣味性强的事物，教师的教法可以直接影响学生对学习的兴趣。而在英语教学中加入恰当的游戏有利于培养学生的兴趣，符合“乐学”原则。游戏教学法强调了学生的主体性，要求学生共同参与，而不是教师唱独角戏，体现了教师主导与学生主体作用的发挥。

Step 4：Activity

T：Now，do you want to know about my family?

Ss：Yes!

T：Ok! Look，this is my family. This is my father，this is my mother，this is my grandpa，this is my grandma. I love my family. Do you love your family?

Ss：Yes!

T：Great! Now it’s your turn to introduce your family to us. Please take out the photos of your family and try to introduce your family in your group.

以小组为单位分别介绍自己的全家福，老师去小组做个别辅导，每个小组选出代表到台前向全班介绍自己的家庭，师生共同评价，评出本课堂的英语之星。

【设计意图】 创设了一个真正的英语氛围，有利于培养学生学习的积极性，让小组互动去自由练习，检测学生的掌握情况，也是运用环节，让学生通过学习，达到能介绍自己家庭成员的教学目标。

T：Now，who wants to introduce your family to us?

Ss：…

T：So，this is your family. Now，do you know what family means? Let’s see.（放录音 father and mother I love you）Let’s read this sentence loudly.

Step 5：Homework

给父母介绍自己家的全家福。

七、教学反思

通过本节课教学，经过“What’s flying?” Game，Stop game，groupwork 多种形式的操

练，让学生熟练掌握新的单词，因为本课词汇量不大，培养了学生的学习兴趣，也让全班大多数学生能够熟悉运用所学句型，通过竞赛形式，在课堂中渗透课堂评价，学生的竞争意识得到了发展，学生的表达能力也得到了不同程度的提高。但是在教学中，由于教师没有很好地去引导学生运用已学句型“Is this your ...”，在设计句型操练环节时，教师没有示范，学生不知道怎么做，怎么说，和同伴交流造成困难，因此在具体的语言情景中运用语言做得不够。所有的游戏环节仅仅为单词操练而操练，没有让学生在句中学词，在句中用词。另外一点就是在中西方文化这方面，对学生没有很好地拓展。我们现在的教学总是追求让学生在这一节课掌握多少的知识，多认识几个单词，多运用一些英语句子。而往往忽视另一些东西的发展。对学生渗透一些相关的英语文化知识。就如本课，中西方文化的差异还是很大的，中国有分哥哥、弟弟，但英语当中的 brother 既可以代表哥哥也可以代表弟弟。同时，在中国，我们把爸爸的爸爸叫爷爷，爸爸的妈妈叫奶奶，把妈妈的爸爸叫姥爷，妈妈的妈妈叫姥姥，而西方用 grandma，grandpa 就可以分别代表他们。在上课时，老师应该把这种文化的差异告知学生，让他们了解这些文化。更好的办法是我们可以画出中西方相应的族谱，让学生在相应的文化背景下学习英语，真正能了解我们学习的东西，不至于在学完东西时运用出了差错，闹出笑话，我想这种有意义的学习才是我们应该从小带给学生的。毕竟语言学科需要的就是让学生学会在真实的语言环境下去和别人沟通。另一个特别要注意的地方是听音，学过语言的人或多或少都遇到自己听音不好的问题，其实最重要的原因是自己的发音不够好，如果发音不好听力水平也会跟着下降。小学生正是学习语言最佳的时间，他们最先学会的发音将会影响他们一辈子，然而我时常把听音放在最后一个环节当成时间够就听，不够就算了，把课上完最重要。这个理念对学生非常不利，应当在以后的教学中改正过来。此外，应该尽量创设符合学生性格特点以及真实的语境，让学生在这样的语境中大胆的多开口说英语。

八、研修体会

在小学英语教学活动中，我一直认为学单词、句子、课文这些内容很重要，而歌曲、游戏这些内容有些重要，有些不重要。在我以前的意识里，我认为歌曲、游戏、歌谣最重要的作用是巩固单词或句子，并且调节课堂气氛，愉悦学生。但是在这次学习中，用了有趣的方法，不再枯燥无味，它们在课堂教学中有助于达到教学目的，特别是创设情景介绍新语言点的目的。在英语教学中合理地运用它们，将有助于解决儿童的学习动机问题，使儿童在特定的情景中理解语言、“拾得”语言、运用语言。

经过这次的培训，我进一步明确了教育教学目标。我将结合新课程的精神，从实际情况出发，认真钻研符合学生的英语教学法。运用新课程提倡的“任务型”教学模式，发展学生的综合语言能力，使得学习过程成为学生形成积极情感的世界，提高乡下学生跨文化意识和形成自主学习语言的能力。在教育教学中运用图片、实物、简笔画等直观教学手段，做到情景交融，生动活泼。注重“教学反思”，写好教学后记，重视学生反馈意见，做好自我评价。我将不断的学习新课程中的理论知识，并运用到实践当中。

九、指导老师点评

该课例研究对如何运用游戏来提高学生对词汇运用的能力，在农村小学英语教学中有重要的现实意义。教学的思路和整体构想比较好，同时也提出以下建议。

（1）教学目标的表达语言要准确，如听懂、会说、会认读。对所学知识要表达为初步使用、熟练运用、综合运用。

（2）教学环节的设计要与目标相匹配。

（3）词汇教学要有层次：音—形—义。

游戏在小学英语会话中的教学运用

——“I'm Sam”第一课时课例分析

王发利
广元市苍溪县鸳溪镇小学校

一、选题背景

1. 为什么选择该课例研修为主题?

游戏教学法是指把游戏的形式融于教学中的一种教学活动形式，在教学中尽可能将枯燥的语言现象转变为学生乐于接受的、生动有趣的游戏形式，为学生创造丰富的交际情景，使学生在玩中学、学中玩。对于小学低段学生来说，激发他们学习英语兴趣的最佳方式莫过于游戏。《小学英语新课程标准》关于语言技能的说明中，第一级和第二级语言技能之一都设定了“玩演”的内容。可见，“玩演”也就是说游戏在小学英语阶段学习中是必不可少的。因此通过游戏学英语，使学生在娱乐中学会语言、掌握语言，从而开发智力、发展智力，能在游戏中找到学习英语的乐趣，达到寓教于乐的目的。

2. 关于该研修主题，他人做了哪些研究?

（1）把游戏运用到教学中的做法自古就有。从古希腊起，西方教育就不乏游戏与教学的论述以及把游戏用于教学中的实践。

（2）我国儿童教育家胡叔异在他的《小学游戏教学法》中就指出：“儿童喜欢做的事情，莫过于游戏。”

（3）1996 年吴也显在《小学游戏教学论》中详细阐述了游戏在小学英语教学中的重要意义。

（4）2008 年西南大学冉茶硕士在小学英语课堂教学中实施游戏教学法作了策略研究。

（5）2013 年安阳市自由路小学田蕊老师对小学英语游戏教学法作了深刻探究。

3. 本次课例研修希望在哪个方面有所改进?

本研究努力为小学低段学生创设有趣的游戏活动进行会话教学，有效利用学生喜欢游戏这一特点，来学习日常交际用语，激发低段学生对英语学习的兴趣和好奇心，将所学知识灵活运用于日常交际中。

二、过程与方法

1. 研究组成员介绍及人员分工

主研人员：（苍溪县鸳溪镇小学校英语教师）王发利。
指导教师：（成都大学）谭英。

2. 操作步骤

一次实践，一次反思。

三、教学内容简析

外研社《义务教育课程标准实验教科书英语》是以小学三年级为起点，本册第一模块第一单元（第一课时）内容：Unit 1 “I’m Sam.” 主要是会话教学。通过见面打招呼、自我介绍以及道别情景，让学生在模仿、学习、表演的基础上逐步达到自然交流与真实运用的目的。让学生在游戏活动中熟练运用所学交际用语，培养学生在生活中使用英语进行交际的能力和习惯。

四、学情分析

本节课的授课对象是苍溪县鸳溪镇小学校刚开始接触英语的三年级学生，两个班共 90 人，三（1）班 44 人，三（2）班 46 人。用英语“自我介绍”“问候”和“道别”的功能语言是本节课学生新接触的内容,掌握这些功能语言对他们进一步的英语语言学习既能奠定基础，而且可以培养学生灵活运用语言的能力。由于三年级学生处于英语学习的起始阶段，他们大多对英语怀有好奇、兴奋和期待的心情，所以教师在帮助他们学习积累知识的同时，应特别重视激发他们对英语的学习兴趣和热情，主要是通过有趣的游戏教学来激发学生对英语学习的兴趣，让其在轻松愉悦的氛围中掌握基本的英语日常交际用语，培养学习运用所学英语进行交际的意识和勇气。本单元安排的语言教学内容，简单易学，文中还有易激起小学生学习兴趣的人物，因此要循序渐进的渗透英语知识，把重点放到听、说、读的要求上。

五、教学目标

1. 知识目标

（1）能听懂、会说 hello（hi），I’m…，goodbye（bye-bye），并能在实际情景中进行运用。
（2）学会运用句型“I’m….”进行自我介绍。
（3）认识四个人物：Sam，Amy，Daming，Lingling。

2. 技能目标

能将所学的交际用语运用于日常交际。

3. 情感目标

激发学生学习英语的兴趣，开始形成积极认真的英语学习态度，养成良好的朗读习惯。

4. 学习策略目标

通过小组游戏比赛活动培养学生的合作精神和竞争意识。

5. 教学重点

（1）能听、说、读以下重点单词：hello，hi，goodbye，bye-bye.
（2）会读简单的词组：I'm Sam. / Goodbye. / Bye-bye。
（3）会用以下功能句型向他人问好和道别、能用英语作简单的自我介绍。
见面问好：Hello. / Hi.
道别语：Goodbye. / Bye-bye.
简单的自我介绍句型：I'm...

6. 教学难点

自我介绍句型“I'm Sam.”的准确读音。

六、一次实践

（一）课堂实录

Step 1：导入

师：出示 DVD 碟片。

生：学生说说他们在现实生活中已经了解的英语词汇或日常用语，如 VCD、DVD，OK，Hi，Bye-bye 等。

【设计意图】 让学生描述自己已知的英语词汇，激发他们初学英语的兴趣。

Step 2：新授

播放本课的歌曲“Hello”的录音，自然引出师生间的打招呼用语，教授单词。

【设计意图】 播放歌曲，是为课文的对话教学创设情景，同时培养学生主动说英语和多用礼貌用语的习惯。

（1）通过介绍自己（Hello，I'm Miss Wang.），引出自我介绍句型，并将其板书于黑板上。

（2）教授单词 hello，hi，I'm，并要求同桌学生之间用英语相互问好、介绍自己。

（3）认识本课的新朋友：Sam，Amy，Lingling，Daming，并看看他们是怎样自我介绍的。

（4）同桌学生用英语互相问好和自我介绍。

（5）当要离开学校，互相告别时，应该说什么？引出：Goodbye，Bye-bye 这两种简单的英语告别语。

（6）教授单词：goodbye，bye-bye，并要求学生在下课放学后用英语与伙伴们和老师告别。

Step 3：游戏

大量的语言都是通过实践来掌握的，儿童对任何新颖有创意的活动都有“好玩”的思想倾向，所以，本节课设计的游戏——“认识你我真高兴”，则是为学生提供了语言表达的环境，通过在游戏中与同伴的交流与练习，学生可以更为迅速地掌握本节课所学的日常交际用语，并在实际情景中运用英语进行问好、打招呼和道别。

游戏实施步骤：

（1）将全班学生分成四组，每组选两位学生并面对面站在教室中间围成一个圈。

【设计意图】 让全班学生都参与进这个游戏活动中，可以调动他们的积极性，培养小组合作意识。

（2）教师发出指令，面对面的两个学生用 Hello/Hi 互相打招呼，并用英语作自我介绍，然后互相握手后说 Goodbye/Bye-bye。

【设计意图】 通过游戏活动的这一环节，让学生再次用英语打招呼和互相告别，既练习了英语口语，又玩了游戏，学生玩中学、学中玩，不仅培养了他们讲礼貌的好习惯，更体验到了快乐学习的真谛。

（3）面对面的两个学生在说完 Goodbye 后，迅速交换位置，并用刚才的方式继续和另一个小朋友用英语打招呼、自我介绍及告别。

【设计意图】 这一环节训练了学生的反应，并通过不断重复地说、练，让学生能很流利地用本节课所学得用语进行操练。

（4）在这个活动中，谁的反应慢或反应错误，则用小组内其他成员替换。

【设计意图】 在这个环节中，哪个学生反应慢了，就不能为本组得分，那么学生在参与这个活动的过程中，就开始形成积极认真的学习态度。

（5）四轮游戏进行完之后，谁的组替换的学生最少，谁就是 winner。

【设计意图】 本节课中，游戏环节激发了学生的学习兴趣，通过在游戏过程中操练，学生熟练运用所学口语交际句型，养成了讲礼貌的好习惯，并树立了展现自我的信心。

Step 4：巩固练习

做课堂作业第　模块第　单元的练习：P1 - 2。

Step 5：播放录音，模仿对话的语音、语调

（1）听录音，生仿读会话。

（2）遇到老师、同学和家长时要用 Hello!/ Hi!打招呼；分别时要用 Goodbye./ Bye-bye.道别。

（二）教学效果

在第一环节，导入时学生能讲出 ok，bye-bye，但不知道 VCD，DVD 也是英语。

第三环节，是本课时中花时间较多的一个环节。学生很喜欢游戏比赛活动，课堂氛围轻松愉悦，学生能流利说出问候语、自我介绍和告别语，95%的学生能用本节课所学交际用语与同学对话，小组合作意识增强。

七、教学反思

1. 教学反思

三年级学生初次接触英语，感觉新鲜，兴趣浓厚。本节课的各个教学环节设计合理，特

别是第三环节的游戏——“认识你我真高兴”实施比较成功。在学习了英语“自我介绍”“问候和道别”的功能语言后，巧妙设计游戏“认识你我真高兴”，调动了学生的积极性，不仅让学生在轻松、和谐的课堂氛围中复习巩固了所学英语语言知识，更建立了他们勇于表现自我的信心，为以后的学习和全面发展打下良好的基础。游戏教学培养了学生的兴趣，符合“乐学”原则；同时强调了学生的主体性。在此设计的这个游戏，恰到好处的体现了学生的全员参与、教师主导与学生主体作用的发挥，而不是教师唱独角戏。

但是仍有少部分学生个别词发音不准。如：I'm Sam. 在上课时，要注意学生语音发音方面的教学。

2. 小组评议

本节课的实践与研修还是非常成功的，课堂的主动权也在学生身上。经过讨论，大家觉得除了使用游戏，还可以采用儿歌等形式来增加英语会话教学的趣味性，让学生在快乐中学习，让教师在教学中体会到正确的方法所带来的喜悦，让学生在愉快的氛围中学有收获。

八、指导老师点评

俗话说的好，“兴趣是最好的老师”，学生有了兴趣，才会乐学、主动学。在三年级的英语课堂上，教师注重了儿童的心理和生理特点，采用了易激发学生学习兴趣的游戏法进行教学，吸引了孩子们的注意。整个课堂教学设计过程层次清晰、教学步骤设计合理、学生参与面广，整堂课自始至终都能围绕教学目标的达成而展开游戏活动，教学效果好。

游戏在小学英语课堂中的应用

——“Colours We See”课例分析

张丽萍
苍溪县马桑小学

一、选题背景

1. 为什么选择该课例研修主题

小学英语课堂中，游戏占据了很长的时间。在游戏中创设多种学习情境去激发学生学习英语的兴趣、发挥学生的自主能力、培养学生的合作意识，对于小学生来说非常必要。在提倡“沉浸式”教学的当下，课堂上的游戏非常重要，在我们的教学中起到了关键的作用。促进智力发展开发非智力因素提高口语能力降低学习难度，突破重难点。

2. 关于该研修主题，他人做了哪些研究？

“游戏”属于“活动”的范畴，游戏教学法自然是活动教学法之一，因此，通过回顾古今中外活动教育发展的历史轨迹，可以发现，活动教育的理论主张为游戏教学提供了源远流长的理论“活水”和丰富的教育实践的积淀。

在我国，活动教育思想的萌芽可追溯到两千多年前先秦的诸子百家时代，较为明确提出这一理论主张的是荀子。他所倡导的“知行统一观”为我国的活动教育理论与实践提供了哲学基础。他曾说“不闻不若闻之，闻之不若见之，见之不若知之，知之不若行之，学至于行之而止矣。”充分说明，荀子既重视“闻”“见”等感性认识向“知”的理性认识的提升，同时更重视理性的“知”向实践的“行”的转化，并将“行”作为学习的最高境界和追求的目标。在英语课堂有限的时间和空间内，“游戏”确实是“行”的一种较为理想的方式，它不仅能有效地吸引学生主动参与英语学习，而且能将语言的学习和实践有机地统一起来，达到了荀子所倡导的“知行统一”的境界。

在西方，活动教育的萌芽可以追溯到柏拉图在《理想国》中所描绘的儿童游戏场，而作为一种较为系统的教育思想，却是兴起于 14 世纪初，止于 16 世纪末欧洲的文艺复兴运动。如：意大利维多利诺创办“快乐学校”的教育实践；法国拉伯雷撰写的《巨人传》中所表达的尊重儿童注重发展孩子的个性、反对强迫教育等教育思想；法国蒙旦所提出的培养“完整的人”、重视直接经验学习等教育主张，发活动教育思想之先声；卢梭的自然主义教育思想：把儿童当儿童看，教育必须适应儿童的身心发展；以行求知，体验学习；激发学习兴趣，教给学法。

杜威在实用主义教育哲学的指导下，在认真考察教育发展史上各种具有代表性理论的基础上，批判地继承了前人的活动教育主张，针对传统教育的积弊，构建了活动教育完整的教育理论体系，并在芝加哥实验学校亲自主持了活动教育的教育实验。他提出的主要教育主张为：教育即生长、教育即生活、教育即改造、做中学。审视杜威的活动教育思想和亲身实践，我们可以看出，他所提倡的活动教育是指：反对传统学校以成人、书本、教师为中心，主张从儿童的本能、自发的兴趣与需要出发，以儿童的自身活动为教育过程中心的教育理论。至此，活动教育作为一种独立成熟的教育思想，经过数千年漫长的孕育、发展历程，终于在上个世纪初"瓜熟蒂落"。在此后近一个世纪的发展、演进过程中，活动教育作为一种闪耀着思想光芒、富有生命力的教育思想和伟大的教育实践，总是和各国的教育改革相伴随，显示出她的勃勃生机和无穷的魅力。在活动教育思想的指导下，广大教育工作者研究实践了多种多样行之有效的活动教学法，游戏教学法则是其中之一。

3. 本次课例研修希望在哪个方面有所改进和突破?

（1）给自己一个新的尝试机会，掌握一门新的语言技能。
（2）把游戏真正用于课堂中去，在游戏中分享快乐。
（3）通过游戏，让学生更加喜欢英语这门课，感知它的魅力。
（4）让学生敢于说出来，并在游戏中加深印象。

4. 教材和课例选择

人教版小学三年级上册英语第二单元 Unit 2 "Colours We See"。

二、教学内容与课标分析

这个单元的话题是谈论物体的颜色，通过本单元教学，使学生能运用所学英语，正确地描述物体的颜色。教材设计的理念是通过"做中学"，让学生在体验、参与、研究这样一种过程中去学习语言，最大限度地增加学生参与的量，让学生在实际运用中感受到语言是实用的，而不是仅仅掌握语言知识和技能。

本课时主要是通过"游戏"与传统的听、说、读、写、演相结合的语言实践活动，更深一步的掌握颜色的种类，并且能在生活中实践，拓展学生视野，提高学生的学习热情和兴趣。

三、学情分析

1. 学生情况分析

我根据学生现有水平来进行教学，将游戏融入课堂，让学生在真实的语境中运用句型"What color is this?""It's..."对话，如：让学生穿上几种颜色的衣服进行时装表演，这样学生就很容易掌握单词句型了。主要学习八种颜色的词汇，通过 Let's do 的活动来巩固和运用语言。通过游戏活动等，让学生逐步达到交际运用所学八种颜色的目的，从而培养学生学习英语的兴趣及创新思维。

2. 班级情况分析

本班学生年龄在八到九岁左右，生性活泼好动，喜欢直观形象思维，对游戏、竞赛、画画特别感兴趣。但英语课是本学期才开授的，有的说不好，有的同学甚至还不敢说，因此课堂上我主要以表扬为主，注重培养学习英语的兴趣，鼓励他们大胆说、积极做、努力唱。让学生们在玩玩、做做、说说、唱唱中学习英语。但这个年级的学生毕竟接触正规英语教材的时间不是很长，在学习方法和学习策略上还有很大差距，尤其在答题技巧和技能方面还缺少锻炼。虽然快过半期了，有的学生对英语这门学科产生了畏惧。带着这几种复杂的情感我特别选择了这一堂游戏课业提高孩子们的兴趣。

四、教学目标

1. 教学三维目标

（1）听、说、认、读八种颜色。
（2）能与现实实际联系起来。
（3）能单独判断：red，pink，yellow，green，blue，brown，black，white 这几种颜色。

2. 重　点

听、说、认、读八种颜色。

3. 难　点

能单独判断：red、pink、yellow、green、blue、brown、black、white 这几种颜色。

4. 教具准备

学生准备彩色的画笔；教学用的多媒体课件。

五、一次实践

1. PPT 呈现一间卧室，让小朋友寻找不同的色彩

让学生用英语表达它们的颜色，激发他们的求知欲望。
【设计意图】　让学生自己去发掘本节课的知识点，激发其学习激情。

2. 师生共同探究八种颜色的单词

PPT 课件演示其中的颜色，然后学生猜一猜，最后给出正确的答案。
【设计意图】　让学生正确认知单词发音，并且能初步将颜色与英语单词对接起来。

3. 跟　读

老师领读，学生跟读单词。

4. 学生组队相互练习

5. 师生互动练习“It is yellow”句型

师：Black，black，It’s black. 将单词写在黑板上，让学生认识这个单词的拼写。

（1）教师出示黑色的画笔，提问：What colour is it？学生：It’s black.

（2）教师让学生拿出蜡笔和水彩笔，学 white，brown，pink，orange、red、blue 的说法：教师举起粉色水彩笔或蜡笔说：pink，pink，this is pink.边听边看，训练学生手、脑、口、心、、眼协调统一的能力。注意 black 和 brown 的发音，适当提示，切忌盲目纠音，教师领读，学生跟读。老师说一个颜色，让学生找一找教室中含有此颜色的物品。这样一来，学生就把周围的事物和生活中的事物拉进了课堂，变成了生活化的英语。让学生听录音跟读 Let’s learn 部分的词汇，边听边读，边认读边拼图，做到眼、手、口、心的结合。

【设计意图】 主要是了解学生的掌握情况，巩固认知，加深印象与理解。

6. 教学游戏

我为单词教学选择了一个 flash，名字为“颜色艺术”，游戏由两关组成，第一关的游戏规则是找出松鼠所挤出来的颜色。学生每进行一次选择，松鼠便会及时地给出评价，让学生知道自己所选单词是正确还是错误，一旦选择超过三次错误或者到了规定的时间游戏者还没有完成任务，游戏结束。第二关的游戏规则是在规定的时间内根据图片上所写的英文填色，也是有三次选择错误的机会。最后正确完成填涂图片，游戏便会出现绚丽的烟花，并在最后给予游戏者高度评价。

【设计意图】 让学生体会英语的乐趣，提高学生学习英语的激情。

7. 教学效果

这几课跟前面的知识没有太多的链接，同学们学习起来激情很高，最后大多同学还是能够单独将颜色与英语单词联系起来，虽然是一次试讲，也算是一次学习。

五、课后反思

在课后，我做了下问卷调查，大部分学生觉得这节课学习很简单，没有以前那么枯燥，知道英语还可以这么学习，比较失望的是游戏时间太短了，希望游戏时间长一些，而且在游戏中学习更加有利于记住这些单词，并且能在实践中应运的更好。因此我总结以下几点便于改善。

（1）教师在游戏的设计时，还要考虑到游戏活动是否具有可操作性，在具体课堂教学中如何实施。

（2）小学英语课堂的游戏活动应该要求“形式简单，易于操作”，这样每个学生才都会做，并乐意做。

（3）因此教师在游戏前必须明确三个方面：“游戏规则—游戏方法—游戏奖惩措施”。并在游戏进行中指导学生活而不乱、动静有序。同时在游戏结束时，也要注重对结果和过程的评价，这样才能使学生具有成就感，激发他们求知欲，从而达到语言教学的目的。

（4）多开展活动，让生自发、自主的学习。

总之，在英语教学的过程中，我们应激发学生激情，让生自主学习，而不是传统的读、写、记。这样才能让生更加热爱英语课。

六、教学再设计

（一）教学过程

1. 导　入

PPT 呈现一间卧室，让小朋友寻找不同的色彩。让学生用英语表达它们的颜色，激发他们的求知欲望。

【设计意图】　让学学生自己去发掘本节课的知识点，激发其学习激情。

2. 师生共同探究八种颜色的单词

PPT 课件演示其中的颜色，然后学生猜一猜，最后给出正确的答案。

【设计意图】　让生正确认知单词发音，并且能初步将颜色与英语单词对接起来。

3. 教学游戏

我为单词教学选择了一个 flash，名字为“颜色艺术”，游戏由两关组成，第一关的游戏规则是找出英文单词所代表的松鼠所挤出来的颜色。学生每进行一次选择，松鼠便会及时地给出评价让学生知道自己所选单词是正确还是错误，一旦选择超过三次错误或者到了规定的时间游戏者还没有完成任务，游戏结束。第二关的游戏规则是在规定的时间内根据图片上所写的英文填色，也是有三次选择错误的机会。最后正确完成填涂图片，游戏便会出现绚丽的烟花，并在最后给予游戏者高度评价。

【设计意图】　让生在游戏中学习，激发学生的学习激情。

4. 师生互动练习“It is yellow”句型

教师：Black，black，It’s black. 将单词写在黑板上，让学生认识这个单词的拼写。

（1）教师出示黑色的画笔，提问：What colour is it？学生：It’s black.

（2）教师让学生拿出蜡笔和水彩笔，学 white，brown，pink，orange、red、blue. 教师举起粉色水彩笔或蜡笔说：Pink，pink，this is pink. 边听边看，训练学生手、脑、口、心、眼协调统一的能力。注意 black，brown 的发音，适当提示，切忌盲目纠音，教师领读，学生跟读。老师说一个颜色，让学生找一找教室中含有此颜色的物品。这样一来，学生就把周围的事物和生活中的事物拉进了课堂，变成了生活化的英语。让学生听录音跟读 Let’s learn 部分的词汇，边听边读，边认读边拼图，做到眼、手、口、心的结合。

【设计意图】　主要是了解学生的掌握情况，巩固认知，加深印象与理解。

5. 课堂小结

同学们，你们这节课学会了什么？你知道“黑色”用英语怎么说吗？你会说几种颜色的单词呢？那么“黄绿”用英语该怎么说呢？我们下节课再来考考大家！

七、指导教师点评

从课堂教学实际来看，本堂课的老师能驾驭课堂，教态稳重自然，富有感染力；能熟练地使用多媒体辅助教学手段，利用 PPT 和 flash 让学生猜颜色，演示时能抓住课堂实际需要，培养学生的思维想象力，激活学生的兴趣。从教学过程来看，在解决了重点知识后，带着学生边看边说，给予学生最大肯定和鼓励，能照顾不同层次水平的学生，提高学生的语言应用能力。

游戏在英语课堂中的有效运用

——“Point to the Door”课例分析

赵　旭
苍溪县两河小学

一、选题背景

1. 为什么选择该课例研修主题？

《英语课程标准》中提出培养学生对英语的学习兴趣，兴趣是学好语言的关键，激发学生学习英语的兴趣是小学阶段英语教学的一项重要任务。英语教学要注意结合儿童的心理和生理特点，要有利于引起学生的学习兴趣。在英语教学中加入适当的游戏有利于培养学生的兴趣，符合“乐学”原则。

游戏教学方法强调了学生的主体性，要求学生共同参与，而不是教师唱独角戏。它体现了教师主导与学生主体作用的发挥，游戏教学法也符合小学生的生理和心理特点。小学生活泼好动爱表演，很少害羞，乐于接受新奇、趣味性强的事物，教师的教法可以直接影响学生对英语的学习兴趣。利用游戏无意注意的特性，有利于学生形成正确的学习方法和良好的学习习惯，有利于化难为易，有利于减轻学生的负担，符合素质教育的要求。

2. 关于该研修主题，他人做了哪些研究？

瑞士儿童心理学家皮亚杰于1962年出版的《童年的游戏、梦和模仿》提出了皮亚杰游戏理论（又称游戏的认知发展阶段理论）。皮亚杰是在研究儿童象征性功能的形成和发展时，注意到儿童的游戏，并试图通过研究儿童的游戏和模仿，找到沟通感知运动与运算思维活动之间的桥梁。皮亚杰认为游戏对于认知的发展是一种“机能练习”，即游戏是对新的刚刚出现的认知机能所进行的练习和巩固。

郭跃进在《英语游戏魔术教学法》中将英语课堂分为英语课堂教学游戏部分和英语课堂教学魔术部分。每个游戏按游戏目的、道具准备（若需要）、游戏时间、游戏指导、游戏过程等名目编写，英汉对照，言简意赅；每个魔术按适用范围、基本道具、演示效果、英语互动、终极揭秘等名目进行编写。在英语游戏教学中有突出贡献。

杜申诺娃、王小庆编写了《好用的英语教学游戏》，收录了200余个最新的英语教学游戏，中英双语，图文并茂。符合我国中小学英语教学的实际，所有游戏都用简明、地道的英语撰写，并附有中文旁注和点评。提供大量课堂游戏指令用语，以及典型的游戏教学实例等。

3. 本次课例研修希望在哪个方面有所改进和突破?

本次研究就是在教学中尽可能将枯燥的语言现象转变为学生乐于接受的、生动有趣的游戏形式，同时吸收国内外外语教学法的合理成分，并结合小学生的年龄特点，为学生创造丰富的语言交际情景，使学生在玩中学、学中玩。

4. 教材和课例选择

外研社版小学三年级上 Module 3 Unit 1 第 1 课时。

二、过程与方法

1. 研究组成员

赵旭、韩雪萍、白莉萍、张黎。

2. 操作步骤

实践—反思。

三、教学内容简析

本次我所使用的教材是外研社（三年级起点）义务教育课程标准实验教科书，小学三年级上册第三模块 Unit 1“Point to the door”这一内容。之前学生已经学过了 Module 1 和 Module 2 的内容，知道了简单的问候语，如：Hello. Good morning. How are you? I’m fine. Thank you! 因此本节课在此基础上，通过学习让学生根据教室的物体，听指令做出相应的动作。本套教材非常注重学生语言应用能力的培养，在整体构思、内容安排、活动设计和教学方法都采用了与学生紧密联系的生活实际，真正体现了语言的交际功能，同时，它把知识和技能目标融会在了完成任务的过程之中，从而体现出了英语新课标提出的把话题、功能、结构、任务结合起来的总思路，为培养学生运用英语进行交流打下良好的基础。

四、学情分析

本课的教学对象是三年级学生，大部分学生对于英语有着强烈的兴趣，愿意同他人合作，在学习上认真、进取，乐于在课堂上积极完成老师布置的各项作业，但因为是农村小学，学生接触英语机会少，且英语发音带方言的现象严重，英语基础几近空白，还有些学生太过活泼，自制力较差，注意力不易集中。好在每一个学生愿意进行交际，愿意配合老师的教学。且此题材非常生活化，贴近学生的生活实际，是学生感兴趣的话题之一，这能使学生学以致用。

五、教学目标

1. 教学三维目标

1）知识目标

（1）学生能够基本掌握新单词：door，window，blackboard，bird。

（2）能够听说下列句子：Stand up. Sit down. Point to the window. Point to the blackboard。

（3）复习问候语和“What's your name?”

2）能力目标

通过在教学中运用游戏、chant、情景表演等多种形式，培养学生语言交际能力。

3）情感目标

关注学生的情感，用多种形式的教学手段和丰富多彩的教学活动吸引学生参与其中，激发学生对英语的持久兴趣，促进学生的口语交际能力。

2. 教学重点

（1）学生能够基本掌握新单词：door，window，blackboard，bird.

（2）能够听说下列句子：Stand up，Sit down，Point to the window，Point to the blackboard.等。

3. 教学难点

（1）door，window，blackboard，bird，stand up，sit down，point to…

（2）激发学生对英语的持久兴趣，让课堂“活”起来。

六、一次实践

（一）课堂实录

Step 1：Greeting

T：Good morning，boys and girls.

Ss：Good morning，Miss XXX.

Step 2：Review

T：How are you，boys and girls？

Ss：I'm fine，thank you!

T：What's your name？

S：My name is .../I'm...

Step 3：Lead-in

The teacher asks the pupils：“Where are we? What can you see in this place?”

Step 4：Presentation

（1）The teacher shows a picture about a classroom，ask “What can you see？What are they?” The pupils can answer the questions in Chinese.

（2）Writing on the blackboard：Moudle 3–Unit 1 Point to the door.

Step 5：Learn the New Words

（1）The teacher points to the door，ask：“What’s this ?” Then shows the word about the door，ask them read it after the teacher.

（2）Learn the new words in the same way one by one，such as window，blackboard and point to.

（3）The teacher says：“Point to the door./Point to the window./Point to the blackboard…” The pupils can stand up and do the actions.

（4）Play the games.

游戏准备：单词卡片、卡通图片、磁带、课件。

① 老师拿出一张卡通图片，让全班学生抢答相应图片的单词，看谁说的又快有准。

T：Show the picture of door.

S：Door，door，door.

T：Show the picture of window.

S：Window，window，window.

【设计意图】 通过看图片，说单词的游戏方式，保持学生的有意注意；通过抢答的方式，激发学生的挑战欲望。

② 同桌两人互动，A 同学说单词，B 同学出示相应的图片。

A：Door.

B：马上出示 door 的图片。

A：Blackboard.

B：马上出示 blackboard 的图片。

【设计意图】 通过同桌两人之间的相互练习，加深学生对所学单词和实物匹配的印象。

③ 老师指向图片并说出相应的句子，若句子与图是配对的，全班学生站起来用升调读出该单词；若不对，全班同学则蹲下不出声。如：教师指向 door 并说：“Point to the door.” 全班升调读单词及句子。教师指向 window，并说：Point to the blackboard. 全班同学一起蹲下。

【设计意图】 检测学生对前面单词的熟练程度和大脑反应的灵活性。

④ 抽 5 至 10 位同学代表他们所在的小组到讲台上面向大家，下面的同学齐读老师手中的单词卡，让讲台上的同学做出指令，谁指错了就被淘汰，最后留下来的那一位同学则是 winner，他所代表的小组则加上一颗五角星表示奖励。

【设计意图】 通过全班同学互动，小组代表来执行的活动来培养孩子们集体合作的情感意识，激发孩子们竞争的潜力。

Step 6：Text teaching

（1）Listen to the tape and point to the picture.

（2）Listen to the tape again and read after it.

（3）What can you see from the picture? Answer the questions in English.

（4）Listen to the tape and read after it .

（5）Listen to the teacher and do the actions.

The teacher says the words，all the pupils do the actions.

Ask someone to do the actions.

Ask someone to be the one who gives orders，and other students listen to him or her and do the actions，such as "sit down!" "stand up ! Point to the window…"

Step 7：Exercise

（1）play and say.

The teacher gives the orders，all the students must finish the actions，if someone's wrong，he/she outs of the game. The winner will be get a red flower.

（2）Chant.

Door door door，point to the door .

Window window window，point to the window.

Blackboard blackboard，point to the blackboard.

【设计意图】 以 chant 形式练习单词，避免学习单词的枯燥乏味，使学生轻松掌握语言知识，体现学生的主体和以人为本的教育观。

Step 8：Draw a Picture

Draw a picture about your bedroom and sign the things' names in this room.

（二）板书设计

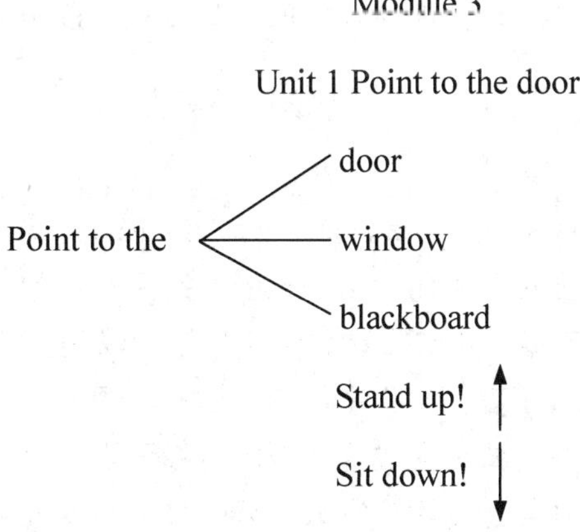

（三）教学效果

教师通过各种练习法的教授，学生对单词 door，window，blackboard，bird 及句子 Stand up！ Sit down ！ Point to … 已基本掌握。学生会认读本节课所学单词及句子，并能听懂教师以及同学发出的指令，并做出相应的动作，基本达到教学目标的要求。

七、教学反思

小学英语对于孩子们来说，既新鲜又陌生，既向往又胆怯。在课堂学习中常常因为不敢说，不会记，听不懂等多方面原因而影响学习情感。这就需要教师在课堂上创设良好的语言情境、加强语言的训练。本节课总的来说效果良好，孩子们的表现比平时要好得多，少了一些课堂上琐碎的小事和嘀嘀咕咕小声说话的现象。

在进行教学的过程中，我运用的教学用具有图片和实物。以活动为实践，体现学生的好动性和以动求学的语言观。学生通过动作来进行操练，让他们在玩中学，在学中玩，使他们多感官参与教学，以提高学习效率，变有意识地学习语言为无意识地习得语言。同时设置了集体问答练习、分组问答练习、个体问答练习和听口令游戏等形式。教学结束后，学生对本课的主要句型和单词掌握比较理想。

本课的教学可以从以下几个方面予以改进和提高。

第一，从知识的拓展性上来讲，老师不能只想着完成本节课的任务而不照顾到学生的学习需求。如在教学“point to...”句型的对象时除了 window，door，blackboard 这些实物外，学生自己提到了课桌、椅子等，此时我应该灵活的引出 desk，chair 单词的教学，效果比下一节课教授这些单词要好。与此同时给这节课的小朋友们提供更加广阔的语言运用空间，充分调动学生的学习热情。

第二，进一步提高操练过程的有效性。这堂课的操练形式以全体、小集体形式为主，收到了较好的练习效果，听口令游戏，让所有学生都有开口的机会，让练习过程充满趣味性。但是，有个别学生的发音尚未得到比较充分的训练。因此，我应该注意及时纠正每个小朋友的误音。

总体来讲，我认为从实用性角度来讲，这堂课的完成性虽然在教学中完全的呈现出来，但还有很大的提升空间，希望自己能够在今后的教学过程中逐步完善。

八、小组评议

（1）教师利用 work in class，work in pairs，work in groups 等多种方式操练，使孩子们处于积极思维的状态之中，全方位、多角度培养孩子们运用英语的能力。以孩子们喜闻乐见的 chant 形式进行练习，配上节奏，化难为易，学生乐学、易记。避免了重复的枯燥乏味，使孩子们轻松掌握新单词，体现了以学生为主体的人本教育观。

（2）用孩子们喜欢的游戏方式来完成这节课的目标语言，孩子们既学得轻松又掌握得牢固；在巩固环节，通过边做动作边练习，寓教于乐，极大地激发了学生的学习兴趣，加深了对本课内容的理解和运用，让孩子们在不知不觉中巩固了语言知识。

九、指导教师点评

这篇教学设计是备课组成员各自先独立备课，再集体备课，交流教案的基础上，再由执教教师进行现场教学实施，各备课组成员现场观课，评课，执教教师聆听评议，反思，改进的基础上生成的。整个教学设计中，教学目标明确，重难点突出，尤其是教学中通过游戏、歌曲等形式对学生进行直观教学，让他们在玩中学，学中玩，使他们多感官参与教学，以提高学习效率，变有意识地学习语言为无意识地习得语言。同时设置了集体练习、分组练习、个体练习和听口令、做动作等形式，充分体现出了学生的主体地位。教学效果挺好，学生的兴趣很高。

实践证明，要想吸引住学生的注意力，关键在于老师的课上的怎么样，所以在以后的教学中，教师应该在课堂的设计上下功夫，深挖教材，反复推敲，精心备课，提高课堂效率，加强各个环节之间的连贯性和活动方式的多样化，以满足不同层次的学生的需要。

小学英语课堂游戏教学的实践与研究

——“This Is His Head”课例分析

赵艳红
广元市朝天一小

一、选题背景

1. 选择本课题作为课例研修主题的原因

兴趣是最好的老师，同时兴趣对于从小学习语言也有很大的帮助。《小学英语纲要》指出：“兴趣是学好语言的老师。然而作为小学英语教师，如何让枯燥的语言变得让学生喜爱呢?首先就要激发小学生学习英语的兴趣。这也是当前小学英语教学的一项重要任务。”小学英语教师如果能较好地从英语课堂教学中有意识地培养学生对英语的持久兴趣，能让学生乐此不疲，喜爱上英语。近年来，游戏教学在小学英语教学中显示出强大的生命力，这种新型教学方法不仅受教师们的喜爱，同时也深受小学生喜爱。采用游戏教学不仅能够培养小学生学习英语的兴趣和求知欲望，还能活跃课堂，增强学生之间的感情。《英语课程标准》教材提出了以游戏为主要形式的系列教师的教学活动和小学生的学习活动。在游戏教学当中，能够很好的将知识和实践活动相结合，通过让学生主动积极参与活动来获得相应的知识和技能；还能增加学生兴趣，体验其中的欢乐，主动地去领悟了学习的喜悦和成功的满足感。总之在游戏教学中，小学生们的智力、认知、交往等综合能力得到和谐发展；这样的教学过程中，能更好地达到互相进步的效果。

2. 关于该研修主题，他人做了哪些研究?

游戏教学在小学英语课堂教学中的应用范围很广，可用于字母、词汇、句型等各项新内容的教学，旧知识的巩固，也可用于发掘学生各方面的潜力，发展非智力因素。而且游戏时游戏者的数量和参与方式也是多样化的。因此可将游戏教学中的游戏分类如下

1）按内容划分

（1）字母类游戏。

（2）词汇类游戏。词汇是英语的重要组成部分，但是单词的记忆有时是枯燥无味的，为此应充分调动小学生的各种感觉，让学生在看、听、说、摸、动的过程中轻松记忆单词。

（3）语音类游戏。语音是人和人之间交流的有声语言，是听、说、读、写“四会”的基础。语音教学阶段较枯燥，在游戏当中教或巩固语音既不会使学生感到乏味无兴趣，又能训练学生正确的辨音和发音。

（4）句型类游戏。句型教学是英语教学的重点，也是难点。句型教学主要体现语言的结构。但小学英语教学的目的并非一定让学生掌握语法规则，而是让学生的语言表达更加规范。通过游戏，可以唤起学生们丰富的想象，激发他们用所学到的词汇和句型表达自己的思想。

（5）对话类游戏。对话是小学英语教学的核心，它体现了语言的交际能力。情景表演游戏是对话教学中最受学生欢迎而又最常使用的游戏

（6）数字类游戏。在数字教学中，学生的听说反应是教学的重点，如果一味命令学生读背，学生会厌倦，不仅达不到教学目的，反而会降低学生的兴趣。开展体态语游戏能达到轻松记忆的效果。

2）按能力的发展划分

（1）考记忆。记忆是任何学习的基础。在字母、词汇、语音教学中，可做“What's missing”的游戏。

（2）比反应。小学英语课程教学要利用学生各方面反应快的特点，进行高密度、快节奏的强化训练，使学生的学习情绪始终处于亢奋状态，在大量快速的操作中进行日常英语对话。

（3）赛速度。赛速度游戏主要是靠小组合作完成，以小组为单位比速度。比赛的内容一般为说话游戏（如传话游戏）、操作游戏（如根据所听到的内容拼单词等）和比运用英语解决问题的速度的游戏（如让学生在有限定的时间内去完成尽量多的任务，如借东西，找失主等）。

（4）快观察。游戏中所提供给学生观察的材料包括图像和文字两大类。如图像需要学生仔细辨认，并用相关词语谈论和汇报观察的结果。文字观察往往是指在一组文字材料中，按要求快速找出有关内容，如在以下一串字母中按从左到右方向找出所学过的单词。

3. 本次课例研修希望在哪个方面有所改进和突破？

本研究努力通过游戏教学来巩固新知，扩大学生学习的参与面，让学生成为学习的主体，迅速提高学生对英语的学习兴趣，并让这种浓厚的兴趣延续下去，形成英语学习中有利的非智力因素。

4. 教材和课例选择

外研社三年级起点三年级上册 Module 10 Unit 1“This Is His Head”。

二、教学内容简析

本课是新标准小学英语（三年级起点）三年级上册 Module 10 的第一单元的第二课时，主要教学内容是学习有关身体部位的词汇：his，head，arm，hand，leg，foot；能初步运用句型“This is his...”“Point to her...”来识别并谈论基本身体部位和面部器官，知道 his 是用来介绍所属关系。本节课生动有趣，在活动中开始，在游戏中操练，从激发学生的兴趣入手，循序渐进的达到学习目标。

三、学生情况分析

学生在第三模块能初步运用“Point to...”句型来完成指令游戏，在第七模块初步了解了

“This is my…”的语言结构来介绍学校和教师，在第九模块有了初步运用“This is my…”的句型来介绍家庭成员的基本技能。经过前面两个模块和本课的第一课时的学习，学生具备了初步运用“This is my…”句型和“Point to…”句型的技能，已经形成了较好的模仿能力，在老师的引导下，能用所学的基本语句进行语言操练，大部分学生能积极主动地参与的课堂活动中来，进行师生之间、小组内和班内的互动交流，并对英语学习产生了浓厚的学习兴趣。

四、教学目标

1. 语言知识技能目标

听懂词汇 body；听懂、说出、会认读身体部位词汇：head，arm，hand，leg，foot；能初步运用“This is his...”描述他人身体部位；初步运用“Point to ...”发出指令；要求他人指说身体部位；知道物主代词 his 的用法。

2. 情感态度目标

大胆开口说英语、积极参与或完成游戏。

3. 教学重点、难点

1）教学重点

（1）听懂词汇 body；听懂、说 出、会认读身体部位词汇：head，arm，hand，leg，foot；

（2）能初步运用“This is his ...”描述他人身体部位；初步运用“Point to ...”发出指令；要求他人指说身体部位。

2）教学难点

能初步运用“This is his...”描述他人身体部位;初步运用“Point to ...”发出指令，要求他人指说身体部位。

五、第一次实践

（一）课堂实录（教学流程）

Step 1：Warming-up

（1）Listen to a song-Head and Shoulders

【设计意图】 因为三年级的孩子已经形成了很好的模仿能力，听歌曲是语音教学中重要的输入方式之一，此方法可以刺激学生的听觉，帮助学生初步的模仿，所以在 Warming-up 环节我设计了 Listen to a song：Head and Shoulders，让学生初步了解身体部位的名称。

（2）玩指令游戏

Revise instruction and introduce body vocabulary

T：Evenyone，please stand up.

All students stood up.

T：Pointed to the door.

All students Pointed to the door.

T：Point to your heads.

All students Pointed to their head.

【设计意图】 这个游戏的目的在于对第三模块已经学习过的“Point to...”句型的再现，为下面的学习奠定基础。

Step 2：Presentation

1）Lead in

那么该如何介绍自己不同的身体部位呢？教师说：“This is my body”让学生了解 body。接着看看大明是如何介绍熊猫的身体部位的。

2）Task

In this class，we are going to learn how to introduce our body. Listen：How does Daming introduce a panda?

【设计意图】 开门见山，提出任务，引导学生带着任务去学习和思考，有目的地去学习。

Step 3：Text Learning

1）Listen and think about the following questions

（1）What does Daming see ? Who is in picture 7 ?

（2）How does Daming introduce a panda?

2）Look and listen

播放 SB Unit1 活动 2 的动画，学生看画面，听录音。

【设计意图】 通过听课文，让学生整体感知课文，了解课文大意。

3）Listen and read

第二遍播放录音，学生跟随磁带逐一朗读句子。

【设计意图】 采用情景故事教学的方法，鼓励学生多听、多读，学生跟随磁带反复模仿读，反复输入语音、语调，教师要遵循学生的学习之路，在教学过程中放慢听音的脚步，逐步达到学生语音、语调正确，让孩子在学习的过程中有成就感，这样孩子们有了自信心，满足感，让他们对所学内容触手可及，不要让部分孩子踮着脚也够不到。

4）Listen and circle

第三遍播放录音，请学生有目的地听，listen and circle the words of the panda’s body.

【设计意图】 通过有目的地圈单词，让学生有目的地听，初步了解课文内容。

5）Answer the questions

第四遍播放录音，请学生带着问题听，边听边思考。

这个环节主要让孩子们去预测大明是怎样介绍熊猫的身体部位的，这预测实际上是他/她们对老师提出的疑问的一个思考过程，其实也是一个学习过程。

请学生回答问题，老师引导回答 Daming sees Panpan. He is a panda.师生齐向盼盼打招呼。

How does Daming introduce a panda?

结合学生回答并呈现教学，自然渗透“This is his/head arm...”的语言结构，以旧句带新词，学习身体部位名称，这个环节进行 his 的教学。

6）Point and say

逐图播放动画，学生边听边跟读。然后引导学生观察图片并提问："what's this?"引导学生回答："This is his head /arm..." 师及时纠正学生的发音错误，并不时用身体语言帮助学生理解，同时在黑板上贴出相应的身体部位图片，并在下面书写出相应的单词请学生对身体部位名称进行操练，同时单复数一起操练。这个环节重点进行身体部位的教学，用小组开火车、大小声、看口型猜单词等。

（师将事先准备好的一些熊猫各个身体部位的图片，若学生回答出问题就把相应的图片奖励给他/她）

7）Listen and repeat

【设计意图】 通过跟读课文，让学生模仿语音语调，这是学生口语交际能力培养的基础和有效办法。

8）Act it out

再次播放动画或录音，生跟读课文，师引导学生手指单词，句子，加深课文印象。

学生齐读课文后，work in groups，在全班进行配音展示，配音最好的小组，奖励熊猫身体图片。

【设计意图】 三年级学生的年龄小，他们天生具有爱表演的特点，让学生做配音表演课文内容，让他们真正融入到课文的人物角色中，既培养了他们的合作意识，又锻炼了学生的口语表达能力。

Step 4：Practice

（1）听歌曲 "Head and Shoulders"，从中找出自己今天所学的新单词

【设计意图】 让孩子们在紧张的学习气氛中得到放松，进一步提高他们的学习兴趣。

（2）Say and do（work in groups）

T："Point to your..."

Students do the corresponding ections.

Tell the students to draw a picture of a panda. Tell them that this is a male panda so they must use the possessive adjective 'his'.

【设计意图】 学生们通过、说、做训练形式巩固和强化了本课的重点语言结构。

（3）Show a picture of a panda.

Chant：Head，head，this is his head，point to his head.

Arm，arm，this is his arm，point to his arm.

Hand，hand，hand isn't head，don't forget.

Leg，leg，this is his leg，point to his leg.

Foot，foot，this is his foot，point to his foot.

【设计意图】 把本单元所学的身体部位的单词编写成朗朗上口的 chant，再配上较强的节奏，使学生读得顺，记得牢。

Step 5：Summary

Today we learned how to introduce our body. Do you love your body? Who is the winner?

看板书复习单词和句子然后进行总评，评出优胜小组进行奖励。

【设计意图】 每一堂课都要对本节课的内容进行一次小结，让学生在小结中归纳本节课的所学，让本节课的重难点再次浮现于学生的脑海中，同时也使整节课有始有终。

Step 6：Homework

（1）用学会的单词向家人介绍自己的身体部位并玩“指令”游戏。

（2）向家人展示自己跟读模仿课文录音的情况。

【设计意图】 三年级的学生有表演的欲望，在父母面前表演有成就感，初步体验成功的喜悦。

（二）教学效果

学生不能完全达到设定的教学目标，学生不能够 Act it out，有一部分学生也不能够完成 point to head 或者 shoulder 的活动。

六、第一次教学反思

1. 执教教师的思考

本堂课教学目标定位过高，仅仅第一课时是无法完成的，如在“Act it out”环节的配音展示设计要求过高，应降低目标定位完成第一课时，把课文的语境用好，不轻易拓展。

2. 小组评议

整堂课采用听说领先的方式是正确的，但是显得比较平铺直叙，课堂气氛不活跃，学生参与的积极性不是很高，应该设计游戏环节提高学生课堂学习的兴趣。

七、第二次实践

经过思考和讨论，重新确定了教学目标，只要求学生能够完成 point to 的活动。同时在教学中围绕教学目标增加了 2 个游戏环节，以下重点描述游戏的运用。

Step 3：Practice

1）玩指令游戏

（1）Listen and do.

T：“Point to his…”

Students do the corresponding action.

Tell the students to talk about the picture of a panda . Tell them that this is a male panda so they must use the possessive adjective ‘his’. Then work in groups.

（2）Say and do

请一名学生到教室前面来，教师蹲在该学生身后。全体学生发出指令：“Point to his nose.”教师听到指令后，指向站在前面的学生的鼻子，并说：“This is his nose.”然后请一名学生来替换老师游戏，之后放手让请上来的两名学生和全体学生完成此游戏，完成的好及时给予鼓励。

【设计意图】 这一环节设计这个游戏的目的就是让学生们通过听、说、做指令游戏训练形式巩固本课的重点语言结构，进一步培养学生根据指令做事情，做动作的能力，从而激发学生学习英语的兴趣。

2）拼图游戏（What's missing?）

教师出示一套完整的动物拼图片（熊出没中动漫人物熊大）拼图块的内容为熊大身体不同部位。学生边拼图边用“This is his head/arm/hand/leg/foot.”进行表述，直至拼出一只完整的熊大，然后请学生闭上眼睛，教师拿走一张小图，再请学生睁开眼睛，向学生提问：“What's missing?”学生快速观察后回答，说得快的学生将会得到相应身体部位的图片，最后看哪个小组收集的图片最多就是获胜组。

【设计意图】 此环节设计游戏的目的就是进一步强化记忆本课重点单词和语言结构，竞赛性游戏是学习，练习的一种好形式，小学生的好胜心强，在课结束前进行竞赛，分出胜负，培养学生的竞争意识。

八、第二次教学反思

游戏受到学生的喜爱，课堂上热闹，孩子们的学习兴趣高涨，大体实现了使学生在快乐中接受知识的目标。课前不遗余力地精心设计游戏来吸引学生兴趣，让学生成为了学习的主体。难度适中，尽量让大家都参与，教学效果有了较大的提高。但对于部分后进生来说，还是跟不上节奏，这些孩子仍然得不到学习英语的满足感，无形当中又增添了几分自卑感，这也对我提出了更高的要求。首先，英语课堂教学中游戏教学要“精”，要注重分层游戏教学设计。这部分孩子中最需要发展的就是非智力因素，而学生的兴趣、性格、自制力、求之欲望等，它们是与学习活动有直接联系的非智力因素，对学生产生具体的影响，那么在设计游戏时再降低目标，只完成“听懂、说出、会认读身体部位词汇：head，arm，hand，leg，foot，逐渐地满足他们的求知欲，让他们在学英语时有满足感，从而提高他们的学习兴趣。

九、指导教师点评

该课的教学设计进行了2次实践和2次反思，可以看出执教教师通过对学生学习效果的观察和自我的思考，认识到如何提高学生的学习兴趣，恰当地引入游戏活动使更多的学生能够参与到课堂教学中来，提高程度较差学生的学习兴趣和求知欲，执教教师同时认识到游戏教学也需要设计不同的层次，使全班不同程度的学生都能参与，这是一个非常好的认识，期待有更大的提高。

西方文化在小学英语课堂中的导入

——"Happy Halloween"课例研修

白丽萍
苍溪县天观小学

一、选题背景

1. 为什么选择该课例研修为主题?

北京外国语学院邓炎昌教授认为,应该将英汉语言文化的对比切实利用到英语教学中来。只有如此，才能让英语学习者切实地掌握英语这门语言。而小学英语教学中西方文化的导入更是尤其重要。首先，脱离文化学习语言，将让学生无法地道掌握语言。在任何时候，语言和文化都是不可分割的。文化背景不同的人，即使用同一种语言进行沟通，也会因为文化的差异，出现误会。其次，将西方文化渗透到小学英语课堂中，可以提高小学生学习英语的乐趣。最后，在《小学英语课程标准》中明确提出：英语教学要为提高学生多元文化背景下的交际能力奠定良好基础，为学生提供具有生活性、时代性和文化性的课程内容。因此，把跨文化交流内容早早地纳入英语教学的课程中是一项迫在眉睫的工作。

2. 关于该研修主题，他人做了那些研究?

陈申在《语言文化教学策略研究》一书中对国外语言文化教学模式进行了详细、系统的论述，将语言文化教学的各个演进过程归纳为具有代表性的三种模式：地域文化学习兼并模式、模拟交际实践融合模式、多元文化互动综合模式。

陈光磊在 1992 年的《语言教学中文化导入》中提出了"语构文化""语义文化""语用文化"这几个概念，还把语言课中的文化因素分成习俗文化、思维文化、心态文化等。

3. 本次课例研修希望在哪些方面有所改进和突破?

本研究努力让学生从情景中学会语言,让学生在文化呈现和体验中了解中西方文化差异，真正学会用语言，让语言成为一种跨文化交流手段。

4. 教材和课例选择

本节课内容为四年级上册六模块第二单元第二部分内容，课型为新授课。

二、教学内容简析

本册教材是外研社版（三起点）供小学四年级上学期使用的，全书共分 10 个模块。每个模块仍然根据以前数册的惯例，各分 2 单元。一般情况下，第一模块呈现本单元所要学习的语言内容，第二单元提供若干任务型（Task-based）练习，包括一首歌谣或小诗。主要采用“以题材为纲的功能—结构—运用性任务体系”编写，着重培养学生运用英语的能力，同时体现外语教学的跨文化教育本质，坚持兴趣第一的原则，做到现实与未来相结合，并体现国家教育部规划项目“中小学英语教育动态真实原则研究与实验”所获得的优秀科研成果。目的有三：一是培养学生的语感和节奏感；二是提高发音的正确性；三是通过这些英语国家儿童所熟知的歌谣，介绍一定的西方文化。

本节课内容为四年级上册六模块第二单元第二部分内容，课型为新授课。本课主要是了解万圣节有关的习俗，学生在三年级学习过新年、圣诞节的基础上体验万圣节的节日元素，语言知识是上单元学习了句型“Can I have…..?”的基础上继续练习巩固练习这一句型以及节日祝福语言的表达。

三、学情分析

本班共有 25 名学生，其中男生 10 人，女生 15 人，班级人数少，所以在课堂上学生全员参与活动的机会多，师生、生生互动练习的机会多。首先，四年级的学生大概处在十岁左右，这个阶段的儿童注意力不稳定、不持久，难于长时间地注意同一件事物，容易为一些新奇刺激的事物所吸引。其次，本班学生的学习水平参差不齐，学优生和学困生的比例悬殊较大。最后，因为本班学生 95% 都属于留守儿童，家长辅导能力差。

学生已经学过句型“Can I have some…”和简单祝福语如 Happy new year 等。本身对中国春节、中元节等代表性节日特征有一定的了解。

四、教学目标

（一）语言知识技能目标

1. 知识目标

1）学习词汇

学生能够听、说、读、理解 Halloween，today，come in，of course。

2）学习句型

学生能够在情景中灵活运用句型“Can I have…?”“Yes，of course.”

2. 能力目标

学生能够用英语索取东西并感谢。

3. 文化目标

让学生了解西方节日并思考中西方文化差异。

（二）情感目标

让学生学会使用礼貌用语来索取东西。

（三）重点、难点

1. 重　点

学会在情境中运用“Can I have some ...?”“Yes，of course.”“Sorry，you can’t.”
掌握单词及词组的听、说、读、义：“Happy Halloween!”“Come in”。
学习歌谣“Can I have some...?”

2. 难　点

能够正确理解运用 Can I have...?

五、第一次实践

（一）教学过程

Step 1：Greeting

【设计意图】　消除学生与老师之间的陌生感，拉近师生间的距离。

Step 2：Warming-up and lead-in

归类游戏：礼物袋中压岁钱、窗花、对联、糖果、南瓜灯、鬼面具、月饼等，让学生分类，在什么节日吃什么用什么并在黑板上把节日日期板书出来，对应图片，如 new year 下面就是压岁钱红包，饺子什么的。

【设计意图】　从熟悉的中国过节元素压岁钱、月饼引出万圣节的元素，这时学生已经明白这些元素是跟一个节日有关系的，再引出万圣节，然后运用设置问题：这个节日人们做什么？激发学生的求知欲，激引出新课，并告知学生不仅可以学知识，还有礼物。一个惊喜的出现集中了学生的注意力，从而更加认真的倾听接下来的对话。

Step 3：Learning

（1）带着问题听课文，使听的目的更加明确，有助于对课文的理解 A. What can we say in Halloween?　B. What can Tom get in Halloween?

（2）引导学生回答问题，理解课文，并为学生介绍本课的文化背景。

① 利用多媒体播放西方国家万圣节的短片，让学生感受节日氛围，然后小组结合课文内容讨论万圣节元素，时间、吃的食物、来历、传说、习俗等。

② 小组收集讨论中国春节、鬼节的元素，时间、吃的食物、来历、传说、习俗等，用图

画的形式或是单词拼写表示出来。

③ 在表格中呈现节日相关信息，让学生自己感受中西方节日的差异。

节日	时间	元素	文字表述	国家

④ 教师补充中西方节日相关内容，使学生更加明确的理解文化差异。

【设计意图】 感受中西方特色节日，不同的内容、含义，便于学生了解中西方生活习惯。

（3）学习单词 Halloween/of course /sweets/today

（4）学习句型 Can I have some sweets? Here you are.

Can I come in? Yes，of course.

Step 4：Practice

（1）听录音，跟读课文。

（2）给学生一定时间让学生熟悉课文内容，分角色朗读课文后，进行表演。

（3）情景中练习“Can I have some…?”“Yes，of course.”“Sorry，you can't.”学生运用自己学过的知识询问，其他学生根据实际情况肯定或否定回答。

（4）运用语言出示礼物袋，告诉学生里面有很多礼物，让学生模仿课文或自行创作表演，要运用所学英文句子进行交流。若学生在表演交流中能根据回答猜中礼物袋中的礼物，老师就将礼物送给学生，使他们获得成功的体验。

（5）学习歌谣“Can I have...?”

Step 5：Summary

（1）创设情景总结语言知识。

（2）文化知识的升华。

【设计意图】 不仅培养了学生跨文化意识的培养，同时也为学生提供了一个课后学习的情境，一举两得。

Step 6：Homework

（1）将课堂学习到的万圣节相关内容讲给三年级的一个学生，并做好讲解内容清单。

（2）游戏“小小采购员”

每组有两名服务员，其他同学到其他组采购，使用语言“Hello，can I have some...，please? ”根据课堂活动中收集食物列表有，会得到“Yes，you can.”的回答，而且可以把该食物记在自己的购物单上；如果没有，会得到“No，you can't.”的回答。看谁在规定时间内买到最多的食品。然后换其他同学继续当采购员。

【设计意图】 作业设计有一定层次，可以巩固语言，学生可能会更愿意完成作业，因为学生都有好奇心和求知欲，更愿意寻找新信息。

六、课后反思

本课的设计我从语篇的整体入手，课前导入用头脑风暴的方式唤醒学生的求知欲，试图寻找学生“已知区”和“最近发展区”的结合点，使学生的思维进入“临界状态”，激发学生的探索欲望。在课中文化呈现后文化升华的时候采用对比法，利用表格的形式让学生对中西方代表性节日时间、代表元素等一目了然。学生由最初的以为万圣节就是愚人节或者中国的鬼节的模糊概念清晰了解并理解了。课后采用游戏的方式让学生巩固练习本课语言知识，提升学生的表达能力。达到了课前设置目标。

七、指导教师点评

本课教学内容属于文化课范畴，对于西方节日的理解和掌握是小学阶段英语教学中文化意识培养的重点。关于 Halloween 的文化教学难点在于学生对节日本质的理解，不少孩子容易将其等同于中国的“儿童节”，“中元节”甚至是“化装舞会”。该教师在处理文化难点时巧妙的运用了对比法，让学生在对比和体验中了解了不同国家不同节日的差异，加深学生对 Halloween 的理解。整个课堂语言重点突出，文化教学到位。

英美文化在课堂中的导入

——"London Is a Big City"课例研修

韩雪萍
苍溪县三川镇中心校学校

一、选题背景

1. 为什么选择该课例研修主题?

英语学习不仅仅是语言知识的学习，更是对该语言所蕴涵的文化习俗的了解；脱离了文化背景去学习语言知识，我们学到的只是语言的外壳。因此在小学英语课堂教学中，我们要注重培养学生的英语思维能力，可以从词汇的运用、习语的介绍、中英句式结构的区别、交际情境的创设、教材资源的整合和阅读教学中文化意识的渗透等方面进行训练，逐步使学生养成跨文化交际的意识。

2. 关于该研修主题，他人做了哪些研究?

英国19世纪的人类学家Sir Edward Tyler这样定义文化：Culture is that complex whole which includes knowledge, belief, art, morals, law, custom and any other capabilities and habits acquired by man as a member of society. 学习语言是为了很好得使用它，语言运用不仅要准确，而且要得体，要能在具体的交际活动中正确地使用。外语学习者如果有一种使用目的语言进行交际的兴趣和需要，就会产生积极的学习情感，就能更主动地学习。英美文化教学不仅有利于培养学生内在的学习兴趣，激发学生的学习热情，而且也有助于调动教师授课的兴趣和积极性，从而激发起教师教书的主动性和创造性。

3. 希望在本次课例研修中，希望在哪些方面有所提高和进步?

本次研修，努力为同学们创设不同文化情景，有效利用同学们的好奇心，向他们渗透各种英美文化，培养他们的文化情操，提高跨文化交际的能力。

二、过程与方法

1. 研究组成员介绍及分工

周霞：三川小学副校长，主管教育教学工作。
程道远：三川小学资深教师，丰富的教学经验。

张道春：三川小学德育处主任。

程松：三川小学副校长，主抓后勤工作。

以上四位都是在教育战线上奋斗多年的有经验的老师，在此次课例研修中和我共同商讨教学设计，参与听评课，给出了中肯建议。

2. 操作步骤

实践—反思—再实践—再反思。

三、教学内容简析

本课是新标准英语三年级起点四年级下册“London is a big city”，这一单元让学生认识英国的四个标志性建筑，学习句型“London is a big city”并且能用这些句子描述景点或建筑。针对大部分同学是视觉性学习，所以我准备了很多漂亮的建筑图片，形成视觉风暴，同时搜集其他的建筑名称或者故事，了解东西方建筑文化的差异性。

四、学情分析

本次授课对象是四年级学生。他们在对英语的学习只有一年，有了一定的交流基础，但对英美文化还没有足够的了解，同时对英语学习有浓烈的好奇心，对其他国家的文化非常好奇，所以老师应该在这一方面多下功夫，多向他们渗透文化意识，而不仅只是知识方面的教授。

五、教学目标

1. 语言知识目标

1）能够初步掌握词汇

city，ship，beautiful，whose，close，old

2）语言技能目标

运用句型 London is a big city. My house is very small，but it’s beautiful. It’s very old.描述一座城市、一处景物或一件物品。

2. 情感态度目标

通过了解英国首都伦敦的风土人情、标志建筑和著名景点，激发学生学习英语的兴趣，树立正确的学习目的，养成良好的学习习惯，培养提高学生与他人交往的能力。

六、教学重、难点

单词和目标句型的教学及运用，即如何让学生运用 London is a big city. My house is very small，but it’s beautiful. It’s very old.句型对事物作出判断。

七、初次实践

Step 1：Warming-up

（1）Greetings.

（2）Enjoy the music：London bridge is falling down.

【设计意图】 脍炙人口的歌曲让学生提前感受到课堂氛围，并试着跟唱歌曲，每两个学生手臂搭成桥做动作，既吸引了学生的注意力，又激发了学生的好奇心、想象力和求知欲。更重要的是引出并学习了词汇 London，为下一步的教学导入奠定了基础。

Step 2：Leading-in

同学们把自己在课前预习的有关于伦敦的著名建筑物知识拿到班上分享。

【设计意图】 给那些很认真查找资料但平时又不爱发言的学生展示，树立其信心。

Step 3：Presentation

（1）拿着同学的一张图片，告诉同学们“It's a picture about London”学习单词 about，同时引出本节课所学内容，关于伦敦的建筑。

（2）课件展示伦敦的景点：Tower Bridge，Big Ben，Hyde Park，Buckingham Palace。

提问：“Are they beautiful?”呈现并学习单词 beautiful，old. 活学活用：She is a beautiful girl. London is very old，and it's very big.

【设计意图】 让学生走入异国情调的伦敦城，呈现伦敦的标志性建筑物和风景，让学生了解西方，陶冶情操，更重要的是学习了本课的重点单词和句型，为接下来的课文学习打下了基础。

（3）Students read the two questions：

① Where is Amy's house?

② Is Buckingham Palace Amy's house? 书写 Buckingham Palace(慢读，快读，连读)Is this house big or small?（动作，板书）

T：Open your books to Page 8，listen and point，then answer questions.

S1：Amy's house is close to the Queen's house.

S2：No，it isn't.

课件展示：Is it your house? 直接引出 It's the queen's house. 学习单词 queen，课件展示。

（4）What about Amy's house? Read the text and find the answer，then check the answer in pairs.板书并复习板书全部内容。

（5）Listen and repeat，let's see who can say the best English.重点句子读两遍，学生开火车加深印象。

（6）Listen and repeat again.

（7）Act in pairs.小组读，同桌读，同桌展示。

【设计意图】 整体感知课文，培养学生归纳整理信息的能力，带着问题听文章并回答，培养了学生根据课文回答问题的能力；通过角色扮演让学生更透彻的理解课文。

Step 4：Practice and Extension

1）我是小导游

T：Spring is coming，let’s go out to have a look.

课件展示北京著名景点，教师示范。

Ss do group work with phrases “This is …”“It’s …”

小组展示。

2）Introduce Beijing to others

【设计意图】 让学生结合素材练习本课重点学会如何用英语描述一处景物，以活动为依托，创造语境让学生自由发挥，既体现了老师的主导又体现了学生主体。活动的设计使学生实现由语言知识向语言技能的转化。

Step 5：Homework

找出自己最喜欢的景点，并尝试用英语向家长做介绍。

八、教学效果

本节课因为设计的不合理，课程内容过多，导致同学们并没有真正掌握所学，每一部分都是匆匆带过，没有落到实处。

九、一次反思

反思这节课我做得好的地方有以下几点。

（1）提前布置家庭作业，学生查找资料时间充裕，为新课的学习做好了铺垫，同时给那些很认真查找资料但平时又不爱发言的学生展示，树立其信心。

（2）课堂气氛活跃，同学们对所学内容非常感兴趣，回答问题积极。

但是这节课也存在以下问题。

（1）没有给学生分组规定学生查找的范围，导致学生在汇报时资料有重复的现象，学习效率不高。

（2）教学设计有一些凌乱，内容过多。

十、再次实践

Step 1：Warming-up

1）Greetings

【设计意图】 利用各种不同的方式打招呼，然后提醒同学们面对熟悉的人和陌生人的人的时候，打招呼的方式是不同的。如，How are you? 任何时候都可以用，但比较见外；Nice to meet you. 很高兴见到你.适用于第一次见面；Nice to see you again. 很高兴再见到你，适用于曾经见过，但不太熟的人。

2）Enjoy the music：London bridge is falling down

【设计意图】 脍炙人口的歌曲让学生提前感受到课堂氛围，并试着跟唱歌曲，每两个学生手臂搭成桥做动作，既吸引了学生的注意力，又激发了学生的好奇心、想象力和求知欲。更重要的是引出并学习了词汇 London，为下一步的教学导入奠定了基础。

Step 2：Lead-in

同学们通过击鼓传花的方式把自己在课前预习的有关于伦敦的著名建筑物知识拿到班上分享。

【设计意图】 给那些很认真查找资料但平时又不爱发言的学生展示，树立其信心，并且提前让同学们对本节课所学内容有所感知。

Step 3：Presentation

老师展示 Beijing 的照片，问："Is Beijing big?" 教师引导学生回答，然后告诉学生："这节课我们要举办北京一日游的小导游选拔赛。让我们先要学习一 London 的著名景点，看看 Amy 是怎样介绍她的家乡的。

课件展示伦敦的景点：Tower Bridge，Big Ben，Hyde Park，Buckingham Palace，并告诉他们有关于这些建筑物的历史文化。

呈现并学习单词 beautiful，about，old. 活学活用：She is a beautiful girl. London is very old，and it's very big. It's a picture about Tower Bridge/Big Ben/Hyde Park/ Buckingham Palace.

【设计意图】 让学生走入异国情调的伦敦城，呈现伦敦的标志性建筑物和风景，让学生了解西方，陶冶情操，更重要的是学习了本课的重点单词和句型，为接下来的课文学习打下了基础。

向同学们展示中国的著名建筑物，如故宫、长城等，并启发同学们对比东西方建筑，发现他们的差异性，领略中西方建筑文化。

Step 4：Practice and Extension

1）我是小导游

T：Spring is coming，let's go out to have a look，课件展示北京著名景点，教师做如下示范。

Ss do group work with：

A：This is …

B：It's …

小组展示。

2）Introduce Beijing to others.

【设计意图】 让学生结合素材练习本课重点学会如何用英语描述一处景物，以活动为依托，创造语境让学生自由发挥，既体现了老师的主导又体现了学生主体。活动的设计使学生实现由语言知识向语言技能的转化。

Step 5：Homework

通过本节课对东西方建筑物不同风格的感受，发挥同学们的想象力，画出你心中的东西方建筑。

十一、小组评议

（1）课上给学生互相交流的时间，弥补了自己查找资料的不足之处。

（2）汇报过程中，一直关注每位同学的发言，并适时补充提问，对学生的学习起到了很好的指导作用。

（3）课件出示这些著名建筑和名胜古迹的图片时，学生被这些美丽的景象深深吸引，不由自主地发出一声声惊叹的声音。正是在这样的教学中渗透了学生热爱美好事物的情感教育：热爱一切美好的东西，保护它们，能给我们带来无比的快乐。

（4）通过精美图片课件反复操练句型，效果较好。但在学习几个名胜的专有名词时候，学生不容易掌握单词读音，妨碍了口语运用。

十二、再次反思

（1）第二次授课我在 Greeting 部分，新增加了对沟通交际文化的导入，复习了已学知识，面对面的沟通交流，营造了一种轻松，愉快的课堂气氛。

（2）在课堂呈现开始，加上了一个旅游文化的引入，使接下来 London 呈现得自然。

（3）在向同学们介绍完课本上的英国建筑后，新增了我国著名建筑物的图片，然后把东西方建筑文化进行对比，使同学对东西方文化有了更深的印象，领略。

（4）对单词 about 的学习没有单独分开，而是融入了对 Big Ben 的描述中，使同学们在接受这个单词的学习时，没有那么枯燥，教学效果更佳。

（5）在作业部分，第一次布置的作业对于小学四年级的同学来说，难度过大，而且有趣性不强，不能引起同学们的兴趣，而第二次的作业则完全符合小学生的兴趣方向。

十三、指导教师点评

语言与文化密不可分，语言作为文化的一个重要组成部分，是文化的反映。英语教学中有许多跨文化交际的因素，这些因素在很大程度上影响学生运用英语进行交际的能力。在小学英语教学中，英美文化渗透在教学的每一个章节中，因此只有学习和了解与语言有关的风土人情、文化习俗和生活特点，才能更好地学习英语。该教师有很好的文化修养培养意识，在实际教学环节中，教师忽略了一个很重要的问题，即对智力，经历和语言能力都尚不成熟的小学生来说，应该选择与他们生活和兴趣范围相适应的内容教学，这样学生才能在了解外国文化的同时学习英语。而对于四年级的学生，用英文介绍中国的著名景点并非易事，且有喧宾夺主之嫌，无形增加了教学压力。在今后的教学中，在文化意识的培养策略上，一定要注意结合教学目标、教学内容和学情来实施。

英美文化在教学过程中的导入

——“We Visited Lots of Places”课例分析

黄莹莹
广元市朝天二小

一、选题背景

1. 为什么选择该课例研修主题?

现代教学中，文化干扰是公认的教学“难题”之一，有人甚至认为它比不理解更为可怕（吴国华，1990）。我国新修订的《英语专业教学大纲》第四条教学原则中规定：在专业课程教学中要注意培养学生的跨文化交际能力。这种能力除包括正确运用语言的能力外，还包括对文化差异的敏感性、宽容性以及处理文化差异的灵活性的能力。根据《大纲》的要求，教师在课堂上除了教授语言外，还应当适时、适度地导入相关的文化知识。

2. 关于该研修主题，他人做了哪些研究?

我国语言学家张占一（1990）把语言教学中的文化背景知识按功能划分为两种：知识文化和交际文化。知识文化是指一个民族的政治、经济、教育、宗教、法律、文化艺术等文化知识；交际文化是指两个文化背景不同的人进行交际时，那些影响信息准确传达（即引起偏误或误解）的语言和非语言因素。它包括问候、致谢、称呼等习语和委婉语、禁忌语等。

3. 本次课例研修希望在哪个方面有所改进和突破?

教师有必要加强学习，认真研究小学英语各阶段的教学内容和学生特点，选编与小学生的日常生活息息相关且符合学生的认知水平与心理特征的中西方文化知识，在课堂教学中导入文化教学，使英语语言知识的传授、语言技能的训练与文化知识的传播融为一体。

4. 教材和课例选择

外语教学与研究出版社第五册 Module 3 Unit 1 “We Visited Lots of Places”。

二、过程与方法

1. 研究组成员介绍及分工

张秀荣：朝天二小分管教学副校长。

赵燕：朝天二小英语组教研组长。

许瑞：朝天二小英语学科教学尖子。

梁香菊：朝天二小英语学科教学尖子。

以上四位老师都是我校教学方面的优秀老师，具有丰富的教学经验。热心参与我的听评课，提出了很多宝贵意见。

2. 操作步骤

实践—反思—再实践—再反思。

三、学情分析

在教学设计中突出课程标准中“以人为本”的理念，设计贴近学生的学习实际和生活实际。五年级学生虽然有一定的英语基础，可在自由表达上存在困难，教学设计中我突出了教学的多样性和层次性。

四、教学目标

1. 语言知识目标

能听、说、认读本课的重点单词：the British Museum，the London Eye，wheel，wonderful，understand，postcard；能正确使用动词过去式；能利用 What did you do? Where did you go?

2. 语言能力目标

能根据图片听、说相应的单词，能运用 What did you do? Where did you go? 询问过去的事情，并能利用动词过去式熟练表达过去所做的事情。

3. 情感、策略和文化目标

培养学生学习的兴趣，鼓励学生积极合作，引导学生了解西方的名胜古迹以及中西方的文化差异。

教学重点：本课中目标句型的运用和单词。

教学难点：短语 The British Museum 的发音和目标句型。

教学准备：简单的 PPT 课件、单词卡片、录音机、学生准备旅游的照片。

五、重难点

1. 教学重点

本课中目标句型的运用和单词。

2. 教学难点

短语 The British Museum 的发音和目标句型。

六、一次实践

（一）教学过程

Step 1：Warming-up

Greeting.

T：Hello，everyone，my English name is Amy，nice to meet you.

Ss：Nice to meet you，too.

T：Do you like English songs? Let’s sing a song “Where Did Dou Go?

【设计意图】 与学生口语的对话，拉近教师与学生的距离。利用歌曲中的问句“Where did you go? What did you do?”激活学生的思维，为新课的语言知识结构做好铺垫。

Step 2：Presentation

1）Lead in

T：Where did I go at the weekend? Let’s play a game.

Look at the screen. Can you guess?

Write down the title：Module 3 At the weekend

【设计意图】 结合猜的游戏，引出要学习的句型和本模块的主题，并解释中国和西方在周末不同的文化差异。

T：I had a dream last night：I visited lots of places with my friend. We visited lots of places.

【设计意图】 为了将课文很好的串起来，我把自己变为对话中的人物 Amy。巧妙把课文内容用做梦的形式体现。

2）Teaching new words

（1）The British Museum（呈现单词卡片）反复纠正发音（板书）。

老师问：Where did you go? 学生反复回答：We went to the The British Museum. We went to …

【设计意图】 为了体现英语课程标准中，“听说先行，读写跟上的原则”。我在单词的教学中时刻注意词不离句，句不离目标句型，紧密与教学内容结合。

（2）The London Eye（呈现单词卡片）。

T：Who can read it?

Ss：The London Eye .

T：We visited the London Eye. （课件呈现句子，The London Eye is a big wheel，单词卡片：wheel

wonderful（呈现单词卡片）。

T：I think the London Eye is wonderful. Do you know about the great wall ?How about the great wall ?（The Great Wall is wonderful.）

How about the Yellow River?（The Yellow River is wonderful，too.）

【设计意图】 英语教学同时也是语言教学，因此，语言是一种活的知识，它需要不断的去在现实中应用。我把 wonderful 这个词用在不同的场景中，让学生感知 wonderful 的意义。

呈现三组图片，I liked the British Museum best，How about you?

【设计意图】　本课教学中出现 I liked...best 句型，针对这个句型在训练中有难度，我直接采取三幅与教学内容有关的图片，自己做出选择，然后说出语言句型，引导学生运用 I liked...best 说出自己的喜好。

直观呈现单词：postcard，understand。

3）Teaching the text

（1）dream，please listen.

（2）the first：look at the screen.（呈现问题，依次用汉语解释。）

（3）The second：listen to the tape and think over.

【设计意图】　设计中紧紧利用 dream 这条线，将所有内容串起来，给学生以完整的故事。所以把教学的对话以打电话的形式给予学生，并结合教学的目标句型。首先给予问题，并解释问题，其次，播放教学对话，让学生带着问题去听。做到英语教学中教师的指令一定要明确，让学生有目的的去听。

（4）Answer the question.

（5）Now listen and repeat.

（6）The teacher teach the dialogue.

（7）Read by yourself.

（8）Check up reading：I speak Chinese，you speak English.

【设计意图】　英语教学的语篇教学中，首先让学生感知文本，然后要体验文本，最后，要将文本的训练项目得以体现。教学中我打开课本带着问题入手，让学生初步感知文本；接着结合问题说出自己对内容的了解。紧跟着教师让学生通过两边的读来感悟文本。当有一定基础后，学生自己读。三遍的读后，为了监测读的效果，我采用 I speak Chinese，you speak English 的方法。这样做是一举多得：其一，把本文的重点句子，提出引起学生的注意；其二，将课文内容给学生翻译，进一步帮助学生理解；其三，听一听学生读的情况，教师掌握学生的学情，随时调整教学步骤。

3）Practice

（1）Talk about your trip.

呈现图片：In this summer holiday，I went to Beijing，I visited the Great Wall，It is very old，It's very famous I visited the summer places.

（2）Talk about your trip.（采用百零八塔，鸟岛，青秀园，黄河公园，拦河大坝）

（3）教师巡视辅导。

（4）学生交流。

【设计意图】　小学英语课程目标指出：小学英语的教学任务是培养学生学习英语的兴趣。因此，我联系学生的生活实际来训练目标句型。图片呈现我们周围学生知道并亲身游览过的图片，极大的激发学生的学习兴趣。

4）Extension

（1）T：Ok，your trips are interesting. Amy wrote a journey about her dream，but she didn't finished it. Who can help her？

（呈现 journey）

（2）Students：fill in the blanks

（3）请学生交流。

（4）朗读 journey。

【设计意图】 五年级学生已经有一定的英语基础，同时也为了体现教学的层次性，我利用补充填空的形式，将对话的梗概以日记的形式体现。既巩固本课的教学重、难点，又落实了英语教学中写的训练项目。

（二）教学效果

（1）教学内容不明确。

（2）教学过程显得杂乱，重难点不突出。

七、一次反思

反思这堂课，做的好的地方有以下方面。

（1）学生准备充分，大家的积极性都很高，对这个话题比较感兴趣。

（2）课堂气氛好。充分练习了学生的口语。

需要改进的地方如下。

（1）教学中对文化的导入不充分。可以多加一些内容，让学生有更多的了解。

（2）教学内容过杂，重点不突出，学生对知识点的掌握不牢固。

八、再次实践

对第一次初中进行总结和反思后，教师决定增加和文化有关的内容，把与文化相关的内容融合到词汇教学中。

Step 2：Presentation

1）lead in

T：Where did I go at the weekend? Let's play a game.

Look at the screen（看图读句子）

Write down the title：Module 3 At the weekend

教师问学生提问，同不们认为周末是哪两天？每周从哪一天开始到哪一些结束？在这个标题上，引出周末一词在东西方的不同理解，东方比如说中国人理解的一周是从星期一开始星期日结束；但是西方人的理解一周是从星期日开始的，星期六结束。这一点东西方人有不同的理解的。学生也很好奇，问为什么会有不同的理解？他们觉得很奇怪，在我解释之前都自认为全人类都应该是同一个认识的，作为教师当学生有疑问并且表示出极大的好奇心时，我会耐心的解释，这就是东西方文化的差异导致的。

T：Yesterday，I had a dream. I visited lots of places with my friend. We visited lots of places

2）Teaching new words

The British Museum（呈现单词卡片）反复纠正发音

（1）句子，Where did you go?反复回答：We went to the The British Museum. We went to …

（2）The London Eye（呈现单词卡片）

T：Who can read it?

Ss：the London Eye .

T：We visited the London Eye.（课件呈现句子，The London Eye is a big wheel，单词卡片：wheel）

（3）wonderful （呈现单词卡片）：

T：I think the London Eye is wonderful. Do you know about the great wall? How about the Great Wall?（The Great Wall is wonderful ）

How about the Yellow River?（The Yellow River is wonderful，too）

【设计意图】 英语教学同时也是语言教学，因此，语言是一种活的知识，它需要不断的去在现实中应用。比如 London Eye，可以拓展知识。它的全称是英国航空伦敦眼，又称千禧之轮，坐落在伦敦泰晤士河畔，是伦敦的地标之一，也是伦敦最吸引游人的观光点之一，让学生通过认识英国的景点、认识英国，从而激发学英语的兴趣。

（4）呈现三组图片，图片均为英国英名景点。首先对景点进行简单的介绍，然后说出“I liked the British Museum best，how about you?”让学生明白句型的意思和表达方式，然后结合英国的景点对句型进行进一步的操练和巩固。

【设计意图】 本课教学中出现 I liked...best 句型，针对这个句型在训练中有难度，我直接采取几幅与教学内容有关的英国著名景点图片，自己做出选择，然后说出语言句型，引导学生运用 I liked…best 说出自己的喜好。在训练句型的同时，补充 British Museum 的知识。）

（5）直观呈现单词：postcard，understand

3）Teaching text：

（1）Look at the screen.

（2）Listen to the tape and think over

（3）Answer the question.

（4）Listen and repeat.

（5）The teacher teaches the dialogue.

（6）Read by yourself.

（7）Check up：I speak Chinese，you speak English.

【设计意图】 教学中我打开课本带着问题入手，让学生初步感知文本；接着结合问题说出自己对内容的了解。由于之前对文章中出现的一些英国地标建筑做了比较多的介绍，因此学生们对课文的理解比较容易，印象深刻。

Step 3：Practice

（1）Talk about your trip

呈现图片：In this summer holiday，I went to Beijing，I visited the great wall，It is very old，It’s very famous I visited the summer places .

（2）Talk about your trip（采用百零八塔，鸟岛，青秀园，黄河公园，拦河大坝及英国一些著名景点的图片）

（3）教师巡视辅导。

（4）学生交流。

【设计意图】 我联系学生的生活实际来中熟悉的景点来运用所学的句型，让学生学以致用。同时，适当地引入英语的一些著名景点，让学生对中外景点的文化差异产生一些意识，有效满足了学生学习英语的好奇心。

（1）T：Ok，your trip are interesting，Amy wrote a journey about her dream，but she didn't finished，who can help her？

（呈现 journey）

（2）Students：fill in the blanks.

（3）请学生交流。

（4）朗读 journey。

2. 教学效果

语言是文化的产品，也是文化的载体，通过对英美文化的介绍和导入，我的学生们增加了不少的知识点，同时也激发学生们的学习积极性。对文化的导入必不可少，学生们对课文的理解更容易了。虽然这样做会占用一些时间，但是带来的效果好。

突出重点，对学生不好理解的知识点做更详细的解释。

九、再次反思

通过课堂的实践，教师对重点进行了调整，特别是对文化的导入做了更详细的准备，让学生有了更直观和详细的了解。

十、小组评议

（1）教师准备充分，图片展示直观。

（2）课堂气氛活跃，学生参与度高。

（3）作业布置适量，内容灵活。

十一、指导教师评价

在新颁布的《英语课程标准》中，将文化意识与语言技能、语言知识、情感态度、学习策略作为综合语言运用能力一个必不可少的组成部分作了具体描述，强调文化意识是得体运用语言的保证，充分肯定了文化学习在语言学习中的必要性和重要性。积极的培养学生的文化意识是提高学生学习效果的有效途径之一。该教师在实际教学环节中，有意识引导学生在学习语言的同时，关注西方文化，并将中西文化进行对比。但不足之处在于，教师没有很好的兼顾学生实际运用英语的能力，在文化导入部分，内容较宽泛，且部分内容超出学生实际驾驭能力，从而影响教学目标的完成。在今后的教学实践中，要把文化意识的培养与教学目标、教学内容和学情结合起来进行。

文化教学在小学英语课堂的应用

——“The Pancake”课例分析

罗婷婷
四川师范大学附属实验学校

一、选题背景

1. 为什么选择该课例研修为主题？

语言和文化之间有着密不可分的关系。语言是文化的组成部分。语言教学不仅包括语言知识的教学，而且包括文化知识的教学。在小学英语教学中，英语教师可根据小学生的认知水平、思维特点，以课堂教学作为“文化意识”教学的主要途径，在课堂教学过程中灵活运用各种教学方法，充分利用生活中的各种资源来开展“文化意识”教学，培养学生的英语思考能力和跨文化交际能力。

2. 关于该研修主题，他人做了那些研究？

语言是文化的主要表现形式，语言教学不能离开文化的解释，传统的英语教学太重视句子结构的组成和语法的操练，忽视文化背景的教授而导致学生在与英语为母语的人交流时，由于缺少文化意识而达不到交流目的。关于文化和语言教学，国内外专家学者们做了大量研究，如：Patrick R. Moran 教授的《文化教学：实践的观念》，探讨的是如何在语言课程中实现文化教学的目的。《文化教学：实践的观念》研究的根本目的是文化教学，而不是语言教学；美国语言学家萨皮尔（E.Sapir）在他的《语言》（Language）中也明确提出了文化对语言教学的重要性。在国内，如胡文仲、高一虹等学者也发表了相关研究成果《跨文化交际学概论》《语言文化差异的认识与超越》等。

3. 本次课例研修希望在哪些方面有所改进和突破？

语言教学和文化教学是密不可分的。本次研修我试图营造一种良好、愉悦的学习氛围，让学生情绪高涨，自主学习，从而提高教学效率。通过课堂教学，让孩子们能了解西方国家家庭生活细节及日常活动方式，学生能感受制作 pancake 的乐趣以及体验 pancake race 这一活动的文化氛围。

4. 教材和课例选择

中国青年出版社出版的《典范英语》1A（新版）一年级上册 Lesson 6 “The Pancake”。

二、教学内容简析

本节课要求学生能够读懂故事情节；惟妙惟肖地模仿录音；绘声绘色地独立朗读故事；能够看图说出制作 pancake 所需材料的名称并试着制作 pancake；能够掌握字母“p”的拼读规律。

三、学情分析

该班是小学一年级的学生，大部分孩子有一定英语基础，知道一些颜色、动物、食物、数字的表达方式，个别学生有国外生活经历。一年级学生对于新的学习和生活对他们来说充满了好奇和有趣，对学校、环境、老师、同学、课堂、学习、学校的要求都充满了新鲜感。同时他们年龄小，好动、易兴奋、易疲劳，注意力容易分散。刚入学，我班学生还没掌握学习英语的方法，缺乏合作学习的习惯，但他们热爱学习英语，上课积极举手发言。希望能用我的一些新的理念与方法去改变学生的现状，让他们养成好的英语学习兴趣和学习习惯，通过英语的学习了解其文化知识。

四、教学目标

（一）语言知识技能目标

（1）学生能够读懂故事情节。
（2）惟妙惟肖地模仿录音，绘声绘色地独立朗读故事。
（3）能够看图说出制作 pancake 所需材料的名称；能够掌握字母“p”的拼读规律。

（二）情感目标

通过故事帮助学生了解如何做 pancake，使其感受一家人一起制作 pancake 的乐趣；让学生体验 pancake race 这一活动的文化氛围。

（三）重点、难点

1. 重　点

全体学生能够看图说出制作 pancake 所需材料的名称；能够掌握字母“p”的拼读规律。

2. 难　点

能够独立朗读故事，区别中西方传统食物。

五、第一次实践

（一）教学过程

1. 导入（Lead-in）

认识并了解制作 pancake 所需的材料

通过观察实物或图片，让学生认识并了解制作 pancake 所需的材料，为看图讲故事做铺垫。

教师系着围裙，戴着厨师帽出场，巧妙介绍做 pancake 所需的材料。

Everybody，look at me! I'm a cook.

I have a frying pan. Look，it's my frying pan.（展示实物或图片，可用玩具锅代替）

I have some materials.

Look! What's this? It's milk. Do you often drink milk?（展示实物）

What's this? It's an egg. Do you like eggs?（展示实物）

What's this? It's butter. Do you like butter?（可展示图片，并用中文释义）

Look! What's in this bag? Touch it. It's flour.（展示实物）

I want a pancake.（展示 pancake 图片）But I don't know how to make a pancake. Let's see how Dad and the children made a pancake.

2. 看图讲故事（Storytelling）

理解故事情节，观察一家人一起做 pancake 的过程。

教师利用课件逐幅播放故事图片，并用丰富的表情、生动的英文和适当的肢体语言给学生绘声绘色地讲故事，让学生观察一家人一起做 pancake 的过程并体会其乐趣，同时通过故事感受 pancake race 的氛围。

（Picture 1）

Dad wanted to make a pancake.

"This is the frying pan," said Dad.（指向图片中的平底锅）

The children wanted to help.

（Picture 2）

Biff put in the flour.（展示对应的图片或实物并配合动作）

Kipper put in the eggs.（展示对应的图片或实物并配合动作）

（Picture 3）

Biff put in the milk.（展示对应的图片或实物并配合动作）

Chip beat it.（教师动作演示）

Kipper cut the butter and put it in the frying pan.（展示对应的图片或实物并配合动作）

（Picture 4）

Dad cooked the pancake.

Dad tossed the pancake.（教师用动作演示 tossed）

Look at Biff，Chip，Kipper and Floppy. Oh no!（模仿人物的表情与动作）

Did the pancake fall? No，it didn't.（教师可用动作演示 fall）

Did they eat it? No，they didn't.（教师可用动作演示 eat）

（Picture 5）

Who had the pancake?（BQ：Did Dad have the pancake?）Mum had the pancake.

Mum ran in the pancake race.（指向图片并配合动作）

"Hooray! Come on，Mum!" called Dad and the children.（引导学生用肢体语言来展示）

Could Mum win?（让学生自由表达看法）

教师要注意启发学生思考，每次提问之后稍作停顿，不要急于说出答案，先观察学生的反应，如学生仍回答困难，再进一步给出提示引导学生作答。

3. 听录音模仿（Listening and Imitating）

听懂录音并模仿出标准的语音语调。

听录音模仿时，录音是什么音什么调，就让学生模仿成什么音什么调，注意"the"的两种不同读音和"eggs"中"s"的发音，以及最后一幅图中"the pancake race"的语气与情感。

（1）放录音，让学生完整地听一遍故事，整体输入，不需停顿。

（2）放录音，全班学生齐声模仿跟读 2～3 遍。要求学生在理解故事内容的基础上，逐句跟录音指读。鼓励学生大胆开口，读出戏剧化效果，读出感情。

（3）放录音，请几个学生重点模仿最后两幅图：the pancake，the pancake race。注意引导学生使用不同的语调表达出不同的情感："the pancake"体现的是惊喜，而"the pancake race"体现的是兴奋与紧张感。学生如果模仿得不好，教师需做示范。

4. 朗读故事（Reading Dramatically）

读懂故事并学会绘声绘色地独立朗读故事。

通过多种形式的朗读，让学生能够绘声绘色地独立朗读故事，培养学生有感情朗读故事的习惯，练就语言基本功。在朗读过程中注意引导学生读出制作 pancake 这一过程的节奏感，读出 pancake race 的紧张感。

（1）全班集体朗读。教师组织全班同学齐声朗读一两遍。

（2）朗读接龙。教师组织朗读接龙活动，每人一小句，看谁读得准，读得好。

（3）个人朗读。请几个学生独立朗读故事，教师根据学生读的情况给予表扬、鼓励和指导。

朗读过程中，教师要对朗读困难或有问题的学生给予指导和示范。

5. 检查理解（Story Comprehension）

梳理故事情节，加深学生对 pancake 制作所需材料及其制作过程的认识。

1）认图选图

教师将图片粘贴在黑板上（面粉、鸡蛋、牛奶、黄油、平底锅、煎饼、书、苹果等），请学生从中选出 pancake 及制作 pancake 所需材料的图片。

2）排序

请学生按照制作 pancake 的过程进行图片排序。

3）词图配对

教师逐一出示单词卡片（the frying pan，the flour，the eggs，the butter，the milk，the pancake），请学生读一读并将单词卡片粘在对应的图片下方。最后，教师将两张 the pancake race 卡片发给两名学生，比比谁能先跑上讲台并将其贴在黑板上相应位置。

6. 唱儿歌（Chant）

在节奏与韵律中培养学生拼读意识，熟悉字母“p”的发音规律

1）唱儿歌，感受字母“p”的发音规律

利用上一环节中黑板上展示的图片与词卡，将故事改编成朗朗上口的儿歌，带着学生一起边拍手边清唱。让学生在儿歌中感受字母“p”的发音规律（儿歌可在 PPT 上呈现，见课件）。

Pan! Pan!

This is a pan.

Put in the flour.

Put in the eggs.

Put in the milk.

Put in the butter.

Pancake! Pancake!

This is a pancake.

2）标字母，了解字母“p”的发音规律

教师在 PPT 上标记出儿歌中的字母“p”（见课件），并带领学生读含有字母“p”的几个单词：p-p-p-pan，p-p-p-put，p-p-p-pancake。

7. 家庭作业（Homework）

（1）模仿录音，熟读故事。

（2）给爸爸妈妈讲故事，讲一讲 pancake race 的来源。

（3）画一画做煎饼的过程，如条件允许，可与爸爸妈妈一同制作煎饼。

（二）实践教学效果

通过观察课堂上学生的反应及与学生的简单访谈，发现学生对于如何制作 pancake 非常感兴趣，学得也很认真。但对于制作 pancake 的过程还不是非常清晰，对西方食物 pancake 和四川传统小吃“锅盔”的理解有所混淆，如有时间可以对比“pancake”和“锅盔”的所需材料和做法。

六、第一次反思

1. 执教教师的思考

小学阶段的英语学习，兴趣和习惯的培养是很重要的，但通过语言了解其背后的语言知识显得更为重要，因为英语早已不再是简单的交流工具，更是文化交流的一个载体。那么，在平时的英语学习中，如果学生只会读课文，而不会在生活中运用，也不了解其文化背景，长久以后会使学生觉得英语学习索然无味。

通过思考，我认为恰当的文化教学是消除文化隔阂，减少跨文化交际障碍的有效办法。我们可以将西方的价值观，人生观和生活方式渗透到教学中，使学生增加对西方社会的了解，培养学生对英语国家文化及文化差异的敏感性和适应性，培养交际能力和跨文化意识。在教学中，我们可以运用文化比较法，如对比 pancake 和锅盔的所需材料和做法，比较他们的相同点和不同点，让学生在原有知识或常识的基础上轻松了解不同文化带来的差异。

2. 课题组成员讨论建议

基础教育阶段英语课程的任务是：激发和培养学生学习英语的兴趣，使学生树立自信心，养成良好的学习习惯和形成有效的学习策略，应该多注意对学生学习兴趣和学习能力的培养。除此之外，教师还应特别重视在教学中对学生进行文化方面的输入。文化教学在我们的常态课中有时往往会被忽略，如果长此以往学生只是学到英语的皮毛，而没有学到其“精髓”。布鲁纳认为：最好的学习动力是对所学材料有内在兴趣。根据小学外语教学的特点和儿童的心理特点，教学要贯彻直观性、趣味性、实践性和交际性的原则，教学方法要得体、多样、灵活、有趣，更应该重视文化教学，这样才能长久的激发学生学习英语的兴趣。

在我们平时的课堂上，教师可以有意识的对学生进行语言背后的文化补充与熏陶，帮助学生掌握英语的“多维目标”，而不只是简单地学习语言知识。

七、第二次实践

经过反思和小组讨论，重新设计第五部分 Presentation，第 5 小部分结束后的教学方式，现修改如下。

第 5 小部分学完后，紧接着是第 6 部分的 chant。我继续用 chant 的方法帮助学生梳理本课的语言知识点，以及制作 pancake 的步骤及过程。为接下来现场演示制作 pancake 做好铺垫。

1）教师手拿图片，引导学生说 chant

Pan! Pan!
This is a pan.
Put in the flour.
Put in the eggs.
Put in the milk.
Put in the butter.
Pancake! Pancake!

This is a pancake.

2）教师按照书上制作 pancake 的过程，现场一步一步地演示如何制作 pancake

教师在制作 pancake 的过程中，复习本课所学词汇 pan，flour，eggs，milk，butter，pancake，让同学们在制作 pancake 的情景中感受到学习英语的快乐以及体验英国的文化。

3）增加游戏（Games）

在情境中深入理解故事与文化背景

（1）观看视频，了解 pancake race 的文化背景。

教师播放“pancake race”的视频（见课件），帮助学生了解故事的文化背景。

（2）游戏：Pancake Race。

教师组织学生进行“pancake race”。男生一组，女生一组，每次男生组和女生组各出一名选手参赛，比比谁能最快到达终点，并能保证“煎饼”不掉，每次的获胜者的小组得一分，最后看看哪组得分最多。教师可请 2～3 名学生担任裁判，也可以根据实际情况调整比赛规则。

4）增加“锅盔”的所需材料与做法

（1）观看视频，了解锅盔的文化背景以及制作的过程。

（2）教给学生制作锅盔所需的材料，如：flour，meat，green onion，vegetable 等。

（3）再次播放或现场演示制作“锅盔”的步骤。

5）比较 pancake 和锅盔制作的相同点与不同点

根据所学习的课文特点，编写了这首简短的 chant，“Pan! Pan!”重点突出 pan，flour，eggs，milk，butter，pancake 语言词汇目标；同时，在现场演示了制作 pancake 的过程，情景再现，帮助学生很快理解故事以及能在生活中运用；在这个教学过程中，还很自然的交给学生字母“p”的拼读规律，让学生初步感知自然拼读；第二次实践，还让学生充分体验 pancake race 这一活动的文化氛围与乐趣。并给学生在课堂中补充，英国的社区或学校经常会举行一些有意思的跑步比赛，让父母和孩子一起参加。“pancakc race”是其中一种形式，类似的还有“egg and spoon races”“sack races”等。本故事讲述的就是孩子们和爸爸如何一起做 pancake，并配合妈妈参与 pancake race。最后再加入“锅盔”的制作方法、所需材料。让学生更直观的通过这两种食物来感受中西方文化的差异。

九、指导教师点评

小学英语教学，由于多方面的因素会影响孩子学习英语的兴趣以及养成良好的习惯。教师第一次授课时，由自己呈现 pancake 的制作过程，学生缺少参与，对词汇、句子的理解和使用只局限在机械操练上。由于学生的知识有限，在第一次教学完成后很多学生自然而然的将“pancake”理解为了自己熟悉的“锅盔”，孩子原有的文化知识影响了新知的吸收。通过教师在第二次实践，通过中西方两种不同食物的比较学习与体验，让学生更直观的通过这两种食物来感受中西方文化的差异。文化意识培养方面的不足得以补充，孩子们了解了 pancake race 的相关文化背景与体验了 pancake race 的乐趣，真正实现“做中学，乐中学”。

让英美文化渗透于小学英语教学中

——"Do You Want to Visit the UN Building?"课例研修

钱红梅
石马小学

一、选题背景

1. 为什么选择该课例研修为主题？

《英语课程标准》指出："语言与文化有密切的联系，语言是文化的载体"，教师应当"努力使学生在英语学习的过程中了解外国文化"，帮助他们"不断拓展文化视野"，培养"跨文化交际的意识和能力"。接触和了解英语国家文化有益于对英语的理解和使用，可以帮助学生了解并尊重其他国家民族的优秀文化传统，更好地理解并热爱中华民族的优秀文化传统。不仅如此，还可帮助学生了解文化差异，培养爱国主义精神，增强世界意识。语言的得体性离不开文化背景知识，现代外语教学论认为文化错误比语言错误更严重。由此可见，文化教学对英语语言教学的重要性和必要性。要实现英语课程目标，培养学生的文化意识，以课本为参考在教学实践中进行文化渗透极其重要。

2. 关于该研修主题，他人做了那些研究？

关于文化教学，中外学者、教育家们做了很多探讨和实践。古德诺夫（Goodnough）在《文化人类学和语言学》一书中阐述了语言与文化的关系，他认为，"一个社会的语言是该社会文化的一个方面，语言与文化是部分与整体的关系，语言作为文化的组成部分，其特殊性表现在：它是学习文化的主要工具，人在学习和运用语言的过程中获得整个文化。"Michael Byram 等人提出了一个将语言和文化相结合的综合教学模式。提出文化教学的方法：比较、知识传授和田野调查。在国内，一批学者也致力于此，如胡文仲与高一虹，他们在著作《外语教学与文化》中对文化的定义与特性、我国文化教学的内容、文化教学的方法等方面做了相应研究。陈申在《语言文化教学策略研究》中对外语教学中的文化教学策略进行了研究：文化讲座，文化参观，文化讨论等策略。

3. 本次课例研修希望在哪些方面有所改进和突破？

本次研究努力在完成知识和技能目标的同时适当扩展孩子们的文化知识背景，采用呈现图片，音乐或猜谜语等方式升华文化意识，让学生在了解联合国建立的目的和意义的同时学会表达自己的意愿。

4. 教材和课例选择

外研版（三年级起）小学六年级上册 Module 9 Unit 1 “Do You Want to VIsit the UN Building?第一课时。

二、教学内容简析

本节课是外研版六年级上册第九模块第一单元的内容，这一部分内容是对话加图片，内容是 Sam 的爸爸带着 Sam 和 Daming 去参观联合国大厦。他们看到来自各国的国旗。他们也在联合国大厦里看到来自中国的礼物。学会询问对方的意愿也会表达自己的意愿。

三、学情分析

本课的教学对象是六年级一班的学生，第八模块孩子们已经学了“do”和“does”引导的一般疑问句的用法和表达，在前面的学习中对国内外知名的建筑也有所了解，如 Big Ben，the Great Wall，London Eye. 第九模块一是对第八模块的复习巩固，二是学一些由 do/does 展开的新知。这个班的的孩子英语基础好，书写好，但性格内敛腼腆，口语差，不少孩子是留守儿童，对外面的世界了解甚少，学习积极性不高。

四、教学目标

（一）语言知识技能目标

1. 能力目标

能够询问他人的意愿以及表达自己的意愿。

2. 知识目标

单词：around，all around，member state，inside，should。
句子与句型：“Do you want to visit the UN building in New York?”
“Yes，we do.”
“Dad，I want to show Daming one of the presents from China.”

（二）情感目标

了解著名的建筑物，爱好和平。

（三）重点、难点

1. 重　点

能够询问他人的意愿。

2. 难　点

能够使用恰当句式描述自己意愿，了解一些地标性建筑，引起感情共鸣。

五、实　践

Step 1：Greeting

Step 2：Warming-up

T: The Spring Festival is coming. I want to visit some places. Firstly, I want to go to Beijing, there is a great building. It's long and old. Can you guess where I want to go? （PPT 上展示 Great Wall 的图片）Later，I want to visit London，there is a round building，I can see all towns of the city in it. Can you guess where it is?（展示 London Eye 的图片）（伦敦眼和长城是孩子们刚学过的两个建筑物，这一步是对旧知的一个复习。）

T：Boys and girls. Do you like travelling? Where do you want to go? Where do you want to visit? 引导孩子们表达 I want to go…I want to visit…

出示几幅美丽建筑物如埃菲尔铁塔，泰姬陵，金字塔，联合国大厦的图片。之后提问 "Do you want to visit them?"（以不同建筑物图片引起学生注意，提高兴趣和求知欲，引入新知。）

Step 3：Presentation

（1）T：Today we are going to visit the UN building with Sam and Daming. Do you want to visit the UN? （展示 UN Building 的图片。）

T：And this is a picture of the UN building. Look，there are so many flags，do you know the flags?

（2）Listen and watch the flash and find the sentences about "want to". Then think about two questions：Where is the UN building? What is the UN building like?

（3）Read picture one and two and think about one question：What does the UN want to make?（展示战争年代和现在安逸生活的图片）What kind of life do you want to live? Do you want to live in war or peace? Choose one picture. PPT 上出示三幅图片和平，地球和战争，在多展示几张战争带来的血腥的照片，各地反战组织游行的照片，（此处给学生展示图片，让学生了解战争，再引出问题答案。在对本国历史了解的情况下更能唤起情感共鸣，更深刻的了解和平的含义。）人们期盼和平的美好愿望的照片等让孩子们意识到和平对世界是多么得重要，因此引入介绍联合国（UN 就是二战后形成的，是一个由主权国家组成的国际组织，中国是最早期的成员国，也是常任理事国之一。1945 年 10 月 24 日，在美国旧金山签订生效的《联合国宪章》，标志着联合国正式成立。联合国的任务之一是维护世界和平。）

（4）读第二部分并思考问题：Has China got buildings like this? Does Daming want to go inside the UN building?

（5）第二次播放动画，学生模仿跟读。

Step 4：Homework

下去查阅一个世界上的知名建筑物，搜一个图片，旁边附上此建筑物的名字，是哪个国家的，有多少年的历史，做成卡片，下节课给大家展示。

Step 5：Play MV：“Heal the World”

这是迈奈尔·杰克逊的歌曲，让孩子们意识到要热爱和平，在歌曲中结束课程。

六、教学反思

本单元的内容是关于 Sam 和 Daming 跟着 Sam 的爸爸参观联合国大厦的对话，教学重点在于引导学生对 UN 的认识和背景理解以及“want to”句型的练习使用。在课文的热身部分以猜谜语的方式复习以前学过的两个著名建筑物，接着以提问的方式询问学生想去的地方继而引出今天所学的联合国大厦。结合文本学习渗透了关于联合国的相关知识，让学生在了解中国抗日战争的基础上了解二战后联合国成立的意义，激发了他们的爱国主义精神和爱护和平的决心，学生在课堂上表示说“我们要爱好和平”。再通过布置家庭作业的让孩子课后查阅建筑物并使用相关语句进行介绍，培养他们自主学习的能力和动手能力。学生对这堂课教学内容很感兴趣，也能较好的配合教师完成语言练习和家庭作业。

七、教师点评

本课教师有意识加深学生的文化意识培养，让学生了解世界著名建筑物，让他们从小爱好和平，这一点值得肯定。然而，在实际教学设计中，对建筑物的介绍稍显过多，教学重难点未突出，语言教学效果相对降低。建议可在课后加强文化熏陶，并以此带动课堂教学氛围。

英美文化在小学英语教学中的导入

——“Happy Thanksgiving!”课例研修

杨　敏
苍溪县彭店小学

一、选题背景

1. 为什么选择该课例研修为主题?

《英语课程标准》指出:“语言与文化有密切的联系，语言是文化的重要载体”，教师应当“努力使学生在学习英语的过程中了解外国文化”，帮助他们“不断拓展文化视野”，培养“跨文化交际的意识和能力”。

语言是文化的载体。语言学习实际上是在学蕴藏在字、词、句、篇、章里面的包括历史地理、风土人情、传统习俗、生活方式、文学艺术、行为规范、价值观念在内的诸多社会和人文方面的东西。一味地传授语音，词汇，语法知识而忽略文化背景因素的差异会使学生形成“汉语思维 + 英语形式”的不良学习和思维习惯，在真实的语言交际中会遭遇文化冲突和误解。因此，我们应该在教学中注重培养学生的文化思维，而不只注重文化现象的介绍，从语言教学着手加深学生的文化意识培养。

2. 关于该研修主题，他人做了那些研究?

古德诺夫（H-Goodenough）的著作《文化人类学和语言学》一书中阐述语言与文化的关系“一个社会的语言是该社会文化的一个方面，语言与文化是部分与整体的关系，语言作为文化的组成部分，其特殊性表现在：它是学习文化的主要工具，人在学习和运用语言的过程中获得整个文化”。

胡文仲与高一虹的《外语教学与文化》对文化的定义与特性、我国语言文化教学及研究、教学的方法等方面进行了研究。陈申在他的《语言文化教学策略研究》中对外语教学中的文化教学策略进行了研究，提出文化讲座，文化参观，文化讨论等教学策略。

3. 本次课例研修希望在哪些方面有所改进和突破?

本研究努力为学生创设真实情景，有效利用学生的求知欲和好奇心，帮助学生在猜测、模仿等过程中习得语言知识并对西方国家重要节日有更深的了解。

4. 教材和课例选择

外研版六年级上册 Module 4　Unit 1“Happy Thanksgiving”第 1 课时。

二、教学内容简析

本课属于新授课，在以往的学习中已经学过了一些关于英美国家的节日内容，如 Christmas，Halloween，Mother's Day 等。通过本课节日文化知识，让学生学习、了解不同的中外节日，并谈论在不同的节日人们做什么、吃什么、看什么等等。让学生了解不同节日的风俗，特别是了解外国节日的习俗，培养学生的跨文化意识。通过对节日的谈论，掌握人称代词（主格、宾格）和物主代词。

三、学情分析

本节课通过继续学习英美国家的节日，在中西文化的交融中培养学生的跨文化意识，增强学生热爱祖国和弘扬中国传统文化的意识，以此提高英语学习的兴趣。

六年级的同学，在以往的学习中已经学过了一些关于英美国家的节日内容，如 Christmas，Halloween，Mother's Day 等，通过复习和再学习，在口语操练中不断增加和拓宽交际内容，促进学生用英语思维，用英语做事的能力。

在组织课堂教学时，尽量采用英语，让学生完全沉浸在学习的氛围中，同时也以这种氛围感染每一位学生，鼓励他们大胆开口说英语。教学采用了交际法、全身反应法等多种教学方法，另外设计了各种活动贯穿整个课堂，让学生积极参加，让学生获得成就感，开展小组竞赛活动或竞争性游戏，学以致用，充分调动每位学生的情感。

四、教学目标

（一）语言知识技能目标

（1）能理解、认读生词："festival，special，meal，sound"，并能书写单词"thank"。

（2）能理解和口头运用句子：Thanksgiving is my favorite festival. We always have a special meal. We say "thank you", for our food，family and friends. 并用这类语句介绍节日主要活动。

（3）谈论中西方国家的节日，让学生了解不同 festival 的习俗特别是了解外国节日的习俗，培养学生的跨文化意识。

（4）能描绘不同节日的特点并归类对比。

（二）情感目标

学会用英语讨论和描述感恩节等中西方节日，进一步认识到中西方文化的差异，欣赏、理解西方节日文化，尊重他国习俗。

（三）重点、难点

1. 重　点

（1）Four skills：festival，special，meal，sound.

（2）Master drills：

① What do you do on …?

② Thanksgiving is my favorite festival.

③ We always have a special meal.

④ We say “thank you” for our food，family and friends …（进行扩展，在实际中灵活运用。）

⑤ 能用英语谈论 Thanksgiving Day 等西方节日。

⑥ 代词 I，me，my，we，our 的用法。

2. 难　点

（1）词汇的发音及理解。

（2）掌握人称代词（主格，宾格）和物主代词。

（3）运用本课的句子描述相关 festival 的主要活动。

五、教学实践

Step 1：Warming-up

【设计意图】 活跃课堂气氛，吸引学生注意并为进一步引出讨论圣诞节这一话题。

Greeting.

（师头带圣诞帽）T：Who am I now? Sing a song（“We wish you a Christmas”）

T：Do you like this song?

S：…

T：When is the Christmas day?

S：It’s on December 25.

T：What do people do on Christmas？ Who can tell me about it?

（同时以课件出示书本的活动 3 图片，试着描述圣诞节的主要活动）

Step 2：Lead-in

引导学生说出他们了解的西方节日名称，学生可能会说出一些，例如：Mother’s Day，Father’s day，Halloween 等他们熟悉的一些西方节日。还有的学生可能会说出 Thanksgiving Day，Flag day 这两个节日。让他们用中文直接说说这两个节日与人们在过这两个节日都做些什么？因势利导，如果学生说不出这两个节日，教师直接板书：Thanksgiving Day，Flag day，告诉大家今天我们要了解的就是这两个节日。

Step 3：Presentation

1）熟悉课文和语言应用环境

T：What’s Simon’s favorite festival? Please learn to answer.

Activity 2 Ask and answer

Listen to the tape and answer the questions.

（1）What’s Simon’s favorite festival?

（2）What are the two American festivals in the story?

（3）What do people do on Flag Day?

（4）What do people do on Thanksgiving Day?

Answers.

（1）His favorite festival is Thanksgiving.

（2）They are Flag Day and Thanksgiving Day.

（3）They carry flags and sing songs.

（4）They always have a special meal on Thanksgiving. Before the dinner，they say " Thank you" for the food，family and friends. They watch a big football game.

Teach new words：meal，sound，special.

Activity 3　Listen，point and find　"I，me，my，we，our"

2）学习新单词

festival，special，meal，sound，可利用单词卡片教学新单词。（全班读，小组读，个别读）

T：Boy and girls，on New Year，we can sing and dance；we can play fire-works. We can do a lot of special things. It's special for us. 出示单词卡片 special 并教学。（用不同节日的不同元素做对比，引出 special。尽量避免直接解释。如过年拿压岁钱，放鞭炮，贴窗花等，端午划龙舟吃粽子，中秋吃月饼。由或者用一大堆什么东西中某一特别的东西来让学生理解 special）

T：Well done. You know，"New Year" is a festival，a special festival. 出示单词卡片 Festival 并教学，注意读音。

T：Now，we know that New Year is a special festival. What do you do on New Year?

S1：…

S2：…

T：You are right. We always have a big meal with our family.（做吃饭状，帮助学生理解 meal 的含义并教授该单词）（这一环节和上面的对比呼应，上面用图片表示不同节日做什么吃什么的同时又年夜饭的图片，回到这些图片进行教学）

T：Excellent! Today，I'll tell you a special festival.（边说边板书 Thank，问学生其意思，在写下 give，在合起来写 Thanksgiving，逐步引导学生猜测这个词的整体意思，继而将课题板书出来。）

3）学习重点句子

单独提出学习的重点句子朗读，再回到课文中结合文意加深印象。

Thanksgiving is my favorite festival.

（On Thanksgiving Day）

We always have a special meal.

We say "Thank you" for our food，family and friends.

（After Thanksgiving dinner）

We watch a big football game on TV.

That's great!

4）再读课文，详细问答

What's Simon's favorite festival?（Thanksgiving 领读并解释意思）

T：What do they say?

（“Thank you”“Happy Thanksgiving”）

What do they do after dinner?

（They watch a big football game on TV）

5）学生分角色朗读课文

Step 4：Practice

Activity 4 Talk about your favorite festival

【设计意图】 通过对话练习为应用所学语言做准备，同时为填写调查表时排除语言障碍）

A：What's your favorite festival?

B：My favorite festival is

A：What do you do on____?

B：We always______________.

Activity 5 Complete the following questionnaire

Name	What's you favorite festival?	What do you do?

【设计意图】 通过让学生调查，一是训练所学单词句型；二是运用到具体情境中提高学生的语言应用能力；三是训练学生的交际能力。

Step 5：Extension

（1）播放几个国内小朋友过节日的短片，通过节日活动，节日习俗比较让学生深入体会每个节日的来历和意义，培养学生的跨文化意识。

（2）My favorite festival.

教师呈现几幅节日图片，并给出关键句子（Mid-Autumn Festival，National Day…）

What do you do on ________?

What do you eat?

What do you wear?

What do you say?

Can you tell me more about ____________?

师示范，生练习。

（3）学生分组交流：Learn to give thanks! Learn to give! Learn to love!（通过交流节日中收获的礼物和爱，让学生忆苦思甜，学会感恩）

Step 6：Assessment

本课教学采用情景教学法、语言教学法、直观教学法、提问法等教学法。在课堂中创设真实或模拟的情景，帮助学生在猜测、模仿等过程中理解、模仿和运用 words 和 new sentences。设计任务型活动，让学生在完成任务的过程中学会运用相关句型来描述节目的活动。精讲多练，充分发挥学生的主体作用，在活动中，通过合作学习，建立团体意识和集体责任感。学生掌握很好，对西方文化也有了更深的了解。

Step 7：Homework

（1）抄写新单词及重点句型。

（2）尝试用英语描述一下中国的传统节日，例如：At Spring Festival，we eat a big family dinner，Family member get together. They talk to each other. Children play games. Parents buy new clothes for their children ...

（3）Collect Chinese and American festival information.

六、教学反思

在本节课上，我设计了与学生生活实际较贴近学习活动，在重点把握复习、新知教学和朗读训练三个环节基础上，面向全体学生，关注学习过程，通过歌曲、文化导入、整体感知课文等来引导学生在交际过程中进一步体验西方国旗日、感恩节文化。教学中，引导学生自主学习新单词，在具体的语境中学习重点句型，朗读训练，这些帮助我顺利地达成本节课的教学目标。

尽管是精心准备，我还是有些顾此失彼。如在教授单词环节上的拖拉、原本想放手让学成为课堂的主角的 Extension 环节，在操作中，我深深感受到要把学生培养成可以放手，课堂灵活自如是多么的不易。我还要不断努力，改进完善。

七、指导教师点评

该教师本堂课程设计合理，教学重难点突出，在活动难度设计上分层递进。在全面提高学生语言技能的同时能够灵活运用融合法、对比法等教学方法进行文化教学。但是在时间设计上稍显欠缺，给学生留出的自主学习时间较少，没有充分调动学生学习自主性，希望能将一些重复性的课堂活动设计为课后练习，给孩子们留出思考和自主学习的空间。

英美文化在英语教学过程中的导入

——“They Are Monkeys”课例研修

张　黎
苍溪县龙王小学

一、选题背景

1. 为什么选择该课例研修为主题?

在外语教学中，文化是指所学语言国家的历史地理、风土人情、传统习俗、生活方式、文学艺术、行为规范、价值观念等。“学习外语不仅是掌握语言的过程，也是接触和认识另一种文化的过程。”接触和了解英语国家文化有益于对英语的理解与使用，有益于加深对本国文化的理解与认识，有益于培养世界意识。

《英语课程标准》中明确提出了对学生文化意识培养的要求和目标。那么，如何在小学英语教学中导入文化意识呢？本课例研修旨在探索小学英语教学中文化意识导入的方法和技巧，提高学生文化意识和学习兴趣。

2. 关于该研修主题，他人做了那些研究?

1957 年拉多（Robert Lado）出版了世界上第一部对比语言学专著《跨文化语言学》（Linguistics across Cultures），提出文化在语言学习过程中的重要地位和迁移现象。

古德诺夫（H-Goodenough）的著作《文化人类学和语言学》一书中阐述语言与文化的关系：“一个社会的语言是该社会文化的一个方面，语言与文化是部分与整体的关系，语言作为文化的组成部分，其特殊性表现——它是学习文化的主要工具，人在学习和运用语言的过程中获得整个文化。”

胡文仲与高一虹的《外语教学与文化》对文化的定义与特性、我国语言文化教学及研究、教学的方法等方面进行了研究。陈申在他的《语言文化教学策略研究》中对外语教学中的文化教学策略进行了研究，提出文化讲座，文化参观，文化讨论等教学策略。

3. 本次课例研修希望在哪些方面有所改进和突破?

通过课例研修，希望能摸索出一套适合自己学校英语文化教学的方式方法，让他们了解英语国家的生活习惯及隐藏在语言背后的因思维方式不同而产生的差异，并引导孩子们尊重他国的语言和文化，培养他们的爱国主义情操和文化意识。

4. 教材和课例选择

外研社《新标准英语》（三年级起点）的第二册第二模块第一单元“They Are Monkeys”。

二、教学内容简析

这一单元让学生认识动物的英语名称和他们的名词复数表达形式，描述人和事物外部特征的几个形容词 big，small，fat，thin，学习句型“What are they? They're monkeys. They're small”。本课时安排的主要内容是学习几个动物单词以及用这些单词说句子。考虑到多数学生都喜欢动物，并且个别学生还会模仿一些动物的声音、形象和动作，教师以学生已知的认知的水平和熟悉的生活经验以及兴趣为出发点，选择导入新授的最佳切入点来组织教学活动。本课的学习为之后单元学习运用名词复数打下基础。

三、学情分析

本节课的授课对象是三年级学生，根据这一时期小学生的生理和心理特点：小学生活泼好动，爱表演，乐于接受新奇、趣味性强的事物，在这堂课的英语教学中，会适当的加入一些竞赛、游戏，有利于培养学生的兴趣，也符合“乐学”原则；小学生持久性学习时间短，利用游戏教学“无意注意”的特性，让学生在玩中学，在兴趣中学，有利于化难为易，减轻学生的负担，这也符合素质教育的要求。通过一学期的英语学习，孩子们对英语有了初步了解，并对英语有着浓厚的兴趣。而且，他们中的大多数孩子在平时利用网络也学习了不少动物单词，这对本课的学习非常有利。但也正因为是刚接触英语，所以孩子们的文化意识不强，这就需要老师在课堂上加以引导。

四、教学目标

（一）语言知识技能目标

（1）能听说认读 lion，tiger，elephant，monkey 等动物的单词及其复数形式。

（2）能听懂、会说新句型“What are they?”“They're monkeys.”并能在日常生活中会运用。

（3）能用所学的知识描述不同动物名称及其特征。

（4）能对常见事物进行询问和回答，提高交际能力。

（二）情感目标

（1）学生能够懂得爱护动物，保护动物。

（2）在英语学习活动中形成主动开口说英语的习惯，体验用英语进行交际的乐趣。

（三）重点、难点

1. 重 点

能听、说、认读新单词：monkeys，tigers，lions，elephants。

2. 难 点

灵活运用重点句型：“What are they?”“They are monkeys/tigers/elephants...”

激发学生学习英语的兴趣，培养学生自主、合作、探究的能力，培养积极思维的习惯，促使学生体验成功的快乐。

六、初次实践

Step 1：Greeting

课前师生问候，态度要亲切有活力，让学生耳濡目染，练习使用常见的“Good morning”“How are you?”等问候语句。

【设计意图】 在英语学习的初始阶段给他们形成正确的英语问候方式有助于培养学生的跨文化交际能力。

Step 2：Warming-up

师生唱跳“Old MacDonald Had a Farm”

【设计意图】 首先，通过唱歌和动作模仿给孩子们营造一个愉悦的学习氛围，集中孩子们的注意力，提高他们学习英语的兴趣。

Step 3：Lead-in

教师带上熊猫头饰，以熊猫 Panpan 的身份来跟大家打招呼，欢迎小朋友去 Panpan 的家 zoo 参观。

“Good morning，I'm Panpan. Nice to meet you.”让学生也跟熊猫打招呼，复习“Hello，I'm...”“Nice to meet you.”句型。让学生跟着熊猫一起去公园走一走，看一看。

【设计意图】 孩子们很期待认识新的朋友，教师角色的变化更是激起他们的求知欲：我将认识那些朋友呢？

Step 4：Presentation

熊猫 Panpan 引着孩子们认识了新朋友 monkey，tiger，lion，elephant 师范读，教读，学生个别读，小组读，掌握其读音。

【设计意图】 通过熊猫 Panpan 介绍它的朋友来引出新知，孩子们乐于接受，在认识新朋友同时也学习了新内容，达到润物细无声的效果。

Step 5：Practice

1）Game1：What's missing?

我把全班分为 5 个小组，分别以 5 种动物来命名，让孩子们以小组比赛的形式进行游戏，哪组成员在规定的时间里记忆并说出了不见的动物，就奖励该动物 sticker。首先，我们通过 chant 来为自己组加油打气!（双手拇指朝上）

Group1：Tiger，tiger，go，go，go;

Group 2：Monkey，monkey，go，go，go;

Group 3：Elephant，elephant，go，go，go;

Group 4：Panda，panda，go，go，go;

Group 5：Lion，lion，go，go，go.

为了营造竞争氛围，我告诉孩子们在其他组说“go，go，go”的同时，他们可以双手拇指朝下一齐说“no，no，no.”（结果有些孩子还加了瘪嘴和摇头的动作，这让我真正地感受到孩子的创造力是与生俱来的，作为老师只需适当引导即可。）

出示 PPT：PPT 里展示动物园里各个角落的动物，给孩子们 10 秒时间记忆，然后几种动物的图消失，让学生说是哪些动物不见了。教师 check 的时候使用句型“What’s missing?”学生用英文猜出，在玩游戏的同时巩固所学单词。

【设计意图】 头脑风暴，能真正检测学生对单词和动物的认读情况。小组竞争更是有效地把每一名学生与小组乃至全班都联系起来了，在竞争中，他们形成了集体的荣誉感。

2）Game 2：help our professor

PPT 出示一张森林图片，到处若隐若现各种动物，要求孩子们帮助动物学家找到藏起来的动物，并做好记录。孩子们需要回答专家的两个问题：What’s this? 或 What are they? 讲完要求之后，我叫来一个明白的孩子为大家做示范：指着一只露着屁股的老虎问 what’s this? 他说 It’s a tiger.又指着枝桠上两只蒙着面的猴子问 what are they? 引导说出 they are monkeys. 如此示范两次，在确保孩子们都清楚后，我请来另一位小朋友来当专家，其他各组孩子竞赛回答专家提问，参与的孩子都奖励 sticker。而且我都会给他们表扬，采用英语国家的语言方式 Give me five!

【设计意图】 利用角色扮演来操练两个句型，学生学习没那么枯燥，教学效果更佳。Give me five! 的鼓励方式让孩子们对外国文化有了亲身体验。

3）在 Game 2 的同时，教师需板书以下句子并在旁边配上相应图片

What’s this?	What are they?
It’s a monkey.	They are monkeys.
It’s a lion.	They are lions.
It’s a tiger .	They are tigers.
It’s an elephant.	They are elephants.

要求孩子们从板书中找规律。

S1：右边的单词后面都加了“s”，左边的不加。

S2：左边的动物是一只，右边的是几只（讲解名词单复数）。

【设计意图】 让孩子们自己动脑找规律，培养他们自主学习意识。

Step 6：Summary

Today we have learned some animals. （展示图片复习本节课所学的单词和句子）然后，我给孩子们分享了一组平面广告一张是鳄鱼，另一张是熊，这广告使人看了有一种很痛的感

觉，因为它们身上有着无法愈合的伤，是由于人类的贪婪而造成的伤，鳄鱼身上没有了皮的地方，显示的是一只靴子，可以知道，人类用鳄鱼皮制作靴子。熊被剥掉皮毛，显示是一件大衣的形状，人们用熊的皮毛制作大毛衣。这些创意让人感同身受，引起孩子们的深刻思考：我们用的东西真的需要用一条动物的生命去获得吗？孩子们看的都很认真，最后有一个孩子出乎意料地说出了“没有买卖没有杀害”。我很欣慰，我的孩子们学会了尊重生命。

【设计意图】 总结旨在检验所学，最后宣传片的欣赏意在让孩子们了解在这个艰难的世界里动物是最弱势的一群，当他们被残害的时候，连申诉的能力都没有。我们要做的就是承诺并行动：爱及生灵，尊重生命，给予动物一个生存的权利。

Step 7：Homework

抄写本节课的单词。

七、教学反思

本课时主要操练内容的侧重点放在“What’s this?”“It’s...”“What are they?”“They’re...”因此，整节课的每个教学环节力求做到过渡自然，一环紧扣一环，层层铺垫，层层加深，学生在做中学，学中做，真正做到有兴趣学，学有所得。最后通过观看保护动物的公益广告，让学生们有意识的爱护动物，尊重生命！回顾本次课，我有效地将西方文化渗透到教学过程中，教学效果明显。首先，在 Greeting 部分，我采用了英语国家常用的问候方式跟孩子们打招呼，利于培养他们的跨文化交际能力。其次，在课堂评价时，我用西方加油打气的方式——Give me five!为孩子们的精彩表现喝彩，其他孩子看到后也争先参与到课堂活动中来，是教学活动顺利开展。最后，我在结束本节课之前给孩子们观看了一组保护动物的宣传片，我看到有些孩子在偷偷抹眼泪，我知道他们是真的理会到了精髓，我想孩子们在今后一定会爱护动物，尊重生命的。存在不足：对学生知识的拓展做得不够；课堂用语需要加强学习；合作学习方面需要继续探究，发挥更有效的作用。

八、教师点评

苏霍姆林斯基曾说：教育儿童通过周围世界的美，人的关系的美而看到的精神的高尚、善良和诚实，并在此基础上在自己身上确立美的品质。该教师在这一课教学设计中，针对这一年龄段孩子的心理特点和课本内容添加了动物保护这一话题，从情感上教导儿童热爱大自然，珍爱生命。这不光是情感共鸣，也是教学的升华，真正实现教育的目的！

计算机辅助教学在英语课堂中的应用
——"I'm Ms Smart"课例分析

梁晓琴
苍溪县白鹤小学

一、选题背景

1. 为什么选择该课例研修主题？

计算机辅助教学作为一种现代化教学手段，有利于发展学生的智力，培养学生的能力，有利于按照程序教学、人格化教学的理论贯彻因材施教的原则，实现个别学习，还可以增强学生学习上的成功意识，并可以把教师从繁重的重复性劳动中解放出来，以及与其他电化教育技术相结合，发展成更高层次的教育技术。

2. 关于课题，他人做了哪些研究？

电子计算机问世不久时，就有人设想把它用于教育。实际从事这方面的研究是美国在 20 世纪 60 年代初开始的。美国俄亥俄州立大学心理学教授普莱西（S. L. Preasey）设计了世界上第一台自动教学机器，从而开创了人类利用机器进行教学的新纪元。教学机器可以呈现一系列按照学习规律预先设计好的学习"图景"来塑造人的行为，从而达到教学目的，计算机作为一种有逻辑判断、信息储存、数据处理、计算精确、速度快捷等特点的先进工具，更具有教育的可能性。

3. 本次课例研修希望在哪个方面有所改进和突破？

本次研究，主要是通过计算机辅助教学，让学生能积极主动的参与课堂，并在乐中学，学中乐。

4. 教材和课例选择

外语教学与研究出版社《新标准英语》（三年级起点），三年级上册 Module 2　Unit 1 "I'm Ms Smart"。

二、过程与方法

（一）学情分析

三年级学生刚刚接触英语，他们对英语有着好奇心，因此在教学中，老师就要运用各种活动、肢体动作等教学手段来调动他们的学习积极性，尽可能让学生在玩中学，学中玩，以培养学生学习兴趣为最终目的。

（二）教学目标

1. 知识目标

（1）掌握单词：too，girl，boy。
（2）问候语："And how are you?""I'm fine，too."
（3）会带有感情地读课文。

2. 能力目标

能流利使用所学句型做简单的自我介绍和日常问好。

3. 情感目标

（1）有兴趣听说英语。
（2）善于模仿，敢于开口。
（3）做一个有礼貌的好孩子。

（三）教学重点

见面问好的句型、难点"How are you?"及其各种回答方法；培养学生合作学习的能力；培养学生学习英语的兴趣，树立自信心。

（四）教具准备

单词卡片和图片，课件。

三、第一次实践

（一）教学过程

Step 1：Warming-up

1）Greeting
T：Hello.
Ss：Hello.
T：Good morning.
Ss：Good morning.
T：How are you?
Ss：I'm fine，thank you.
2）孩子们以开火车的游戏复习前面所学知识

Step 2：New Lesson

（1）师继续与孩子们互动。用学过的问候语，让孩子们先问，老师答。自然引出句子 And how are you? 及其回答 I'm fine，too.

S：Good morning.

T：Good morning.

S：How are you?

T：I'm fine，thank you. And how are you?

S：I'm fine.（这时老师要告诉孩子们还需在其后加 too）

（2）教授 and 和 too.（课件出示两个单词的读音，老师拿出单词卡片进行教授，学生跟读）

（3）抽几组学生进行对话练习。巩固 and 和 too 在句型中的运用。

（4）课件出示一个小男孩，教师拿出单词卡片 boy，生跟着课件中的读音跟读。教师随意走到男生面前，指着他，然后说 boy。（反复练习）

（5）教授 girl 和 boy 一样。（课件先出示男孩，让学生能用英语说，然后出示女孩，师教读）

（6）游戏（听口令）老师说 boy，那么男孩子就站起来，说 girl，女孩子就站起来。这样既检查了孩子们对 boy、girl 的掌握。同时老师告诉孩子们，当所有男孩站起来的时候，那么就应该说 boys，当所有女孩站起来的时候，就应该说 girls 了。

（7）学生分小组练习所学问候语。

（8）老师与学生进行对话练习，教授他们进行自我介绍并介绍 Ms 的用法。

T：Hello，boys and girls.

S：Hello.

T：Goodmorning，I'm Ms Smart.

S：Good morning，I'm...（介绍自己的姓名）

（9）老师随意与几个学生进行对话练习，检验所学。

（10）课件出示对话内容，让学生先听，然后根据每幅图，自己编对话。

（11）学生与学生进行对话练习，巩固操练。

Step 3：Practice

（1）几个同学一组。用所学过的句子进行问候。

（2）抽生上台表演，对表演好的同学给与奖励。

（3）听歌曲 How are you ?（课件）

Step 4：Summary

今天我们学习了"Hello，boys.""Hello，girls.""And how are you?""I'm fine，too."等问候语，在平常的生活中，希望你们要做一个有礼貌的好孩子。

Step 5：Homework

回家用学过的问候语问候自己的爸爸妈妈。

板书设计

Module　1

Unit 2　How are you?

And　how are you ?

I'm fine，too.

Good morning，boys and girls.

I'm…

（二）教学反思

以前上课的时候，没有怎么用计算机进行教学。在教学单词的时候，除了用单词卡片，基本没有怎么用其他的教学辅助手段了。通过这一次计算机辅助教学，感觉孩子们上课的时候，积极性提高了，对计算机教学肝胆新鲜、好奇。所以课堂气氛活跃了，很多孩子愿意参与到课堂上来，并体会了参与其中的乐趣。但也有部分孩子，虽然兴趣提高了，但不愿意参与其中。

四、第二次实践

经过第一次实践，小组成员建议修改如下。

Step 2：New Lesson

（1）师：今天老师给大家介绍几个好朋友，想不想认识?

生：想!（课件出示 Daming，Sam，Amy）

师：那你们会给你们的朋友说些什么呢?

生 1：Good morning!

生 2：How are you?

生 3：Hello! I'm Yang Huan.

生 4：…

（2）那现在我们来听听他们三个小朋友见面了，他们说些什么呢?

① 课件播放录音。

② 学生根据录音，模仿对话。

③ 抽生练习对话。

生 1：Hello!

生 2：Hello! How are you?

生 1：I'm fine，thank you !

（3）课件出示一个小男孩。老师模仿男孩的声音和孩子们打招呼。

师：Hello!

生：Hello，boy!

（老师分别与班上的男孩，一个一个走近并打招呼。Hello，boy!）这样让孩子们更容易记住，boy 是一个男孩。

（4）老师走到男孩们的面前和他们打招呼。

师：Hello!boys!

生：Hello!

（5）课件出示 Daming，让孩子们和他打招呼；再出示 Daming、Sam 两个小男孩。让孩子们与他们打招呼。（这样更容易区分 boy 和 boys）

（1）课件出示一个小女孩。老师模仿小女孩的声音和孩子们打招呼。

师：Hello!

生：Hello! girl!

（老师与分别与班上的女孩，一个一个走近并打招呼。Hello!girl!）这样让孩子们更容易记住，girl 是一个女孩。

（2）老师走到男孩们的面前和她们打招呼。

师：Hello!girls!

生：Hello!

（3）课件出示 Amy，让孩子们和他打招呼；再出示 Amy、Lucy 等几个小女孩。让孩子们与她们打招呼。（这样更容易区分 girl 和 girls）

3. 听口令做游戏

老师说 boy，男孩就指自己。说 boys，男孩们就站起来。老师说 girl，女孩就指自己，说 girls，女孩们就站起来。

（1）师：新学期开学了，明明的班上来了一位新的英语老师，想不想认识一下？

生：好！

（课件出示 Ms Smart 与班上孩子们见面的图画。）

师：他们见面之后，老师和明明说了些什么呢？猜一猜？

生分别说出自己的所想。

生 1：Hello!

生 2：Good morning!

生 3：How are you?

生 4：...

（2）待学生各表意见之后，老师播放课件，Ms Smart 与孩子们的对话录音。

（3）生跟着录音读。

（4）几个同学一组模仿练习对话。

Step 3：Practice

使用本科中所学的对话练习内容分小组练习对话。

Step 4：Homework

利用所学的问候语，回家和爸爸妈妈、哥哥姐姐打招呼。

五、指导老师点评

农村孩子，大多是留守儿童，由其爷爷奶奶代为照看，再加上周围没有学习英语的氛围，所以很多农村孩子对英语的学习感到吃力。很多老师为此也感到压力很大，那么面对此种情况，如何有效的使用计算机进行教学就是老师们要考虑的问题了。很多同学都没有接触过计算机，因此对计算机教学感到新鲜、好奇。孩子们除了在学校上课的时候，老师用计算机进行教学，其他时候基本没有接触过计算机。所以，我们的老师在教学时，尽可能的用计算机进行教学，提高孩子们学习英语的兴趣和激情。

简论信息技术对学生学习英语单词兴趣的促进作用

——“Can You Run Fast?”课例分析

余　玲
苍溪县文昌镇中心小学校

一、研修背景

1．研修主题

运用信息技术学习英语单词，它能创造“真实”的情境，能直接调动学生的感官，拓宽学生的思路。在小学英语教学中，现代教育技术所具备的声、形、色、光、真实、生动、视听结合等特点，让学生置身于较为真实的语言环境中，从而轻松、愉快地学习英语。儿童的心理特点是活泼、好奇同时又很好动，而单词教与学虽是基础，却很枯燥，所以在教授单词时我尽量避免单一、枯燥的方法，给学生带来厌倦情绪，我使用 Chant 和演唱歌曲进行练习。在调动学生积极性和主动性方面，我采用多媒体游戏、采访，让学生参与教学活动全过程，形成课堂教学师生互动，提高课堂教学效果。

2．关于该研修主题，他人做了那些研究？

根据教育学家夸美纽斯的教学理论，只要激发儿童的学习兴趣，就能唤起他们的探索精神、求知欲望。幽雅动听的音乐，鲜艳夺目的色彩，五彩斑斓的图画，都能吸引学生的注意力，激发他们的语言兴趣。现代信息技术就能提供这种生动、形象、直观、感染力、渗透力极强的教育信息。在教学设计的导入部分御用现代信息技术，如播放动画歌曲进行热身活动，制作 flash 动画游戏复习旧知等，都可以使学生身心得以放松，消除紧张和疲劳，为上好课储备轻松旺盛的精力；在新授的过程中运用现代信息技术，设置游戏活动、chant 等帮助学生巩固所学新知，从而使他们得以及时操练和巩固，寓教于乐；在新授知识完成后运用现代信息技术，创设教学情境，让学生在“真实”的语言环境中进行自由对话，拓展新知识。整节课至始至终都让学生沉浸在一种轻松愉悦的氛围里，获取知识。这样不仅激发了学生的学习兴趣，同时也保持了这种学习兴趣的持续性。

3．本次课例研修希望在哪个方面有所改进和突破？

本研究努力为学生创设生动的的词汇学习情境，有效利用学生好动，爱好游戏的特点，通过多媒体闯关游戏复习所学的词汇。

4. 教材和课例研修选择：

外语教学与研究出版社《新标准英语》（三年级起点）四年级上册 Module Five Unit One “Can You Run Fast?”第一课时。

二、教材内容简析

本节课的主要内容是用“Can you run fast?”句型与他人进行交际活动。

三、学情分析

该班是小学四年级的学生，他们在前部分学习了一些运动单词如跑、跳的表达方式，大部分学生还记得相关词汇，但是也有少部分学生基本忘记了所学的内容。和低年级学生相比具有比较强的自行探究的能力，学生在观察能力、思维能力、语言表达能力方面都有了些提高，有着强烈的好奇心与动手操作的能力。我班学生的学习方式单一，没有自己的学习方法，缺乏合作学习的习惯，不喜欢大声讲话和发言，也不爱举手。希望能用我的一些新的理念去改变学生的现状。

四、教学目标

（一）设计理念

为了顺利完成教学目标，更好地突出重点，突破难点，按照学生的认知规律，我采用多媒体信息技术整合游戏法、交际法、听说演唱法、愉快教学法相结合的方法。兴趣是学生最好的老师，在课堂上我适当运用愉快教学法，激发学生学习英语的兴趣，进而促使学生由兴趣发展到产生要学好它的志趣。

儿童的心理特点是活泼、好奇同时又很好动，而单词教与学虽是基础，却很枯燥，所以在教授单词时我尽量避免单一、枯燥的方法，给学生带来厌倦情绪，我使用多媒体播放 Chant 和演唱歌曲进行练习。在调动学生积极性和主动性方面，我采用游戏、采访，让学生参与教学活动全过程，形成课堂教学师生互动，提高课堂教学效果。

设计意图：通过课前的热身活动，活跃课堂气氛，调动学生的学习兴趣，为本课的教学创造积极的条件。

（二）学习目标与内容

1. 知识目标

（1）让学生学会用“I can/can’t...”句式表达自己能做的或不能做的事情。

（2）让学生会用“Can you ...?”句式询问对方的能力，并能根据实际情况用“Yes，I can./No，I can’t.”句式作出回答。

（3）认识 run fast，jump high，jump far，ride fast 四个词组。

（4）拓展学习 He /She can... 句式。

2. 能力目标

（1）向别人介绍自己的能力。
（2）谈论或询问某人的能力。

3. 情感目标

通过活动、游戏使学生产生学习英语的兴趣；让学生敢于、乐于开口，积极参与交流。并让学生在学习的过程中，培养他们的合作意识和竞争意识。

五、第一次次实践

（一）教学过程

Step 1：Greeting

Step 2：Warming-up

T：Chinese team!　　　Ss：One two three，go go go!
T：American team!　　Ss：We are the best! The best!

在学生入座前，欣赏奥运歌曲，借机将全班六个小组分成两大队，中国队和美国队，两队队员喊出自队的口号，振奋人心，鼓舞士气，并在黑板上贴出奖励板，课堂中，两队中学生回答对问题或表现出色的，都及时在队伍下方贴出五星或小旗鼓励。

Step 3：New Words and Expressions

（1）T：Now listen，say and do. Stand up! Play football! Play basketball! Play table tennis! Do morning exercises! Skip a rope! Swim! Row a boat! Run! Jump! Ride a bike!

通过多媒体发指令，让学生听出来，以边说边做动作的方式复习以前学过的动词短语，一方面为这节课的学习做好了铺垫，另一方面顺便引出 run，jump，ride 三个生词的学习。

（2）出示北京奥运人物博尔特、姚明等人物，反复练习 run fast，jump high，jump far，ride fast （利用单词卡片）

Step 4：New Patterns

T：Suppose you are Yao Ming，can you run fast? 帮助回答：Yes，I can.（No，I can't.）(用卡片将四个词组呈现，领读，然后一一贴在黑板上）

（1）Game（魔方游戏）

教师制造一个魔方，四面写上重点短语：run fast/jump high/jump far/ride fast。师抛出，如魔方上方出现短语 run fast，师则问：Can you run fast?生答：Yes，I can./No，I can't. 然后生抛生答。

（2）老师出示一些动物参加运动项目的图片，如：大象跑不快，熊猫跳不高等。然后请学生上台表演这些动物，练习句子：You can't run fast 等。

（3）Match.

T：Now，evenyone! Can you run fast?

S：Yes，I can.（分别从回答“Yes，I can”的两队队员中选出两名，进行跑步，跳远，比赛.）T：Now，let's have a match! Let me see who can run fast.（举起胜者的手臂）

T：You are the winner!

S：I'm the winner! T：Now practice the dialogue with your partner.（通过两队队员抢椅子的游戏和比赛的形式，抓住了低年级孩子好玩、好动喜欢游戏比赛的特点，巩固练习 Can you run fast?及 I am the winner 等句子，为课文的学习扫清的障碍。）

Step 4：Dialogue

（1）Listen and answer。在听音时，让学生看屏幕上的课文图片和每组图片下的问题，让学生带着问题看着图中的人物并听音，更有针对性，更容易理解听力内容。四个问题：Can Sam run fast? Can Sam jump far? Can Sam jump high? Can Sam ride fast?

（2）听音跟读。在第一遍听音时，学生可以重点听自己不会或者不够熟练的单词。第二遍可以模仿发音，有利于学生口语水平的提高。

（3）分角色进行角色扮演。出示不带文字的四组图片，鼓励学生从事选一组来表演，勇于展示自我，提高学生的口头表达能力与表演能力。

Step 6：Interview

在巩固“Can you run fast?”这一句型时，为能在真实的环境中运用所学的句型“Can you run /jump fast?”让学生充当小记者，设计调查表询问在运动会上有多少人跳得最高，跑得最快，通过学生与学生之间相互交流获得信息。

可设计如下的调查表。

Name	Run fast	Jump fast	Jump high
Li Ping		√	
Li Ping	√		

Step 7：Summary

（1）学生以小组为单位总结这节课的生词，短语，句式，并动手写一写重点的四个词组.

（2）小组讨论 can，can't 的用法。

屏幕：Can you run fast ? Can you run fast? Yes，I can. Yes，I can. Can you ride fast? Can you ride fast? No，I can't. No，I can't.

Step 8：Homework

（1）调查一下你的家庭成员，看看他们会做什么。

（2）完成课堂活动用书第六模块第一单元的练习。

（二）第一次实践效果

通过观察课堂上学生的反应及与学生的简单访谈，发现学生对于记忆单词环节感到很枯燥，记忆单词的效果也不好。

六、第一次反思

1. 执教教师的思考

小学阶段的英语学习单词是很重要的，只要会读课文中的新单词，学生们就会将词连成句，从而正确的读出英语句子，但是这样做使学生觉得英语学习索然无味，而且仅仅是单词方面就花费了大量的时间，不利于整堂课时间的合理分配。

通过思考，我认为学习多媒体教读的运用有非常多的好处：首先是入门简单，对孩子们来说比较容易掌握。其次，它也是有效的记忆单词拼写的方法。再次，可以有效利用国际音标的正确读法，避免学习教师不标准音标带来的干扰。运用多媒体的教读法对于帮助小学生认读单词、拼写单词、提高阅读能力，及从小掌握正确发音方面具有巨大的积极意义，在此基础上逐步增加学生的阅读量和提高其阅读难度。在这一阶段还要让学生总结积累拼读规则，使其能更准确地拼写出单词，提高学习英语的能力。

2. 课题组成员讨论建议

基础教育阶段英语课程的任务是：激发和培养学生学习英语的兴趣，使学生树立自信心，养成良好的学习习惯和形成有效的学习策略，应该多注意对学生学习兴趣和学习能力的培养。单词的认读和记忆是英语学习中的难点，教师单调、呆板的教学方法会让学生失去学习英语的兴趣，况且单词的记忆和拼读是英语学好的关键。所以掌握好单词的学习方法是至关重要的。在小学英语中可以采用信息技术中的多媒体教读法，让学生能根据简单的发音规律和积累做到“看词读音”“听音拼词”，从而快速记忆单词并进行阅读理解。同时注重听力在词汇学习中的作用。

听多媒体教读是简单和行之有效的语音和单词学习方法。但是，在我们农村的小学英语课堂，多媒体的运用已经普及，这样在我们的课堂上可以慢慢的渗透既减轻了老师的重复，又让学生轻松直观的认、读、记单词。

七、教学反思

这堂课是真正建立在学生的自主活动和主动探索的基础上的，通过学生全面参与多样的实践活动，如游戏、比赛、旧词新唱、扮小记者等形式，形成一个和谐、融洽的语言学习氛围，使学生的语言运用能力得到了全面的巩固与发展。这堂课不仅让学生将语言运用到生活中去，而且给学生一个开放的空间，充分发挥他们的想象，也充分体现了小组内互助合作，共同参与的团队意识。针对四年级孩子好胜心强的特点，联想到熟悉北京奥运会，我把全班八个小组分成两大队，即中国队与美国队，用贴五星和小国旗的办法，利用其好动好玩心理特点；又设计了电脑游戏提高他们的兴趣，让他们在游戏中学习知识，这样更轻松更愉快。

八、指导老师点评

基于互联网的信息技术在教学中的应用将改变教学的形态。这样的技术，远非传统意义上的多媒体设备，比如在 2014 地平线报告中讲到的翻转课堂里，教师鼓励每一个学生在课下自主完成原本由课堂讲授的内容，于是学生们可以和同伴在网上社区进行合作，浏览采集在线内容，观看视频讲座以及收听播客等。这样的变革考验教师如何最优化利用课堂时间，也是给学校带来一定冲击的潜在教学模式之一。时代变化到了一个新的节点，我们应当做好准备去面对课程教学的重大变革。

现代信息技术辅助教学

——“How Are You?”课例研修

雷　丽
苍溪县云峰小学

一、选题背景

1. 为什么选择该课例研修主题?

随着新课程改革的不断深入，现代信息技术在各个学科教学中的应用将越来越普遍，应用信息技术的教学也是新课程改革的新主流。当代教师要具有一定的信息技术知识，学习信息技术教学模式，不断更新教育观念，以适应现代化教育的需要。

《教学纲要》中对“大力推进信息技术在教学工程中的普遍运用”作出了明确的阐述促进信息技术与学科课程的整合，逐步实现教学内容的呈现方式、学生的学习方式、教师的教学方式和师生互动的方式的变革：充分发挥信息技术的优势，为学生的学习和发展提供丰富多彩的教育环境和有力的学习工具。因此，不断更新教学设备，优化教学技术，是教学发展的历史规律和客观要求。充分利用现代信息技术，是教学发展的时代要求。

现代信息技术和英语教学的有机结合，给英语教学内容增添了丰富的表现力，使教学内容通俗易懂。计算机辅助英语教学方式体现了教学的深度与广度，增加了学生学习的主动性和积极性，为开发学生创造性思维提供了良好的条件。改变了教师教、学生学的单一模式。尽管信息技术在外语教学中的运用已被越来越多的人们所重视，但我们必须清醒地认识它的局限性，只有正确认识信息技术在教学中的“适度作用”，才能让它真正服务于课堂教学。

2. 关于该研修主题，他人做了哪些研究?

周文娟在2014年出版了的《大数据时代外语教育理念与方法的探索与发现》一书中系统梳理了外语教育发展的潜性规律，并基于关联主义理论和教育部信息技术与学科教育双向融合发展规划要求，就“大数据”的教育支撑作用、“慕课”现象外语教育变革方向等前沿性问题展开了探讨，对基于“大数据”技术的“慕课”“微课程”“翻转课堂”等教学变革现象做出独具角度的意义诠释，表述了对大数据背景下外语教师职能发展的探索见解。

3. 本次课例研修希望在哪个方面有所改进和突破？

通过信息技术在英语教学中的运用，帮助学生实现探究学习、发现学习，主动地建构知识。在信息技术的支持下，还促进学生间进行充分的信息交流，实现小组协同学习。创新能力和信息能力是信息社会所需的新型人才必须具备的两种重要的能力素质。在英语教学中合理运用信息技术，以其生动、直观、形象、新颖的特征来优化英语课堂教学，使课堂学习气氛浓厚，学习氛围宽松，给学生提供更多的语言实践机会。利用现代信息技术进行英语教学，能在有限的教学时间里，大幅度地增加学生的时间量，显著提高学习的质量，从而有力地促进语言知识的巩固记忆的强化。因此，现代信息技术是提高英语教学质量的一项重要手段。

4. 教材和课例选择

外语教学与研究出版社《新标准英语》（三年级起点）小学三年级上册 Module 1 Unit 2 第一课时。

二、教学内容简析

《新标准英语》教材根据小学生的年龄特点和性格爱好，教材选取学生喜闻乐见的生活内容，以生动的故事为主线，着重培养学生的听说能力和交际能力，养成良好的学习习惯。本课是《新标准英语》Module 1 的第二单元，这一课的教学内容主要是让学生学会“How are you?”“I'm fine，thank you.”的对话，熟练掌握知识，进行听说读的训练，培养学习兴趣。

三、学情分析

三年级的学生刚刚接触英语，他们对英语怀有好奇的心理，所以在教学中，老师就要运用教学媒体呈现一些图片、声音等能够调动学生积极性的教学手段，尽可能让学生在玩中学，学中玩，并按善于关注每个学生的情感，以培养学生学习兴趣为最终目的。

四、教学目标

1. 知识目标

（1）掌握单词：good，morning，how，are，you，fine，thank，you。
（2）问候语：Good morning!How are you? I'm fine. Thank you!
（3）会读课文。

2. 能力目标

能够运用所学的问候语进行语言交际。

3. 情感目标

（1）有兴趣听说英语。
（2）善于模仿，敢于开口。
（3）做一个有礼貌的好孩子。

五、第一次实践

Step 1：Warming-up

1）Greeting

T：Hello，boys and girls.

Ss：Hello，teacher.

2）Talk freely

The teacher walk to a student and say hello to him/her.

T：Hello，I'm your teacher.

Ss：Hello，Im…

Step 2：Presentation

师：学习了英语之后，我们要主动与他人用英语交流，今天我们就一起来看看 Daming 是在跟谁打招呼呢？他们又遇到了什么事情呢？

课件（PPT）出示活动 1 的动画和录音，请学生看书。（此时不需要学生跟读，只需要认真听。）然后，请学生仔细看图片内容，了解课文情境：Daming 向小狗打招呼，小狗向 Daming 问好，而小鸟淘气，直接就向 Daming 告别。

【设计意图】 通过现代信息技术展示几幅对话场景，让学生自由对话，然后看动画，随着画面的变换给动画配音，使他们在轻松活泼的氛围中进行练习，培养他们仔细观察事物、善于用英语思维和表达的良好习惯，同时实现创新目标，体验创新乐趣。这样不但消除了学生对英语的恐惧心理、疲惫之感，而且又激起学生英语的乐趣，保持了学习英语兴趣的持续性，使其在轻松愉悦的氛围中获取知识。

此时，再次播放录音，请学生听 2～3 遍，然后请学生听录音并跟读。（让学生尽可能模仿录音的语音语调。）

【设计意图】 现代信息技术辅助英语教学，可以有效地提高听和读的质量。通过现代信息技术将课本上的文字变成可感知的声音、可视的情景，运用现代信息技术可以让学生听到标准的英语发音，为学生形成优美语感、提高听说能力打下良好的基础。

1）任务呈现

师：Daming 和小狗相互问候，他们成了好朋友。那我们怎么问候朋友呢？今天我们就来向 Sam 学习，学习之后，也来问候自己的朋友吧！

2）课文学习

师：从活动 1 中，我们看到 Daming 已经在上学的路上了。Sam 呢？我们来看看他在做什么吧。（师播放活动 2 的动画，录音，请学生看动画，问 Sam 在做什么？学生回答后，师补充。）

PPT 图画呈现教学问候语“How are you?”“I'm fine，thank you!”

【设计意图】 教师播放教学内容的动画，讲解其主要含义后，让学生自己想象着进行表演，这样学生的积极性就被调动起来了。利用信息技术辅助英语教学的过程中，学生通过自己动手操作和人机对话，实现了教与学的双向交互，促进学生眼脑手并用，学思练相结合。

（1）教学单词“how”。

教师一边示范读“how”，一边出示单词卡片。学生跟读，个别抽查。

（2）教学单词“are”。

师：我们生病时，医生会让你长大嘴巴说什么？

女生长大嘴并示范。

师一边出示卡片，一边角度单词，生跟读，个别抽查。（给表现好的学生所在组记一颗红星）。

（3）教学点单词“you”。

师拿出卡片“how”“are”，让生读。引出单词“you”，在此同时出示卡片“you”。师教读单词“you”，然后让同桌互指，说单词“you”。

（4）师拿出卡片“how”“are”“you”，引导学生连词成句“How are you?”并板书。

（5）让生读句子，师如果发现读错及时纠正。

（6）师让学生用“How are you?”来问候。师回答“I'm fine，thank you.”

（7）教学单词“fine”。

师边做表情变说：“Fine，fine，I'm fine.”学生跟读跟做，然后拿出卡片教读。

（8）教学“Thank you”。

师拿出单词卡片，边教读。师点头和鞠躬说“Thank，thank，thank you.”学生跟着说和做。

（9）连词成句“I'm fine，thank you.”

（10）学生以开火车的游戏练习此句型。

（11）待游戏结束后，让学生评价，谁说的最好？老师对说的好的同学说“Good!”并给该组记一颗星。

（12）课件 PPT 出示早上初升的太阳，问是什么时间？根据学生的回答，然后教读：“morning.”让学生也跟着读。引出“Good morning.”

【设计意图】　用现代信息技术出示图画，让学生能根据情境，观察，发现是什么时候。充分调动学生的积极性。

（13）同桌之间互相问候。

Step 3：Practice

运用所学语言练习会话。

（1）教师与个别学生运用所学的句子进行会话展示。

（2）鼓励学生同桌之间进行会话练习。

（3）让自告奋勇的同学上台展示，并及时奖励精美的小贴图。

（4）轻松一刻。

师生起立，跟多媒体动画学唱歌曲“How are you?”教师带领学生边做动作边反复唱。（由于动画片学生爱看爱学，极易在课间自然模仿画中人物语气进行对话，从而在玩耍中锻炼了语言能力，不知不觉中培养了兴趣，激发了学生学习英语的兴趣。）

【设计意图】　现代信息技术辅助教学，很容易地做到图、文、声并茂，向学生提供形式多样、功能各异的感性材料、形象生动的画面、悦耳动听的音乐，增强了教学的魅力，让学生保持浓厚的学习兴趣，使其注意力集中。在课堂上，学生的“眼、耳、口、脑、手”

把“视、听、说、想”有机地结合促使学生开动脑筋，积极思维，激发学习的热情，活跃了课堂气氛，通过形式多样的视听说训练，挖掘学生语言表达的潜力。在英语教学中合理运用多媒体，缩短了教学和现实的距离，给学生提供了更多的语言实践机会，对培养和发展学生的外语素质至关重要。而且满足了他们好奇、好动的心理，学生触景生情，激发起表达的欲望。这种情景性学习无疑在一定程度上促进了学习迁移，使学生在英语交际活动中提高了交际能力。

Step 4：Summary

今天我们学会了哪些问候语？（师生一起小结）在生活中，我们要适当的使用这些语言，做一个文明礼貌的学生。

Step 5：Homework

回家用学过的问候语问候自己的爸爸妈妈。

六、第一次反思

1. 执教教师的思考

小学三年级学生初步接触英语，通过简单语句引入，通过唱，读，听，说，练等方式让学生掌握本课新词汇及语句，同时课后练习会以学生情感为契机，激发兴趣，训练学生通过图文或场景来复述课文。现代信息技术辅助教学，很容易地做到图、文、声并茂，向学生提供形式多样、功能各异的感性材料、形象生动的画面、悦耳动听的音乐，增强了教学的魅力，让学生保持浓厚的学习兴趣，使其注意力集中。在课堂上，学生的“眼、耳、口、脑、手”把“视、听、说、想”有机地结合促使学生开动脑筋，积极思维，激发学习的热情，活跃了课堂气氛，通过形式多样的视听说训练，挖掘学生语言表达的潜力。在我们的课堂上要调动他们的积极性，活跃课堂气氛，使他们爱上英语这门学科，就应利用多媒体资源，拓宽他们的视野。

2. 课题组成员讨论建议

基础教育阶段英语课程的任务是：激发和培养学生学习英语的兴趣，使学生树立自信心，养成良好的学习习惯和形成有效的学习策略，应该多注意对学生学习兴趣和学习能力的培养。

在英语教学中合理运用信息技术，以其生动、直观、形象、新颖的特征来优化英语课堂教学，使课堂学习气氛浓厚，学习氛围宽松，给学生提供更多的语言实践机会。利用现代信息技术进行英语教学，能在有限的教学时间里，大幅度地增加学生的时间量，显著提高学习的质量，从而有力地促进语言知识的巩固记忆的强化。把电子白板和多媒体加入到本堂课的设计中，效果会更好一些。

七、第二次实践

经过反思和小组讨论，重新设计词汇部分的教学方式，现修改 Step 2 如下。

师：导入学习了英语之后，我们要主动与他人用英语交流，今天我们就一起来看看 Daming 是在跟谁打招呼呢？他们又遇到了什么事情呢？

多媒体影音出示活动 1 的动画情境，请学生看书。（此时不需要学生跟读，只需要认真听）然后，请学生仔细看图片内容，了解课文情境：Daming 向小狗打招呼，小狗向 Daming 问好，而小鸟淘气，直接就向 Daming 告别。

【设计意图】 通过现代信息技术展示几幅对话场景，让学生自由对话，然后看动画，随着画面的变换给动画配音，使他们在轻松活泼的氛围中进行练习，培养他们仔细观察事物、善于用英语思维和表达的良好习惯，同时实现创新目标，体验创新乐趣。这样不但消除了学生对英语的恐惧心理、疲惫之感，而且又激起学生英语的乐趣，保持了学习英语兴趣的持续性，使其在轻松愉悦的氛围中获取知识。

此时，再次用多媒体声源播放录音，请学生听 2 ~ 3 遍，然后请学生听录音并跟读。（让学生尽可能模仿录音的语音语调。）

【设计意图】 现代信息技术辅助英语教学，可以有效地提高听和读的质量。通过现代信息技术将课本上的文字变成可感知的声音、可视的情景，运用现代信息技术可以让学生听到标准的英语发音，为学生形成优美语感、提高听说能力打下良好的基础。

1. 任务呈现

师：Daming 和小狗相互问候，他们成了好朋友。那我们怎么问候朋友呢？今天我们就来向 Sam 学习，学习之后，也来问候自己的朋友吧！

2. 课文学习

师：从活动 1 中，我们看到 Daming 已经在上学的路上了。Sam 呢？我们来看看他在做什么吧。（师播放活动 2 的动画，录音，请学生看动画，问 sam 在做什么？学生回答后，师补充。）

多媒体动画呈现教学问候语“How are you? I’m fine，thank you!”的情景对话，学生观察，课小声模仿。

【设计意图】 教师播放教学内容的动画，讲解其主要含义后，让学生自己想象着进行表演，这样学生的积极性就被调动起来了。利用信息技术辅助英语教学的过程中，学生通过自己动手操作和人机对话，实现了教与学的双向交互，促进学生眼脑手并用，学思练相结合。

（1）教学单词“how”。

教师一边示范读“how”，一边用电子白板展示“how”，配合多媒体声源发音教读。学生跟读，个别抽查。

（2）教学单词“are”。

师：我们生病时，医生会让你长大嘴巴说什么？

生长大嘴并示范。

师一边用电子白板出示“are”，一边角度单词，生跟读，个别抽查。（给表现好的学生所在组记一颗红星）。

（3）教学点单词“you”。

师用电子白板出示“how”“are”，让生读。引出单词“you”，在此同时出示“you”。师教读单词“you”，然后让同桌互指，说单词“you”。

（4）师用多媒体出示“how”“are”“you”，引导学生连词成句“How are you?”并板书。

【设计意图】 电子白板的视觉效果，比如色彩、隐藏、动画等多种教学功能，能够极大地吸引学生的注意力。从而调动学生在课堂上主动学习的积极性和参与性。

（5）让生读句子，师如果发现读错及时纠正。

（6）师让学生用“How are you?”来问候。师回答“I'm fine，thank you.”

（7）教学单词“fine”。

师边做表情变说：“Fine，fine，I'm fine.”学生跟读跟做，然后点出电子白板图片和单词教读。

（8）教学“thank you”。

师点出电子白板中的动画单词，边教读。师点头和鞠躬说“Thank，thank，thank you.”学生跟着说和做。

（9）连词成句“I'm fine，thank you.”

（10）学生以开火车的游戏练习此句型。

（11）待游戏结束后，让学生评价，谁说的最好？老师对说的好的同学说 good！并给改组记一颗星。

（12）动画（电子白板）出示早上初升的太阳，问是什么时间？根据学生的回答，然后教读：“morning.”让学生也跟着读。引出“Good morning.”录音教读“Good morning.”

【设计意图】 用电子白板出示图画，图画可以隐藏，随意拖放，让学生能根据情境，观察，发现是什么时候。充分调动学生的积极性提高学生的观察能力。

（13）同桌之间互相问候。（用“How are you?”提问和 I'm fine，thank you.”回答）

八、指导教师点评

信息化改变了人类活动的时空结构，提供了丰富的信息表征，改变了学习资源的分布形态与对其拥有关系，提供了行为主体的智能代理功能，让学习者的学习式、认知方式发生巨大的改变，改变了学习的生态系统。通过微课程、电子课本、在线视频等方式，可以丰富课堂呈现的教学内容，引发学生的自主学习和自主探究，从数字化教学到智慧教育，我们的老师还有很长的路要走。

小学英语课堂中对学生的评价体系

——“Can You Run Fast?”课例分析

冯　妍

苍溪县雍河小学

一、选题背景

1. 为什么选择该课例研修主题？

课堂评价是在具体的教学活动过程中，教师对学生的学习状况表现出来的高超的评价艺术，是教学过程中必不可少且非常重要的一个组成部分。教师的课堂评价对学生的情趣和情感影响很大，因此是重要的教学手段之一。在英语教学中，合理的运用课堂评价，使学生不断地受到鼓舞和激励，可以极大地调动学生学习热情，起到事半功倍的作用，收到良好的教学效果。

2. 关于该研修主题，他人做了哪些研究？

余林等在《课堂教学评价》一书中提出，课堂教学评价既是课堂教学的产物，也是课堂教学必不可少的组成部分。随着新课程改革的推进，课堂教学的目标与方式发生了重要的变化，这也给课堂教学评价带来了许多新的问题，如新课改背景下如何进行课堂教学评价、课堂教学评价如何适应新的教学改革发展的需要等就是亟待解决的课题。

杨向东，崔允漷在2012年出版的书籍《课堂评价：促进学生的学习和发展》中强调以“促进学生的学习和发展”为主题进行课堂评价，介绍了课堂评价设计和实施的理论和技术，聚焦学习进展的课堂评价系统设计，课堂评价与教师专业发展，促进学习的学校课堂评价经验总结等五个方面问题。

3. 本次课例研修希望在哪个方面有所改进和突破？

本研究通过课堂中的形成性评价，激发并鼓励学生在课堂上积极主动的参与学习，并逐渐培养学生的竞争意识，同时也有效的维持课堂纪律。

4. 教材和课例选择

新标准英语四年级上册（三年级起点）Module 5 Unit 1 Can you run fast？第一课时

二、过程与方法

1. 研究组成员介绍及人员分工

冯妍独自完成此案例研修。

2. 操作步骤

实践—反思。

三、教学内容简析

本模块主要围绕能力展开，Unit1 主要通过“Can you …?”“Yes，I can.”“No，I can’t.”句型学习如何询问他人的能力。

四、学情分析

四年级的学生比较好动、好奇、好胜与好玩，模仿能力强。因此，我将在课堂上利用大量的图片为孩子们提供会话情景，通过听、说、读、唱、演等活动，激发学生学习的兴趣，培养学生良好的学习习惯，逐步形成有效的学习方法，发展自主学习的能力。

五、教学目标

（一）教学三维目标

1. 知识目标

能熟练掌握单词：run，fast，high，far，afraid，winner，sky。
能熟练运用新句型：“Can you…?”“Yes，I can.”“No，I can’t.”

2. 能力目标

通过创设实际情景，让学生学会用“Can you …?”来询问他人能力，并会做出回答，从而培养他们在实际生活中综合运用语言的能力。

3. 情感目标

培养学生的竞争意识，营造良好的学习氛围，使学生大胆展示自己的能力。
教育孩子们只要努力就能成功。

六、重难点

1. 教学重点

掌握及运用词汇 run fast，jump high，jump far，ride fast 和句型“Can you…?”“Yes，I can.”“No，I can’t.”

2. 教学难点

（1）熟练掌握各种关于运动的单词，并能够正确搭配；

（2）熟练运用“Can you…?”“Yes，I can.”“No，I can’t.”进行简单会话。

七、一次实践

1. 课堂实录（教学过程）

（1）在新授课前，把班上学生划分成四个小组，并讲清楚相关规则。这样既节约了时间，也为后续开展的教学活动奠定了一定的基础。

（2）在课堂中，对于积极发言的同学，且回答正确的同学，给予他所在的组奖励。

（3）在小组活动过程中，主动参与并认真完成活动任务的同学，他所在组赢得奖励。

（4）当课结束时，对小组间的竞争结果进行说明。

2. 教学效果

由于教师可能把教学任务的调定高了，未完成教学任务，也基于当地学生听力基础薄弱的原因，只有部分学生了解了 run fast，jump high，jump far，ride fast 的含义且会认读，对中心句型“Can you…?”“Yes，I can.”“No，I can’t.”也有了基本的认读。他们对于本节课的知识掌握的不是很牢固，下来还需巩固。

八、一次反思

首先，由于教学辅助资料的缺乏，即没有教学相关的资料包，没有听力材料，所以教学活动过程显得比较冗杂，浪费了有效教学时间，因此没有完成教学任务，草草结尾。其次，没有实际考虑学生的真实学情，想当然的把教学目标定得较高，没有落实教学任务，所以，学生也没有掌握到知识，没有达到教学目标中的效果。但是，在整堂课中，教师还是充满了激情，同时带动了学生积极参与到教学活动中。采取了小组 PK 的教学手段，在很大程度上提高了学生的学习兴趣，也维持了课堂的纪律。

九、指导教师点评

评价是英语课程的重要组成部分。科学的评价体系是实现课程目标的重要保障。英语课程的评价应根据课程标准的目标和要求，实施对教学全过程和结果的有效监控。通过评价，使学生在英语课程的学习过程中不断体验进步与成功，认识自我，建立自信，促进学生综合语言运用能力的全面发展。该教师在课堂教学中有较强的评价意识，希望通过评价激发学生的学习兴趣。然而在实际操作中，未能充分考虑学生的实际情况，把评价标准定位太高，因此导致未能有效达到评价的初衷。因此，在后续的教学过程中，应该结合学情制定科学的评价标准，从而真正有效地提高教学效率。

给学生的学习活动以及时评价

——“I’m Sam”课例分析

张继林
苍溪县高坡小学

一、选题背景

1. 为什么选择该课例研修主题?

小学英语是以学生语言技能，语言知识，情感态度，学习策略和文化意识的发展为基础，培养学生综合语言运用能力。课堂评价是对课程实施过程与结果的价值判断，是描述评价教与学在某种程度上发生变化的科学方法。它使学生在课程的学习过程不断体验进步与成功，认识自我，建立自信，促进学生综合运用英语能力的全面发展；使教师获取教学的反馈信息，对自己的教学行为反思和调整，促进教师不断提高教育教学水平；是学校及时了解课程标准的执行情况，改进教学管理，促进课程的不断发展和完善。

2. 已有研究成果

蔡伟编写了《发展性课堂教学评价的基本特征》。其研究的主要结论：课堂评价是英语课程的重要组成部分。科学的评价体系是实现课程目标的重要保障。通过评价，使学生在英语课程的学习过程中不断体验进步与成功，认识自我，建立自信，促进学生综合语言应用能力的全面发展。

刘正才，所写《小学过程教学的课堂教学评价方案研究》主要结论是：① 过程教学的课堂应具有问题情境的启发性、对话互动的和谐性、目标与效果的生成性、拓展迁移的有效性以及过程展示的必要性等特征；② 过程教学理念指导下的参与式培训有利于加强老师们对教学理念的理解和运用；③ 过程性课堂教学评价是对教学过程中师生对话互动状态十分关注的评价。

3. 本次课例研修希望在哪个方面有所改进?

在课堂教学结束时给予及时评价，充分肯定学生的成绩，鼓励学生自我反思，自我提高。同时促进自己不断提高教育教学水平。

4. 教材和课例选择

外研社三年级起点第一册上册第一课时，这是学生第一堂英语课，很容易激起学习兴趣；教材图文并茂易学易懂；知识非常实用。

二、过程与方法

1. 研究组成员介绍及人员分工

张继林，高坡小学教师，八十年代中师生，担任英语课教学工作。
李锦蓉，高坡小学教师，英语专业毕业，担任英语课教学工作。

2. 日程安排

2014年9月第一周，主研人员编写教案，研究组成员审核后实施，再进行反思。第二周，根据修改意见再一次实践，并形成研修成果。

3. 操作步骤

第一次实践—反思—第二次实践—课例研修报告。

三、教学内容简析

课文情境是四个主人公 Daming，Lingling，Sam 和 Amy 第一天上学。中国孩子和外国孩子上课前打互相招呼介绍自己，放学时互相告别。

四、学情分析

本班81人，男生45人，女生26人，80%是留守儿童。学生语文数学基础知识一般，学习习惯较好，大部分学生对语言学习有浓厚的兴趣。本班为小学三年级，初次接触英语，喜欢接受老师积极的评价，积极的评价对他们学习英语产生有利的影响，有利于他们树立学习英语的自信心、有利于提高他们学习英语的兴趣、课堂活动中积极性评价有利于激发他们学习英语的动力。

五、教学目标

1. 教学三维目标

（1）能听、说、读单词：I，am，I'm，hello。
（2）会读简单的句子：I'm Sam.
（3）会向他人问好和道别，能简单地做自我介绍。对所学内容能主动练习和实践，积极运用所学英语进行表达和交流。

六、教学重、难点

1. 教学重点

能听懂、会说、会读单词：I，am，I'm，hello。

2. 教学难点

（1）能听、说、读单词：I，am，I'm，hello。
（2）会向他人问好和道别，能简单地作自我介绍。

3. 教具准备

单词卡片，录音机，磁带。

七、一次实践

（一）课堂实录

1. 导　入

老师走进教室，问候学生："Good morning，boys and girls. I am Mr Zhang，your English teacher. Welcome to my English class. Do you love English?"

【设计意图】 师生问候，放松学生紧张的心情，拉近师生间的距离，为下一步的英语教学创设轻松和谐的学习氛围，开始学习英语阶段，同时在英语后附上中文解释，英汉兼具，放慢语速，加上形体语言便于学生理解学习。

2. 课文学习

（1）"我早就了解到同学们在语数课上纪律好，学习认真，我相信大家在英语课会表现更好，谢谢大家。现在请大家把书翻到这一页。"放活动一录音，学生看且听，学习打招呼用语。

【设计意图】 赞美如歌，小学生喜欢表扬，带着好心情进入学习，使开小差的学生自觉端正自己的行为。课文图画很丰富，也很容易理解，先听后说。

（2）再次听活动一录音，看图画。然后叫学生姓名，并热情地用英语打招呼。对一半学生说："Hi…"对另一半说："Hello…"若有学生回复："Hi/Hello"老师则说："Good"并给那一组奖一枚贴画，贴在黑板上。让全班学生鼓掌表示鼓励，鼓励其他学生加油。

【设计意图】 再一次听，让学生进一步理解课文，把音形意结合起来，并通过与学生实际交流学习，同时用贴画奖励，给予及时评价，激发学生学习兴趣，榜样的力量无穷。

（3）听老师读活动一，看图画，"为什么 Daming 和 Lingling 没有马上回答外国小朋友的问候？这是因为他们第一次和外国小朋友说话，有点不习惯。你们如果遇到外国小朋友和你们打招呼，一定要大胆应答。"

【设计意图】 老师读，给学生再一次听的机会，并介绍学习英语的方法——大胆交流。注重知识的外延和学法的指导，使知识的传授与能力的培养并重。

（4）你们如果遇到外国小朋友和你们打招呼，不仅要大胆应答，还要热情地进行自我介绍。那么。怎样进行自我介绍呢？让我们跟随 Dangming 他们一起来学习吧。放录音 2，学生看，指图且听。圈出"I'm ..."，说明在其后加上自己的名字，用来介绍自己。说得好的，老师用英语"Good job!"表扬。表现差的老师用英语鼓励"You can do it!"，并给他们发言的机会。

【设计意图】　学生在图片的帮助下完成听力任务，从语音上关注核心目标语言“I'm”，要求迅速做出反应——起立并重复该词，锁定目标语言，创设学习语言情境，激发学习用英语自我介绍的兴趣，边听边指，稍稍增加学习难度，通过介绍自己掌握“I am ...”的用法。给不同层次的学生及时评价，使他们都能体验到成功的喜悦，使他们都得到发展。）

（5）说每幅图的内容，老师读，学生模仿。模仿好的贴画奖励，老师竖大拇指配上夸张的面部表情：“Very good!”“努力！你将来会成为出色的英语人才。”

【设计意图】　进一步逐图理解，进入说的练习，在跟读的过程中，对重点句子进行准确模仿和必要操练；同时，教师关注学生的语音面貌，引导学生读出语气、语调，以读促进学生对文本的理解，并进行必要指导、评价与反馈。

（6）全班分为四大组，每组扮演一个人物；再四人一组分角色扮演；最后选两组全班表演。

【设计意图】　通过前面听和初步的说，小组合作交流，互帮互学，发现问题，及时纠正，听说读用，多感官参与学习，提高学习效率。为学生自主学习创造空间。

（7）让四名表现好的学生分别扮演角色，不听录音进行对话。老师给予适当帮助，给边说边做的贴星奖励，让全班学生鼓掌表示鼓励鼓励他们好好学习英语。

【设计意图】　有了前面的各种方式的学习，再观看别人表演，增大了语言的重复率，对照检查自己，提高学习效率。表演是学生喜爱的课堂活动。让学生表演故事，关注学生表达时的语气、语调，促进学生进一步理解内容，提高学生学习英语的积极性，体现合作学习的教育理念。央视少儿频道是孩子们的最爱，老师鼓励的话语使他们憧憬未来，保持长久努力学习英语的动力。

3. 总　结

总结本课学习的内容，及时复习一次。对学生的课堂表现进行评价，使学生在英语课程的学习过程中不断体验进步与成功，认识自我，建立自信，促进学生综合语言应用能力的全面发展。

1）本课所学内容

包括正确地说、读、用单词：hello，hi，I，am，I'm；用简单的英语向别人问好，进行简单的自我介绍。

2）课堂评价

这节课我很高兴，因为大家喜欢学英语，认真听录音，认真看书，大胆地说。同时，课堂纪律好。同学们收获颇多，能听、说、读单词：I，am，I'm，hello，hi 还会向他人用英语问好和道别，能简单地做自我介绍。

4. 布置作业

用英语与家人邻居打招呼，介绍自己。

【设计意图】　让学生在体验中学习，感悟，运用知识，在完成学习任务的同时，激发了对后继英语学习的渴望，在家用英语打招呼定会得到家长的表扬，在后续的英语学习中家长会发挥积极作用。

（二）教学效果

学生对英语学习感到好奇，学习热情高，学生基本能用英语与人打招呼，介绍自己。少部分学生羞于开口，且发音欠准确。课堂结束时的积极评价激发了学生对后继英语学习的渴望。

八、一次反思

1. 教学反思

导入时间仓促，第一堂英语课开始应有充足的时间做好组织教学，上课一会儿才发现一部分学生没翻到书的正确位置，本应先巡视一遍，表扬按要求做的学生。少数学生不积极，说不出，老师应降低要求教他说句子，只要能复述也给予口头表扬，总结环节课堂评价语言不具体，学生难以理解，没涉及到学困生。

2. 小组评议

教学效果较好，教师的 TPR 做的不够好，不能很好地吸引学生的注意力。

3. 指导教师点评

少数学生不积极，说不出，老师应降低要求教他说句子，只要能复述也给予口头表扬，总结环节课堂评价语言不具体，学生难以理解，没涉及到学困生。课堂评价的方式显得单一。

九、第二次实践

根据指导老师和小组成员意见第二次实践做了如下改进。

（1）增加课堂导入时间 3 分钟，使学生的第一堂英语课对新教师新课程新语言有好的适应过程。

（2）鼓励发言不积极，胆小的，老师应降低标准，教他们说简单的句子，只要能复述也给予口头表扬，奖励贴画。

（3）总结环节课堂评价语言做了较大改进。

“亲爱的同学们，第一堂英语课就要结束了，这节课我很高兴，因为大家学习兴趣浓厚，喜欢学英语，认真听录音，认真看书，大胆地说，大家要向 × × ×，× × ×等同学学习。学英语就是要这样大胆开口说，不要怕出错，怕出错就学不好英语。课堂纪律好，特别是× × ×，× × ×，她俩是大家的榜样。收获颇多，能听、说、读单词：I，am，I’m，hello，hi 还会向他人用英语问好和道别，能简单地做自我介绍。仅这一节课就学会了这么多，只要同学们在以后的学习中继续努力，你们一定能学好英语！谢谢大家！”

（4）除了保留奖励贴画、学生鼓掌和赞美的评价方式外，给予优秀学生下节课当小老师的机会。

十、第二次实践效果

本次实践较第一次课堂气氛更活跃，举手发言人次明显增多，为了让大多数学生都有表现的机会，增加了小组交流的次数。

学习英语的兴趣更加浓厚，课堂上几乎没人开小差，有学生带来英语儿歌和故事书与同伴翻看，尽管看不懂文字。

知识掌握得更扎实，各种层次的学生都体验到成功的快乐，实现了小学生第一堂英语课的开门红。

十一、指导教师点评

课堂评价作为一个非常重要的课堂环节，是小学英语教学过程中不可或缺的重要内容，它能对教学全过程和结果进行有效的监控，是保障课堂教学成功的一个重要措施，并为学生的发展程度和教学的改进提供依据。该教师从新课引入就有意识地希望通过评价来激发学生的自信心和学习语言的兴趣，但在评价艺术的把握上存在一些问题，例如评价的主体仍然局限于教师对学生的评价，评价的形式相对单一，奖励和表扬的标准定位较低，长此以往，会让学生认为教师的褒奖来的太容易，从而失去评价应有的激励作用。因此在今后的教学中，应充分运用多元化的评价方式，且合理定位评价的标准，有效激发学生学习的兴趣。